本书得到国家社科基金一般项目（项目编号：19BJY130）的资助。

郝爱民 著

农村

三产融合的溢出效应

SPILLOVER EFFECT
OF INDUSTRIES INTEGRATION
IN THE RURAL

社会科学文献出版社
SOCIAL SCIENCES ACADEMIC PRESS (CHINA)

序　一

农业是立国之基、强国之本。当前，我国社会主要矛盾已经转化为人民日益增长的美好生活需要和不平衡不充分的发展之间的矛盾。城乡发展的不平衡、农村发展的不充分是当前亟待解决的问题。

自 1978 年改革开放以来，中国农业取得了巨大成就，农民生活水平有了显著的提高。至 2023 年，粮食产量更是实现了二十连丰。但不可否认的是，与发达农业国家相比，中国农业的获利能力、生产效率、专业化和规模化程度、可持续发展能力严重不足。传统农业"小生产、大市场、总量大、质量低"的问题仍然较为突出，现代高效农业所占比重较小，农民收入偏低的实际状况并没有从根本上发生改变。基于此，党中央根据我国当前乡村产业发展的实际现状，提出了实施乡村振兴战略，目标是到 2050 年乡村全面振兴，农业强、农村美、农民富全面实现。现阶段，在国民经济由高速增长转为中高速增长的新常态背景下，如何提升中国农业的竞争力，特别是如何通过改善农业资源配置效率来提高中国农业的生产效率和国际竞争力，是调整现代农业产业结构，实现工业化、城镇化、信息化和农业现代化"四化"同步协调发展的一个亟待解决的问题。

乡村振兴战略中产业振兴是主角，在城镇化快速发展的当下，要重视农村三产融合对粮食主产区发展的重要作用，三产融合对产业链延伸、产业结构重塑及优化、产业竞争力提升具有重要意义，其发展对提高农业产业链价值、提升农业效率有着重要作用。

郝爱民教授是国内较为系统地研究三产融合发展的学者之一，发表了一系列有关农村三产融合发展的文章。《农村三产融合的溢出效应》一书是作者多年来研究农村三产融合的系统思考，该书的出版得到了国家社科基金的资助。该书在分析中国农村三产融合发展规模及结构特点的基础上，总结了影响中国农村三产融合发展的因素、制约其溢出效应发挥的具体问题，认为当前制约中国农村三产融合溢出效应发挥的因素既有长期重城市轻农村的政策障碍，也有农村三产融合内部构成不合理、三产融合的需求与供应不协调、专业化的服务人才严重缺乏、发展水平较低、主体缺失、市场不规范、服务价格较高等市场因素。该书具有如下创新之处。

①在研究视角上。该书从如何增强农村三产融合的溢出效应这一视角给出了研究农业问题的框架。尝试从促进农村三产融合发展角度，提出加快乡村振兴和中国式农业农村现代化进程的新思路。②在研究内容上。该书从分工、交易成本、产业链整合理论多角度解析农村三产融合和农业的关系，全面研究农村三产融合溢出效应的形成机制、外溢渠道、效应测算，部分弥补了该领域实证研究不足的缺陷。③在应用对策上。该书对比国外三产融合结构，深入探讨在转型过程中中国农村三产融合供给现状、需求影响因素，从具体实证中观察总结出增强我国农村三产融合溢出效应的路径，所提对策建议更具可行性和针对性。

总的来说，《农村三产融合的溢出效应》这本书，具有较强的理论创新性和重大的实践指导意义。它不仅丰富了我国农村三产融合研究的理论体系，还为政策制定者和实践者提供了有益的发展思路。该书是一部值得推荐的优秀研究成果，对于推动我国农村经济发展和粮食产业升级具有重要的参考价值。

中国农业科学院农业经济与发展研究所党委书记、研究员

毛世平

序　二

近年来，我国乡村振兴战略的实施力度不断加大，农村三产融合作为一种新型发展模式，正逐渐成为推动农村经济发展的重要途径。本书以乡村振兴背景下农村三产融合为切入点，从产区异质性视角探讨其对农业农村发展的溢出效应，为我国乡村振兴战略的实施提供理论支持和实践借鉴。

农村三产融合，即农业与第二、第三产业之间的深度融合，是以农业为基础，以农民为主体，以产业链拓展和价值链提升为目标，通过技术创新、产业联动、政策扶持等手段，实现农业与其他产业的有机结合。近年来，我国农村三产融合发展的态势良好，但仍存在一些问题，如产业协同发展程度不高、产业链条不完整、政策支持力度不足等。

《农村三产融合的溢出效应》一书是郝爱民教授在国家社科基金结项报告的基础上撰写的。该书广泛探讨了农村三产融合的内涵、形成机制、作用及溢出效应，提出了要重视农村三产融合在改造传统农业中的重要作用，实际上也是一部从三产融合的视角研究"三农"问题的经济学著作。

该书的理论分析与实证研究表明：①农村三产融合是一种以工促农的产业路径模式，改造传统农业的实践需要大力发展农村三产融合，着重提升其对农业发展的溢出效应；②农村三产融合发展既是社会分工的结果，又可以促进农业分工的深化和农业产业链的整合，提高农业附加值；③农业产业化发展水平、农业专业化程度、三产融合的规模、城镇化水平、农民合作组织发展程度、政策环境水平等是影响农业溢出效应发挥的主要因素；④将农村三产融合的测度、效应尤其是溢出效应等深层次的理论问题进一步拓展，实证分析其对粮食主产区农业高质量发展、城乡差距、发展韧性、共同富裕等产生何种溢出影响，可以丰富农业与相关产业融合发展的理论，拓宽相关研究的学术视野；⑤乡村振兴战略中产业振兴是主角，农村三产融合是现代农业产业链的重要组成部分，贯穿农业生产的整个过程，其发展对提高农业产业链价值、提升农业效率有着重要作用。

该书的不足之处是对有关农村三产融合理论体系的研究尚显单薄，结构也稍显松散。但瑕不掩瑜，正如作者所说的，作为较为系统地研究农村三产融合发展的专著，理论体系不完善的缺陷是不可避免的。相信该书的出版，对尝试从促进农村三产融合发展角度提出加快中国农业现代化进程的新思路以及推动乡村振兴具有重要的启示和借鉴作用。

东北农业大学原校长、教授

郭翔宇

序　三

　　《农村三产融合的溢出效应》一书，从理论和实践相结合的角度，深入探讨了农村三产融合在乡村振兴背景下对粮食主产区发展的影响。通过对中西部地区多个案例的分析，本书揭示了农村三产融合的样态类型、发展路径以及对粮食主产区发展的溢出效应，为我国农村尤其是中西部地区推进三产融合发展提供了有益的借鉴。

　　本书最具创新性的部分在于，通过对实证和案例的分析，揭示了农村三产融合对我国农业农村发展尤其是粮食主产区发展的溢出效应。研究发现，农村三产融合不仅有助于提高农业产值，促进农民增收，还能辐射带动周边产业的发展，实现产业链的优化和升级。这为我国粮食主产区寻求高质量发展路径提供了有力的理论支撑和实践指导。

　　《农村三产融合的溢出效应》一书，通过理论与实际案例相结合，指出了农村三产融合发展的溢出效应，具有很强的指导作用。该书具有如下特点。

　　一是搭建了一个从增强农村三产融合的溢出效应这一视角展开的较为系统地研究农业问题的框架，尝试从促进农村三产融合发展角度，提出加快中国农业现代化进程的新思路。

　　二是提出了一些较为有价值的观点，比如认为农村三产融合是一种以工促农的产业路径模式，改造传统农业的实践需要大力推动农村三产融合，着重增强它对农业发展的溢出效应。这为借助农村三产融合，释放区域经济增长潜力，显著提升农业、农村的生产效率，进而促进乡村振兴提供了一个新的研究与解决问题的视角。

三是从农业弱质性视角探讨了农村三产融合赋能农业韧性的逻辑关系和作用机理，较为系统地从抵抗力、恢复力和再造力三个层面构建了农业韧性评价指标体系，并利用省级面板数据实证检验了农村三产融合对农业韧性的影响效应、机制和对不同区域的影响差异。研究发现，农村三产融合对农业韧性具有显著的正向影响，农村三产融合可以通过促进农村经济增长、加速人力资本积累对农业韧性产生促进作用；在粮食主产区，三产融合仅对农业恢复力有显著促进作用，而在非粮食主产区，三产融合对农业抵抗力和再造力有显著促进作用。

四是多角度进行农村三产融合发展水平的测度，厘定农村三产融合的多维溢出效应。结合粮食主产区区域特征，分析农村三产融合对区域经济发展的影响，包括从粮食综合生产能力提升、农业贸易结构改善、适度规模经营、农民稳定就业和增收、生态环保、生产组织技术创新、人力资本等方面保障乡村全面振兴的正向溢出效应。具体而言，运用最小二乘法、广义矩估计、两阶段最小二乘法、中介效应模型、调节效应模型等计量方法，实证检验了农村三产融合对改善城乡发展不平衡的溢出效应、农村三产融合对粮食主产区农业高质量发展的影响效应、农村三产融合对农业产业韧性的影响效应、农村三产融合在企业层面的微观溢出效应、农村三产融合对共同富裕的影响效应、农村三产融合赋能数字乡村建设和粮食体系韧性的溢出效应、农村三产融合对县域经济韧性发展的影响效应等。部分弥补了该领域实证研究不足的缺陷。

五是对主产区三产融合总体现状、特征进行初步解析。结合分区域农村三产融合试点实践经验，总结、辨析现有农村三产融合模式，科学划分模式类型，总结其特征及不足。在此基础上，进行省级层面农村三产融合发展水平的测度，构建农村三产融合发展综合评价指标体系，选取农业产业链延伸、农业多功能拓展、农业新业态培育、新技术渗透、利益联结机制五个维度，使用熵值法进行综合指数的测度，描述农村三产融合发展的时空演变趋势。

本书强调了农村三产融合在乡村振兴、农业供给侧结构性改革以及城乡融合等方面的重要作用，有助于读者更好地了解和把握农村三产融合的现状和趋势，有助于为农村三产融合提供更有针对性的政策建议，分析了不同样态类型下农村三产融合的目标导向、发展策略等，具有较大的理论价值与决策参考价值，特向读者推荐。

河南省社会科学院原院长、研究员

谷建全

序　四

　　自 1978 年改革开放以来，中国农业取得了巨大成就，农民生活水平有了显著的提高，粮食产量更是实现了二十连丰。但不可否认的是，与世界发达农业国家相比，中国农业的获利能力及生产效率、专业化和规模化、可持续发展能力严重不足。传统农业"小生产、大市场、总量大、质量低"的问题仍然较为突出，现代高效农业所占比重较小、农民收入偏低的实际状况并没有从根本上发生改变。基于此，党的十九大报告根据我国当前乡村产业发展的实际现状，提出了实施乡村振兴战略，目标是到 2050 年乡村全面振兴，农业强、农村美、农民富全面实现。

　　现阶段，在我国经济从高速增长转为中高速增长的新常态背景下，如何提升中国农业的竞争力，特别是如何通过提高农业资源配置效率来提高中国农业的生产效率和国际竞争力，调整现代农业产业结构，实现工业化、城镇化、信息化和农业现代化"四化"同步协调发展是一个亟待解决的命题。

　　从国外农业发展的经验来看，无论是生产组织规模较大的美国农业，还是生产组织规模相对较小的日本农业，都注重依靠农业产业，加速农业发展方式的转变和农业现代化。在中国，由于长期的"重工业、轻农业"思想，人们更多地注重探讨产业融合与工业的关系，对三产融合在改造传统农业中的重要作用认识不足。实际上，农村三产融合是现代农业产业链的重要组成部分，贯穿于农业生产的整个过程，其发展对提高农业产业链的价值、提升农业效率有着重要作用。

　　《农村三产融合的溢出效应》一书，通过理论与实际案例相结合，全面系统地研究了农村三产融合发展的溢出效应，对加快实现我国农业现代化具有很强的指导作用。

理论上，基于规范的理论分析农村三产融合与农业互动的机理，搭建了一个从增强农村三产融合的溢出效应这一视角展开的较为系统的研究农业问题的框架。尝试从促进农村三产融合的角度，提出加快中国农业现代化进程的新思路。结合实证分析检验农村三产融合溢出效应的存在性及溢出渠道，深化了现有的产业融合理论，以分工、交易成本、产业链整合理论多角度解析农村三产融合和农业的关系，全面研究农村三产融合溢出效应的形成机制、溢出渠道、效应测算，部分弥补了该领域实证研究的不足。

实践上，结合相关数据，论述了农村三产融合产生溢出效应的条件及其微观影响因素，提出了促进溢出效应发挥的农村三产融合体系发展机制与框架，对如何发挥农村三产融合溢出效应，如何利用农村三产融合提升农业效率、改造传统农业、促进农业现代化，提出了有针对性的对策，从而衍生出了较为丰富的政策含义。提出了一些较为有价值的观点，比如农村三产融合是一种以工促农的产业路径模式，改造传统农业的实践需要大力推动农村三产融合，着重增强其对农业发展的溢出效应。这给借助农村三产融合释放区域经济增长潜力，显著提升农业、农村的效率，进而促进乡村振兴提供了一个新的研究与解决问题的视角。

中国社会科学院农村发展研究所研究员

谷鸣

摘　要

　　产业融合对产业链延伸、产业结构重塑及优化、产业竞争力提升具有重大意义，被认为是 21 世纪国际产业发展的三大趋势之一。国外发达农业国家发展经验表明，农村三产融合发展在提升农业生产力、改善农村产业结构、转变农村经济发展模式及提高农民收入等方面有着重要的作用，对实现农业的生产效率和经济效益提升具有重要作用，是实现农业现代化的必由之路。

　　2015 年中央一号文件正式提出"推进农村一二三产业融合发展"的战略部署。党的十九大报告、党的二十大报告及 2022 年中央一号文件进一步强调了推动农村三次产业融合发展。2023 年的中央一号文件明确指出，乡村振兴和农业农村现代化是中国当前和未来发展的重要任务，这一任务的重要性在于农村地区是中国现代化建设的薄弱环节，实现全面建设社会主义现代化国家的目标需要优先关注农村发展，尤其是我国 13 个粮食主产区，由于其肩负着国家粮食安全的重任，对全面实现乡村振兴意义尤其重大。因此，在乡村振兴背景下，如何立足农村三次产业之间的交叉融合和互动发展，分析农村三产融合对扩大农村生产可能性边界、降低中国式农业农村现代化转型机会成本、培育县域载体新型城镇化的作用机制，测算我国不同省份尤其是粮食主产区农村三产融合的效率，并实证研究其对我国现代农业全面实现现代化的多维溢出影响，构建促进三产融合溢出效应的促进机制，对探索以产业兴旺带动主产区全面乡村振兴、提升农业竞争力和增强粮食生产积极性、全面提升我国农业尤其是主产区农业发展动力，最终建成农业强国无疑具有重大现实意义。

本书在文献研究的基础上，基于规范的理论分析农村三产融合与农业互动的机理，建立农村三产融合溢出效应形成及作用机理的数理模型，利用相关数据实证检验农村三产融合溢出效应的存在性及外溢渠道和方向，并着重分析主产区三产融合溢出效应的异质性，进而考察国外农村三产融合发展的经验及其对中国的借鉴。研究国内发展的现状，构建基于促进溢出效应发挥的农村三产融合发展框架，提出增强农村三产融合溢出效应的政策建议。本书主要内容如下。

一是农村三产融合溢出效应的理论分析。通过构建三产融合溢出效应的数理模型，给出一个农村三产融合产生溢出效应的经济学解释，并阐述了农村三产融合对粮食主产区发展的溢出效应的具体体现。二是农村三产融合现状、效率测度与存在的问题。分析了农村三产融合结构优化对农业发展的影响机制，利用 DEA 模型的 Malmquist 指数分析方法，估算了 2004～2014 年中国农村尤其是主产区农村三产融合效率的动态变化。三是农村三产融合溢出效应的实证研究。主要实证检验了农村三产融合对改善城乡发展不平衡、对粮食主产区农业高质量发展、对粮食主产区粮食产业高质量发展、对农业韧性和共同富裕的影响效应及其微观溢出效应。四是三产融合发展的促进因素探讨。主要分析新时代数字乡村建设、金融科技、供应链金融等对三产融合发展的影响。五是三产融合赋能农村农业发展的国际经验。总结日本、韩国、欧美的三产融合背景条件和实施对策及其对我国农村三产融合的借鉴意义。六是提出了增强三产融合溢出效应，促进主产区农业高质量发展的对策。构建了一个增强农村三产融合溢出效应的框架，并着重研究了促进农村三产融合发展的机制设计。

本书立足乡村振兴背景，在明确了主产区农村三产融合发展的新目标、新任务与新需求的基础上，阐述三产融合发展的基本规律，从定性和定量两方面科学判断农村三产融合对主产区高质量发展的直接作用和间接溢出影响，构建解释农村三产融合发展对主产区农业、农村高质量发展的内在溢出逻辑的一般分析框架。本书可能的边际贡献如下。

理论上，较为系统地构建农村三产融合对促进主产区经济发展、农业结构优化、粮食供给安全的溢出机理的一般分析框架，可以巩固产业融合相关研究的理论基础；将农村三产融合的测度、效应尤其是溢出效应等深层次的理论问题进一步拓展，实证分析农村三产融合对主产区农业高质量发展、城乡差距、发展韧性、共同富裕等产生何种溢出影响，从而丰富农业与相关产业融合发展的理论，拓宽相关研究的学术视野；找出我国主产区农村三产融合各环节发展中存在的关键问题，分析影响农村三产深度融合溢出效应的宏微观因素。同时，对农村三产深度融合演进方式、动因、驱动机制、融合途径进行较为系统的国际对比与案例研究，构建促进农村三产融合对粮食主产区发展溢出效应的机制，拓展现有产业经济理论的研究范畴，为探索中国特色农业现代化和实现乡村振兴提供新的研究视角，深化相关研究的学术认知。

实践上，通过分析农村三产融合如何提升主产区农业的比较利益、如何促进粮食产业高质量发展和农民增收的机理及效应，以及产生溢出效应的条件、渠道，针对主产区农村三产融合发展中存在的问题，提出"要素协同—设施改造—利益共享—人才支撑—城乡协同—壮大主体—模式创新—科技支持—数字赋能—产业重塑"十位一体的增强主产区农村三产融合溢出效应的路径选择，从而为农业相关部门制定乡村振兴政策，推进中国式农业现代化进程，最终建成农业强国提供决策参考。

目　录

导　论

一　研究背景与价值

（一）研究背景

农业是立国之基、强国之本。加快建设农业强国，对于实现经济繁荣、农民增收、农村发展和社会稳定至关重要，也是确保实现中国式现代化的最重要基础之一。党的十九大报告指出，当前我国面临的主要矛盾已经发生了重大变化，由过去的人民日益增长的物质文化需要同落后的社会生产之间的矛盾转变为人民日益增长的美好生活需要和不平衡不充分的发展之间的矛盾。

改革开放以来，尽管中国取得了显著的经济发展成就，但城乡发展差距和农村发展滞后的问题仍然存在。促进共同富裕和全体人民共同享有发展成果的难点仍然在农村。连续多年的中央一号文件聚焦农业农村发展，中国政府表达了对农业农村的重视和承诺。这体现了政府致力于解决农村发展不平衡、农民收入增长缓慢等问题，推动乡村振兴战略的实施。但不可否认的是，在百年未有之大变局加速演进的背景下，我国农业农村发展仍面临着基础竞争乏力、单位农产品生产成本高、农村产业亟须转型、脱贫攻坚成果仍须巩固等诸多挑战。

为解决当前制约我国农业农村发展的一系列问题，党的十九大报告明确提出了乡村振兴战略，这成为推动农村经济发展的重要指引。乡村振兴战略意在通过改革创新、产业升级、人才培养等手段，全面振兴和发展农村经济，实现城乡发展协调一体化。其目标是到2050年实现乡村全面振兴。

乡村振兴战略首次从国家经济社会发展角度提出了"产业兴旺"，明确了以农业产业渗透整合为突破口，解决城乡资源配置不平衡的问题，进而全面推进乡村产业、人才、文化、生态和组织振兴。党的二十大报告再次强调，要坚持全面推进乡村振兴，实现农业强国的战略目标。乡村振兴战略中产业振兴是主角，在城镇化快速发展的当下，不仅要重视第三产业，而且要注重农业和工业，并促进第二、第三产业融合发展。农村三产融合的创新和协调发展，是实现农村全面发展、促进农业现代化的根本需要。

2019~2022 年中央一号文件都强调产业兴旺是乡村振兴战略的重点，2023 年的中央一号文件再次强调，全面建设中国式现代化国家，重点在于构建三次产业融合发展体系，打造农业全产业链融合发展模式，持续发展壮大乡村产业，推进农村农业融合发展示范园和科技示范园建设。因此，在全面推进乡村振兴和实现共同富裕的战略背景下，乡村产业振兴已经成为驱动农民富裕、农村繁荣、农业发展，实现乡村美好生活全新图景的重要载体。这是本书研究的现实基础。

推进农村三产融合发展，可以促进农业发展方式转变、培育形成农村经济新增长点，是转变农业发展方式的现实选择，是促进农业高质量发展、实施乡村振兴战略的重要抓手（张晓山，2019b）。推进农村三产融合是实施乡村振兴战略的客观要求，从逻辑上看，它有助于解决新发展格局下的相对贫困问题，并推动实现农民农村共同富裕。

目前，我国 13 个粮食主产区（以下视情况简称"主产区"）的粮食总产量约占全国粮食总产量的 76%，肩负着保障国家粮食安全、食品安全的战略任务，具有保障国家粮食安全的"压舱石"作用，在全国的粮食生产、畜牧业发展、农产品加工、农业现代化发展和乡村振兴等方面，具有举足轻重和不可替代的重要地位。但不可否认的是，主产区拥有大量耕地，对部分第二、第三产业发展产生了挤出作用。由于农业的弱质性，种粮收入普遍较低，主产区农村地区普遍综合实力较弱，长此以往将有损主产区种粮积极性、威胁粮食生产安全。因此，在乡村振兴背景下，把农村产业之间的渗透、融合发展作为应对我国农业现代化进程中资源约束瓶颈的突破口，分析农村三产融合对扩大农村生产可能性边界、降低农村发展机会成本、培育经济发展新动能的重要性及溢出机制，测算农村三产融合对主产区农业高质量发展的溢出影响，探索主产区农村由产业兴旺带动乡村全面振兴之路，对确保主产区粮食产业发展动力提升、供给安全和现代化发展无疑具有重要现实意义。

（二）研究价值

以农村三产融合发展为突破口实施乡村振兴战略，已逐渐成为推动农民就业增收渠道拓展、县域城乡融合发展、中国式农业农村现代化建设的有效手段，被认为是推动传统农业转型升级、引领区域经济新常态、赋能县域经济高质量发展的战略选择，也是实现共同富裕的必由之路。本书基于乡村振兴背景，在对三产融合溢出效应进行一般分析的基础上，着重进行三产融合对粮食主产区农业农村发展的多维溢出效应研究。推进农业强国建设、优化我国农村尤其是粮食主产区农村产业的有效选择，对推进县域城乡融合发展和加快中国式农业农村现代化实现具有巨大的价值。

1. 学术价值

（1）系统构建农村三产融合对促进农业农村经济发展、农业结构优化、国家粮食供给安全的溢出机理的一般分析框架，可以丰富三产融合相关研究。

（2）将农村三产融合的测度、效应尤其是溢出效应等深层次的理论问题进一步拓展，实证分析其对粮食主产区农业高质量发展、城乡差距、发展韧性、共同富裕等产生何种溢出影响，可以丰富农业与相关产业融合发展的理论，拓宽相关研究的学术视野。

（3）找出影响农村三产深度融合溢出效应的宏微观因素。通过三产融合对农业、农村、农民溢出效应内在机理的研究，可以深入地研究三产融合的互动关系，从而促进农村三产融合理论的发展。同时，对农村三产深度融合的表现形式、演进方式、动因、驱动机理、创新机制、融合途径进行系统的对比与案例研究，可以拓展现有产业经济理论特别是三产融合理论研究的范围，为探索中国特色农业现代化和实现乡村振兴提供新的研究视角，深化相关研究的学术认知。

2. 应用价值

通过分析农村三产融合对促进主产区农业比较利益提升、粮食综合生产能力提高、农民增收、农业韧性提升等的效应，以及产生溢出效应的条件、渠道，揭示主产区在怎样的政策背景下，借助农村三产融合才能在保障国家粮食安全基础上，释放区域经济增长潜力，显著提升农业、农村的效率，进而推进实现农民农村共同富裕。较为系统地提出增强农村三产深度融合溢出效应的思路，可以为农业相关管理部门加快以产业兴旺促进乡村振兴提供决策参考。

二 研究的理论基础

（一）分工与产业链整合理论

1. 分工理论、融合与演化理论

（1）分工理论。产业的发展源于分工。最早提出分工理论的是亚当·斯密。亚当·斯密（2009）通过分工提高劳动者技能水平、节约劳动时间，促进技术进步，从而提升了生产效率和经济发展水平。而交易则为分工提供了实现的途径，使得不同个体或国家能够通过相互依存的交流与合作实现资源配置的最优化。因此，分工和交易在推动社会经济发展方面起到了重要的作用。阿林·杨格（1996）拓展了斯密的分工理论，强调劳动分工和专业化会带来迂回生产方法，并且这种迂回生产方法具有明显的规模效应。迂回生产方法和规模效应的增强可以相互作用，通过降低生产成本、提高产品质量和扩大市场规模来推动分工的进一步深化。这种深化的分工将进一步推动经济的发展和繁荣。Yang 和 Rice（1994）运用新古典经济学的原理构建了一个分工内生演进模型，从内生角度阐述分工的深化能带来经济效率的提高，但过度分工会导致交易费用增加和增长率下降。

（2）产业融合与演化经济相关理论。产业融合理论是随着专业化分工和经济发展的深入，在人们的合作形式从简单的个体之间交流合作向组织与企业间的协同合作转变的过程中诞生的。产业融合理论指出，当分工深化到一定程度时，便会形成产业。在产业内部，各个环节和部门紧密相连、相互支撑，构成了一个复杂的产业融合链条。要实现产业融合，需要运用多种技术手段来减少不同产业之间的技术壁垒，模糊或直接消除不同产业之间的技术界限。演化经济理论对产业融合的发生、发展和形成过程进行了研究，认为经济结构和组织形态是通过适应环境的选择和竞争演化而来的。在产业融合的演化过程中，不同产业、企业和组织在经济环境的变化中与其他参与者进行相互作用和竞争，通过不断尝试和适应来改进自身。这种改进过程推动了产业融合的发生、发展和形成。初期，不同产业之间可能存在一定的边界和隔离，缺乏交流与合作。随着经济发展和需求变化，产业融合的初级形式可能是较为简单的合作与整合，在不断试错和学习的过程中，产业融合的研究视角逐渐转变为资源配置的效率和产品的附加值。随着时间的推移，通过创新、技术进步和市场竞争，产业融合可以进一步发展和完善。不同产业之间的相互依存和协同作用得到加强，从而形成更为复杂和高效的产业融合形态。这种演化过程有望带来更多的创新、经济增长和社会福利。

2. 产业链、价值链相关理论

（1）"产业链"的概念起源于17世纪中后期经济学家对劳动分工、专业化和经济发展的研究。在经济学中，产业链是指一个产品或服务从原材料采购、生产制造、分销到最终消费的整个过程中涉及的各个环节和参与者之间相互连接和依赖的关系网络。产业链的延伸可以促进产业协同、拓展业务范围、增加附加值，并且使企业间形成合作关系，实现资源共享和优势互补。而整合产业链则可以使生产过程更加高效，缓解信息不对称问题，提高企业的竞争力和盈利能力。完整的、层次性强的产业链对产业朝高附加值方向发展具有积极的推动作用。在一个完整的产业链中，各个环节都可以进行专门化和优化，在协同合作中提高效率和质量。这有助于产品差异化和创新，从而提高产品的附加值和市场竞争力。

（2）"价值链"的概念则最早由迈克尔·波特（1997）在分析公司行为和竞争优势时提出并运用。他认为不仅企业内部有链条，任何企业单位都和其他的经济单位有着相连的价值链条。公司的价值创造过程不仅包括生产、营销、运输和售后服务等基本活动，还包括原料供应、技术研发、人力开发和财务等支持性活动，这些活动共同构成了一条完整的价值链。利用分工与产业链、价值链整合理论，本书从发挥农业产业链利益主体协同效应、降低交易成本角度，构建数理模型，阐述农村三产融合协调分工和减少交易成本的形成机制，以及解决中国农户生产小规模、经营大市场矛盾，对农民增收溢出效应的形成机制。产业链是不同产业之间基于相同的目的或目标而联系在一起形成的。农业产业链是指农产品从原料、加工、生产、销售、服务等各个环节的相互联系。在一个产业联动关系网中各个产业经营主体的人力资源整合会产生联动发展效应，任意产业环节的效益增长都有可能直接带来经济效益，提高我国农业生产的整体经营管理效率，通过各类与产业融合主体紧密联系的产业联结协作机制，乡村产业资源的配置得以优化，带动农村三产融合发展，有效增加农民收入，推动农村经济发展。

（二）农业经济、农村经济相关理论

1. 农业经济理论

现代农业经济理论的基础来源于新古典经济学，20 世纪 50 年代以后，出现资源经济学、农业政策学、农产品贸易经济等学科，这些学科的研究课题构成了现代农业经济学的基本内容。美国也有学者将农业经济学进一步划分为解决个别农场内部组织和管理的农场管理学，以及解决农业公共关系的农业经济学。目前，中国农业经济学的基础理论既以西方主流农业经济学为基础，也结合了马克思主义政治经济学作为理论基础，研究的重点在于解决"三农"问题，解决怎样实现中国式农业现代化问题，强调为各级政府制定农业相关政策提供理论依据。

2. 农业多功能性理论

农业具有经济功能、生态功能、社会功能和文化功能。其中，经济功能是将农产品以社会价值的形式充分展示出来，提高农产品的经济价值；生态功能是使这些农业产品具有同时调节自然气候和维持自然生物资源多样性的重要功能；社会功能是既能满足发展新型乡村现代农业的需要，还能提供大量新的就业机会；文化功能是在保护自然和历史人文景观并将它们结合的基础上，再加入一些文化教育元素，达到使农业具有文化、休闲、教育、娱乐作用的目的。在农村形成新增长点的基础上，促进原有产业升级，形成新的农业形态，扩大农业的经济社会功能。

3. 农户模型

国外有关农户行为的研究较多地使用各种微观农户模型，通过各种微观模型来研究不同经济主体的选择行为，它已成为农业经济学研究农户行为的主流方法。农户模型的产生和发展是农业经济理论新探索的重要成果，它为分析中国农户经营行为提供了强有力的工具。

（三）　合作博弈模型与资源依赖理论

1. 合作博弈模型

博弈模型是研究决策者在交互决策环境中行动和选择的数学模型。它被用于研究个体或组织在面对竞争或合作时的策略选择及其结果分析。合作博弈模型是研究参与者通过合作来达到共同目标的决策模型。在合作博弈中，多个参与者通过相互合作、交流信息和分配资源来最大化他们的收益。最经典的合作博弈模型是囚徒困境模型。在这个模型中，有两个参与者面临是否合作的选择。如果两个参与者都选择合作，他们各自会获得一个较高的收益；如果一个参与者选择合作而另一个选择不合作，那么合作的一方将获得较低的收益，而不合作的一方将获得较高的收益；如果两个参与者都选择不合作，那么他们各自都将获得较低的收益。这个模型揭示了在某些情况下，个体追求个人利益可能导致整体利益的损失。除了囚徒困境模型，还有其他的合作博弈模型，如集体行动模型等。这些模型都有助于我们理解在合作决策中的策略选择和收益分配。合作博弈模型不仅可以应用于经济学领域，也可以应用于社会科学、管理学等领域。通过分析合作博弈模型，我们可以帮助决策者制定最优的合作策略，促进合作关系的形成，推动共同利益的实现（谢识予，2002）。

合作博弈和非合作博弈是博弈论中两种不同的思考方式。在实际问题中，我们可以根据具体情况选择合适的博弈模型来分析和解决问题。有时候，合作博弈更适用于需要共同努力和资源整合的情况，而非合作博弈更适用于每个参与者独立决策、竞争的情况（张维迎，2004）。

在农村三产融合模式选择的过程中，首要标准是实现利益最大化和帕累托最优化。利益最大化和帕累托最优化是重要的准则，需要综合考虑市场需求、资源配置、技术创新等因素，寻找最优的运营策略和资源配置方式。同时，也需要不断适应市场变化和风险挑战，灵活调整策略，保持竞争优势，实现持续发展。可见，借助合作博弈模型对农村三产融合的利益分配模式进行选择，可以解决农村三产融合之间多个决策主体的理性选择和决策权衡问题。

2. 资源依赖理论

资源依赖理论是由美国学者 Jeffrey Pfeffer 和 Gerald Salancik 于 1978 年

提出的一种组织理论。

该理论视角中，组织在运行过程中，不可避免地需要依赖外部资源的赋能，而这种依存关系对组织的生存和发展具有举足轻重的作用。资源依赖理论建立在如下关键假设之上。①组织资源依赖。组织在完成其目标和使命时，有赖于外部资源的投入，这涵盖了物质资源（如资金、设备）、知识资源（如技术、专业知识）和社会资源（如声誉、关系）等。②不平等关系。组织与资源提供者间存在一种非平等的关系，资源提供者往往拥有更大的控制权，而组织则处于相对弱势的地位。因此，组织需要积极寻求与资源提供者的合作，以持续获取所需资源和维持所需资源的供应。③环境不确定性。外部环境的变化和不确定性可能影响资源供应的可靠性和稳定性。因此，组织需要适应环境的不确定性，同时通过多元化的资源来降低对单一资源供应方的依赖程度。④策略选择。组织可以采取一系列策略来管理资源依赖关系，例如建立战略伙伴关系、构建多元化供应链、进行垂直整合等。这些策略的目标是降低资源供应的不确定性和风险，同时增强组织对资源的控制能力和利用率。

资源依赖理论在组织管理和战略决策方面展示出显著的价值和重要启示。它强调了组织和外部资源供应方之间存在相互依赖关系，并敦促组织必须主动进行有效的管理，以确保资源供应的稳定性。与此同时，该理论引发了对组织独立、创新、资源整合等问题的研究和讨论。在现代化转型和数字化时代，技术复杂性和行业竞争加剧，使行业关键共性技术的创新变得更加困难。这意味着任何一个组织都无法独立拥有行业关键共性技术和市场创新所需的所有资源。因此，组织之间的依赖和联动变得更加关键。不同组织之间的资源互补、渗透和重组有助于形成竞争优势，满足技术和市场发展的需求。此外，这种依赖和联动还可能产生协同效应，从而促进技术突破和整个产业链的效率提升。资源依赖理论为研究农村三产融合中的资源依赖关系提供了理论框架。不同类型的组织，如高校、农科院所、涉农企业、合作社、农户等，彼此间拥有不同的资源，通过依赖和联动可以实现资源的互补，从而推动农村三产融合的发展和创新。

（四）协同学理论与系统理论

1. 协同学理论

协同学（Synergetics）是物理学家 H. Haken 于 20 世纪 70 年代提出的理

论。该理论强调了在没有外部干涉的情况下，系统可以通过内部子系统之间的相互作用来实现自组织和演化。根据协同学理论，系统中的各个子系统之间会发生相互作用和耦合，这些相互作用可以导致系统达到一种新的有序状态，称为自组织状态。在自组织状态下，系统元素之间的相互作用会产生协同效应，使得整个系统的行为演化为一种新的集体行为。这种自组织和演化过程是非线性的，即小的改变或扰动可能会导致系统状态的剧变，从而形成新的组织结构或模式。协同学理论被广泛应用于许多领域，如物理学、化学、生物学、社会学和管理学等，以解释自发的复杂系统行为和模式形成的原理。总的来说，协同学理论强调了系统内部子系统之间的相互作用和自组织能力，通过这种自组织和演化过程，系统可以产生新的有序状态和集体行为，并形成新的有序自组织系统。其中，所谓自组织过程是伴随"协同效应"的产生而进行的，在管理学领域，协同常指各子系统之间的协同和合作可以形成拉动效应，使整个系统产生大于各子系统功能之和的综合功能，即所谓的"1+1>2"的效果。当不同的子系统在合作中相互影响和相互配合时，它们能够共享资源、知识和技能，并通过协同努力实现更高效的目标。通过集成不同子系统的优势和专长，协同可以创造出新的合作和创新机会，并提高整个系统的绩效和效益。在多方合作的系统中，协同不仅可以使各方获得个体利益，还能够促进系统整体利益的增加。通过建立合作关系、资源共享和信息交流，各方能够共同应对挑战、解决问题，并共同推动系统的发展和创新。协同还具有许多其他好处，例如加快决策速度，提高问题解决能力，创造新的商业机会，增强市场竞争力等。因此，管理者通过鼓励和促进协同合作，实现组织或系统的整体优势和价值最大化。"协同效应"是协同学理论的基本概念。协同效应可以分为内部协同效应与外部协同效应两种，不同的效应影响着企业决策（郭治安、沈小峰，1991）。

具体到农村三产融合，随着农村产业的发展和转型，模块化分工和协作在农村产业中的作用越来越重要，并且外部协同效应也变得越来越明显。农村产业的模块化分工意味着将整个产业链划分为不同的模块或环节，并由不同的组织或个体专门承担各自的任务。这种分工可以提高生产效率、降低成本，并促进资源的合理配置。同时，通过模块化分工，不同的模块之间可以进行协同合作，形成协同效应。在区域传统农业和工商业两个系统中，模块化分工与协作对三产融合的设计规则，可以分为"隐形"和"看得见"的设计规则两种。隐形设计规则指的是隐藏在具体的融合模块中的规则，它们是专业化融合经营企业的核心优势来源。这些规则可能包括专业技术、操作流程、管理方式等，可以使企业在特定领域内具有竞争优势。这些规则往往是企业内部的知识、经验和技能，是通过不断的学习和实践积累而形成的。

而"看得见"的设计规则是日益发展的共享知识和技术。这些共享技术的扩散大大减弱了三产融合信息的不对称性。通过共享和传播，企业能够更容易获取相关的知识和技术，从而降低了参与三产融合的门槛，促进了合作和协作的出现。这些"看得见"的设计规则可以是一些通用的标准、规范、行业共识等，也可以是开放的技术平台、共享的数据资源等。它们有助于不同企业之间的信息沟通和交流，减弱了信息不对称带来的不确定性。同时，"看得见"的设计规则也促进了创新和技术进步，推动三产融合的发展和进步。模块化分工与协作在区域传统农业和工商业两个系统中的实施，既涉及企业内部的隐形设计规则，也涉及公共的"看得见"的设计规则。通过有效整合和运用这些规则，可以提高三产融合的效率和质量，推动区域经济的发展和竞争力的提升。降低融合主体协同的成本，有利于三产在要素、结构、布局、组织、制度等多方面进行融合，从而直接促使三产融合协同效应的增强，如在农产品生产、加工、仓储、运输、销售、售后等主要环节中，依靠数字与智能技术推动不同产业边界的融合，而技术融合使得不同产业环节具有相似的技术知识基础，进而有机会实现更大的效益。

2. 系统理论

系统理论的发展源于 20 世纪初期，是一门跨学科的科学。它借鉴了数学、逻辑、信息论、控制论等多个领域的方法和概念，这使得系统理论具有逻辑和数学性质。它通过建立数学模型和使用形式化的方法来描述系统的结构和动态过程（张文焕等，1990）。系统理论的主要研究对象是各种系统的一般模式、结构、规律以及它们所共有的特征。系统理论的应用可以帮助我们从更深入的角度理解农村三产融合。本书将农村三产融合视为一个开放系统，其中不同的产业构成要素相互交叉、渗透和关联。农村三产融合系统具有自组织的特征，这意味着系统内部的要素之间存在相互作用和协同的关系。这些相互作用和协同可以促进资源的共享、技术的转移和市场的拓展。同时，农村三产融合系统也具有耗散、开放和非均衡等特征，这意味着系统能够吸收和释放能量、物质和信息，并且与外部环境进行交互。农村三产融合是一个动态演化的过程。系统内部存在涨落和非线性作用，这意味着系统的发展不是线性的，而是受到多种因素的影响和制约。涨落和非线性作用可以导致系统的变化和调整，促使三产融合朝更高级、有序和复杂的方向发展。从系统论的角度来看，农村三产融合系统的发展方向可以表现为进化和退化的运动过程，这意味着三产融合系统在发展过程中不断增强自身的功能。而退化则是相反的过程，指的是系统的退化和衰退。

综上所述，系统理论的应用帮助我们更好地理解农村三产融合的本质和特征。通过使用系统理论的概念和方法，我们可以深入分析农村三产融合系统内部及外部的相互影响和演进规律，进而对农村三产融合的实践进行科学的指导。三产融合的关联程度极高，应该充分将三者结合起来，实现资源的充分利用，使其发挥各自的优势，推动产业竞争向产业竞合转变，实现共赢发展。

三　相关概念的界定

（一）产业融合

产业融合可以被看作各个产业的边界模糊化和相互影响的结果。通过跨行业的合作与协同，不同产业之间的技术、知识和经验得以共享和交流，从而促进了新的创新和发展。植草益（2001）认为，产业融合主要是通过技术革新和放松管制，进而降低行业间的壁垒，加强各行业企业间的新型竞争合作关系。周振华（2003）认为，通过产业融合，原本分散在不同领域的技术、知识和资源可以进行跨界整合和共享，进而推动新产品、新技术和新市场的出现。这种融合促使不同产业间的合作更加紧密，也有助于提高企业的综合竞争力。马健（2002）认为，产业融合是由技术进步和放松管制等因素导致的技术融合现象，这种融合对产业边界、产品特征、市场需求和企业竞争合作关系都产生了影响。产业融合使产业之间的界限变

得模糊甚至被重新划定，对产业发展产生了积极的影响。胡汉辉和邢华
（2003）认为，产业融合改变了企业之间的竞争与合作关系。传统上，企业
在自己所在的产业内竞争激烈，但通过产业融合，这些企业可能会找到合
作的机会，与别的企业共同开发新技术、新产品或新市场。同时，一些原
本合作关系较好的企业也可能因融合带来的竞争而调整策略。

综上，本书认为产业融合是一种动态发展过程，它通过不同产业或同
一产业内的不同行业之间的相互渗透和交叉，逐步形成新的产业，成为新
的经济增长点。技术进步和管制放松对传统产业的渗透起到了推动作用，
而追求更高的生产效率和经济效益增值则是产业融合发展的目标。

（二）农村三产融合

西方经济学将产业结构划分为第一产业、第二产业和第三产业三大类。
第一产业从自然界获得产品，第二产业通过加工和制造转化原材料，第三
产业提供各种服务。这种划分有助于了解不同产业的特征和作用，以及整
个经济体系的结构。这种根据经济功能来划分三次产业的方法能够有效地
将产业区分开来，但也存在一些问题。在产业分工视野下，人们普遍更注
重农业的经济功能，而忽略了生态、文化、社会等其他功能，农业的环境
保护、生态价值、文化意义、社会功能及创新创业中的重要作用不被重视。
20 世纪 90 年代中期，随着工业化和城镇化的推进、技术的进步和社会的发
展，"农村三产融合"这一概念逐渐被学界接受。日本学者今村奈良臣
（1996）提出产业融合发展概念，他认为可以将农业与第二产业（工业）和
第三产业（服务业）相结合，这有助于农村经济多元化发展，可以提高农
民收入，激发农业生产活力，并提升农产品的附加值和市场竞争力。这种
模式有助于农村经济的可持续发展和农民生活水平的提高，并据此提出了
农业"六次产业"的发展理念。在国内，苏毅清等（2016）认为，农村三
产融合是指农林牧副渔等第一产业的细分产业与第二、第三产业中的细分
产业之间实现内部化的产业间分工。第一产业中的农林牧副渔等细分产业
与第二、第三产业中的细分产业相融合，可以促进新的生产技术、管理技
术和产业形态的发展。

综上，结合国家发展改革委宏观院和农经司课题组（2016）对农村三
产融合的定义，本书认为，农村三产融合是以农业为依托，以技术渗透和

组织制度创新为引领，通过产业链条延伸、产业组织再造、产业功能拓展、要素集聚等手段，实现农业与服务业的有机整合和紧密相连。这种模式以新型经营主体为引领，促进各个产业之间的协调发展。三产融合发展，不仅实现了农产品的加工流通，还实现了农资生产销售和休闲旅游等服务业的整合，通过跨界集约配置资本、技术和资源要素，进一步提高了农业生产的效益和竞争力。这种融合发展模式的目标是推进各产业的协调发展，通过整合各个产业，增加附加值，改善农产品的品质，提高农产品的市场竞争力，最终促进农村地区的经济发展，提高农民的收入水平。

（三）溢出效应

溢出效应又叫外溢效应（Spillover），最初用在气象环保中，反映某一区域大气及水污染可能给其他区域带来的影响。在经济学中，溢出效应表现为外部性，指一个经济主体（生产者或消费者）在自己的活动中对第三者的福利产生了有利影响或不利影响，这种有利影响带来的正外溢收益或不利影响带来的负外溢损失，都不是该经济主体所获得或承担的部分。溢出效应指的是经济活动所产生的效益不仅限于经济主体本身，还会对其他人和社会产生一定的正面或负面影响。这些影响可能是经济外部性的，即市场无法充分体现的影响。在分析行业外溢时，溢出效应特指某个行业的发展所带来的社会效益大于或小于该行业内部效益的部分。举例来说，一方面，某个行业的发展可能会带来附加的就业机会、技术创新、产业链上下游的协同效应等，这些都属于正面的溢出效应。另一方面，行业的发展也可能导致环境破坏、资源耗竭、社会公共服务负担加重等负面的溢出效应。对行业溢出效应的分析，可以帮助我们更全面地评估某个行业的价值和潜在影响，并为政策制定者提供有关如何引导和管理行业发展的参考。通过采取相应的政策措施，可以促进正面溢出效应的发挥，同时减小负面溢出效应的影响，实现经济的可持续发展和社会的整体福祉提升。

在一个地区或行业，多个拥有知识和技术等具有可模仿性要素的组织集聚在一起，它们之间的互动和合作可能会产生技术创新、知识共享、劳动力流动等积极影响。这些积极影响会超过单个组织的内部效益，从而产生正面的溢出效应（Arrow et al.，1996）。

已有文献利用各类数据样本讨论了溢出效应是否存在、产生的途径、影响因素等问题，形成了丰富的研究成果（杨霁帆，2017）。溢出效应有如下特点。①非市场化：溢出效应的影响无偿地产生，并不受市场交易的限制和规则约束，因此无法通过市场交易完全体现。它通常是通过非市场机制传递的，不涉及货币交换。②关联性：溢出效应的发挥需要行为主体之间存在一定的联系和相互作用。一个行为主体的决策和行为会对其他相关主体产生影响，这种关联性使得溢出效应在经济系统中产生。③双向性：溢出效应可以是正向的（积极影响），也可以是负向的（消极影响）。正向溢出效应指的是经济活动给其他经济主体带来的有利影响，如技术创新、就业机会增加等。负向溢出效应则指的是对其他经济主体产生不利影响，如环境污染、资源耗竭等。④两面性：同一个经济活动可能会同时产生正向和负向溢出效应，这取决于不同的参与者和观察角度。因此，我们需要在考虑溢出效应时综合权衡各种影响，并努力最大化正向溢出效应，减弱负向溢出效应。⑤不可避免性：溢出效应在许多情况下是不可避免的。由于经济活动之间的相互联系和复杂性，某些影响无法仅局限于直接参与者之间，而是会扩散到其他相关方面（张怀志，2017）。

溢出效应有正有负，本书分析的农村三产融合的溢出效应主要指正向溢出，特指农村三产融合的发展可能给农业带来效率提升、给农民带来收入提高、给城镇化带来助推等效应。

（四）粮食主产区

2003年12月，财政部印发的《关于改革和完善农业综合开发若干政策措施的意见》指出，中国粮食主产区具体包括河南、河北、内蒙古、辽宁、吉林、黑龙江、江苏、山东、湖北、湖南、江西、安徽、四川13个省份，主要分布在东北、黄淮海以及长江中下游地区。中国的粮食主产区可以划分为三个大的流域：松花江流域、黄河流域和长江流域。松花江流域包括辽宁、吉林和黑龙江3个省份，这个区域是我国重要的粮食主产区之一。黄河流域覆盖河北、山东、内蒙古和河南4个省份。这个区域拥有丰富的土地资源和水资源，其中河南是我国的粮食生产大省之一。长江流域则包括江西、湖北、湖南、江苏、安徽和四川6个省份。这个区域具有温暖湿润的气候和肥沃的土地，适合种植水稻、小麦和其他经济作物。这三个流域在我国的粮食生产中起着重要的作用。

第一章

研究综述

第一节　产业融合发展研究的学术史梳理

一　产业融合的提出

产业融合研究可以追溯到 1713 年英国学者威廉·德汉，他的研究涵盖光学、气象学和生物学等多个领域。德汉的研究成果不仅推动了当时科学领域的发展，而且对后来的科学研究产生了重要影响。他的多学科研究方法和对自然界现象的准确观察为后来的科学家提供了宝贵的启示和借鉴。关于现代产业融合的概念，较早出现在 Rosenberg（1963）的一篇有关"技术融合"的研究中，他研究了计算机、印刷和广播三个产业的技术边界，发现位于产业交叉处的产业成长最快、创新最多，这个领域是由这些产业的技术相互影响和融合产生的，他将这个现象称为技术融合。技术融合不仅在美国机械工具产业中可见，在许多其他产业和领域也存在。通过不同产业之间技术的交流和借鉴，新的产业和市场得以形成，从而推动了经济的发展和创新的进程。在技术融合的过程中，不同产业之间的专业化机械工具产业也得以形成。这意味着一些公司致力于开发和生产为其他产业提供服务的专业化机械工具。这些专业化的机械工具可以根据特定产业的需求进行设计和定制，以提供更高效、精确和可靠的工具和设备。技术融合不仅为产业创新和发展带来了机会，还推动了更广泛的技术进步和经济增长。通过不同产业之间的技术融合，创新和竞争的活力得以释放，进一步推动了经济和社会的进步。植草益（2001）认为，交叉叠加处是产业融合成长最快速的领域，交叉叠加越多，融合程度越深，还得出数字技术是这部分产业交叉融合的原因的结论。迈克尔·波特（1997）指出，由于共同的技术基础及技术革新，专业化与分工不再明显，产业之间的区别将逐渐消失，产业融合现象会大量出现。数字信息时代带来了许多新技术和创新，这些新技术可以渗透和转移到传统产业中，促进产业之间的融合。这种融合不仅是技术层面的整合，还涉及模式、业务、产品和市场等方面的整合。产业融合对于经济学研究来说是一个重要的议题，它体现了第三次科学技术革命的显著成果。在产业融合的研究中，研究范围逐渐扩大，从最初的技术整合扩大到更广泛的模式整合、业务整合、产品整合以及市场融合。这意味着研究者关注的焦点不再局限于技术层面的整合，而是更加综合地考虑了产业之间各个方面的融合。此外，对于产业融合的研究也在不断深入，学者们开始探索其深层次的机制和影响因素。他们着重分析产业融合对经济增长、竞争格局、资源配置等方面的影响，旨在为政策制定者和企业提供更好的决策支持和战略指导。

二　产业融合研究的发展

20 世纪 90 年代后，伴随技术变革与扩散过程以及数字和计算机技术普及，产业融合已经引起了学者们的广泛关注，研究内容也在不断扩展。不仅是电子信息通信、印刷和计算机等行业，现代金融业、房地产业、旅游业、文娱业等相关行业也成为产业融合的重要研究领域。产业融合开始突破单一的技术领域，涉及多个行业之间的互动和交叉。这些行业之间的融合可以促进创新和经济增长，并且在数字化时代的推动下，产业之间的边界变得越来越模糊（Yoffie，1996）。Lei（2000）认为，由于数字化和技术创新的推动，产业融合迅速发展，并且不断涉足各个相关行业。这种融合带来了新的商机和变革，导致对产业融合效应，以及产业融合对市场与产品创新、产业结构优化升级影响的研究也日益深入。与此同时，需要学者们进行深入研究，以便理解和应对这些变化。

1. 产业融合的概念

欧盟委员会认为，产业融合强调技术、市场和企业之间的互动和整合。

在实际应用中，各产业经常相互交叉和影响，共同推动产业融合的进程。[①]
植草益（2001）则认为产业融合的重要表征是通过技术革新来降低行业壁
垒，加强各行业企业之间的竞争合作。Gerum 等（2004）和 Kim 等（2015）
分别从产业融合过程和产业竞争关系等不同的视角对产业融合进行了界定。
厉无畏和王慧敏（2002）认为，产业融合是一种资源、市场和技术的重组
过程，通过打破产业界限和促进产业之间的交流与整合，形成新的产业形
态和新兴产业。产业融合对于促进经济增长、推动创新和提升竞争力具有
重要意义。李美云（2005）认为狭义的产业融合是指，两种及以上产业之
间的界限被打破，产业间的阻碍变得模糊。这意味着原本独立的产业开始
相互交叉、融合和整合，形成新的产业形态。数字技术的快速发展促使不
同产业之间的技术、市场和资源相互渗透，从而可以创造更高效、更具竞
争力的发展方案。其广义概念为，产业融合不仅限于技术和服务领域，还
包括其他产业领域之间的变革和融合。这涉及不同产业之间的合作联盟、
资源共享、价值链整合等方面。这种广义的认识将产业融合视为产业发展
的一种演化过程，包含更多的维度和影响因素。

2. 产业融合的分类

国外有关产业融合分类的研究主要是基于技术与产品两个角度来展开
的。Greenstein 和 Khanna（1997）认为产业融合包括供给和需求两个方面的
融合，并详细介绍了产业融合的替代性和互补性两个子类别。这种分类方
式有助于我们更好地理解和分析产业融合的不同形式和动力。在供给方面，
技术融合是产业融合过程中的重要驱动力。不同产业之间的技术互补和整
合，可以促使新技术的应用和创新，从而推动产业之间的交叉与融合。例
如，在数字化转型的趋势下，各个产业都在积极应用人工智能、大数据、
物联网等先进技术，实现技术融合，并开发出跨界的创新产品和服务。在
需求方面，产品融合是根据消费者的多样化需求和体验而展开的。替代性
融合强调具有相似特征的产品通过整合，使产品之间的特征趋于一致，从
而提高市场的竞争力。而互补性融合则强调不同行业的产品之间的互补关
系，通过联合创新满足更广泛的消费者需求。这种由需求驱动的产品融合

[①] 资料来源：https://digital-strategy.ec.europa.eu/en/library/green-paper-convergence-telecommu-nications-media-and-information-technology-sectors-and。

有助于拓展市场边界，创造新的商业机会。综合来看，产业融合是一个复杂的过程，涉及技术、市场、服务和产品等多个方面的融合与创新。供给和需求两个方面的融合以及具有替代性和互补性的产品的融合都是产业融合的重要表现形式。

国内学者在对产业融合进行分类时，主要从产业视角出发，对其不同组合形式进行描述。例如，胡汉辉和邢华（2003）将产业融合分为三种组合形式：产业渗透是指不同产业之间的相互渗透和借鉴；产业交叉是指两个或多个产业之间的交叉合作和创新；产业重组是指产业界限的重组和重构。胡永佳（2007）认为，产业融合有三种基本形式：横向融合是指在同一产业链上的企业之间的合作与整合；纵向融合是指不同产业链上的企业之间的合作与整合；混合融合是指跨越不同产业链的企业之间的合作与整合。王丹（2008）提出了产业融合的三种形态：改造型融合强调通过技术和模式创新，改造和优化现有产业；互补型融合强调通过整合不同产业的资源和能力，形成互补关系；替代型融合强调通过创新技术和产品，取代现有产品或产业。

3. 产业融合的驱动力

已有研究一般强调技术和制度对产业融合的重要性（植草益，2001），认为制度创新和共同技术是融合发生的前提（Pisano and Shih，2012）。单元媛和赵玉林（2012）认为推动产业融合的动力是产业发展的内在规律、技术的创新、商业模式的发展以及政府管制的放松等，这会导致不同产业之间的相互依存性和互动性增强。为了提高效率、降低成本、创造新的价值，产业之间开始进行合作、整合和融合。产业融合可以促进资源配置的优化和跨界创新的产生，这是产业发展适应新形势的内在要求。人工智能、大数据、物联网等先进技术的应用，使得不同产业之间的交叉与融合成为可能。技术创新不仅改变了产品和服务的形态，也催生了新的商业模式和产业生态。综合来看，产业发展的内在规律、技术的创新、商业模式的发展以及政府管制的放松，都是推动产业融合的重要动力。这些动力相互作用，不断塑造和推动着产业融合的发展。

4. 产业融合的测度及效应

目前，产业融合的测度方法主要有专利相关系数法（Curran and Leker，

2011)、赫芬达尔指数法和产业关联度法（Cameron et al.，2005）。这些方法都可以从不同角度来测度产业融合的程度和特征。这些学者提供了一种定量分析的方式，帮助研究者和决策者更好地理解和把握产业融合的发展趋势和机会。与此同时，由于产业融合的复杂性，单一的测度方法可能无法完全准确地反映产业融合的全貌。因此，近年来产业融合的度量开始逐步转向综合运用多种方法和指标来进行全面评估。有关产业融合效应的研究普遍认为，产业融合可以带来一系列积极的效应，其中包括衍生新兴产业和推动构建产业间新型竞合关系。陈柳钦（2007）认为，产业融合的效应是指不同产业之间的交叉与融合所带来的影响和结果。产业融合可以促进经济发展、优化资源配置、推动创新和增强竞争力。胡永佳（2007）则认为产业融合可以推动市场竞争，并促使产业结构升级和转型。这有利于提高整体经济效益和促进产业可持续发展。

三 农村三产融合的提出与发展

自 20 世纪 40 年代起，新古典经济学理论开始关注农业合作社视角下的农村三产融合发展问题。相关研究从合作社内部和合作社与外部环境的关系等角度，探讨了农业合作社的功能、组织结构和经济效益等问题。这为农村三产融合的理论和实践奠定了一定的基础。而在 80 年代以后，新制度经济学成为一个重要的研究领域，其中的交易费用理论、产权理论、委托代理理论、博弈论等新的理论和分析工具为研究农村三产融合奠定了更加丰富的理论基础。农村三产融合概念源于日本的六次产业化理论（今村奈良臣，1996）。2010 年日本颁布的《六次产业化·地产地消法》，正式把"六次产业化"作为推动农业发展的战略选择，强调农业产业链延伸至第二和第三产业的重要性，实现了三次产业之间的交叉融合。这个观点将农业产业链的延伸视为加法效应和乘法效应。加法效应是指将第二和第三产业与农业产业链进行连接和延伸，形成六个产业环节，即 $1+2+3=6$。这种延伸可以带来资源优化配置、生产成本降低、附加值提高等好处，实现了产业链的延长，促进了农业向上游和下游的拓展。乘法效应则是指三次产业之间的交互融合，形成新的产业形态，即 $1 \times 2 \times 3 = 6$。不同产业之间的协同合作、合理组织和创新，产生了新的产业模式和业态，推动了农村地区三次产业的整合和联动发展。国内学者认为农村三产融合从根本上属于产业融合，它的关键在于创新（姜长云，2015b）。它是产业所产生的经济活动受技术或制度创新影响而形成的产业边界模糊化和产业发展逐步一体化的现象（朱信凯、徐星美，2017）。乡村振兴战略下，三产融合发展是推动农业农村现代化转型的重要方向，需要怎样的推进机制是亟须研究解决的问题（黄祖辉，2018b）。至此，"农村三产融合"理念逐渐深入人心，引起较大关注。

第二节　国内外三产融合发展研究现状

一　农村三产融合的内涵

有关农村三产融合的内涵，Wirtz（2001）将其定义为传统农业与有机农业之间的第三条道路，旨在改善农业生产环境的同时提高产业效益。金玉姬等（2013）认为，农村三产融合是农业产业化经营的一种"升级版"，因为它更加注重将农业作为核心，并将农产品加工、特色产品开发等第二产业和直销店、餐饮业、住宿业、观光业等第三产业作为衔接，以实现农业价值链的附加值增加和农民就业增收的目标。梁伟军（2011）认为农村三产融合是农业与工业、服务业及高新技术产业的相互渗透，从空间上看是农业发展空间的拓展。苏毅清等（2016）认为，纵向融合和横向融合都是农村三产融合的重要内容。纵向融合主要是指农村三产（第一产业、第二产业和第三产业）在农业价值链上的衔接与融合，包括农资供应，农产品生产、加工和销售等环节的衔接。通过纵向融合，农业生产能够更加有序地进行，形成一个从种植到加工再到销售的完整的产业链，实现农产品的附加值增加和农民收入的增加。而横向融合则是指在农业中引入高新技术产业发展理念、技术成果和管理模式，包括农业科技创新、数字化农业、智能农业和绿色农业等方面的发展。通过横向融合，可以提高农业生产效率，提升农产品质量和安全性，推动农业的可持续发展。同时，横向融合还可以促进农村经济的结构调整和转型升级，推动农民增收致富。通过这两个方面的融合，可以实现农业产业链的优化和农村经济的转型升级。

姜长云（2015b）则认为农村三产融合的本质是产业间分工的内部化，

主要标志是形成新技术、新业态、新商业模式和新的农村产业空间布局。郭起珍（2018）认为产业融合是以农业为依托的模式，它可以实现农产品生产、加工以及服务的整合。这种整合的目的是将农村的第一、第二、第三产业紧密联系起来，实现协调发展。张红宇（2021）认为三产融合从产出的角度可界定为不同产业之间产品或服务的重组及整合。另外，郭焕成（2010）、张艳红等（2021）从不同方面对农村三产融合发展的概念进行界定；滕磊和鄢阳（2021）认为产业融合是通过跨产业组织的技术与市场连接来实现增值的过程。农村三产融合则以农业产业为基点，通过跨越三次产业的连接，挖掘农业产业的价值并进行合理分配。

从实际发展演变的角度来看，农村三产融合是传统农耕价值向现代农业价值、现代农业价值向全产业链价值以及农民个体价值向农业组织价值的转变过程。这种转变实现了农业价值的增加。换言之，农村三产融合不仅是农业从传统到现代的升级转型，还涉及整个产业链的发展以及种植、养殖、加工、销售等环节的深度融合。这个观点强调了农村三产融合对农业产业的全面发展和价值提升的重要性。汤洪俊和朱宗友（2017）根据融合方式将三产融合分为以农产品加工业为代表、以休闲农业为代表、以农产品电子商务为代表三类；戴紫芸（2017）基于组织一体化视角，提炼出纵向一体化与横向一体化两种融合模式；郝华勇（2018）提出特色小镇的发展模式对农村三产融合的发展具有现实意义；马晓河（2015）则认为三产融合包含四种模式，分别是产业链延伸型、技术渗透型、内部产业整合型以及其他产业交叉型；国家发展改革委宏观院和农经司课题组（2016）将农业与第二、第三产业融合的类型概括为链条延伸型、种养结合型、多元复合型、技术渗透型以及功能拓展型。

二　农村三产融合发展过程及驱动因素

国外学者 Hacklin 等（2009）认为，产业融合会经历四个阶段，即知识融合、技术融合、应用融合以及产业融合，其中技术融合是最核心也是最关键的一步。Giovanni 和 Francesco（2010）提出了一个产出定价模型，该模型认为在农村三产融合中，只有当成员农场的边际成本与合作社边际成本之和等于合作社边际收益时，才能实现全体参与者的利润最大化。这意味着成员农场和合作社之间需要达到一种平衡，使得总的边际成本等于边际收益，从而实现最高利润。

此外，国内外研究普遍认为，产业融合是产业间分工的内部化过程。这意味着不同产业之间的分工可以在同一个组织或合作社内部实现，通过整合资源和协同合作，可以达到更高的效率和规模经济。王伟（2018）认为，产业渗透是农村三产融合发展的初级阶段。在这个阶段，不同产业之间建立起互利互惠的协作关系，通过资源共享和合作，实现共同发展。而产业重组则是农村三产融合发展的高级阶段。在这个阶段，产业之间建立起更紧密的关系，形成共生关系。通过整合和重新组织产业链，实现产业间的相互依存和相互促进，从而取得更大的经济效益和竞争优势。这些观点强调了农村三产融合发展的阶段性特点，同时也指出了不同阶段产业间关系的变化。有关农村三产融合发展过程及驱动因素研究，国内学者主要从产业分工理论（刘红瑞等，2015）、交易成本理论（李治、王东阳，2017）、创新理论（梁立华，2016）等方面进行分析，也有研究认为推进三产融合发展需要外部植入型经营主体发挥引领、示范作用（韩长赋，2019）。

三 农村三产融合度量及效应

关于农村三产融合的度量方法，主要有变权灰色关联分析法（梁树广、马中东，2017）、层次分析法（李芸等，2017）、主成分分析法（王晓建，2018）。张艳红等（2021）对湖南农村三产融合发展的水平测度与空间分异进行了研究。陈盛伟和冯叶（2020）基于熵值法和 TOPSIS 法综合评价山东省的农村三产融合发展水平。姜峥（2019）认为农村三产融合发展可以促进产业整合，通过不同产业间的融合与协同，可以提高资源利用效率，实现产业链的优化和整合。臧学英和王坤岩（2018）认为，产业融合过程中的横向关联可以带来规模经济效益和内部效益。通过减少产业链各环节附加值的损失，农民能够充分获得这种内部效益。刘海洋（2018）认为农村三产融合带来的技术引入和农业机械化程度的提高，为农业现代化转型发展奠定了基础。通过产业融合，新技术和现代化的农业机械设备可以更好地应用于农业生产，提高农业效率和质量。李学坤和赵晓园（2018）认为农村三产融合通过农业产业链的延伸和产业范围的拓展，让农户共享增值收益。这种融合模式能够将农业与其他产业紧密结合，提高农户的经济收益和生活水平。孔德议和陈佑成（2019）研究发现，农村三产融合对农民增收有显著影响。也有实证案例认为三产融合可以实现农业产业链延伸、产业范围拓展（王乐君、寇广增，2017），三产融合可以推动各产业协调发展和农民增收（郭军等，2019）。甘灿业（2019）认为农村三产融合发展有利于推进农业供给侧结构性改革，促进农民收入增加，从而缩小城乡差距，实现全面小康。不过整体而言，上述研究多是理论规范分析，国内关于农村三产融合效应的实证研究尚不多见。

四　农村三产融合发展的影响因素

国外学者 Benner 和 Ranganathan（2013）认为合作社可以减少信息成本、保护成员的准租金不被剥夺，因而对农村三产融合具有较大的推动作用；Simmons 和 Birchall（2008）、Doganova 和 Eyquem-Renault（2009）、Kim 等（2015）认为，农村三产融合的合作组织效率的提升是决定融合成功的最重要因素。Golovina 等（2013）、Hoffman 等（2016）认为产权结构、供应链管理等是影响三产融合发展的重要因素。国内学者李美云和黄斌（2014）认为市场管制的放松以及新技术的运用是推动三产融合的主要因素。杨久栋等（2019）、李晓龙和冉光和（2019b）认为影响三产融合的主要因素包括技术创新、产业组织结构优化、内部化与规模效应等。李洁（2018）、陈学云和程长明（2018）认为农产品深加工、精加工、信息化、自动化技术的发展是农村发生高级三产融合的前提和动因。赵霞等（2017）则强调，农村三产融合发展以技术创新为引擎，以主体利益为内在驱动力，以市场需求为外在诱因，以政府政策为外部保障。

五　农村三产融合的实现路径

赵海（2015）、万宝瑞（2019）、肖卫东和杜志雄（2019）认为实现三产融合应以农业为基本依托，应特别关注产业链条的延伸和利益联结机制的有效构建。梁树广和马中东（2017）、朱文博等（2018）则认为三产融合还需要加大对合作社、农村家庭农场等融合主体的培养力度。孙东升等（2017）认为发展土地股份合作可以促进三产融合。曹菲和聂颖（2021）认为通过制度、技术等的创新，深化农业与农村改革，疏通要素流通渠道，实现组合最优、效益最佳，是促进三产融合的关键。江泽林（2021）认为三产融合是实现农业高质量发展的关键，只有真正认识并了解三产融合发展中存在的问题，制定相应的解决措施，做好技术、人力资本、利益联结等方面的工作，才能推动我国农业朝着高质量发展方向不断前进。韩素卿等（2020）认为所有的产业都有自己的生命周期，在推进我国农村三产融合发展的同时要时刻关注市场变化，以市场为导向，借助政府的政策支持，不断增强风险规避意识，通过产品创新引领市场。而有些学者认为推动农村三产融合发展，关键在于将农村各产业部门的要素资源进行有效整合与配置（程莉、胡典成，2019）。

第三节　研究述评

综合前面两节，目前已有文献对理解三产融合起到了重要作用，我国农村三产融合发展的内涵、特征、模式、问题及应对措施等研究已具备一定理论基础，但就笔者所了解的文献，国内三产融合研究以内涵解读、模式归纳、实践解读为主。随着农村三产融合的不断推进，对我国农村三产融合发展水平及效率进行定量测度，明确农村三产融合的多维溢出效应，以及构建三产融合驱动机制等方面的工作将变得更加重要。

首先，国内文献大都强调农村三产融合的重要作用，但基本上是以理论规范方法进行解释，缺乏较为系统的农村三产融合综合溢出效应的形成机制、发展动力机制等的研究。

其次，为了更准确地衡量农村三产融合发展水平，需要制定科学、全面的指标体系，并结合实际情况进行修订和改进。这包括考虑不同地区、不同行业的特点和需求，充分考虑农村三产融合的各个方面，如产业链延伸、资源利用效率、技术应用等。此外，还需要加强对融合水平的定量研究。通过收集和分析大量的实证数据，更好地揭示农村三产融合的实际发展情况和效果，为政策制定和实施提供科学的依据。

再次，农村三产融合在乡村振兴中的效应研究有待进一步深化。尤其是溢出效应的形成机制和溢出渠道研究鲜有人涉及。揭示三产深度融合的促进机制，充分认识三产融合对粮食主产区经济发展的促进作用及其对农村经济发展和农民收入的影响的实证研究仍有待进一步拓展。

最后，在面临资源环境约束趋紧、农业效益增长乏力、人口红利衰减等供给冲击的新挑战下，农村三产融合作为农业供给侧结构性改革的关键举措，如何构建促进机制扩大其溢出效应，从而促进农业强国建设和中国式农业现代化的实现，将成为今后的重要研究方向。

第二章

农村三产融合溢出效应的理论分析

第一节　农村三产融合外溢的一般分析

一　农村三产融合外溢的经济学解释

大量的研究表明，农村三产融合在提升农村三次产业各自效率与效益的同时，也促进了农业整体效率提升和农村居民收入增长，推动了城镇化进程。这种对农业、农村居民与城镇化的正向推动作用即三产融合的溢出效应。

农村三产融合过程中，通过整合资源、促进产业效率提升等带来的融合收益（融合产出），是产生三产融合需求的根本所在；同时，融合过程中也伴随融合投入，即融合成本（价格），而这决定了三产融合的供给规模。因此，三产融合溢出效应可以借鉴经济学中的需求曲线和供给曲线来分析。图 2-1 中，我们用纵轴代表农村三产融合价格，横轴代表农村三产融合产出，农村三产融合成本与收益曲线相交于 A_0 点，这一点决定了农村三产融合的最优产量和价格。在考虑正的外部性（正外溢）的情况下，代表三产融合收益的需求曲线发生了变化，也就是说，社会收益曲线在三产融合收益曲线的右上方，社会收益大于三产融合收益。由图 2-1 可以明显看出，农村三产融合收益和成本所决定的均衡产量未达到社会收益最优产量，这种供给不足就是由农村三产融合的正溢出效应导致的，这也说明农村三产融合具有一定准公共物品特征，单靠农村市场主体的行为会导致供给不足。

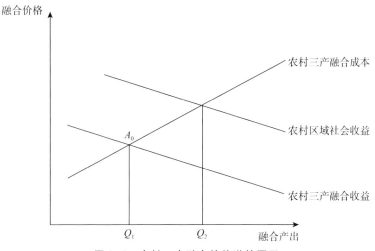

图 2-1　农村三产融合的外溢的图示

二　农村三产融合外溢与农业资本的边际产出

农村三产融合的溢出效应可以用新经济增长理论来分析，借鉴 Bretschger（1999）的内生增长模型，建立农村三产融合的外溢模型。

假设农村三产融合产业 i 在 t 时期提供的产品和服务 S 由投入的要素资本 K 和劳动力 L 决定，则 S 的产出函数为：

$$S_i(t) = A(t)F[K_i(t), L_i(t)] \tag{2-1}$$

借鉴 Arrow（1962）的干中学思想，农村三产融合产业所提供产品和服务的技术外溢、产业链外溢可以看作过去净投资的总和，即：

$$w(t) = \sum^i I(t) \tag{2-2}$$

其中，w 是外溢资本（包括技术外溢、产业链外溢等），I 为农村三产融合投资。

w 对农村三产融合因子 A 会产生一定影响：

$$A(t) = w(t)^\beta = k(t)^\beta L(t)^\beta \tag{2-3}$$

其中，$\beta \leqslant 1$ 为外溢资本影响系数，代入式（2-1），则农村三产融合产出为：

$$Y_t(t) = K_t(t)^{\alpha} L_t(t)^{1-\alpha} w(t)^{\beta} \qquad (2-4)$$

式中 α 为产出弹性，与此相对应，农业产业总产出为：

$$Y(t) = K(t)^{\alpha} L(t)^{1-\alpha} w(t)^{\beta} \qquad (2-5)$$

行业人均提供服务产出为：

$$M_a = (\alpha + \beta) k(t)^{-1+\alpha+\beta} L(t)^{\beta} \qquad (2-6)$$

假设外溢资本与农村三产融合投资呈固定投资比例关系（假设外溢资本等于过去投资总和），则根据式（2-2）可得到全行业生产影响因子：

$$A(t) = w(t)^{\beta} = k(t)^{\beta} L(t)^{\beta} \qquad (2-7)$$

代入式（2-6）可得，农业产业人均提供服务产出为：

$$y(t) = k(t)^{\alpha+\beta} L(t)^{\beta} \qquad (2-8)$$

农村三产融合外溢导致行业产出和整个农业产出的边际产出不同，对于行业而言，只需要考虑自己的投入资本回报率，对式（2-3）关于资本投入求导，得到行业资本边际产出为：

$$M_x = \alpha k(t)^{-1+\alpha+\beta} L(t)^{\beta} \qquad (2-9)$$

同理，对式（2-8）求导，可得农业资本边际产出为：

$$M_b = (\alpha+\beta) k(t)^{-1+\alpha+\beta} L(t)^{\beta} \qquad (2-10)$$

由式（2-9）和式（2-10）可以得到如下结论：由于农村三产融合外溢的存在，农业资本边际产出大于行业资本边际产出。图2-2给出了农业资本存在不同外溢的边际产出情况，从中可以看到，农村三产融合外溢的存在会提升农业资本的边际产出，甚至会改变其边际产出递减性质。

假设农业市场是完全竞争的，此时，在不存在外溢时，行业资本边际产出和利率相等，根据凯恩斯-拉姆齐定理，得到农村三产融合的稳定增长率，它也可以认为是农业增长率：

$$z(t)_s^* = \alpha k(t)^{-1+\alpha+\beta} L(t)^{\beta} - r \qquad (2-11)$$

在存在外溢时，农业经济的最优增长率将达到：

$$z(t)_s^* = (\alpha+\beta) k(t)^{-1+\alpha+\beta} L(t)^{\beta} - r \qquad (2-12)$$

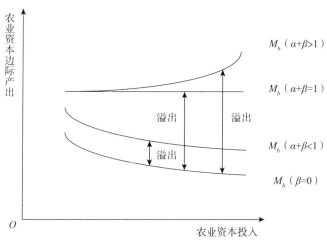

图 2-2　溢出效应与农业资本的边际产出

此时，农业最优增长率提高了，这就是农村三产融合溢出效应的表现。

三　农村三产融合溢出效应的具体表现

1. 农村三产融合的功能

从系统的角度分析，农村三产融合主要有资源整合、降低成本、提升效率、放大创新和融合多种利益主体等功能。

（1）资源整合功能。首先，涉农企业在农村三产融合中扮演着重要的角色。它们可以为农户提供生产资料、技术支持和市场渠道，提高农业生产效益和产品附加值。同时，涉农企业也可以通过与农户的合作，扩大自身的市场规模和影响力。其次，农户作为农村三产融合的一部分，可以通过参与农业产业链的延伸和拓展，分享农产品增值收益，并提高自身的经济收入和生活水平。再次，政府在农村三产融合中的作用也非常重要。政府可以提供政策支持和资源保障，为农村三产融合提供有利条件和环境。同时，政府还可以发挥指导和协调的作用，促进各方共同参与和合作。最后，科技服务机构在农村三产融合中发挥着推动创新和技术应用的重要作用。它们可以为农村产业提供技术咨询、培训和科研支持，帮助提升农业生产效率和产品质量。通过整合涉农企业、农户、政府和科技服务机构等资源，农村三产融合可以实现资源的共享和优化配置，形成城乡之间、工商资本与农业资本之间协调发展的格局，从而促进农村经济的全面发展和农民收入的持续增加。农村三产融合的资源整合功能集中体现在借助农村自身的环境、文化等特色，加快农村资源、技术、人才、资金以及市场需求等相关要素的整合、重组、优化，促进乡村振兴战略的落地实施。

（2）降低成本功能。首先，农村三产融合可以促进合作机会的增加。不同的参与主体在融合过程中可以形成更多的合作机会，通过取长补短、优势互补，实现资源、技术和市场的共享。这种合作机会的增加可以降低创新成本，避免重复投入和浪费。其次，农村三产融合也能够降低协同创新过程中的管理成本和交易成本。通过整合各类资源和主体，形成一个有机整体，可以更好地协调和管理合作关系。同时，融合过程中的信息共享和互信可以减少交易成本。最后，农村三产融合还可以通过规模效应降低成本。通过集中资源和产能，可以实现规模经济，降低生产成本和运营成本。特别是在农村产业链的延伸和一体化发展中，可以通过规模效应，提高生产效率，降低单位成本。总之，农村三产融合通过聚集各类融合主体，减少信息传输环节，增加合作机会，降低创新成本和协同创新成本。

（3）提升效率功能。首先，农村三产融合能够促进创新文化的建立。融合过程中涌现出的创新观念和理念可以激发各方的创新热情和动力，形成积极向上的创新氛围。这有助于激发员工的创新意识，推动组织内部的创新活动，提高组织的运作效率。其次，农村三产融合可以通过建立相关制度，规范和激励各参与主体的创新行为。例如，建立奖励机制、知识产权保护机制等，可以激励企业和个人进行创新，鼓励技术转移和知识共享。这样可以使创新活动更加有序和高效，提高边际产出效率。最后，农村三产融合可以促进资源的流动和优化配置，提升创新效率。通过加强人才流、信息流、资金流和物质流等方面的交流与合作，创新要素可以更加顺畅地流动，为农村提供更广阔的创新环境。这有利于加速技术创新和知识共享，促进创新效率的提升。农村三产融合通过协同发展，能够形成创新文化、制度等，规范和激励各参与主体的创新行为，提升组织运作效率和边际产出效率。同时，它还能加速资源的流动和加强资源的优化配置，提升创新效率。这对农村经济的发展和农民收入的提高具有重要意义。

（4）放大创新功能。在农村三产融合过程中，不同系统主体之间存在技术互补的行为。这意味着各个主体在技术方面具有不同的专长和优势，通过协同合作可以相互补充和借鉴，形成更强大的创新能力。这种技术互补行为能够带来创新的交叉和融合，激发出更多的创新可能性，放大了创新的效果。同时，农村三产融合中主体的技术创新也会带动其他主体进行技术创新，形成了技术创新的乘数效应。当一个主体取得了技术创新的突破和成果后，他可以通过合作和共享，将这种创新成果传播给其他主体。这样一来，其他主体也会受到启发和激励，进一步加速技术创新的步伐，实现了创新的倍增效应。除此之外，农村三产融合还可以促进创新资源的共享和开放式创新的实施。通过融合过程中的资源整合和共享，不仅可以扩大创新的基础，还能够吸引更多的创新参与者和外部资源，推动创新的快速发展。同时，开放式创新模式也有利于吸纳外部创新要素的融入，提升和扩大了创新的多样性和广度，进一步扩大了创新的影响力。总之，农村三产融合具有放大创新的功能。技术互补行为和协同创新主体的技术创新相互带动行为，形成了创新的乘数效应。此外，创新资源的共享和开放式创新模式也有助于放大创新效果。这对农村经济的转型升级和创新驱动发展具有重要意义。

（5）融合多种利益主体功能。农村三产融合可以加强小农户与现代农业的利益联结，通过有效的利益分配机制，实现小农户、农业企业、现代工商资本的有机衔接，让农业经营者特别是小农户能够共享现代农业融合发展的收益，从而增强农业农村经济发展新动能，有利于共同富裕的实现。

2. 农村三产融合的溢出效应

农村三产融合对农业农村发展和农民收入增长的溢出影响主要表现为以下六个效应。

（1）三产融合关联效应。农村三产融合产生了产业关联效应，即农村产业之间出现的相互关联和互动效应。这种关联效应主要源于产业集聚下的纵向经济联系。当不同产业在一定区域内集聚发展时，它们之间会形成相互依存的关系，相互补充、支持和促进。这有益于重塑农业农村产业结构和体系，全面提高农业的竞争力。一方面，农村三产融合连接了农村地区的各种产业，延长了产业链条，实现了农村产业的多元化和综合化发展。这种产业链的延伸和拓展可以扩大涉农业务的规模，实现规模经济效益。通过合理的资源配置和分工合作，农村各产业可以在规模效应下实现生产成本的节约和效益的提升。另一方面，农村三产融合还可以推动农业现代化进程。通过产业一体化经营，农业生产可以更加集约化、规模化和科学化。传统的农业生产方式可以与现代化的科学技术相结合，提高农产品生产环节的科技含量。这有助于提高农业的生产效率和农产品的质量，加快农业现代化的进程。

（2）三产融合创造效应。三产融合通过将农村的产业链进行整合，提高了涉农资源的配置效率。产业创造效应实质上体现了三产融合的范围经济效应。通过优化产业配置和整合资源，农村产业可以提供更多类型的产品和服务，以满足人们生活水平提高的背景下消费者对农产品的品质、特色和体验消费的多样化需求。三产融合创造效应是由市场的多元化需求和消费者的新兴偏好推动的，农村产业通过融合创新，能够满足消费者的需求，并为农村地区带来更多的发展机遇。比如，通过挖掘农村田园风光、乡土文化等特有优势，加快其特色资源与旅游、文化、康养等产业深度融合，深度提升农村产业的价值创造能力，夯实农业农村发展的基础。

（3）涉农产业技术扩散效应。农村三产融合发展常常带来技术、知识、模式等方面的创新，农村三产融合的发展可以促进技术共享和技术扩散。通过互联网技术等的应用，农业企业能够提高产品供给的质量和多样性，满足不同层次消费者的需求，带动第二、第三产业的发展。同时，技术扩散和创新也推动了第一产业中其他企业的发展。这种涉农产业技术扩散效应是农村三产融合发展中重要的经济效应之一。

（4）农村人力资本扩散效应。人力资本扩散效应通常表现为由人力资本增长带来的外部性所引起的经济效应。三产融合为吸收和转移农村劳动力提供了有利条件，不但为农户提供更多就业机会，而且使农户得到了更多的专业技能培训和学习机会。这大大促进了农业农村人力资本的深化，提高了农业生产效率，同时为农业农村的振兴提供了人力资源支持。

（5）促进城乡市场一体化进程的效应。一方面，农村三产融合促进了农业产业链的延伸，推动了农村三次产业的协调融合发展。这种产业链的延伸带来了资金和技术的积累，提高了农民的收入水平，从而增加了农村地区基础设施建设的资金来源。同时，农业产业链的延伸也带动了农村地区技术的引进与创新，提升了农产品的质量和竞争力。另一方面，农村三产融合伴随产业集群的形成，促进了人力资源、资本、技术等要素在空间上的集聚。产业集群的形成能够集中各类要素资源，并通过产业链的连接和企业间的合作，形成规模经济效应和关联效应。这也促进了交通、运输、商业、文化等相关产业的发展。例如，农村地区产业集聚会增加人们的就业机会，吸引外来劳动力，从而带动交通运输的需求提升，促进物流业的发展。同时，农村三产融合也会带动商业和文化产业的发展，提升农村地区的服务质量和生活水平。

（6）促进城乡共同富裕效应。首先，农村三产融合带动了农业产业化经营规模和水平的提高，实现了农产品生产、加工和运销的一体化。这种一体化的经营方式提高了农业的专业化水平和技术水平，可以有效地提升农业经营的流通效率。同时，通过规模经营和多层次加工，农业经营可以实现重复增值，进一步增加农民的收入。其次，农村三产融合为农业和农产品的市场化提供了桥梁。这种融合促使农民通过农工商联合公司、加工企业、农业生产组织、供销合作社和农民专业协会等组织形式直接参与市场活动。这样既可以节约中间交易费用，也可以提升农民在市场交易中的自主地位。直接参与市场，使农民能够更好地了解市场需求、把握市场机会，并在农产品销售方面自主决策，从而获得更高的收益，进而促进农民农业经营收入的增加，在缩小城乡收入差距的同时促进城乡共同富裕。

综上，农村三产融合的溢出效应如图 2-3 所示。

第二节　三产融合溢出效应的理论分析及模型构建

一　农村三产融合对城乡收入差距的溢出影响

本部分以农村三产融合对城乡收入差距的溢出影响为例，通过数理模型分析农村三产融合溢出效应的形成机制。借鉴 Friedmann（1966）的中心—外围模型，参考常远和吴鹏（2018）的做法，构建一个两地区两部门的理论分析模型。首先，假定经济体中存在区域 a 和区域 b，经济系统中存在两个部门，即农业部门（M）和非农业部门（N）。两区域是同质的，具有相同的劳动要素和土地要素投入，即 $L_M^a = L_M^b = L_M$，$L_N^a = L_N^b = L_N$，$T^a = T^b = T$（L_M 和 L_N 分别表示农业部门和非农业部门的劳动投入量，T 表示土地投入

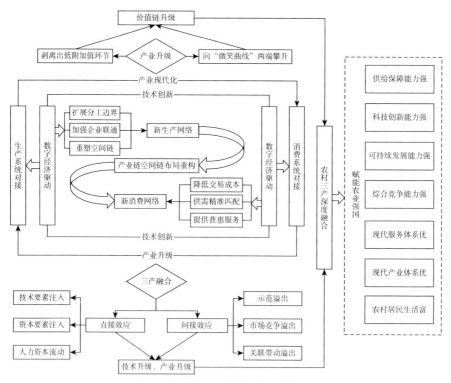

图 2-3　农村三产融合的溢出效应

量）。其次，假定农业部门处于完全竞争市场，产品同质，运输成本为 0，规模报酬固定不变；而非农业部门处于垄断竞争市场，生产差异化产品，且存在冰川成本，$\tau_N > 1$ 即规模报酬递增。最后，假定区域 a 中拥有生产融合产品所需要的中间产品，融合产品在区域 a 中进行生产，则区域 a 成为三产融合区域，拥有融合产品和中间产品，此区域非农业部门的中间产品投入量下降，融合产品的产量会增加；区域 b 为非三产融合区域，此区域非农业部门的中间产品投入量会增加，融合产品的产量较低，即 $I_N^a < I_N^b$，$Y^a > Y^b$。

农业部门投入劳动和土地进行生产，非农业部门投入劳动和中间产品进行生产，二者的生产函数均为 C-D 生产函数形式：

$$Y_M^a = (L_M)^{1-\alpha}(T)^\alpha, 0 < \alpha < 1 \tag{2-13}$$

$$Y_N^a = (L_N)^{1-\beta}(I_N^a)^\beta, 0 < \beta < 1 \tag{2-14}$$

$$Y_M^b = (L_M)^{1-\alpha}(T)^\alpha, 0 < \alpha < 1 \tag{2-15}$$

$$Y_N^b = (L_N)^{1-\beta}(I_N^b)^\beta, 0 < \beta < 1 \tag{2-16}$$

其中，α 和 β 分别表示土地和中间产品的投入份额。

中间产品的消费指数为：

$$I = \left(\int_0^N Q_i^\rho \, \mathrm{d}i \right)^{\frac{1}{\rho}}, 0 < \rho < 1 \tag{2-17}$$

其中，Q_i 表示对产品 $i \in [0，N]$ 的消费量，ρ 表示对非农业部门的差异化产品偏好程度的倒数。当 $\rho = 1$ 时，两种商品完全替代，随着 ρ 的减小，消费者的差异化需求逐渐上升。基于此，假定 σ 为任意两种产品之间的替代弹性，$\sigma = \dfrac{1}{1-\rho}$。

中间产品的价格指数为：

$$P = \left(\int_0^N p_i^{-(\sigma-1)} \, \mathrm{d}i \right)^{\frac{-1}{\sigma-1}} \tag{2-18}$$

其中，p_i 为中间产品 $i \in [0，N]$ 的价格。

因为在完全竞争条件下，三产融合区域规模报酬不变，因此收入等于劳动边际产出。

区域 a 和区域 b 的农业部门和非农业部门的居民收入水平分别为：

$$W_M^a = (1-\alpha)(T/L_M)^\alpha \tag{2-19}$$

$$W_N^a = (1-\beta)(I_N^a/L_N)^\beta \tag{2-20}$$

$$W_M^b = (1-\alpha)(T/L_M)^\alpha \tag{2-21}$$

$$W_N^b = (1-\beta)(I_N^b/L_N)^\beta \tag{2-22}$$

区域 a 进行三产融合后，城乡收入比为：

$$G^a = \frac{W_N^a}{W_M^a} = \frac{(1-\beta)(I_N^a)^\beta (L_M)^\alpha}{(1-\alpha)(T)^\alpha (L_N)^\beta} \tag{2-23}$$

区域 b 未进行三产融合，城乡收入比为：

$$G^b = \frac{W_N^b}{W_M^b} = \frac{(1-\beta)(I_N^b)^\beta (L_M)^\alpha}{(1-\alpha)(T)^\alpha (L_N)^\beta} \tag{2-24}$$

三产融合区域 a 和非三产融合区域 b 的城乡收入差距之比为：

$$\frac{G^a}{G^b} = (I_N^a/I_N^b)^\beta \tag{2-25}$$

因为中间产品的消费指数 $I_N^a < I_N^b$，且 $0<\beta<1$，所以 G^a/G^b 小于 1，即 $G^a < G^b$，说明区域 a 的城乡收入比小于区域 b，即三产融合有助于改善城乡收入分配，缩小城乡收入差距。

假定在区域 a 和区域 b 中，消费者偏好相同，消费者效用用 C-D 生产函数表示：

$$U^a = (C_M^a)^{1-\lambda}(C_N^a)^\lambda, 0<\lambda<1 \tag{2-26}$$

$$U^b = (C_M^b)^{1-\lambda}(C_N^b)^\lambda, 0<\lambda<1 \tag{2-27}$$

其中，C_M^a、C_N^a 分别表示区域 a 中农业部门和非农业部门的消费量，C_M^b、C_N^b 分别表示区域 b 中农业部门和非农业部门的消费量，λ 表示总支出中用于非农业部门产品的份额。

区域 a 和区域 b 中的农业部门和非农业部门的需求函数分别为：

$$C_M^a = \frac{(1-\lambda)Y^a}{P_M}, C_N^a = \frac{\lambda Y^a}{P_N} \tag{2-28}$$

$$C_M^b = \frac{(1-\lambda)Y^b}{P_M}, C_N^b = \frac{\lambda Y^b}{P_N} \tag{2-29}$$

将式（2-28）和式（2-29）分别代入式（2-26）和式（2-27），则消费者效用分别为：

$$U^a = \left(\frac{1-\lambda}{P_M}\right)^{1-\lambda}\left(\frac{\lambda}{P_N}\right)^\lambda Y^a \tag{2-30}$$

$$U^b = \left(\frac{1-\lambda}{P_M}\right)^{1-\lambda}\left(\frac{\lambda}{P_N}\right)^\lambda Y^b \tag{2-31}$$

区域 a 和区域 b 的消费者效用之比为：

$$\frac{U^a}{U^b} = \frac{Y^a}{Y^b} \tag{2-32}$$

因为 $Y^a > Y^b$，所以 U^a/U^b 大于 1，即 $U^a > U^b$，也即进行三产融合的区域 a 的消费者效用高于未进行三产融合的区域 b 的消费者效用。

以上数理分析表明，农村三产融合能够降低生产经营成本。未进行三产融合的区域，较高的生产经营成本导致较高的中间产品投入量和较少的融合产品生产量。三产融合区域能够以较低的中间产品投入量生产更多的融合产品，增强价格形成、信息服务、品牌培育、科技服务、流通促进等主要功能，促进小农户与大市场的有效对接，提高劳动报酬占比，实现农民增收，缩小城乡收入差距，提高消费者效用水平。

二　三产融合对市场竞争与技术效率的微观溢出效应

1. 一般分析

三产融合以技术融合为基础，其发生的一个必要条件即是技术创新。在融合过程中，以现代农业技术、生物信息技术和新材料应用技术为代表的现代技术创新，为第二、第三产业对农业的技术渗透提供了可能（梁树广、马中东，2017）。通过高技术产业、工业和服务业等对农业的渗透，可以实现融合型技术创新（白永秀、惠宁，2008）。此外，技术创新的外部性使创新者不能独占收益，在技术创新的扩散和推广中，技术融合就成为企业技术效率跃迁的杠杆。

技术创新是促进技术效率提升的内在因素，而企业间竞合关系的变革则构成效率变革的外在因素。当较高的交易成本存在于产业间分工中时，企业出于降低交易成本倾向的本能，在双赢基础之上建立了一种竞争合作关系，通过组织创新形成战略联盟、企业一体化等形式的组织关系。其表现为同一产业内或不同产业间的不同企业追求交叉产品和生产要素共享的交叉平台，引致原本并无关联的企业在市场中产生联系，彼此之间既合作又竞争。三次产业资产的相互整合，使其在某种程度上成为各产业的通用资产，资产专用性的降低有助于形成融合型的新产品。假定融合产品由融合产业生产，三产融合发展除需要融合产品以外，还需要一定的第二、第三产业基础产品[①]，最终产品由最终部门企业以 CES 生产函数形式将融合产品和第二、第三产业基础产品组合而成（易信、刘凤良，2015）。假定农村各产业已具有相同的技术基础（A），将生产函数定义为：

$$Y_b = \left[\sum_{i=1}^{3} \omega_i Y_i^{\frac{\varepsilon-1}{\varepsilon}} \right]^{\frac{\varepsilon}{\varepsilon-1}} \tag{2-33}$$

$$Y_1 = AL_1^\lambda \times \Phi \tag{2-34}$$

$$Y_2 = AL_2^\lambda \tag{2-35}$$

[①] 三产融合以农业为依托，因此将融合产品的产生归功于农业生产活动，具体而言，把融合产品视为农业生产过程中产生的衍生品，即融合产品本身就可以被视作第一产业的产物。

$$Y_3 = AL_3^\lambda \qquad (2-36)$$

其中，Y 表示产出水平，b 表示最终部门，1、2、3 分别表示融合产业、第二产业、第三产业，Φ 为三产融合程度测量系数。将其他生产要素标准化为 1，假定只有一种生产要素劳动（L）。λ 为劳动的产出弹性，$\lambda \in (0, 1)$。鉴于各行业产品与最终产品间存在替代性，故 $\varepsilon > 1$。ω 表示生产最终产品时，各行业产品的重要程度，且 $\sum_{i=1}^{3} \omega_i = 1$。

假定产品市场是完全竞争的，最终部门企业以利润最大化为目标，其利润最大化目标函数为：

$$\max_{Y_1, Y_2, Y_3} \left[P_b Y_b - \sum_{i=1}^{3} P_i Y_i \right]$$

基于利润最大化一阶条件，可知产业 i 的产品价格（P）等于最终部门使用该产业产品的边际产品价值：

$$P_i = P_b \omega_i (Y_b / Y_i)^{\frac{1}{\varepsilon}}, i = 1, 2, 3 \qquad (2-37)$$

假定要素市场是完全竞争的，可知劳动工资（W）等于各企业使用劳动要素的边际产品价值，即：

$$W = P_1 A \lambda L_1^{\lambda-1} \Phi = P_2 A \lambda L_2^{\lambda-1} = P_3 A \lambda L_3^{\lambda-1} \qquad (2-38)$$

联立式（2-34）至式（2-36），可得：

$$L_1 / L_2 = \Phi^{\frac{\varepsilon-1}{\varepsilon+\lambda-\varepsilon\lambda}} \times (\omega_1 / \omega_2)^{\frac{\varepsilon}{\varepsilon+\lambda-\varepsilon\lambda}} \qquad (2-39)$$

$$L_1 / L_3 = \Phi^{\frac{\varepsilon-1}{\varepsilon+\lambda-\varepsilon\lambda}} \times (\omega_1 / \omega_3)^{\frac{\varepsilon}{\varepsilon+\lambda-\varepsilon\lambda}} \qquad (2-40)$$

$$L_2 / L_3 = (\omega_2 / \omega_3)^{\frac{\varepsilon}{\varepsilon+\lambda-\varepsilon\lambda}} \qquad (2-41)$$

记 $\alpha = (\omega_2 / \omega_3)^{\frac{\varepsilon}{\varepsilon+\lambda-\varepsilon\lambda}}$，$\varphi(\Phi) = (\omega_1 / \omega_3)^{\frac{\varepsilon}{\varepsilon+\lambda-\varepsilon\lambda}} \times \Phi^{\frac{\varepsilon-1}{\varepsilon+\lambda-\varepsilon\lambda}}$，$L_b = \sum_{i=1}^{3} L_i$。联立式（2-33）、式（2-35）、式（2-36）、式（2-39）至式（2-41），可得：

$$Y_b = \left[\omega_1 \left(\frac{\varphi}{1+\varphi+\alpha} \right)^{\frac{\lambda(\varepsilon-1)}{\varepsilon}} \times \Phi^{\frac{\varepsilon-1}{\varepsilon}} + \omega_2 \left(\frac{\alpha}{1+\varphi+\alpha} \right)^{\frac{\lambda(\varepsilon-1)}{\varepsilon}} + \omega_3 \left(\frac{1}{1+\varphi+\alpha} \right)^{\frac{\lambda(\varepsilon-1)}{\varepsilon}} \right]^{\frac{\varepsilon}{\varepsilon-1}} \times AL_b^\lambda$$

$$= T[\Phi, \varphi(\Phi)] \times AL_b^\lambda$$

$$(2-42)$$

式（2-42）即三产融合完成时新兴产业的生产函数，其经济学含义为，在原有技术基础（A）上，最终部门企业通过三产融合，生产技术改造为 $T \times A$，且 $\partial T / \partial \Phi > 0$，即三产融合有利于企业技术效率的提升。同时，对于以不同产业为主的融合模式而言，对企业技术效率的提升作用应该存在差异。但是，以完全竞争为模型假设并不是一个较好的选择，在三产融合过程中，由于技术创新扩散和推广的时滞，率先掌握新技术的企业往往能成为引领者，在新型产品市场中具备先发优势。接下来将放松完全竞争这一较强的假定。

2. "三产融合—市场竞争—技术效率"理论框架

现有关于三产融合经济效应的研究中，以完全竞争作为模型的前提假设是一种普遍做法（汪川，2014），但也有学者研究纵向融合下的古诺竞争情形（王志刚、于滨铜，2019）。考虑到农产品的生产交易特性，本部分放宽完全竞争的假定，考察垄断竞争情形。垄断竞争情形下，融合产业中的企业生产差异化产品，假定差异化产品对称，且一种产品只能由一家企业生产。融合产业组合各差异化产品的生产技术（Anwar，2009）为 $\left(\sum_{j=1}^{n} x_j^{\mu} \right)^{1/\mu}$。此时最终部门企业的生产函数为[①]：

$$Y_b = \left[\omega_1 \left(\sum_{j=1}^{n} x_j^{\mu} \right)^{\frac{\varepsilon-1}{\mu\varepsilon}} + \omega_2 Y_2^{\frac{\varepsilon-1}{\varepsilon}} + \omega_3 Y_3^{\frac{\varepsilon-1}{\varepsilon}} \right]^{\frac{\varepsilon}{\varepsilon-1}} \qquad (2\text{-}43)$$

其中，n 为融合产业企业数量，且 n 足够大，这使得单个企业的产量变动不影响同行业其他企业产品的市场价格；$\mu \in (0, 1)$，特别地，当 μ 等于 1 时，模型变为完全竞争市场情形，即较高的 μ 意味着融合产业内产品异质化程度较低，企业面临的市场竞争较激烈；x_j 表示融合产业内第 j 家企业的产出。

基于对称性，$\sum_{j=1}^{n} x_j^{\mu} = n x^{\mu}$，$Y_1 = nx$。将式（2-43）改写为：

$$Y_b = \left(\omega_1 n^{\frac{\varepsilon-1}{\mu\varepsilon}} x^{\frac{\varepsilon-1}{\varepsilon}} + \omega_2 Y_2^{\frac{\varepsilon-1}{\varepsilon}} + \omega_3 Y_3^{\frac{\varepsilon-1}{\varepsilon}} \right)^{\frac{\varepsilon}{\varepsilon-1}} \qquad (2\text{-}44)$$

式（2-44）中，有：

---

① 式（2-43）中的标记符号与式（2-33）中相同。

$$n^{\frac{\varepsilon-1}{\mu\varepsilon}} x^{\frac{\varepsilon-1}{\varepsilon}} = n^{\frac{\varepsilon-1}{\varepsilon} + \frac{\varepsilon-1}{\mu\varepsilon}(1-\mu)} x^{\frac{\varepsilon-1}{\varepsilon}} = (nx)^{\frac{\varepsilon-1}{\varepsilon}} n^{\frac{(1-\mu)(\varepsilon-1)}{\mu\varepsilon}}$$

$$= Y_1^{\frac{\varepsilon-1}{\varepsilon}} n^{\frac{(1-\mu)(\varepsilon-1)}{\mu\varepsilon}} \tag{2-45}$$

式（2-45）中，$(1-\mu)(\varepsilon-1)/\mu\varepsilon \in (0, 1)$。$n^{\wedge}[(1-\mu)(\varepsilon-1)/\mu\varepsilon]$ 表示融合产品生产过程中，企业生产活动所产生的正外部性，且融合产业企业数量 n 越大，差异化产品数量越多，外部性越强（Anwar，2009）。

将式（2-45）进一步改写为：

$$Y_b = \left(\omega_1 Y_{11}^{\frac{\varepsilon-1}{\varepsilon}} + \omega_2 Y_2^{\frac{\varepsilon-1}{\varepsilon}} + \omega_3 Y_3^{\frac{\varepsilon-1}{\varepsilon}} \right)^{\frac{\varepsilon}{\varepsilon-1}} \tag{2-46}$$

式（2-46）中，$Y_{11} = n^{\frac{1-\mu}{\mu}} Y_1$。

假定融合产品总价格指数为 P，交叉部门企业仍以利润最大化为目标，其利润最大化目标函数为：

$$\underset{Y_{11}, Y_2, Y_3}{\text{Max}} \left[P_b Y_b - PY_{11} - P_2 Y_2 - P_3 Y_3 \right]$$

重复式（2-37）至式（2-41）的步骤，可得：

$$Y_b = \left[\omega_1 \tau \left(\frac{\tau\varphi}{1+\varphi+\tau\alpha} \right)^{\frac{\lambda(\varepsilon-1)}{\varepsilon}} \Phi^{\frac{\varepsilon-1}{\varepsilon}} + \omega_2 \left(\frac{\alpha}{1+\varphi+\tau\alpha} \right)^{\frac{\lambda(\varepsilon-1)}{\varepsilon}} + \omega_3 \left(\frac{1}{1+\varphi+\tau\alpha} \right)^{\frac{\lambda(\varepsilon-1)}{\varepsilon}} \right]^{\frac{\varepsilon}{\varepsilon-1}} \times AL_b^{\lambda}$$

$$= T(\Phi, \tau) \times AL_b^{\lambda} \tag{2-47}$$

其中，$\tau = n^{\frac{(1-\mu)(\varepsilon-1)}{\mu\varepsilon}}$。由于 n 为离散变量，故使用 Δn 表示融合产业内生产差异化产品的厂商数量变化趋势，使用 $\Delta\tau$ 表示三产融合所带来竞争效应的变化趋势，$\Delta\tau \propto \hat{\Phi}$。此外，当 $\frac{(1-\mu)(\varepsilon-1)}{\mu\varepsilon}$ 充分小时，即 $\frac{(1-\mu)(\varepsilon-1)}{\mu\varepsilon} \to 0$，式（2-42）便成为式（2-47）的特殊情形；当 $\frac{(1-\mu)(\varepsilon-1)}{\mu\varepsilon}$ 充分大时，即 $\frac{(1-\mu)(\varepsilon-1)}{\mu\varepsilon} \to 1$，表明融合产品生产过程中企业生产活动的外部性充分大，且三产融合越深入，市场竞争越激烈，对企业而言刺激性越强。

因此，企业追求超额收益的预期是其技术改进的原动力，而市场竞争则形成外在压力。首先，三产融合中政府管制的放松，为企业获取垄断地位创造了可能。需要特别强调的是，本书中企业垄断地位的形成主要源于技术创新或技术效率的提升，而非政策性措施。而垄断地位所创造的超额利润则构成企业技术改进强有力的激励。其次，三产融合中各产业的相互介入，使同一产业内企业相互竞争的格局扩展到相关产业间，融合产业中相互竞争的企业数量自然会增加，竞争的激化会进一步刺激企业的创新和技术改进意愿。最后，三产融合中技术创新的扩散性特征，决定了企业的垄断并非竞争的终点，而是新一轮更激烈竞争的起点。通过利益的内在驱动和竞争的外在压迫、垄断和竞争之间微妙的碰撞、竞争与合作之间巧妙的结合，三产融合也就产生了技术能力的提升作用。

三　农村三产融合对农业产业集群的影响

1. 建立基本模型

基于产业集群形成的各种理论研究发现，国内外学者都将交易成本视为影响产业集群化进程的一个关键因素，因此，农村三产融合与农业产业集群之间必然存在某种作用途径，构成其传导机制。借鉴 Venables（1996）提出的有关产业集聚的数理模型并进行拓展，探究交易成本视野下农村三产融合对农业产业集群的影响。根据其假定，一个经济体中包含两个部门、两个地区，其中一个部门是另一个部门的中间投入，这里假设一个是第二、第三产业，用字母 f 表示，另一个是农业，用 n 表示。两个地区分别记为 x、y。地区 x（y）可以消费在本地生产的产品 q_{xx}（q_{yy}），也可消费在另一地区生产的产品 q_{xy}（q_{yx}）。对于从一个地区运输至另一个地区销售的产品的价格应为原价乘以运输成本 t（$t>1$）。假设两地区的消费者均有相同的消费偏好，则地区 x 的效用函数可记为：

$$\mathrm{Max}\,U_x = \left(\sum_{i=1}^{n_1} q_{ixx}^{\frac{\sigma-1}{\sigma}} + \sum_{i=1}^{n_2} q_{iyx}^{\frac{\sigma-1}{\sigma}} \right)^{\frac{\sigma}{\sigma-1}}, \mathrm{s.\,t.}\; m = \sum_{i=1}^{n_1} p_{ix} q_{ixx} + \sum_{i=1}^{n_2} p_{iy} t q_{iyx} \qquad (2-48)$$

其中：

$$q_{xx} = m_x p_x^{-\sigma} p_x^{\sigma-1} = m_x p_x^{-\sigma} \left[p_x^{1-\sigma} n_1 + (p_y t)^{1-\sigma} n_2 \right]^{-1} \qquad (2-49)$$

$$q_{xy} = m_y (p_x t)^{-\sigma} p_y^{\sigma-1} = m_y (p_x t)^{-\sigma} \left[(p_x t)^{1-\sigma} n_1 + p_y^{1-\sigma} n_2 \right]^{-1} \qquad (2-50)$$

$$p_x^{1-\sigma} = p_x^{1-\sigma} n_1 + (p_y t)^{1-\sigma} n_2 \qquad (2-51)$$

$$p_y^{1-\sigma} = (p_x t)^{1-\sigma} n_1 + p_y^{1-\sigma} n_2 \qquad (2-52)$$

式中，某产业在 x 地区生产并在本地销售的产品产量记为 q_{xx}，在 y 地区销售的产品产量记为 q_{xy}，同理，对于 y 地区的产品产量可分别记为 q_{yy}、q_{yx}。p_x、p_y 分别为区域 x 和区域 y 的价格指数，n_1、n_2 分别为两地的涉农企业总数，$\sigma > 1$ 为需求的价格弹性。

地区 x 代表性企业的利润函数可表示为：

$$\pi_x = (p_x - c_x)(q_{xx} + q_{xy}) - c_x f \tag{2-53}$$

其中，c_x 为边际成本，$c_x f$ 为固定成本，则由利润最大化的一阶条件可得：

$$p_x(1 - \sigma^{-1}) = c_x \tag{2-54}$$

农业相对产值 l、相对生产成本 ρ、相对支出 η 可分别表示为：

$$l = \frac{n_y p_y (q_{yy} + q_{yx})}{n_x p_x (q_{xx} + q_{xy})}, \rho = \frac{c_y}{c_x} = \frac{p_y}{p_x}, \eta = \frac{m_y}{m_x} \tag{2-55}$$

$$\left(\frac{p_y}{p_x}\right)^{\sigma-1} = \frac{1 + t^{1-\sigma} \rho^{-\sigma} l}{t^{1-\sigma} + \rho^{-\sigma} l} \tag{2-56}$$

将需求函数代入式（2-55），有：

$$l = \left(\frac{p_y}{p_x}\right)^{\sigma} \frac{p_y^{\sigma-1} m_x + t^{-\sigma} p_x^{\sigma-1} m_x}{p_x^{\sigma-1} m_x + t^{-\sigma} p_y^{\sigma-1} m_y} = \rho^{-\sigma} \left[\frac{\eta (p_y/p_x)^{\sigma-1} + t^{-\sigma}}{1 + t^{-\sigma} \eta (p_y/p_x)^{\sigma-1}}\right] \tag{2-57}$$

将式（2-56）代入式（2-57）以消除价格指数的影响，则可得到用 ρ、η 表示的相对产出：

$$l = \frac{\eta (t^{\sigma} - \rho^{\sigma}) - t(\rho^{\sigma} - t^{-\sigma})}{(t^{\sigma} - \rho^{-\sigma}) - \eta t(\rho^{-\sigma} - t^{-\sigma})} = f(\rho, \eta, t) \tag{2-58}$$

由以上推导可知，农业产值是相对生产成本、相对贸易成本和相对消费支出的函数，即农业产业在两地间的空间分布是由这三项指标共同决定的，其中前两项是交易成本的重要组成部分，可以说交易成本的高低决定着农业产业的分布，进而决定了农业产业集群化的发展进程。因此，三产融合对农业产业集群的影响是以交易成本为介质发挥作用的。

2. 三产融合驱动农业产业集群化的进一步探讨

基于以上模型的构建，三产融合有利于农村产业链的整合，形成一条"三产融合—农业产业链—交易成本—农业产业集群化"，最终实现农村产业兴旺的链条（见图2-4）。

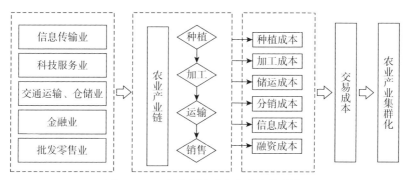

图 2-4 三产融合驱动农业产业集群化

对于交易成本的划分，威廉姆森将其整理为事前交易成本、事后交易成本、讨价还价成本及约束成本。本部分鉴于其范围的界定，并综合农业产业链的上、中、下游三个环节发生的主要生产活动——种植、加工、运输、销售等，将交易成本划分为种植成本、加工成本、储运成本、分销成本、信息成本、融资成本。后两项的列入是由于市场信息的搜寻、资金的融通贯穿农业生产活动的始终，它们都会发生一定的费用。与之对应的农村三产融合主要包括交通运输、仓储业，科技服务业，批发零售业，信息传输业和金融业。

（1）延伸农业生产链条，农业产业纵向集群化。农业产业链是一条以生产加工为核心环节，向前延伸至农资供应、良种培育，向后延伸至农产品流通和销售、农业金融保险等领域的链条，从最初的自然禀赋到最终的农产品到达消费者手中，依次经过了产前、产中、产后三个环节，涉及的行为主体有基础主体（农户）、核心主体（企业）及辅助主体（政府部门）、行业协会等中间组织。而产业纵向集群化是基于产业链条上的多个环节或完整的生产链，通过上下游产业的关联而形成的一种集群战略模式。

农村三产融合各部门的崛起与协同，正是通过向农业生产者及其他涉农组织提供一系列的中间服务，延伸了农业产业链，拓宽了服务领域，主要表现为由产中向产前、产后延伸，衍生出三大服务体系。①农业信息服务体系。信息贯穿农业生产环节的始终，市场信息的及时流通无疑对农业经济增长发挥着至关重要的作用。整合已有的信息化资源、完善农村信息服务平台、引进农业信息化建设人才、增强农户信息化意识等，可有效降低农户的搜寻成本。②农产品物流服务体系。现代农业物流不只是简单地包括农产品的包装、运输、仓储与装卸，而是从供应源到消费源，涉及农资和农产品实体运动所必需的产品分类、包装、加工、装卸、储运及相关增值服务的环节。通过加强物流中心的建设，配备基础的仓储、运销设施，可促进产销衔接，有效降低流通成本，提高运输效率，进而提高农产品附加值，增强农业整体效益。③金融服务体系。金融机构和小规模贷款公司致力于拓宽农业投融资渠道，加大信贷支持力度，为农民、龙头企业和合作社等主体按需提供个性化服务。金融业还专门为农民贷款开辟了"绿色通道"，信贷资金规模也逐年扩大，保障农业贷款资金需求。此外，融资担保服务、信贷风险补偿机制等也在逐步完善。

农村三产融合对农业生产链条的纵向延伸丰富了农业的服务内容，吸引了不同参与主体的协作，促成了核心链条与配套链条的协同发展，缩短了农产品从研发、生产到销售这一生产流通周期，从生产环节、流通环节、信息传输等多方面节约了费用，提高了经济效率，驱动了农业产业纵向集群化。

（2）深化生产链条节点，农业产业横向集群化。产业横向集群化是基于产业链的某一个环节即链条节点而横向拓展，重点培育产业集群模式。这一进程中产业结构软化发挥了关键作用。对于第一产业来说，农业产业结构软化是指通过提高农村三产融合这一软投入的比重，改变农业的生产方式，使第一产业减少对劳动与物质的消耗，增强对知识与信息技术等的依赖。

在农村三产融合促进农业产业集群化的进程中，服务业中物流、科技、金融、信息等各行业通过产业和空间维度上的联动，为农业生产者和其他经济组织提供农资良种与农民培训投入、农机和农技推广投入、流通营销和物流投入、信息和金融保险等配套服务的投入，软化第一产业结构，提升对农业的服务质量，整合农业产业链，使农业链条上涉及的种植、生产加工、流通、销售及其他配套的科技服务等环节由原先单一的纵向联系演变为横向深化各生产链条节点，即深度发展各个关键生产环节，并带动相关配套产业的集聚。这种生产环节的专业化剥离可以有效发挥规模效应，深化专业化分工，提高产出效率，有效降低交易成本，进而衍生出种植业产业集群、农产品加工业产业集群、农产品流通业产业集群、农业科技产业集群等多种横向农业产业集群形式。这要求立足地区资源优势，结合当地的发展需求，确定专业化集群的发展方向，随着生产规模的扩大及相关服务体系的完善，逐步形成根植性较强且可持续发展的农业产业集群。

（3）双向整合生产链条，农业产业综合集群化。产业链的纵向延伸和横向深化一般不是截然分开的，大多数情况下表现为同时进行，即纵横向综合发展。这一理论基于亚当·斯密的分工理论，他首次提出生产效率提高的根源在于明确的劳动分工，并基于此发现了经济体获得规模报酬的基本规律。而社会分工与农业产业集群存在一定的互动关系，表现为相互促进的循环过程。一方面，纵向分工和横向分工等社会分工的细化可降低生产成本，扩大市场规模，促进交易频率的加快，这又会导致交易费用的上升，而交易效率的提高是降低交易费用的关键。因此，各相关企业会产生集聚的内在动力，当这些存在分工协作的农户、加工销售企业、农业合作社等行业组织大量集聚在一定区域时，农业产业集群就产生了。所以，从这个角度来说，农业产业集群是社会分工的产物，是集群主体为降低社会分工产生的交易费用并获取由其产生的规模报酬而形成的空间集合体。另一方面，农业产业集群的形成又促使社会分工的深化，对农业产业链产生反馈作用，推动其向纵向、横向衍生拓展，促进农业产业链条的重构。正是这种对产业链的双向整合，有效衔接了农业产业链的各个环节，节约了交易成本，提高了生产效率，进一步培育和发展了更大规模的农业产业集群。

由以上分析可知，不论是哪种农业产业集群模式的生成，农村三产融合对农业生产链条的整合归根结底都是通过降低生产成本、贸易与服务等交易成本，从而对农业产业参与主体产生吸引力，诱导其在空间分布上相互邻近，以获得这种规模收益，最终促进农业产业集群发展。

四　农村三产融合增强农业韧性的溢出效应形成机制

1. 农业韧性的一般分析

保障粮食安全是农业的首要任务。现阶段，学者们普遍认为农业韧性就是农业系统抵抗外界干扰并保持原有关键功能的能力（于伟、张鹏，2019）。农业韧性的抵抗能力是指农业系统面临外部压力或冲击时能够维持其关键功能，并在一定时间内适应和恢复的能力。这种能力使得农业系统能够应对气候变化、自然灾害、市场波动等外界变化，并保持相对稳定的生产效率和农产品供应。尽管经过 40 多年的改革开放，我国农业现代化的步伐正在逐步加快，已经初步形成了产业化经营、专业化生产和多功能拓展的现代农业发展格局（何亚莉、杨肃昌，2021），但相对于工商业，农业整体仍表现出较为明显的脆弱性（陈启亮等，2016）。因此，我国在农业韧性培育方面，设计了一系列重要的制度安排以及政策工具箱，如通过资源储备（藏粮于地）、技术储备（藏粮于技），保障耕地数量和提升耕地质量，缓解农业发展面临的资源环境约束趋紧问题（陈雨生等，2021）；通过利用两种资源和两个市场战略，提升农业产业链应对不确定性风险的能力（何亚莉、杨肃昌，2021）。在农业韧性培育中，农村三产融合作用关键。资源配置优化和效率提升、产品附加值提升，都有助于农业应对外部冲击。伴随市场环境不断变化，农村三产融合通过多功能性发挥、科技创新和推广、集聚区建设，增强韧性和可持续发展能力。

　　已有文献从农业高质量发展（李雪、吕新业，2021）、农业竞争力提升（张露、罗必良，2020）等维度隐含或涉及农业发展的韧性问题，但关于农业韧性的直接研究并不多见。农业韧性与农业高质量发展之间既有联系又有区别，农业韧性作为农业高质量发展的重要内容（如同经济韧性对经济高质量发展的意义一般），更强调农业应对不确定性冲击的综合素养能力。因此，相比于伟和张鹏（2019）仅从抵抗力角度衡量农业韧性的做法，本书认为，农业韧性不仅表现为农业系统面临冲击的抵抗能力，还兼具恢复能力和再造能力的重要内涵。因此，本书的被解释变量是综合考虑抵抗能力、恢复能力和再造能力的农业韧性，通过构建综合评价指标体系并采用熵值赋权法测算省际农业韧性的综合指数。

　　2. 农业韧性培育的理论意蕴

　　于伟和张鹏（2019）将农业韧性定义为农业系统吸收干扰并保持原有主要特征和关键功能的能力。但冲击使得经济变量发生改变，因此系统应该是很难"保持原样"的。何亚莉和杨肃昌（2021）将农业产业链韧性定义为在冲击中避免链条折损，并在冲击发生后实现自我恢复的能力。借鉴相关研究，本部分将农业韧性概念化为抵抗、恢复和再造能力的结合，农业韧性是一种能力，而非结果，区别于农业脆弱性。韧性农业系统能抵抗冲击，恢复并实现农业发展，是多种风险管理和变革的组合。

多样性、冗余性、信息技术、劳动生产率、产业关联效应以及农产品收入需求弹性等因素都是影响农业韧性的重要方面。通过综合考虑这些因素，并采取相应的政策和措施，可以有效提升农业系统的韧性，应对各种挑战和冲击。多样性表现为产品种类多样性、活动多样性和贸易多元性。多样化投入和种植结构可以减弱供应链脆弱性。参与多样性活动的农民抗压能力强，多元贸易伙伴可提供多元供应源、多元需求渠道，从而增强韧性，抵消冲击。冗余性依赖良好的基础设施，可减小不确定因素影响、改善基础设施、加强连通性以应对冲击。通过增强农业供应链各环节的韧性，农业系统能够更好地适应和应对突发情况。这有助于保持农产品的稳定供应、减少农作物和动物的损失，并维护农业系统的可持续性。在这个过程中，信息技术的运用和连通性的优化起到了关键的推动作用。

3. 农村三产融合发展对农业韧性的直接影响

（1）延伸农业产业链条，增强农业韧性。农业生产面临来自大自然的挑战，而大自然的运作方式是难以预测和控制的。这使得农业部门相较于其他经济领域，更直接地暴露在自然风险的影响之下（陈启亮等，2016）。基于蛛网理论，市场调节下农产品价格波动影响农业生产稳定性。农村三产融合可以缓解冲击，通过纵向延伸农业产业链实现时间与空间并存。在产业链延伸融合模式下，要提升全产业链风险闭环管理能力，包括土地流转、资本注入、农产品加工、仓储管理、品牌建设、市场营销等环节。农村三产融合协同效应可以应对产业链断裂风险，增强农业韧性。三产融合通过加强农业产业链各环节无缝对接，有效防范和应对农业生产出现产业链条断裂的风险。要以农产品生产环节为中心，以现代化组织为依托，从农业"产前—产后"两个方向不断延伸农业产业链，形成农业产业完整高效的循环链条。不同产业环节的有机衔接，提高了各行为主体间的利益共享程度，有效缓解了因冲击不确定性而提高成本的问题，为农产品生产者调整中间投入品供应商以及快速恢复产业链上下游连通提供了更大的可能性，有利于维持和提升农业生产的鲁棒性，促进农业生产关系、生产秩序的恢复和重构。同时，在已基本形成的农业产业体系框架内，三产融合通过扩大粮食等关键农产品生产范围、粮食生产功能区范围，降低对进口农产品的依赖，有利于农业生产和粮食安全的源头预防性控制。

（2）嫁接现代信息技术，增强农业韧性。农业生产具有显著的季节性和周期性特征，而农产品的消费却是持续不断的。这种生产和消费之间的不一致导致了农产品价格信号的传递存在时滞，从而使得价格预期难以准确形成。这种情况进一步放大了农产品市场所面临的风险和冲击（翁凌云等，2020）。而农村三产融合过程中，现代信息技术的应用对农业具有风险缓解作用，有助于减小农产品市场面临的风险冲击。实践表明，通过在农业生产的各个领域和环节应用物联网、云计算、大数据等新一代信息技术，可以实现农业信息的共享（张林等，2020）。利用信息便利，整合农产品需求，实现高度分散的消费与农产品生产在云端精准匹配，如"农业+电商"模式。例如，拼多多的"农地云拼"项目，打造了从乡村果园到家庭果篮的直接对接渠道，有效连接了农产品生产者与消费者，不仅满足了供需双方的需求，还提升了农业生产的抗冲击能力。通过利用信息技术，该项目促进了农村三产融合，调整了农业生产与消费的关系，有助于增强农业的韧性。

（3）发挥农业多功能性作用，增强农业韧性。初级农产品的收入需求弹性较小，这意味着其消费量增幅有限，从而使农产品生产环节具有脆弱性。另外，随着社会主要矛盾的转变和消费结构的升级，居民对乡村农业旅游、农事体验等产品的需求正在不断增长（钟漪萍等，2020），农村三产融合是在传统农业基础上，通过拓展农业的多功能性（经济、社会、生态、文化），有效缓解农产品消费的弱质性冲击。具体而言，农村三产融合通过将农业与旅游、文化、健康等产业相结合，培育出休闲农业、文化农业、创意农业等创新业态。这种多元化的农业生产方式和商业化的农业经营模式，不仅推动了农业产值增长，还降低了农业对经营风险的敏感性。这种发展模式并不受限于恩格尔定律的基本条件，故此类产品的消费量得以持续增长（牛文涛等，2022）。农村三产融合所带来的农业多功能性，能够增强农产品的收入需求弹性，从而增强农业的韧性。

4. 农村三产融合赋能农业韧性的传导路径

（1）农村三产融合—农村经济增长—农业韧性。农村三产融合的发展，有助于扩大经济基础，从而为农业选择提供更广泛的空间。这种三产融合的高级形态，进一步推动了新业态、新模式和新增长极的产生，为农业发展注入了新的动力（万宝瑞，2017）。此外，由理念优势、市场优势和政策优势催生的特色产业，为农村产业兴旺提供了新动力，并打下经济增长基础（李晓龙、冉光和，2019b）。进一步，三产融合促进利益分配机制紧密联结，使农村三产融合的参与主体，尤其是弱势群体能分享发展红利。农业供应链的资源有限、资产有限和信贷保险机会有限导致其脆弱性加重。在农业加速现代化过程中，农业可能被生产性资产和追逐利润的市场排除在外。这种双重脆弱性使其更难走出冲击的负面影响。三产融合推动农村经济增长，农业经营主体利益共享、风险共担，加速恢复进程，从而提升农业抗冲击能力。

（2）农村三产融合—人力资本积累—农业韧性。农村三产融合对农业韧性具有间接影响，其通过加速人力资本积累，帮助农业系统积极应对冲击并实现适应性结构调整。在受到冲击时，为了应对内部和外部环境的变化，农业系统需要更新发展路径，并采用新技术和新产品（Béné，2020）。农村三产融合将通过以下方式推动这一进程：一是促进人力资本积累，提高农民的技能和知识水平；二是实现知识溢出，不同产业之间的交流和合作将促进农业技术的传播和推广；三是激发创新，不同产业的知识集中起来形成的"技术池"将为农业提供更多的创新思路和方法（李莉、景普秋，2019）。此外，不同产业之间的交叉融合更容易产生突破式创新（Duschl，2016）。三次产业之间的技术融合、功能交叉和资源共享，不仅可以推动创新资源配置方式的革新，往往还会产生新的农业技术形式和产品特性。最终，农村三产融合通过激励农业创新和发展的积极性，推动更多与互联网、智慧科技等相结合的新型农业业态和模式的出现（马晓河、胡拥军，2020）。在新业态形成的过程中，农村吸引了许多返校大学生和返乡创业青年。这些年轻的人才推动了农村人才市场结构的高级化，使农村地区的人才素质得到了显著提升。这些改变不仅为农村地区注入了新的活力，也为当地的经济发展提供了强有力的支持（齐文浩等，2021a）。而较高的劳动生产率可以增强产业面对冲击时的适应能力和恢复能力。这种能力表现在当面临不利的市场条件或突发事件时，具有较高生产率的产业能够迅速调整生产方式，优化资源配置，减少损失，并尽快恢复到正常水平（李兰冰、刘瑞，2021）。因此，农村三产融合可以通过加速人力资本积累来增强农业韧性。

图2-5为三产融合赋能农业韧性的理论逻辑。

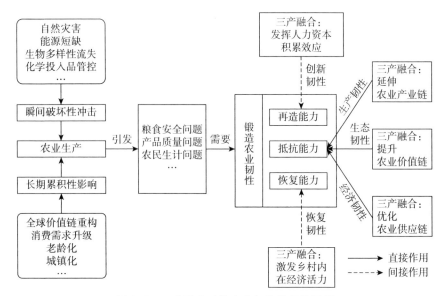

图 2-5 三产融合赋能农业韧性的理论逻辑

第三节 农村三产融合对粮食主产区发展的溢出效应

本节通过分析农村三产融合与农业的互动来探讨三产融合对粮食主产区发展的溢出效应的具体体现。

一 促进粮食主产区产业兴旺，夯实粮食主产区乡村振兴的基础

现阶段，我国社会主要矛盾已发生改变，经济快速高质量发展，全面推进农业供给侧结构性改革。国家提出将产业兴旺作为实现乡村振兴的首要任务，快速全面推进产业兴旺也是发展的重中之重。在此背景下，产业兴旺显现出四重内涵：一是农业生产要素具有与其相关要素相持平的要素

回报率；二是农村产业的创新贡献度在不断提高，主要是通过要素组合和供给来提高创新贡献率；三是农产品的内部结构更能契合居民的消费结构；四是农村三产融合可形成满足城乡居民需求的新供给体系。推动农村三产融合，有利于带动农业与第二、第三产业协同发展，带动其他相关要素进入农村生产、加工、流通服务等相关的产业体系，促进农村产业经济、生态、文化、社会等功能的有机融合，实现更高程度的乡村振兴。农村产业兴旺和三产融合的关系如图 2-6 所示。

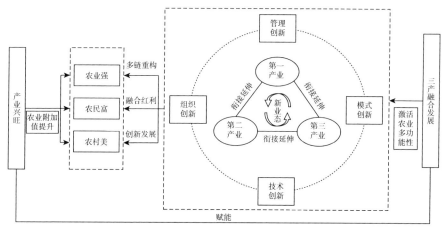

图 2-6　三产融合创新推动农村产业兴旺的机理

1. 提升农业比较利益，夯实农村产业兴旺的基础

农村产业兴旺也就是说要致力于提升我国农村农业综合竞争力。而产生这种经济活力的利益契机则在于农村三产融合。农村三产融合是一种一枝独秀的发展方式。在我国经济社会发展中，国家农业扶持政策的加强、农村三次产业的融合，促使农业生产成本下降，工农产品"剪刀差"缩小甚至消失，农业比较利益进一步提升。在三产融合的背景下，以机会成本为基础的长期行为使农民愿意提高土地的耕作效率。农产品在运输、储藏保鲜、服务等方面得到了保障，在没有外力支持的情况下，仍可以获得较高的盈利率。农村三产融合还可以创造新的工作岗位，直接吸纳当地很多农民，给当地的农民提供新的就业机会，增加了农民的经济收入。

2. 延伸农业产业链条，扩大农业产业深度

农村三产融合的发展，使更多的农民在传统生产方式的基础上寻求新

的经营方式。在农产品种植基础上将大量农产品进行加工与生产销售，延长了农业的全产业链。通过整合"农业+"，提升农业产业链的经济价值。通过延伸农业产业链，增加农产品附加值，加强利益资源分享，实现了农民利益共享，增加了乡村农民的经济收入。

3. 合理配置要素，促进农村产业特色高效

农村三产融合的发展使农产品在生产方面得到了互补，第一产业进行生产，第二产业进行加工，第三产业进行销售与服务，要素在三次产业之间得到了有效配置。资金、技术、人才等要素向农村地区的倾斜，促进了要素跨区域流动，产业之间要素共享提升了农业的生产效率。

二 促进主产区农业供给侧结构性改革，提升其农产品附加值

粮食主产区农业供给侧结构性改革是国家供给侧结构性改革的重要组成部分。主产区的农业生产结构还是以粮食类作物种植为主，粮食类作物以小麦、玉米为主，而豆类作物种植面积占比较小，因此我国大豆的消费供给主要依赖进口，导致我国非主粮的对外依存度逐年提高。技术含量较低的农产品产量过剩、技术含量高的农产品供给不足是我国粮食主产区当前农业生产结构优化调整首先要解决的问题。调整优化农业生产结构，提高农产品质量，延长农业产业链是粮食主产区农业供给侧结构性改革的重要工作，而农村三产融合发展是支撑、引领和带动其快速发展的有效路径。粮食主产区农村产业发展方式的转变离不开三次产业间的融合渗透与交叉重组，三产融合催生出新的产业形态，提升了农业生产的附加值，有利于促进农村产业间建立新型的竞争协作关系，促进要素、技术、资源的合理分配，促进乡村经济有质量、有效率的发展，由此推动粮食主产区乡村经济振兴。

三 促进主产区农业比较利益的提升，实现主产区农民稳定增收

农村三产融合促进粮食主产区农民增收主要体现在以下三个方面。

第一，通过延长农业产业链条转移农村剩余劳动力。一方面，三产融合使农民出现在农业生产的各个环节上，全面改善了以往农民只能依赖于土地的局面，使农村更多的劳动力得以解放。另一方面，三产融合

可减少外出务工的农民数量，不仅可以使农民加入农业生产过程中，三产融合的相关服务体系也为农民提供了一个返乡创业的环境。根据需求层次理论，影响农民工返乡创业的动机有经济动机、成就动机、社会动机和环境动机等，在这些动机驱动下，返乡农民工可以凭借自身优势，利用三产融合所创造的产业环境创业，并吸引其他企业的聚集，实现乡村振兴。

第二，发挥农业的多功能性，增加农产品的附加值。农村三产融合能够有力地推动农业生产的现代化、加工的精细化、运输的便捷化、销售的智能化以及社会服务的普及化。在农业生产方面，三产融合有助于引入先进的农业技术和设备，提高生产效率和农产品质量。在加工方面，三产融合有助于优化加工流程，提高加工产品的质量和附加值。在运输方面，三产融合能促进物流网络的完善，提高农产品的运输效率和质量。在销售方面，三产融合借助"互联网+"的快速发展，为农产品提供了更广阔的销售渠道，同时也推动了农村电商的发展。在社会服务方面，三产融合有助于提升农业社会化服务水平，为农民提供更全面、更优质的服务。此外，农村三产融合还能有效提升农产品的附加值。通过引入先进的农业技术和设备，可以提高农产品的品质和口感，增加消费者的满意度。同时，借助"互联网+"的营销手段，可以更好地宣传和推广农产品，提高其知名度和美誉度。这些措施都有助于提高农产品的附加值，增加农民的收入，推动农村经济的持续发展。

第三，我国粮食主产区处于分散状态，生产技术低下，生产方式落后，农业生产效率不高且附加值低，这些问题导致农民贫困。农村三产融合通过提供专业化的生产技术、信息流通渠道等多种形式参与到农村贫困户的脱贫过程中，在降低农户农业经营成本的同时，增加农产品的附加值，使贫困农户家庭资源使用效率（土地生产率、劳动生产率等）提高，进而增加农民的收入。农民通过利益分配机制分享农业增值收益。过去，农民不直接面对消费者，收益被中间商分走，农民与企业之间的地位不对等，导致农民收益较少。三产融合建立起合理的利益分配和共享机制，例如"保底收益+二次分红"的利益分配方式，农民将拥有的土地使用权与股权相结合，从而获得更多的收益，为实现粮食主产区乡村振兴奠定了一定的经济基础。

四 促进主产区乡村绿色、低碳发展，协同推进"双碳"目标实现

农村三产融合通过合理开发利用农村自然资源、盘活生态环境资源，以自然环境、乡土风俗和农业特色服务为立足点，发展特色旅游和休闲观光产业，将"绿水青山"转变为"金山银山"，拓宽农民的就业渠道，促进乡村生态与经济的良性循环。主产区通过三产融合，推进农业农村现代化建设，可以实施保护性耕作、秸秆还田、有机肥施用、农业管理等诸多措施提高农田固碳增汇的能力。农村三产融合通过融合生态，创新发展生态农业、绿色农业、低碳农业，可以进一步强化农村人居环境整治和农业面源污染防治，提升农村自然环境治理功效。将农业增效、农民增收、农村增绿统一起来，尤其是以乡村文化、休闲、旅游为发展重点的农村三产融合，会促进生态良性循环，推动农村能源结构低碳转型。

五 促进主产区粮食产业高质量发展，保障国家粮食安全

（1）主产区三产融合可以有效改善我国粮食生产资源配置效率偏低的问题，进一步优化粮食产业结构。通过推动农村三产融合，发展新型农业经营主体，可以改善我国粮食生产与耕地资源、生产潜力之间存在的配置偏离问题，改善农业生产结构与农产品需求结构的不匹配问题，促进粮食产业从单纯的生产供给端安全保障，转向全方位的生产、加工、贸易、流通与消费全链条的系统安全保障。要立足国内国际双循环和全国统一大市场建设背景，与国际粮食市场接轨，畅通粮食市场土地、资本、技术、劳动等要素全球流动的渠道，提升资源配置效率，从而全面提升我国粮食安全保障水平，构建国家粮食安全发展的新格局。农村三产融合将农村三次产业连接起来，有利于粮食产销融合，顺应新时代的要求。要树立"大食物观"，在大食物观下，农村地区产业链条更长，这一变化可以催生更多的经营主体，创造出更多个性化的产品和服务来满足消费者物质和精神层面的需求。同时，资源的利用率和利润也获得提升，普通农户的积极性得到极大的提高。这为粮食产业深度融合创造了必要条件，粮食产业结构得到

进一步优化。

（2）主产区三产融合有利于促进我国农业产业生态化，保证粮食生产绿色安全。农村三产融合通过将先进的、绿色低碳的新品种和新技术引入农业生产之中，将原先的粗放式农业生产模式转变为绿色化、品牌化、优质化的高质量生产模式，改善主产区农业经济，减少资源消耗、农资投入，保护生态环境。农业生产托管服务，可以为农户提供符合"一控两减三基本"要求的多样化服务。因此，要利用三产融合探索农业生产托管服务，帮助农户进行绿色粮食生产。

（3）主产区三产融合有利于促进农业技术创新及推广，实现"藏粮于技"，提升粮食生产的韧性。粮食的供给关系到国计民生，保障粮食供给水平是保障粮食生产安全的基础。三产融合有利于促进农业技术创新及推广，通过三产融合可以提高粮食生产效益，增强农产品竞争力，提升粮食生产的物质保障水平。先进技术的应用与推广，使得粮食及其产品的社会必要劳动时间缩短，单位时间内可以生产更多同等质量的产品。互联网技术的普及和应用使得先进的粮食生产、加工技术的扩散速度加快。普通农户、家庭农场、农业大户、粮食企业纷纷引进先进的生产技术，持续提升自己的生产效率，而那些应用落后生产技术的厂商逐渐被淘汰，迫使粮食生产经营者不断革新技术，提高生产效率，提升产品品质。要增强农产品竞争力，把增加优良新品种放在重要位置，依靠科技创新，走兴农之路，只有这样才能更好地维护我国粮食安全，真正把饭碗端在自己手中，真正让中国人的碗里装着自己的粮食。实现"藏粮于技"，有助于提升粮食供给水平，保障粮食安全。

（4）主产区三产融合确保我国农业产业链安全，提升粮食供给水平，保障粮食安全。以种子产业发展为例，优良的农作物新品种对于粮食增产的贡献率在30%以上，优良新品种的创新发展不仅可以增加粮食的产量、改善农作物的品质，还可以提高粮食的生产效率。要通过三产融合，对"企业+农户""企业+科技示范园+农户"等模式进行实践。"企业+农户"的模式使得种业公司能够进入各乡村进行个别指导，了解农户在使用优良新品种时遇到的问题和需求。"企业+科技示范园+农户"的模式可以让企业科研人员在更加专业的平台进行优良新品种的培育。同时，企业可以通过科技示范园向当地农户推广新品种，为农户提供粮食生产全流程的服务；建立产学研示范基地，推进试验、示范和新品种推广工作，从而将生产和科研相结合，把科研成果第一时间传播给农民，使更多农户接受新品种和新技术。在产前时期，农户可以按照种业公司配发的优良品种进行种植。在产中时期，种业公司可以为农户分派专业技术人员，指导农户生产，转变农户传统的生产观念，杜绝农户使用低于国家粮食生产标准的农药，促使农户使用先进的农耕农艺和无害化生产设施，从而利用科学的方法提高农作物的质量、产量，打破农业科技与农户的隔阂。使用该模式可以实现优良新品种从研发到落地种植的"零距离"，促使先进科学技术迅速转化为生产力。在产后时期，种业公司可以建立统一定价、统一收购的经营体系，以降低农户使用新品种的风险。通过三产融合发挥科技示范园较强的辐射带动能力，可以延伸产业链条，带动包装业、运输业等相关产业的快速发展，为相关产业的发展提供新的经济增长点，为三产融合发展提供新动力。

（5）主产区三产融合促使粮食生产结构与消费结构相匹配，促进粮食生产适应个人消费变化。如今消费者追求的是生活水平的提高，对于粮食消费不再仅关注能不能吃饱的问题，不再以数量为主要关注点，而是聚焦能不能吃好的问题。粮食生产与粮食消费相适应、相匹配是粮食安全中的重要方面，消费者对不同用途粮食的关注重点是不同的。就食用粮食而言，消费者关注的是粮食的营养、绿色、口感、色泽等方面。通过三产融合推动粮食供给侧结构性改革，可以使粮食供给以市场需求为导向，为居民提供绿色健康、营养爽口的优质粮，有利于我国粮食生产结构与消费结构相匹配，进而保障我国粮食安全。通过三产融合，农产品供应商可以利用互联网、大数据和区块链等技术，分析某一时间节点市场消费者对于特定农产品的需求。根据对市场需求的精准预判，向农户下订单，进而使农户精准地把握市场动向，促进粮食生产结构与消费结构相匹配。

（6）主产区三产融合推动粮食供给侧结构性改革，缓解粮食生产与消费之间的矛盾。三产融合促进了我国粮食加工业的不断发展，促进了粮食品质的提高。然而，如今粮食供给还比较低端，满足不了消费者对优质粮食的需求。面对消费者对优质粮食的追求，较为低端的粮食供给难以满足粮食加工企业对于高质量原料的需要。通过三产融合推动粮食供给侧结构性改革，可以使粮食供给以市场需求为导向，为企业提供加工专用性高的品质粮，满足粮食的多用途、高品质需求。三产融合，可以使地方引进粮食龙头企业，让它们带动地方粮食生产，延长粮食产业链，促进粮食生产的布局区域化、生产标准化、经营规模化发展，将全产业链引入粮食产业，实现从田园生产到餐桌消费的整条产业链协调发展。三产融合促进多元主体参与粮食产业的发展，有利于粮食生产以消费者的需求为导向，满足企业对加工性高的粮食的有效需求，有效地推进我国粮食供给侧结构性改革，促进粮食生产结构与消费结构相适应、相匹配。

（7）主产区三产融合吸引多主体参与，推动构建多元化的粮食供给流通体系。对于我国粮食流通机制来说，三产融合能够更好地促使多元化市场主体参与，促进粮食流通体系多元化。三产融合有利于缓解粮食供给流通体系与粮食产业发展不匹配及其不适应农户需要的矛盾，有利于促进建设现代农业服务体系，打破我国粮食产业基础设施配置不合理、企业和农户参与积极性不高的局面。在国家实行乡村振兴战略的背景下，通过三产融合构建多元化的粮食供给流通体系是难得的历史机遇。要借助三产融合，整合国有粮食企业、粮食合作组织和粮食加工企业的仓储、设备、人员、渠道等资源，为农户提供个性化的产后粮食储存、干燥和加工销售等服务，使农户得实惠、企业得效益，进一步提高农户、企业等主体参与三产融合的积极性。我国粮食流通体系尚不完善，进行三产融合有利于解决粮食流通体系与粮食产业发展不匹配，粮食运送成本高、损耗大和时间长等一系列问题。我国粮食供应总体处于紧平衡的状态，并存在很大的区域差异，导致地区粮食生产与粮食需求不平衡。因此，适合国情的粮食流通体系对于确保粮食安全具有举足轻重的作用。如果粮食产业不进行三产融合而是各自为政，就会导致其与国民经济发展不同步。进行三产融合有助于发展现代粮食物流项目，有利于完善粮食多式联运供应链体系，加速推行散储、散运、散装、散卸的粮食流通业态，加快建设粮食物流公共信息平台和粮食运输统计信息系统。三产融合可以丰富粮食供给途径，完善粮食供给体制，进而提高我国粮食安全水平。

（8）主产区三产融合有利于构建全球化贸易视角下的中国主要粮食贸易格局。随着逆全球化势头渐起，多边国际贸易体制难以为继。目前，我国粮食进出口贸易面临着出口竞争力小、进口压力大等问题。通过三产融合积极转变农户的传统农耕思想，促进企业加大科技创新投入，有利于优质新品种的推广。要利用三产融合提升国内粮食综合生产能力，增强国内粮食市场竞争力；实现粮食的自给自足，降低国内粮食消费对国外进口粮食的依赖程度；完善国内粮食价格形成机制，缩小市场价格偏差，缩小国内外粮食价格差距；加强对销售渠道以及国外粮食加工生产的管理，减小国外粮食市场对国内市场的冲击。

（9）主产区三产融合有利于完善行业内监管和市场监管双重监管的制度，健全粮食质量安全保障体系。进行三产融合有助于消费者对购买的粮食进行追踪溯源，避免不良企业以陈化粮充当新粮进行销售。三产融合能够促进行业内部自律性监管制度的建设，完善行业内监管和市场监管双重监管的制度。三产融合有利于国家完善相关产业的法律和制度，建立强有力的执法队伍和监督机制。此外，三产融合有助于构建粮食质量安全保障体系，使其覆盖粮食加工企业，形成加工企业监管农户粮食质量安全、下游企业监管粮食加工企业的横向互通和上下联动的粮食质量安全监测体系。

六　有利于重构主产区新型集体经济，推进农村治理结构完善

通过构建主产区农村三产融合促进机制，可以进一步鼓励更多社会资本下乡、回乡，有利于主产区社会经济的可持续发展，有利于促进主产区城乡的融合高质量发展，实现主产区贫困地区"三变改革"——资源变资产、资金变股金、村民变股东。重构新型集体经济，推进农村三产融合，有利于提升主产区农户的社会参与水平，大大加强不同社会群体和阶层的沟通交流，促进资本在社会各阶层之间的流动，改善乡村治理结构。这是我国在扶贫和乡村建设领域坚持四个自信，充分利用文化优势、道路优势、政治优势和制度优势的集中体现，有利于实现社会主义共同富裕，促进农村地区治理结构的改善。

七　创新主产区社会资源支持乡村建设方式，促进城乡协调发展

推动农村三产融合能够创新社会资源配置模式，有助于实现城乡发展的均衡；有助于合理配置生态、农业及城镇等功能区域，构建适应新时代

发展的新格局，从而促进城乡经济循环畅通。农村三产融合既重视以政府为主导力量，又激励工商企业积极参与，以实现"政府主导、市场调控、社会参与"的合作发展，形成乡村振兴中政府、市场及社会共同参与的新格局。

第三章

农村三产融合现状、效率测度
与存在的问题

第一节　粮食主产区农村三产融合发展的现状

一　中国农村三产融合发展概况

中国农村人口和农业生产规模大，但农业技术不强、农产品附加值较低。乡村振兴战略将"产业兴旺"作为首要任务，农村三产融合发展迅速，在提升农产品附加值、增加农民收入、推动农村经济发展方面扮演着越来越重要的角色。总体来说，中国农村三产融合呈现以下特点。

1. 农村三产融合规模日益扩大

自农村三产融合提出以来，传统的生产、加工、流通、管理、服务和消费环节正在与信息深度融合，农业技术装备水平不断提高，融合催生了大量新产业、新业态，培育了新增长点，形成了新动能。农业农村部数据显示，截至 2021 年底，中央财政从省、县、镇多个层面支持建设了 100 个优势特色产业集群、188 个国家现代农业产业园、1109 个农业产业强镇。这些集群和产业园通过中央 344 亿元财政资金的支持引导，在试点园区形成了"产加销服""科工贸金""农文旅教"全产业链融合发展的产业集群，有力带动引领了农村的经济发展和社会进步。

2. 地方政府对农村三产融合大力支持

随着国家政策的支持和地方政府的扶持，农村三产融合已经成为推动乡村振兴和农业现代化的重要途径。地方政府为了促进农村三产融合发展，纷纷出台各种具体的指导意见和优惠政策。比如，浙江省自然资源厅联合省发展改革委、省农业农村厅印发了《关于保障农村一二三产业融合发展用地促进乡村振兴的指导意见》，提出将通过科学编制国土空间规划、优化农村产业用地布局、拓展农村集体建设用地使用路径等 9 项措施，切实保障农村三产融合发展用地；安徽省人民政府办公厅出台了《关于加快构建新型农业社会化服务体系的意见》；河南省人民政府制定了《关于加快农业产业化集群发展的指导意见》。这些政策文件集中体现了政府促进农村三产融合的决心，同时为农村三产融合的发展提供了可靠的保障体制和良好的培育环境。

3. 三产融合新业态多元呈现

近几年，随着我国三产融合的深入推进，国内也有众多学者探索分析融合新途径，为融合战略的落实提供了理论依据。目前，中国主要的三产融合形式有产业内部融合、农业产业链扩张融合、技术创新融合三种，三产融合在我国也取得了一定的成就。农村三产融合过程中，三产之间的界限模糊，与各产业相对应的产业要素、资源、技术跨界流动，相互交叉、渗透融合，重新进行配置组合，使得要素所对应的功能得到拓展，催生出新业态。这种业态与产业融合前相比有不同的资源配置方式、要素功能属性、产品技术属性，不仅使原有的产业体系得到完善，同时也拓展了其功能属性，发挥了农业的多功能性。例如，中牟国家农业公园发展的观光旅游农业、江油市新安镇发展的生态有机农业等，都取得了良好的成效。通过三产融合形成的新业态，可促进产业分工进一步深化，加速农业的现代化发展。休闲农业的发展是传统观光农业在休闲观光、文化传承、科学信息技术普及等多种功能拓展基础上的三产融合发展，休闲农业的快速发展，使农业发展质量不断提高、模式不断丰富，拓宽了农村就业渠道，带动了农民收入的持续增长。

4. 农村三产融合的实践效果初步显现

农村三产融合发展比较好的地区，都实现了"农业强""农民富""农村美"的发展目标，证明了三产融合可以促进乡村振兴。以河南中鹤集团为例，该集团所在县是传统粮食大县，主要生产优质小麦。2018 年河南中鹤集团在河南浚县和安徽阜阳的园区被选入国家农村产业融合发展示范园创建名单，其三产融合的农业化发展历程有着很强的推广价值。江油市新安镇积极打造现代农业公园，实现了企业与农民的互利共赢。三产融合充分利用农业自然资源，将第一产业与第二、第三产业相结合，打造乡村特色产业和品牌，延长了农业的产业链，提高了农产品的附加值，实现了产业兴旺。三产融合过程中，龙头企业带头，以农户为新型农业经营主体，将企业与普通农户的利益联结在一起，形成"龙头企业+农业组织+农户"的发展模式。以滨州市滨城区为例，它立足当地的农业资源，主要发展以小麦加工、鲜花果蔬为重点的三产融合新模式，农户和龙头企业在农产品的种植环节结成了利益共同体。据滨城区人民政府统计，2021 年，3 个"国字号"农业园区协同赋能，9 家省级农业标准化生产基地增量提质，57家省市级农业龙头企业引领带动，充分发挥了产业振兴压舱石的作用，全区 8000 多名脱贫人口人均收入可达 12000 元，农村居民人均可支配收入超过 2 万元。

5. 农村三产融合发展主体逐步壮大

当前参与农村三产融合的组织与从业人员等不断增加，根据农业农村部的数据，我国五大类农村三产融合主体整体数量及投资规模都在快速增长：2021 年新型职业农民超过 2000 万人，家庭农场达到 390 万家，农民合作社达到 220 万个，县级以上龙头企业有 9 万家，工商资本每年投入乡村产业的资金总量都在万亿元以上。农民合作社生产模式解决了原来农民单独生产所带来的规模小、效率低的问题，在很大程度上提高了生产规模化程度。近年来，家庭农场也蓬勃发展。目前农民的家庭收入主要来源于规模化、集约化的农业生产。近年来，大量的融合主体涌现，根据农业农村部统计，其中包括 8.7 万家农业产业化龙头企业，其中 1243 家是国家重点龙头企业。此外，还有 217 万个注册登记的农民合作社和 60 万家家庭农场。同时，农产品加工流通行业稳步发展，农产品加工业持续壮大。

6. 特色农村产业融合发展示范园逐步壮大

为了充分发挥示范引领作用，加快推进农村三产融合发展，我国自 2017 年开始在全国各地创建农村产业融合发展示范园。在各地自愿申报、省级评审推荐的基础上，经国家农村产业融合发展部门协同推进机制各成员单位研究，先后进行了三批次国家农村产业融合发展示范园认定，截至2021年共有574家国家农村产业融合发展示范园，分布在全国31个省份（不含港澳台，下同）。

二　粮食主产区农村三产融合发展现状

1. 我国粮食主产区现状

中国主要产粮区包括辽宁、河北、山东、吉林、内蒙古、江西、湖南、四川、河南、湖北、江苏、安徽、黑龙江等13个省份，由于我国人口众多，人均耕地仅为1.4亩，所以我国有着坚守18亿亩耕地红线的要求。2019年我国粮食总产量为66385万吨，而粮食产量排名前十的省份为黑龙江、河南、山东、安徽、吉林、河北、江苏、内蒙古、四川、湖南。其中多数省份在北部地区，黑龙江的产量为7503万吨，是全国粮食产量第一大省，河南和山东分别排名第二和第三，粮食产量分别为6695万吨、5357万吨。这三个省份总产量占全国总产量的29.46%，是我国当之无愧的"粮仓"省份。2020年，我国粮食种植面积排名前五的省份分别为黑龙江、河南、山东、安徽及内蒙古，5个省份粮食总种植面积占全国粮食种植面积的40%以上，产粮最多的第一梯队省份共有3个，都处于北方地区，都是粮食主产区，黑龙江、河南及山东依然是产粮大省。2022年，黑龙江是我国的第一产粮大省，年产粮食7763万吨。河南2022年粮食产量达到6789万吨，仅次于黑龙江，排名全国第二。山东2022年粮食产量为5544万吨，是全国第三大产粮省份（见表3-1）。

表3-1　2015~2022年我国各省份粮食产量

单位：万吨

省份	2015年	2016年	2017年	2018年	2019年	2020年	2021年	2022年
黑龙江★	7616	7416	7410	7507	7503	7541	7868	7763
河南★	6470	6498	6524	6649	6695	6826	6544	6789
山东★	5153	5332	5374	5320	5357	5447	5501	5544
安徽★	4077	3962	4020	4007	4054	4019	4088	4100
吉林★	3974	4151	4154	3633	3878	3803	4039	4081
河北★	3602	3783	3829	3701	3739	3796	3825	3865

续表

省份	2015 年	2016 年	2017 年	2018 年	2019 年	2020 年	2021 年	2022 年
江苏★	3595	3642	3611	3660	3706	3729	3746	3769
内蒙古★	3293	3263	3255	3553	3653	3664	3840	3901
四川★	3395	3470	3489	3494	3499	3527	3582	3511
湖南★	3094	3052	3074	3023	2975	3015	3074	3018
湖北★	2915	2796	2846	2839	2725	2727	2764	2741
辽宁★	2187	2316	2331	2192	2430	2399	2539	2485
江西★	2236	2234	2222	2191	2157	2164	2192	2152
云南	1791	1815	1843	1861	1870	1896	1930	1958
新疆	1895	1552	1485	1504	1527	1583	1736	1814
山西	1314	1380	1355	1380	1362	1424	1421	1464
广西	1433	1419	1370	1373	1332	1370	1387	1393
陕西	1205	1264	1194	1226	1231	1275	1270	1298
广东	1212	1204	1209	1193	1241	1268	1280	1292
甘肃	1155	1117	1160	1151	1163	1202	1231	1265
重庆	1051	1078	1080	1079	1075	1081	1093	1073
贵州	1211	1264	1242	1060	1051	1058	1095	1115
浙江	584	565	580	599	592	606	621	621
福建	500	477	487	499	494	502	506	509
宁夏	373	371	370	393	373	380	368	376
天津	184	200	212	210	223	228	250	256
海南	155	146	138	147	145	145	146	147
青海	104	105	103	103	106	107	109	107
西藏	101	104	107	104	104	103	106	107
上海	125	112	100	104	96	91	94	96
北京	63	53	41	34	29	31	38	45

注：★表示我国 13 个粮食主产区。

资料来源：国家统计局。

2. 粮食主产区农村三产融合发展现状

（1）三产融合参与主体多元化且规模日益扩大。在农村三产融合的过程中，涉及的经营主体包括农户、农民专业合作社、农业企业、农业合作社、农业产业园区等。这些经营主体的发展规模不断扩大，出现了一些大型的农业企业、农民专业合作社和农业产业园区。以产粮大省河南为例，专业大户强势发展和家庭农场快速崛起，农民专业合作社发展壮大。《2020年河南省乡村社会经济发展报告》显示，2020年，河南乡镇的农业企业超过 2.0 万家，家庭农场达到 3.6 万家，农村小商业、乡村新产业新业态蓬勃发展，网上销售农产品的农户数达到 4.2 万户，休闲农业和乡村旅游经营农户数达到 1.8 万户，与 2019 年相比分别增长了 11.7% 和 9.1%。

（2）农产品加工业对农业产业链融合的引领作用开始显现。例如，安徽省通过实施农产品加工业"五个一批"工程，积极推动农产品加工业的转型升级和提质增效。这些举措有助于促进农产品附加值的提高、农村经济的发展、农民收入的增加以及农村地区的产业结构调整。《安徽省 2021 年乡村产业发展情况报告》显示，截至 2021 年底，全省共有 87 个省级现代农业产业园（含 6 个国家级）、57 个 30 亿元以上的农产品加工园区，以及 66 个省级农业产业化示范区。这些园区的建设和发展为农产品加工业提供了更好的发展平台和条件。2021 年安徽的农产品加工业总产值接近 7000 亿元，同比增长 9.0%，位次由 2017 年的第 13 上升到第 11。辽宁通过实施"一村一品"战略以及推动农产品加工业的相关服务业和非农业融合，使农产品加工业逐渐实现了多元化发展，促进了农产品的附加值提升和农村经济的多元化发展。2021 年全省规模以上农产品加工业实现营业收入 3200 亿元，有 5 条产值超过 50 亿元的农产品全产业链，11 条产值超过 100 亿元的农产品全产业链，2 条产值超过 500 亿元的农产品全产业链，为优化农产品加工业的价值链提供了坚实基础。①

（3）三产融合龙头企业成长壮大。通过培育和壮大三产融合龙头企业，河南和内蒙古增强了农业产业的集聚效应和竞争优势，带动了相关产业链的发展，促进了当地农民就业和农民收入增加。河南是中国的小麦大省，面食深加工行业在该地区得到了发展和壮大。以三全、思念为代表的企业在面食深加工领域具有较高的知名度和市场份额，成为河南面食产业的领军企业。这些企业通过技术创新、品牌建设和市场拓展，不断提升产品质量和竞争力，推动了河南面食产业的发展。内蒙古拥有广袤的草原和丰富

---

① 《夯实现代农业基础 全面推进乡村振兴》，辽宁省人民政府网站，2022 年 1 月 5 日，https://www.ln.gov.cn/web/ywdt/jrln/wzxx2018/19E652B21A4B4A1699E43FCC8679223A/index.shtml。

的奶源资源，乳业发展得到了极大的促进。伊利、蒙牛等乳业企业成为内蒙古乳业的代表，它们通过技术创新、品牌建设和市场推广，成功打造了国内外知名的乳制品品牌。这些企业在乳业产业链上占据重要的地位，推动了内蒙古乳业的发展，并在一定程度上带动了当地经济的增长。

（4）乡土特色产业快速发展。通过三产融合，粮食主产区乡土特色产业深度拓展，创造了一批"乡字号""土字号"乡土品牌，这些品牌可以通过品质保证、营销推广和创新设计等方式，塑造地方特色和市场形象，推动乡土特色产业融入全球市场。培育了一批产值超百亿元、千亿元的优势特色产业集群，促进了相关产业链的形成和发展，并提高了整个区域的产业竞争力。比如，形成了江西赣南脐橙、河南温县铁棍山药、湖北潜江小龙虾、山东寿光蔬菜等一批特色产业集群。这些农业特色产业集群能够发挥农产品品牌效应、产业集聚效应等，促进了粮食主产区农村乡土特色产业的快速发展，成为粮食主产区农村三产融合的代表。

（5）乡村产业业态类型不断丰富。借助三产融合，粮食主产区农业多种功能和乡村多重价值被深度发掘，吸引了更多新主体的加入，如民营企业、合作社、个体户等。它们带来了新的管理理念、市场开拓能力、创新能力和新技术的广泛应用。除了传统的农产品生产，农业还开始拓展其他功能，如农村旅游、文化创意、健康养老等，推动农业纵向延伸、横向拓展。如安徽形成"电商企业+基地+合作社+农户"模式，培育600余个建设项目，有效地促进了小农户与大市场有机衔接。作为传统农业大省，河南则着重推广"特色种养+产业链延伸"模式。在产粮大县，以食品加工产业为主导，建链、补链、延链、强链，以现代农业为根基、以食品工业为支撑、以特色旅游业为羽翼，成为三次产业融合发展的典型，为乡村产业振兴开辟出新的路径。

（6）农村乡镇公共服务体系日益完善，集体经济开始聚合发展。粮食主产区的农村三产融合，不仅汇聚了农村的各种要素，而且拓展了农业、生态等多种功能，引发了叠加裂变效应，为村级集体经济的发展带来了巨大的推动力。随着集体经济的不断聚合和快速发展，农村经济的增长和农民收入的提高也得到了保障。集体经济的发展，提升了农民的资源禀赋，使他们更加了解和适应市场需求，找到适合自己的现代农业发展路径。集体经济也带动了更多农民融入现代农业产业链，使得更多的农业资源得到了有效配置和利用，实现了农村产业的可持续发展。与此同时，在集体经济的推动下，农民的三产融合能力和综合素质也得到了提高。他们开始了解和掌握更多的农业技术和管理方法，对于农业生产的过程和结果也有了更加准确的预估和判断。这种提高不仅使得农民更加适应现代农业的发展，也提高了他们的收入和生活质量。

第二节　农村三产融合效率测度及影响因素
——基于粮食主产区与非粮食主产区对比的研究

一　引言

随着我国经济发展进入新常态，农村三产融合的步伐逐渐放缓，农村三产融合水平不高的问题逐渐显现。因此，科学论证和分析农村三产融合的效率问题及影响农村三产融合的因素，从而优化农村三产融合发展的投入产出结构，提高农村三产融合效率就显得尤为重要。农村三产融合的效率问题是一个复杂的问题，需要从多个方面进行分析和探讨。宏观层面：政策支持和资金投入影响农村三产融合效率。中观层面：农村三产融合模式和方式影响农村三产融合效率。引入现代化技术和设备可提高农村三产融合效率，但需考虑技术和设备的适用性及农民接受程度。选择农村三产融合模式和方式需考虑产业链的协调性和稳定性，以确保投入产出结构的合理性。微观层面：农民素质和技能水平影响农村三产融合效率。政府应加强对农民的培训和教育，提高农民的技能水平和文化素质，为农村三产融合提供优质人力资源。企业也应加强员工培训和管理，提高员工技能水平和职业素养，为农村三产融合提供稳定可靠的人才保障。本节通过数据包络分析法（DEA）测算我国2009~2018年30个省份的农村三产融合效率，并采用固定效应模型实证分析农村三产融合的影响因素。

二　研究设计与实证方法

1. 研究方法介绍

（1）数据包络分析法。根据目前国内大多数学者对效率测算的方法，本节选择 DEA 法测算农村三产融合的效率。DEA 法中的 BCC 模型被广泛应用于农业效率评价、农村三产融合效率测度等方面，设有 n 个生产决策单元 DMU_j（$j=1$，2，…，n），每个 DMU 都有 m 种类型的输入 $X_j=(X_{1j}$，X_{2j}，…，$X_{mj})^{\mathrm{T}}$（表示对资源的消耗）以及 s 种类型的输出 $Y_j=(Y_{1j}$，Y_{2j}，…，$Y_{sj})^{\mathrm{T}}$（表明成效的信息量），则 BCC 模型表示如下：

$$\min[\theta-\varepsilon(e^{\mathrm{T}}s^-+e^{\mathrm{T}}s^+)]$$
$$\mathrm{s.\,t.\ } \sum X_j\lambda_j+s^-=\theta X_0$$
$$\sum Y_j\lambda_j-s^+=Y_0$$
$$\sum \lambda_j=1$$
$$\lambda_j\geq 0,s^-\geq 0,s^+\geq 0;j=1,2,\cdots,n$$

其中，θ 表示决策单元的综合技术效率，λ 表示决策单元线性组合的系数，s^+ 和 s^- 分别表示投入量和产出量对应的松弛变量数值，ε 为阿基米德无穷小量，e 为元素为 1 的向量。当综合技术效率 $\theta=1$，且 s^+、s^- 同时为 0 时，称 DEA 有效；当综合技术效率 $\theta=1$，且 s^+、s^- 存在非零值时，称 DEA 弱有效；当综合技术效率 $\theta<1$ 时，则称 DEA 无效。

（2）Malmquist 生产率指数。DEA 法可以评估农村三产融合中各要素的投入产出情况，帮助我们了解当前的效率水平。而 Malmquist 生产率指数则可以进一步分析农村三产融合效率在时间上的演变趋势。Malmquist 生产率指数将农村三产融合效率的变化分解为技术进步和技术效率变动两个部分。技术进步指数反映了农村三产融合过程中技术水平的提升程度，而技术效率变动指数则表示相同技术水平下农村三产融合效率的变动情况。技术效率变动指数又可以进一步细分为纯技术效率变动指数和规模效率变动指数，用以分析农村三产融合中纯粹的技术改进和规模的扩大对效率变动的影响。通过分析 Malmquist 生产率指数，我们可以比较不同时间段的农村三产融合效率变化，了解技术进步和技术效率变动对农村三产融合效率的贡献情况。这样的指数可以帮助我们更全面地认识农村三产融合发展的效果，并为政策制定提供参考。Malmquist 生产率指数（TFPch）等于技术进步指数（Techch）与技术效率变动指数（Effch）的乘积，其中技术效率变动指数（Effch）又可表示为纯技术效率变动指数（Pech）与规模效率变动指数（Sech）的乘积，即：

$$TFPch = Techch \times Effch = Techch \times Pech \times Sech \qquad (3-1)$$

其中，$TFPch$ 表示从 t 期到 $t+1$ 期的全要素生产率，$TFPch>1$ 表示全要素生产率水平提高，$TFPch<1$ 则表明全要素生产率水平降低；$Techch>1$ 表示技术进步，$Techch<1$ 则表示技术退步；$Effch>1$ 代表技术效率提升，$Effch<1$ 代表技术效率下降，$Effch=1$ 代表技术效率不变。当 $Techch$、$Effch$、$Pech$ 或 $Sech$ 大于 1 时，它们对 $TFPch$ 的提高起到促进作用。

2. 农村三产融合效率测度指标体系构建

国内外学者对如何评价农村三产融合发展已经从不同角度进行了研究。目前，在农村三产融合效率评价方面，学者使用的评价指标多样，还没有形成一套统一的评价指标体系。这主要是因为农村三产融合涉及多个方面，包括技术水平、资源利用、产出效益等，而各个方面的重要程度和影响因素可能因地区和产业的不同而有所差异。本节依据 DEA 法的要求，确定测度农村三产融合效率的投入和产出指标。

（1）投入指标。通过农业与第二、第三产业深度融合，形成"产加销"一体化的现代农业产业体系，实现农业增效、农民增收和农村繁荣，优化农业产业结构，推动农业科技进步和创新，提高农业国际竞争力。政府在促进农村三产融合过程中发挥重要作用，本节选择政府农林水事务的各项支出作为衡量我国农村三产融合效率的投入指标，以考虑政府支持、资金投入、技术创新等因素。

（2）产出指标。农村三产融合是以农业为核心，引入工业化模式，实现农业机械化、自动化、智能化、规模化、高效化，发展农产品加工行业，利用服务业技术和理念拓展农业功能，实现产销衔接，连接生产至消费的各个环节，提升农产品价值。本节从农产品加工业发展水平、农业服务化水平、农业与工业融合水平、农业与信息业融合水平及农村金融发展水平五个维度构建产出指标体系，衡量农村三产融合效率。

各变量分别采用如下方式衡量：①农产品加工业发展水平，采用"农产品加工业年产值/农林牧渔业总产值"来衡量；②农业服务化水平，采用"农林牧渔服务业总产值/农林牧渔业总产值"来衡量；③农业与工业融合水平，采用"农业机械总动力/第一产业从业人数"来衡量；④农业与信息业融合水平，采用"农村家庭平均每百户移动电话拥有量"来衡量；⑤农村金融发展水平，采用"涉农贷款"来衡量（见表 3-2）。

表 3-2　我国农村三产融合效率的评价指标体系

类型	指标名称	度量方式
投入	农林水事务各项支出	农林水事务各项支出
产出	农产品加工业发展水平	农产品加工业年产值/农林牧渔业总产值
	农业服务化水平	农林牧渔服务业总产值/农林牧渔业总产值
	农业与工业融合水平	农业机械总动力/第一产业从业人数
	农业与信息业融合水平	农村家庭平均每百户移动电话拥有量
	农村金融发展水平	涉农贷款

本节所使用的投入产出数据为 2009～2018 年我国除西藏及港澳台地区外的 30 个省份的面板数据，数据主要来源于《中国统计年鉴》、《中国农业年鉴》、《中国农村统计年鉴》、《中国农产品加工业年鉴》、《中国金融年鉴》和各省份的统计年鉴以及国家统计局。

三　农村三产融合效率分析

1. 农村三产融合效率分析

本节使用 DEAP 2.1 软件，利用 30 个省份的投入与产出数据对农村三产融合效率进行测算，测算结果见表 3-3。

表 3-3　2009～2018 年我国 30 个省份农村三产融合效率

省份	2009年	2010年	2011年	2012年	2013年	2014年	2015年	2016年	2017年	2018年	均值
安徽	0.511	0.584	0.670	0.688	0.712	0.754	0.682	0.817	0.847	0.910	0.718
北京	1.000	1.000	1.000	1.000	0.901	0.868	0.815	0.877	0.908	0.845	0.921
福建	0.945	0.929	1.000	1.000	0.975	1.000	0.860	0.979	0.990	0.948	0.963
甘肃	0.805	0.835	0.831	0.847	0.860	0.838	1.000	0.910	0.866	0.890	0.868
广东	0.820	0.847	0.923	0.895	0.799	0.840	0.734	0.840	0.866	0.697	0.826
广西	0.573	0.600	0.831	0.837	0.946	0.961	0.865	0.928	0.958	0.964	0.846
贵州	0.385	0.448	0.639	0.677	0.745	0.814	0.746	0.808	0.862	0.939	0.706
海南	0.592	0.644	0.948	1.000	1.000	1.000	0.923	0.980	0.992	1.000	0.908
河北	0.795	0.796	0.853	0.866	0.911	0.934	0.800	0.865	0.873	1.000	0.869

续表

省份	2009年	2010年	2011年	2012年	2013年	2014年	2015年	2016年	2017年	2018年	均值
河南	0.583	0.645	0.758	0.737	0.824	0.830	0.720	0.891	0.915	0.916	0.782
黑龙江	0.993	1.000	1.000	0.961	0.997	1.000	1.000	1.000	1.000	1.000	0.995
湖北	0.597	0.635	0.793	0.819	0.821	0.851	0.755	0.835	0.880	0.917	0.790
湖南	0.690	0.672	0.741	0.765	0.811	0.867	0.760	0.869	0.905	0.904	0.798
吉林	0.706	0.678	0.852	0.880	0.896	0.930	0.869	0.889	0.914	0.934	0.855
江苏	0.876	0.909	0.899	0.863	0.873	0.916	0.750	1.000	1.000	1.000	0.909
江西	0.606	0.622	0.794	0.795	0.860	0.855	0.766	0.861	0.920	0.974	0.805
辽宁	0.608	0.632	0.646	0.634	0.645	0.712	0.659	0.760	0.778	0.765	0.684
内蒙古	0.914	0.938	0.923	0.893	0.935	0.921	0.993	0.932	0.928	0.930	0.931
宁夏	1.000	1.000	1.000	1.000	1.000	1.000	1.000	1.000	1.000	1.000	1.000
青海	0.873	0.870	0.909	0.899	0.938	0.911	1.000	0.911	1.000	0.918	0.923
山东	1.000	1.000	1.000	0.917	0.986	1.000	0.707	1.000	0.989	1.000	0.960
山西	0.603	0.798	0.835	0.751	0.803	0.846	0.759	0.829	0.808	0.764	0.780
陕西	0.876	0.889	0.898	0.911	0.918	0.867	1.000	0.874	0.858	0.854	0.895
上海	0.898	0.879	0.857	0.857	0.938	0.963	0.734	0.805	1.000	0.865	0.880
四川	0.553	0.559	0.662	0.672	0.753	0.766	0.692	0.835	0.834	0.795	0.712
天津	1.000	1.000	1.000	1.000	1.000	1.000	1.000	1.000	1.000	1.000	1.000
新疆	0.773	0.824	0.827	0.843	0.859	0.840	0.988	0.869	0.897	0.866	0.859
云南	0.525	0.585	0.743	0.753	0.816	0.823	0.765	0.827	0.867	0.862	0.757
浙江	1.000	1.000	1.000	1.000	1.000	1.000	0.824	1.000	1.000	1.000	0.982
重庆	0.544	0.609	0.754	0.773	0.780	0.840	0.796	0.870	0.891	0.929	0.779
均值	0.755	0.781	0.853	0.851	0.877	0.892	0.832	0.895	0.918	0.913	0.857

2009~2018年，我国30个省份农村三产融合效率提高0.158，至0.913。尽管取得显著提升，但与DEA有效相比仍有差距，预示农村三产融合发展有提升空间。

2009~2018年，我国30个省份农村三产融合效率差异较大。最高为宁夏、天津，均达到DEA有效；辽宁最低，为0.684。除宁夏及天津2个省份之外，北京、福建、甘肃、海南、河北、黑龙江、江苏、内蒙古、青海、山东、陕西、上海、新疆、浙江等省份的效率高于全国平均值0.857，其中东部 0.5625、中部 0.1250、西部 0.3125①，说明农村三产融合水平存在区域异质性。东部省份在农村三产融合发展方面投入产出结构更合理，大部分省份资源未合理运用，需要借鉴宁夏、天津的经验，优化投入产出结构，进一步促进农村三产融合。

2009～2018 年，我国 30 个省份的农村三产融合效率整体波动上升。北京 2009～2012 年农村三产融合效率为 1.000，DEA 有效；2013～2017 先降后升；河南、广西 2009 年农村三产融合效率最低，但逐渐优化，2009～2014 年呈上升趋势；江苏、辽宁等省份的农村三产融合效率也基本上呈上升趋势。

2. 农村三产融合效率分解

由 DEA 效率评价的原理"综合效率＝规模效率×技术效率"可知，这三者之间存在相互影响、相互制约的关系。基于此，本节将 2009～2018 年我国 30 个省份的农村三产融合效率分解为技术效率和规模效率，并将其按东部、中部、西部划分，以区分各地区农村三产融合技术效率和规模效率情况。

从技术效率看，我国各地区农村三产融合技术效率较高且大致呈上升趋势。整体上看，东部地区技术效率最高，中部地区于 2018 年超越东部地区（见图 3-1）。技术效率的提升，可能源自东部地区的发达经济，以及中部地区对农村三产融合政策的积极响应。

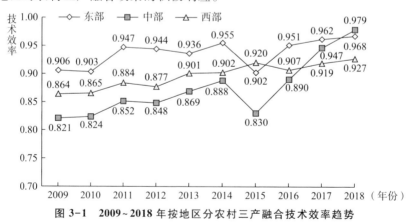

图 3-1   2009～2018 年按地区分农村三产融合技术效率趋势

① 东部地区包含北京、天津、河北、辽宁、上海、江苏、浙江、福建、山东、广东、广西；中部地区包含黑龙江、吉林、山西、安徽、江西、河南、湖北、湖南、内蒙古；西部地区包含新疆、青海、云南、贵州、宁夏、甘肃、陕西、海南、重庆、四川。

从规模效率看，与技术效率状况相似，我国各地区农村三产融合的规模效率较高且呈上升趋势，基本处于 0.9~1，表明无论是中部、东部还是西部，各地区的农业生产规模的结构都比较合理（见图 3-2）。

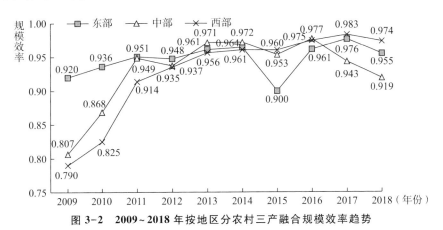

图 3-2　2009~2018 年按地区分农村三产融合规模效率趋势

我国部分地区规模效率高、纯技术效率低，或纯技术效率高、规模效率低。技术效率取决于纯技术效率和规模效率的乘积。第一种情况：纯技术效率低、规模效率高，主要影响因素是农业科学技术和管理水平。第二种情况：规模效率低、纯技术效率高，主要影响因素是农业生产规模。

3. Malmquist 生产率指数结果分析

以 2009~2018 年农村三产融合投入、产出指标的相关数据为依据，利用 DEAP 2.1 软件对我国 30 个省份的农村三产融合的 Malmquist 生产率指数进行测度和分解，得到农村三产融合效率随时间变化的情况，具体结果如表 3-4、图 3-3 和表 3-5 所示。

表 3-4　2009~2018 年农村三产融合的 Malmquist 生产率指数及其分解指数

时间	Effch	Techch	Pech	Sech	TFPch
2009~2010 年	1.043	1.039	1.000	1.043	1.084
2010~2011 年	1.108	1.027	1.038	1.067	1.138
2011~2012 年	0.999	1.028	0.995	1.004	1.027
2012~2013 年	1.032	0.993	1.010	1.022	1.025
2013~2014 年	1.019	1.025	1.015	1.004	1.044
2014~2015 年	0.929	1.084	0.964	0.963	1.007

续表

时间	*Effch*	*Techch*	*Pech*	*Sech*	*TFPch*
2015～2016 年	1.083	0.949	1.038	1.043	1.027
2016～2017 年	1.026	0.971	1.022	1.003	0.997
2017～2018 年	0.993	1.040	1.012	0.981	1.032
均值	1.026	1.017	1.010	1.014	1.042

注：*Effch* 为技术效率变动指数，*Techch* 为技术进步指数，*Pech* 为纯技术效率变动指数，*Sech* 为规模效率变动指数，*TFPch* 为 Malmquist 生产率指数。

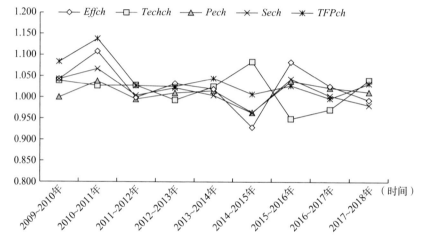

图 3-3　2009～2018 年农村三产融合的 Malmquist 生产率指数及其分解指数变动趋势

表 3-5　30 个省份农村三产融合的 Malmquist 生产率指数及其分解指数

省份	*Effch*	*Techch*	*Pech*	*Sech*	*TFPch*
安徽	1.066	1.016	1.024	1.042	1.083
北京	0.981	1.009	1.000	0.981	0.991
福建	1.000	1.017	0.998	1.002	1.018
甘肃	1.011	1.001	1.019	0.992	1.013
广东	0.982	1.019	0.997	0.985	1.000
广西	1.059	1.018	1.027	1.032	1.078
贵州	1.104	1.021	1.025	1.077	1.127
海南	1.060	1.019	1.009	1.050	1.081
河北	1.026	1.015	1.025	1.001	1.041
河南	1.052	1.021	1.030	1.021	1.074
黑龙江	1.001	1.011	1.000	1.001	1.011

续表

省份	Effch	Techch	Pech	Sech	TFPch
湖北	1.049	1.015	1.030	1.019	1.064
湖南	1.030	1.018	1.030	1.000	1.049
吉林	1.032	1.003	1.021	1.010	1.035
江苏	1.015	1.053	1.013	1.001	1.069
江西	1.054	1.018	1.025	1.028	1.073
辽宁	1.026	1.033	1.012	1.014	1.060
内蒙古	1.002	1.009	1.000	1.002	1.011
宁夏	1.000	0.995	1.000	1.000	0.995
青海	1.006	1.017	0.994	1.011	1.022
山东	1.000	1.049	1.000	1.000	1.049
山西	1.027	1.022	1.006	1.020	1.050
陕西	0.997	1.015	0.984	1.013	1.012
上海	0.996	0.995	1.009	0.987	0.991
四川	1.041	1.023	1.005	1.036	1.065
天津	1.000	0.980	1.000	1.000	0.980
新疆	1.013	1.000	1.008	1.005	1.012
云南	1.057	1.022	1.013	1.043	1.079
浙江	1.000	1.053	1.000	1.000	1.053
重庆	1.061	1.016	1.008	1.053	1.078
均值	1.026	1.017	1.010	1.014	1.042

2009～2018 年，全要素生产率平均增长率为 4.2%，且除 2016～2017 年，其他年份均大于 1，说明农村三产融合效率在提升。全要素生产率变动受技术效率和技术进步影响，其中 2.6% 源于技术效率变动，1.7% 源于技术进步。规模效率变动也影响技术效率变动，表明提升农村三产融合效率需引进技术和科技人才，并合理配置资源。

除北京、宁夏、上海、天津外，其余地区的 Malmquist 生产率指数均大于或等于 1。总体上看，30 个省份的全要素生产率平均增长 4.2%，技术进步变动 1.7%，技术效率变动 2.6%，其中纯技术效率提升 1.0%，规模效率提升 1.4%。我国各省份农村三产融合效率呈现增长趋势，不同省份农村三产融合效率有差异。农村三产融合态势良好，各省份积极响应政策促进农村三产融合。

北京、广东、上海的技术效率降低主要是因为规模效率下降，应增加资源投入，扩大生产经营规模，提升效益。除福建、青海、广东、陕西外，大多数省份的纯技术效率提高。宁夏、上海和天津的技术进步指数小于1，其他省份大于或等于1，表明多数省份注重农村三产融合，合理进行科技研发以提升效率。

综上所述，2009～2018年，我国农村三产融合呈现良好态势，农村三产融合效率整体呈上升趋势，但由于各地发展水平不同，仍需重点关注农业生产经营规模，调整资源的投入产出比例，实现资源的最优化使用，进一步提升农村三产融合效率。

四 农村三产融合效率的影响因素研究

1. 模型构建

结合上述分析，本节构建如下计量模型：

$$CE_{it} = \alpha_0 + \beta_1 CON_{it} + \beta_2 X_{it} + \mu_{it} \tag{3-2}$$

其中，CE_{it} 是被解释变量，表示第 i 个省份在第 t 年的农村三产融合水平。CON_{it} 是核心解释变量，X_{it} 为控制变量，β_i 表示相关变量的参数估计值，μ_{it} 表示随机扰动项。

2. 指标选取

（1）被解释变量。本节的被解释变量为农村三产融合水平，将上文测算出的农村三产融合效率（CE）作为衡量农村三产融合水平的变量。

（2）核心解释变量。农村人力资本投入（ED）：选取农村教育支出衡量农村人力资本投入。农业技术进步（RD）：选取科技支出衡量农业技术进步水平。农村金融深化水平（SN）：选取涉农支出衡量农村金融深化水平。农村基础设施建设（IN）：选取有效灌溉面积、村卫生室数量、农村用电量三个指标，运用熵值法将其拟合成一个综合指标来衡量农村基础设施建设。居民消费需求（XF）：用农村居民人均消费性支出的对数加以衡量。

（3）控制变量。本节研究目的是探究影响农村三产融合效率的因素，考虑到农村三产融合水平还会受到其他因素的影响，为更加准确地分析影响农村三产融合效率的因素，本节引入经济发展水平、城镇化水平这两个指标作为控制变量。以人均 GDP 的对数（*PGDP*）来衡量经济发展水平，城镇人口/常住总人口来衡量城镇化水平（*UR*）。各变量的描述性统计结果见表3-6。

表 3-6　描述性统计结果

变量	均值	标准差	最小值	最大值
CE	0.857	0.125	0.385	1.000
XF	8.899	0.466	7.792	9.913
ED	15.543	0.700	13.335	17.145
RD	13.243	1.052	10.535	16.152
SN	15.136	0.622	13.268	16.389
IN	8.318	0.984	6.215	9.812
UR	0.559	0.128	0.299	0.896
PGDP	9.649	0.880	6.986	11.512

3. 基准结果分析

（1）数据平稳性检验。运用 Stata 16 对数据进行单位根检验，结果如表3-7所示，各变量的 p 值均趋于0，面板数据平稳，可以进行回归分析。

表 3-7　LLC 检验结果

变量	统计量	p 值
CE	−25.7551	0.0000
XF	−18.8280	0.0000
ED	−15.8702	0.0000
RD	−4.9933	0.0000
SN	−7.9375	0.0000
IN	−40.4886	0.0000
UR	−23.6312	0.0000
PGDP	−3.5403	0.0000

（2）基准回归结果分析。面板数据通常采用混合回归模型、固定效应模型和随机效应模型三种模型进行分析。但考虑到中国各省份的农村三产

融合状况存在差异，同时模型所分析的是短面板数据，本节选择固定效应模型。由表3-8中数据可知，F检验的p值为0.0000，因此固定效应模型优于混合回归模型；LM检验的p值也为0.0000，表明随机效应模型也优于混合回归模型。为进一步选择较优模型考察农村三产融合效率的影响因素，进行Hausman检验，其p值为0.0000，验证了固定效应模型的选择具有合理性。

表 3-8　回归分析结果

变量	（1）混合回归	（2）随机效应	（3）固定效应
$\ln XF$	0.208*** (0.029)	0.197*** (0.036)	0.072* (0.042)
ED	0.076** (0.036)	0.146*** (0.041)	0.131*** (0.047)
RD	-0.070*** (0.019)	-0.021 (0.021)	0.010 (0.023)
SN	-0.068** (0.028)	-0.171*** (0.036)	-0.227*** (0.038)
IN	0.019 (0.018)	0.041 (0.031)	0.159** (0.062)
UR	0.245* (0.135)	0.234 (0.229)	1.195*** (0.324)
PGDP	-0.029** (0.015)	-0.055* (0.029)	0.045 (0.056)
常数项	-0.236 (0.186)	-0.248 (0.230)	-0.928* (0.508)
样本量	300	300	300
R^2	0.383		0.474
F检验 LM检验 Hausman检验			

F (29, 263) = 10.38, Prob>F = 0.0000
chibar2 (01) = 169.76, Prob>chibar2 = 0.0000
chi2 (7) = 42.60, Prob>chi2 = 0.0000

注：*** 代表 $p<0.01$，** 代表 $p<0.05$，* 代表 $p<0.10$，括号内为标准误。

回归结果表明，居民消费需求、农村人力资本投入、农村基础设施建设均对农村三产融合效率产生显著正向影响，农村金融深化水平对农村三产融合效率产生显著负向影响，农业技术进步则未对农村三产融合效率产生显著影响。

居民消费需求与农村三产融合效率正相关，农村消费水平提升促进农村三产融合。增加的消费带动服务业发展，催生第二、第三产业新业态，推进产业结构升级，从而促进农村三产融合。在双循环背景下，可通过鼓励农村居民消费，优化消费结构，推动农村三产融合和经济发展。农村人力资本投入与农村三产融合效率正相关，应促进农村教育投资。农村基础设施建设和农村三产融合效率正相关，应增加基础设施投资以提升农村三产融合效率。农村金融深化水平与农村三产融合效率负相关，资金配置低效会影响农村三产融合发展。

4. 区域异质性分析

本节将研究样本分为粮食主产区和非粮食主产区，对面板数据进行固定效应分析，具体结果如表 3-9 所示。

表 3-9 分区域回归结果

变量	粮食主产区	非粮食主产区
	CE	CE
$\ln XF$	0.148 *** (0.048)	-0.042 (0.069)
ED	0.117 ** (0.054)	0.067 (0.074)
RD	0.019 (0.025)	-0.023 (0.040)
SN	-0.213 *** (0.045)	-0.242 *** (0.056)
IN	0.259 ** (0.129)	0.174 ** (0.074)
UR	0.534 (0.445)	1.176 *** (0.442)
$PGDP$	0.064 (0.070)	0.292 *** (0.098)
常数项	-2.512 ** (1.090)	-0.658 (0.615)
样本量	130	170
R^2	0.700	0.398

注：*** 代表 $p<0.01$，** 代表 $p<0.05$，括号内为标准误。

粮食主产区的回归结果显示，整体来看，居民消费需求、农村人力资本投入、农村基础设施建设对农村三产融合效率提升具有显著正向影响，农村金融深化水平则相反。非粮食主产区的回归结果显示，农村基础设施建设促进农村三产融合，农村金融深化水平存在负向影响，居民消费需求、农村人力资本投入、农业技术进步未影响农村三产融合效率，原因可能为城乡居民消费需求品质化、农村人才短缺以及农民对技术发展认识不深。

分区域回归结果表明，不同地区在进行农村三产融合时，由于认识深度、原始禀赋以及侧重点不同，对资源的利用程度存在一定差异。因此，在制定促进农村三产融合的政策时，要结合不同地区的资源优势和农村经济发展现状，因地制宜推进农村三产融合。

5. 稳健性检验

考虑到本节的被解释变量的取值范围在 0~1，因此本节采用模型替换法，使用 Tobit 模型进一步检验上述因素对农村三产融合效率的影响。检验结果如表 3-10 所示，替换模型之后的回归结果与前文基准回归结果相似，证明了回归结果的可靠性。

表 3-10　Tobit 检验结果

变量	随机	随机
$\ln XF$	0.194 *** (0.033)	0.183 *** (0.039)
ED	0.149 *** (0.041)	0.154 *** (0.046)
RD	-0.018 (0.021)	-0.016 (0.024)
SN	-0.192 *** (0.036)	-0.188 *** (0.038)
IN	0.004 (0.023)	0.017 (0.034)
UR		0.140 (0.259)
$PGDP$		-0.018 (0.050)

续表

变量	随机	随机
常数项	−0.077 (0.214)	−0.163 (0.284)

注：*** 代表 p<0.01，括号内为标准误。

五 结论与建议

1. 研究结论

本节构建农村三产融合效率测度指标体系，运用 DEA 法和 Malmquist 生产率指数对 2009~2018 年我国 30 个省份的农村三产融合效率进行评估。结果表明：①农村三产融合效率整体波动上升，东部地区最高；②与东部地区相比，中部和西部地区技术效率整体水平较低，规模效率前期较低，但整体呈上升趋势；③全要素生产率平均增长 4.2%，与技术进步变动相比，技术效率变动对其影响更大；④居民消费需求、农村人力资本投入、农村基础设施建设和农村金融深化水平对农村三产融合效率产生显著影响，但金融排斥和资金配置问题阻碍农村三产融合发展；⑤粮食主产区农村三产融合效率同时受到居民消费需求、农村人力资本投入和农村基础设施建设、农村金融深化水平的影响，非粮食主产区则主要受农村基础设施建设、农村金融深化水平的影响。

2. 政策建议

根据上述研究结论，本章针对提升农村三产融合效率提出以下几点建议。

一是因地制宜，根据不同地区的自然环境、社会经济条件和农业发展阶段分类指导，采用适合当地的农村三产融合模式，以实现农业现代化的目标。这种策略不仅考虑了不同地区的特殊情况，而且考虑了当地农民的利益和需求，是一种科学、合理、可持续的发展方式。例如，在一些山区，可以利用山区特有的自然资源和环境，发展特色农业和乡村旅游；在一些平原地区，可以推广大规模机械化种植和养殖，提高农业生产效率；在一些城市周边地区，可以发展都市农业，满足城市居民对高品质农产品和休闲的需求。因此，根据不同地区的实际情况，探索不同的农村三产融合模式，是实现乡村振兴和农业现代化的重要途径。

二是提供强有力的科技支持、增加人才储备，以推动农村教育特别是职业教育的发展。通过加强对农村实用型人才的培养和对新型职业农民的培育，为农村发展提供人才基础和科技保障。这些措施有助于提高农村教育水平，促进农村经济发展，提高农村居民的生活质量。

三是加强农村基础设施建设，是推动经济发展和提高农民生活水平的关键，包括改善农村道路、水利设施、通信网络等。这不仅能提高农业生产效率，还能为农民提供便利的生活条件，推进农村现代化进程。加强农村基础设施建设可以为农村未来发展打下更坚实的基础，实现乡村振兴战略目标。

四是解决农村三产融合发展的融资难题，对此金融机构可以采取多种措施。首先，可以创新金融产品和服务，比如推出针对农村三产融合发展的信贷产品，提供更加灵活的贷款期限和利率等。其次，可以加强与政府、企业等合作，共同推动产业链金融模式的发展，通过产业资本与金融资本的融合，为农村三产融合发展提供更加有力的支持。最后，可以加强风险管理，提高信贷审批效率，为农村三产融合发展提供更加便捷的金融服务。

第三节　数字乡村建设与农村三产融合耦合协调现状
——基于区域异质性的分析

一　引言

改革开放以来，我国农业发展取得巨大进步，发挥了基础性作用，解决了人民的温饱问题。1978～2020 年，我国农村居民人均可支配收入由原来的不足 200 元上涨到 17000 多元，粮食产量由 6000 万吨增产到 60000 多万吨，农业产值由 1300 多亿元增加至 130000 多亿元。但当前我国农业发展仍面临诸多问题，在相对封闭的传统小农经济中，农户不能准确掌握市场信息，有时造成供给端和消费端结构失衡，加之流通环节复杂、农业生产成本较高、库存过剩、产品竞争力较弱等，大大降低了农户的盈利水平。此外，农业生产周期长、农户抗风险能力差等也在阻碍农业高质量发展，农业增加值占国内生产总值的比重总体上呈现下降趋势。为了解决"三农"领域问题，促进农业高质量发展，党和政府多次强调推进农村三产融合，2015年第一次提出农村三产融合的概念，2016年国务院办公厅发布《关于推进农村一二三产业融合发展的指导意见》，2022年中央一号文件强调推进农村三产融合发展。推进农村三产融合是农村高质量发展的重要增长点，也是传统小农经营方式向现代农业生产经营方式转变的重要推手。农村三产融合发展，即以农业为底，发挥经营主体主观能动性，以共同利益为驱动，通过产业联合、要素流通突破产业边界，促进三产融合发展。

农村三产融合虽已取得一定成就，但仍面临一些困境。第一，我国农村三产融合层次不高，融合方式简单，缺乏真正将股份合作与融合机制相结合的融合形式。产业链条不长，缺乏农业全产业链发展，产业的深度融合不足。第二，农业多功能开发不足。农业除了基础性功能，还包括社会、生态和文化功能，农产品深加工后的销售与展览，能带动经济发展和文化传播，延长产业链，丰富农村居民收入来源。当前，我国农业多功能利用不充分，仍忽视农业其他功能的开发。第三，农村三产融合社会环境较差。三产融合对交通、信息传播和生产成本的要求更高，但我国农村地区基础设施建设，尤其是数字基础设施建设不足，信息化滞后，基础设施维护和养护不到位，阻碍了农村三产融合发展。第四，农村三产融合要素支撑能力不足。三产融合对人才需求更大，但当前我国农村高素质人才倾向于留在城市发展，农村人才支撑不足。三产融合对资本的需求更旺盛，但农村地区容易遭受金融排斥，难以获得资金支持，阻碍农村地区三产融合。三产融合对技术的要求更高，先进的技术能提升三产融合价值链的厚度。农村地区土地要素审批复杂，特色旅游项目、农产品加工、农家乐等的土地要素支撑不足。

数字乡村建设以先进的技术为引领，应用智能化、网络化和数字化的技术推动农业生产效率、农业亩均产量和农民收入的提升。以互联网为平台、以数据要素为依据、以信息通信技术为驱动的数字乡村建设，能够实现农村发展数字化、网络化和智能化。

数字乡村建设对推动农村三产融合具有重要作用。首先，数字乡村建设能有效促进信息流动，推动农产品宣传、策划和推广，产生品牌效应，延长产业链，提高农村三产融合程度与层次。其次，数字乡村建设能有效削弱要素约束对农村三产融合的阻碍作用，高素质人才通过数字平台为农村三产融合建言献策，降低了地理差距的影响。数字普惠金融的发展，加大了农村三产融合发展的资本支持力度。数字乡村治理，提高农村管理效率，缓解土地要素约束。最后，数字乡村建设通过数字技术赋能，完善农村数字基础设施，对农村生产主体产生正向影响，提高生产效率。

二 数字乡村建设和农村三产融合的评价

1. 数字乡村建设评价指标体系构建

（1）指标选取。数字乡村建设选择数字环境、数字投入和数字产出三个二级指标（见表3-11）。数字环境是数字乡村建设的载体，本节选择农村投递线路、农村宽带接入用户、已通邮的行政村比重、移动电话普及率、数字金融数字化程度、快递数、网上移动支付水平、农村基尼系数等衡量数字环境；数字投入是数字乡村建设的前提和条件，参照生产函数中的劳动要素、资本要素、土地要素、技术要素等，考虑数字乡村建设对土地要素依赖较小，对劳动要素、资本要素和技术要素依赖较大，选择农村固定资产投资、专利申请授权数、每十万人口高等学校学生数和信息服务业从业人员数等衡量数字投入；数字乡村建设以互联网等电信业务为依托，最终落脚到农业发展上，因此选择第一产业产值和电信业务量衡量数字产出。

表 3-11　数字乡村建设评价指标体系

一级指标	二级指标	三级指标	权重	指标属性
数字乡村建设	数字环境	农村投递线路（公里）	0.0326	正向
		农村宽带接入用户（万户）	0.1629	正向
		已通邮的行政村比重（%）	0.0020	正向
		移动电话普及率（每百人部数）	0.0199	正向
		数字金融数字化程度	0.0201	正向
		快递数（万件）	0.1720	正向
		网上移动支付水平	0.2873	正向
		农村基尼系数	0.0111	负向

续表

一级指标	二级指标	三级指标	权重	指标属性
数字乡村建设	数字投入	农村固定资产投资（亿元）	0.0383	正向
		每十万人口高等学校学生数（人）	0.0179	正向
		专利申请授权数（万件）	0.0179	正向
		信息服务业从业人员数（万人）	0.0848	正向
	数字产出	第一产业产值（亿元）	0.0406	正向
		电信业务量（亿元）	0.0926	正向

（2）测度方法和测度结果。测度方法使用面板数据熵值法，该方法为客观评价法，能减少人为主观因素的影响，使测量结果更加准确具体，并且具备年份之间的可比性，具体步骤如下。

第一，对数据进行标准化，以减小数据差异性对测量结果的影响：

$$正向指标: X'_{ij} = \frac{X_{ij} - \min\{X_{ij}\}}{\max\{X_{ij}\} - \min\{X_{ij}\}}$$

$$负向指标: X'_{ij} = \frac{\max\{X_{ij}\} - X_{ij}}{\max\{X_{ij}\} - \min\{X_{ij}\}}$$

第二，计算各指标比重：

$$Y_{ij} = \frac{X'_{ij}}{\sum_{i=1}^{m} X'_{ij}}$$

第三，计算所选取指标的熵值：

$$e_j = -k \sum_{j=1}^{n} (Y_{ij} \times \ln Y_{ij})$$

第四，计算差异系数：

$$d_j = 1 - e_j$$

第五，计算指标权重：

$$w_j = \frac{d_j}{\sum_{j=1}^{n} d_j}$$

第六，计算数字乡村建设的综合得分。

运用熵值法测度出的各省份数字乡村建设指数如表 3-12 所示。

表 3-12　2011~2019 年我国 30 个省份的数字乡村建设指数

省份	2011 年	2012 年	2013 年	2014 年	2015 年	2016 年	2017 年	2018 年	2019 年
北京	0.0613	0.0684	0.0768	0.0861	0.0896	0.0887	0.0950	0.1105	0.1262
天津	0.0366	0.0376	0.0401	0.0393	0.0447	0.0451	0.0477	0.0585	0.0668
河北	0.1001	0.1036	0.1188	0.1200	0.1262	0.1307	0.1461	0.1855	0.2222
山西	0.0474	0.0531	0.0563	0.0596	0.0635	0.0620	0.0693	0.0795	0.0938
内蒙古	0.0458	0.0499	0.0579	0.0594	0.0606	0.0589	0.0657	0.0828	0.0926
辽宁	0.0705	0.0784	0.0818	0.0840	0.0886	0.0855	0.0894	0.1043	0.1165
吉林	0.0505	0.0572	0.0599	0.0617	0.0613	0.0572	0.0607	0.0720	0.0816
黑龙江	0.0597	0.0676	0.0755	0.0735	0.0777	0.0745	0.0829	0.0974	0.1092
上海	0.0470	0.0526	0.0771	0.0616	0.0686	0.0723	0.0827	0.1015	0.1130
江苏	0.1518	0.1766	0.1843	0.1818	0.2205	0.2189	0.2445	0.3059	0.3640
浙江	0.1274	0.1464	0.1666	0.1713	0.2003	0.2102	0.2335	0.3229	0.3813
安徽	0.0751	0.0827	0.0934	0.0991	0.1096	0.1070	0.1207	0.1616	0.1939
福建	0.0704	0.0816	0.0909	0.0972	0.1086	0.1099	0.1227	0.1531	0.1864
江西	0.0552	0.0629	0.0681	0.0726	0.0822	0.0824	0.0888	0.1143	0.1396
山东	0.1394	0.1583	0.1688	0.1720	0.1929	0.2006	0.2166	0.2635	0.3039
河南	0.1109	0.1231	0.1363	0.1355	0.1474	0.1469	0.1630	0.2145	0.2506
湖北	0.0856	0.1000	0.1088	0.1099	0.1183	0.1197	0.1273	0.1612	0.1871
湖南	0.0853	0.0982	0.1061	0.1106	0.1199	0.1216	0.1306	0.1676	0.2024
广东	0.1495	0.1692	0.1962	0.2071	0.2403	0.2489	0.3033	0.4116	0.5326
广西	0.0648	0.0720	0.0780	0.0831	0.0913	0.0937	0.1072	0.1397	0.1732
海南	0.0312	0.0352	0.0382	0.0390	0.0422	0.0450	0.0484	0.0542	0.0610
重庆	0.0393	0.0480	0.0545	0.0559	0.0636	0.0638	0.0710	0.0903	0.1082
四川	0.0956	0.1046	0.1164	0.1242	0.1436	0.1481	0.1718	0.2236	0.2615
贵州	0.0352	0.0394	0.0465	0.0524	0.0605	0.0622	0.0738	0.1061	0.1290
云南	0.0567	0.0632	0.0736	0.0795	0.0857	0.0859	0.0977	0.1314	0.1666
陕西	0.0665	0.0728	0.0794	0.0814	0.0887	0.0933	0.0995	0.1256	0.1462
甘肃	0.0385	0.0434	0.0487	0.0516	0.0550	0.0562	0.0617	0.0800	0.0950
青海	0.0166	0.0185	0.0191	0.0214	0.0265	0.0247	0.0290	0.0349	0.0406
宁夏	0.0205	0.0236	0.0257	0.0287	0.0298	0.0283	0.0331	0.0409	0.0438
新疆	0.0418	0.0510	0.0572	0.0591	0.0592	0.0595	0.0625	0.0756	0.0966

2. 农村三产融合测度

参考以往学者的研究成果，选取农林水事务各项支出、农产品加工业年产值/农林牧渔业总产值、农林牧渔服务业总产值/农林牧渔业总产值、农业机械总动力/第一产业从业人数、农村家庭平均每百户移动电话拥有量和涉农贷款衡量农村三产融合水平，运用 DEA 法进行测度，测度结果如表 3-2 所示。

三　数字乡村建设与农村三产融合的耦合分析

1. 耦合协调度模型

耦合协调度用来测算两个或多个指标相互影响的程度，耦合度和协调度估算了两个子系统之间的耦合情况。本节通过构建数字乡村建设和农村三产融合的耦合协调度模型发现，两者间存在非线性耦合关系，具体可表示为：

$$D = \sqrt{C \times T}$$

其中，D 表示耦合协调度。

C 的计算方式为：

$$C = \left[\frac{f(x) \times g(y)}{\left| \frac{f(x) + g(y)}{2} \right|^2} \right]^{\frac{1}{2}}$$

其中，$f(x)$ 表示数字乡村建设子系统，$g(y)$ 表示农村三产融合子系统。

T 的计算方式为：

$$T = \alpha f(x) + \beta g(y)$$

α 和 β 为待定系数，且 $\alpha + \beta = 1$，参考张旺和白永秀（2022）的做法，两个子系统的待定系数 α 和 β 均取 0.5，并将耦合协调度按照"四分法"划分（见表 3-13）。

表 3-13　耦合协调度划分标准

耦合协调度	协调水平	耦合协调度	协调水平
（0，0.3]	低度协调耦合	（0.5，0.8]	高度协调耦合
（0.3，0.5]	中度协调耦合	（0.8，1]	极度协调耦合

2. 耦合关系实证结果分析

根据上述模型，对数字乡村建设指数与农村三产融合效率进行耦合协调分析，结果如表 3-14 所示。

表 3-14 2011~2019 年我国 30 个省份数字乡村建设与
农村三产融合的耦合协调度

省份	2011 年 耦合度/协调度	2012 年 耦合度/协调度	2013 年 耦合度/协调度	2014 年 耦合度/协调度	2015 年 耦合度/协调度	2016 年 耦合度/协调度	2017 年 耦合度/协调度	2018 年 耦合度/协调度	2019 年 耦合度/协调度
北京	0.467/ 0.498	0.490/ 0.511	0.515/ 0.526	0.564/ 0.528	0.582/ 0.528	0.595/ 0.519	0.594/ 0.537	0.622/ 0.563	0.672/ 0.571
天津	0.369/ 0.437	0.374/ 0.440	0.385/ 0.447	0.381/ 0.445	0.405/ 0.460	0.406/ 0.461	0.417/ 0.467	0.457/ 0.492	0.485/ 0.508
河北	0.630/ 0.531	0.622/ 0.545	0.651/ 0.566	0.641/ 0.575	0.648/ 0.586	0.695/ 0.569	0.703/ 0.596	0.760/ 0.634	0.771/ 0.687
山西	0.460/ 0.441	0.474/ 0.459	0.509/ 0.453	0.507/ 0.468	0.510/ 0.481	0.528/ 0.466	0.534/ 0.490	0.571/ 0.503	0.624/ 0.517
内蒙古	0.421/ 0.455	0.441/ 0.463	0.478/ 0.477	0.474/ 0.485	0.481/ 0.486	0.460/ 0.492	0.496/ 0.497	0.548/ 0.526	0.574/ 0.542
辽宁	0.601/ 0.459	0.621/ 0.474	0.636/ 0.477	0.639/ 0.482	0.627/ 0.501	0.638/ 0.487	0.614/ 0.511	0.646/ 0.534	0.677/ 0.546
吉林	0.508/ 0.430	0.486/ 0.470	0.489/ 0.479	0.491/ 0.485	0.482/ 0.489	0.481/ 0.472	0.489/ 0.482	0.520/ 0.506	0.544/ 0.525
黑龙江	0.461/ 0.494	0.487/ 0.510	0.520/ 0.519	0.506/ 0.520	0.517/ 0.528	0.508/ 0.522	0.532/ 0.537	0.569/ 0.559	0.596/ 0.575
上海	0.439/ 0.451	0.467/ 0.461	0.550/ 0.507	0.481/ 0.490	0.498/ 0.507	0.571/ 0.480	0.581/ 0.508	0.578/ 0.564	0.639/ 0.559
江苏	0.700/ 0.609	0.741/ 0.631	0.762/ 0.632	0.755/ 0.631	0.791/ 0.670	0.836/ 0.637	0.795/ 0.703	0.847/ 0.744	0.885/ 0.777
浙江	0.633/ 0.597	0.668/ 0.619	0.700/ 0.639	0.707/ 0.643	0.746/ 0.669	0.805/ 0.645	0.783/ 0.695	0.859/ 0.754	0.894/ 0.786
安徽	0.635/ 0.458	0.625/ 0.485	0.649/ 0.503	0.655/ 0.515	0.666/ 0.536	0.685/ 0.520	0.670/ 0.560	0.734/ 0.608	0.761/ 0.648
福建	0.512/ 0.506	0.528/ 0.534	0.553/ 0.549	0.574/ 0.555	0.595/ 0.574	0.634/ 0.554	0.629/ 0.589	0.681/ 0.624	0.741/ 0.648
江西	0.547/ 0.430	0.522/ 0.473	0.539/ 0.482	0.536/ 0.500	0.566/ 0.515	0.592/ 0.501	0.582/ 0.526	0.627/ 0.569	0.662/ 0.607

续表

省份	2011 年 耦合度/协调度	2012 年 耦合度/协调度	2013 年 耦合度/协调度	2014 年 耦合度/协调度	2015 年 耦合度/协调度	2016 年 耦合度/协调度	2017 年 耦合度/协调度	2018 年 耦合度/协调度	2019 年 耦合度/协调度
山东	0.655/0.611	0.687/0.631	0.725/0.627	0.711/0.642	0.736/0.663	0.830/0.614	0.765/0.682	0.815/0.714	0.846/0.742
河南	0.708/0.517	0.693/0.553	0.726/0.563	0.696/0.578	0.716/0.591	0.750/0.570	0.723/0.617	0.784/0.666	0.821/0.692
湖北	0.647/0.483	0.631/0.531	0.643/0.546	0.645/0.548	0.655/0.563	0.687/0.548	0.678/0.571	0.723/0.614	0.750/0.644
湖南	0.632/0.489	0.643/0.519	0.654/0.534	0.650/0.547	0.653/0.568	0.690/0.551	0.674/0.580	0.726/0.624	0.773/0.654
广东	0.714/0.597	0.724/0.629	0.768/0.647	0.809/0.638	0.832/0.670	0.870/0.654	0.883/0.710	0.935/0.773	0.991/0.781
广西	0.593/0.444	0.542/0.495	0.558/0.505	0.545/0.530	0.563/0.544	0.594/0.534	0.609/0.562	0.667/0.605	0.719/0.639
海南	0.420/0.376	0.372/0.427	0.377/0.442	0.380/0.444	0.394/0.453	0.421/0.451	0.424/0.467	0.443/0.482	0.466/0.497
重庆	0.477/0.393	0.474/0.436	0.496/0.453	0.500/0.457	0.512/0.481	0.524/0.475	0.528/0.499	0.578/0.533	0.611/0.563
四川	0.706/0.481	0.687/0.513	0.709/0.529	0.697/0.553	0.729/0.576	0.762/0.566	0.752/0.615	0.817/0.657	0.863/0.675
贵州	0.520/0.354	0.468/0.398	0.490/0.421	0.496/0.445	0.508/0.471	0.533/0.464	0.554/0.494	0.625/0.550	0.652/0.590
云南	0.568/0.427	0.538/0.466	0.570/0.485	0.569/0.505	0.585/0.515	0.603/0.506	0.615/0.533	0.676/0.581	0.737/0.616
陕西	0.509/0.493	0.527/0.506	0.543/0.519	0.547/0.523	0.580/0.527	0.559/0.553	0.606/0.543	0.667/0.573	0.707/0.594
甘肃	0.411/0.423	0.434/0.436	0.453/0.451	0.462/0.459	0.481/0.463	0.449/0.487	0.488/0.487	0.556/0.513	0.590/0.539
青海	0.271/0.347	0.280/0.360	0.285/0.362	0.295/0.376	0.331/0.394	0.307/0.396	0.346/0.403	0.361/0.432	0.403/0.439
宁夏	0.281/0.378	0.300/0.392	0.313/0.400	0.329/0.412	0.335/0.415	0.327/0.410	0.352/0.427	0.389/0.450	0.401/0.457
新疆	0.429/0.431	0.468/0.453	0.488/0.469	0.491/0.475	0.496/0.472	0.463/0.492	0.500/0.483	0.535/0.510	0.601/0.538

（1）整体耦合度分析。从表 3-14 可以看出，各省份数字乡村建设和农村三产融合的耦合度存在明显的差异。以 2019 年为例，耦合度平均值达到 0.682。东部地区的耦合效果最好，平均值达到 0.732，除天津外，均超过了 0.6，均处于高度耦合阶段。中部地区耦合度低于东部地区，平均值为 0.678。其中，吉林最低为 0.544，内蒙古为 0.574，黑龙江为 0.596，其余省份高于 0.6，中部各省份均处于高度耦合阶段。西部地区耦合度低于东部和中部地区，平均值为 0.618，低于 0.6 的地区有海南、宁夏、甘肃、青海。西部地区耦合度最高的是四川，为 0.863，最低的是宁夏，为 0.401，西部地区耦合度内部差异显著。整体耦合度较高表示数字乡村和农村三产融合两个子系统之间具有较强的相关性，二者存在明显的良性共振，数字乡村建设能推动农村三产融合，农村三产融合也能促进数字乡村建设。

（2）整体协调度分析。由表 3-14 可知，各地区协调度整体偏低，与耦合度表现出相似的省际差异性。较高的耦合度并不代表较高的协调度，耦合度并不与协调度呈正相关，由计算公式可知，协调度不仅与耦合度相关，还与数字乡村建设水平和农村三产融合水平相关，如果这两个系统发展水平不高，同样无法实现较高的协调度。以 2019 年为例，两个系统的协调度，中部地区与东部地区相差不大，无论是均值还是中位数，东部地区均略高于中部地区，西部地区则与东部和中部地区存在明显的差距。具体到各省份来看，东部地区和中部地区所有省份协调度都处于 0.5~0.8，达到高度协调阶段。西部地区的海南、宁夏和青海处于中度协调阶段，其他省份则处于高度协调阶段。

通过以上分析可知，我国数字乡村建设和农村三产融合的耦合度较高，协调度相对较低，极少数处于中度协调阶段，没有处于低度协调阶段的地区。此外，东部地区协调度较高，内部差距较大，中部地区次之，但是内部差距不大，西部地区内部差距较大，并且整体协调度低于东部和中部地区。

（3）粮食主产区和非粮食主产区耦合度对比分析。整体来看，粮食主产区耦合度 2011 年均值为 0.604，2019 年为 0.733，提高了 0.129。非粮食主产区 2011 年为 0.475，2019 年为 0.643，提高了 0.168。由此可知，粮食主产区的基数大、增长幅度小，非粮食主产区增长幅度大、基数小。具体以 2019 年数据分析，非粮食主产区耦合度均值为 0.643，低于均值的地区有宁夏、青海、海南、天津、甘肃、新疆、重庆、山西、上海，其中宁夏最低为 0.401。粮食主产区耦合度均值为 0.733，低于均值的地区仅有内蒙古、黑龙江、江西、吉林、辽宁，其中吉林最低为 0.544。由此可知，粮食主产区耦合度整体高于非粮食主产区，且粮食主产区的耦合度内部差异小于非粮食主产区。

粮食主产区和非粮食主产区协调度对比分析。整体来看，粮食主产区协调度 2011 年均值为 0.496，2019 年为 0.640，提高了 0.144。非粮食主产区 2011 年为 0.447，2019 年为 0.579，增长了 0.132。由此可知，粮食主产区协调度高于非粮食主产区，增长幅度同样高于非粮食主产区。具体以 2019 年数据来看，非粮食主产区协调度均值为 0.579，低于均值的地区有青海等 10 个省份，其中青海省最低为 0.439。粮食主产区协调度均值为 0.640，低于均值的省份有 5 个，其中吉林省最低为 0.525。由此可知，粮食主产区协调度整体高于非粮食主产区，且粮食主产区的协调度内部差异小于非粮食主产区。

根据 2019 年我国 30 个省份的耦合协调度将各省份划分为不同的发展类型，具体如表 3-15 所示。

表 3-15　2019 年我国 30 个省份不同发展类型划分

$f(x)$ 与 $g(y)$ 比较	发展类型	省份
$f(x)-g(y)>0.01$	农村三产融合滞后型	云南、四川、浙江、广东
$|f(x)-g(y)|\leq0.01$	同步发展型	重庆、贵州、福建、广西
$f(x)-g(y)<-0.01$	数字乡村建设滞后型	甘肃、陕西、青海、吉林、天津、山东、山西、上海、江西、湖北、海南、河北、湖南、北京、辽宁、安徽、江苏、河南、宁夏、黑龙江、内蒙古、新疆

由表 3-15 可知，我国数字乡村建设和农村三产融合并不同步发展。其中，农村三产融合滞后型的省份有云南、四川、浙江和广东，仅四川属于粮食主产区；同步发展型的省份有重庆、贵州、福建和广西，全部属于非粮食主产区；其余 22 个省份则为数字乡村建设滞后型。因此，我国整体数字乡村建设仍有较大提升空间，其对农村三产融合的带动作用还未完全发

挥，尤其是粮食主产区，几乎全部属于数字乡村建设滞后型，可能的原因是粮食主产区数字基础设施薄弱。提高数字乡村建设和农村三产融合的耦合协调度，应提高数字乡村建设水平。

四　结论与建议

1. 结论

本节构建数字乡村建设和农村三产融合的指标体系，并运用熵值法进行测度，然后对这两者进行耦合协调分析，得到如下结论。①以 2019 年为例，整体上看，我国数字乡村建设和农村三产融合耦合度较高，多数省份处于高度耦合阶段，部分省份耦合度较低，耦合度存在区域异质性。②数字乡村建设与农村三产融合协调度整体偏低，东部地区的协调度略高于中部地区，西部地区的协调度与东部和中部地区存在明显的差距。③数字乡村建设与农村三产融合存在发展不同步的情况。重庆、贵州、福建和广西属于数字乡村建设与农村三产融合同步发展型，云南、四川、浙江和广东属于农村三产融合滞后型，其余省份属于数字乡村建设滞后型。

2. 建议

根据上述结论，从加大力度鼓励数字乡村建设，促进数字乡村建设与农村三产融合协调发展等角度，提出以下对策建议。

（1）加快基础设施数字化改造，全力推进数字乡村建设。首先，要加快乡村 5G 基站建设，扩大农村信息网络覆盖面。其次，在农村互联网发展的基础上，加快传统基础设施的数字化改造，建设乡村智慧物流、智慧电网等新型基础设施。最后，政府在加大财政支持力度的同时，要鼓励相关企业和社会资本参与，做到多方协同、合作发展，充分调动相关企业服务乡村的积极性。

（2）结合数字乡村建设内涵，加快农村三产融合发展。从我国数字乡村建设和农村三产融合耦合度较高这个结论出发，进一步促进农村三产融合发展，首先要重视农民数字化素养提升，为充分发挥数字乡村建设的作用打下良好基础。其次要以数字化技术发展为导向，提高数字乡村建设与农村三产融合发展的相关度，推动产业集聚，鼓励农村三产融合线上线下同步发展。

（3）因地制宜推进各区域数字乡村建设与农村三产融合协调发展。本节研究表明我国数字乡村建设与农村三产融合的耦合协调关系存在明显的区域异质性，因此，继续推进两者协调发展要因地制宜，对不同地区采取不同手段。在属于农村三产融合滞后型的省份，要加大对农村三产融合的宣传力度与政策支持力度，提升农村三产融合发展水平。而在属于数字乡村建设滞后型的省份，一方面要加强当地数字基础设施建设，补齐数字乡村建设遇到的"硬件""软件"短板，另一方面要加大对人才的培养力度，加强对农村居民、基层干部等的数字业务培训，提升当地人民的数字化素养等。

第四节　粮食主产区农村三产融合发展中存在的问题

微观层面主要表现为农村产业低端且同质化严重，没有形成产业链。传统产业主要集中在种植业、养殖业和制造业，缺乏龙头企业带动，市场竞争力不强，很大程度上依靠品牌宣传和价格优势，存在较大的市场风险。宏观层面主要表现为思想衔接不足、政策衔接不足、规划衔接不足和工作衔接不足等。因此，未来应科学精准地选择产业振兴项目，整体规划产业振兴项目与乡村振兴衔接路径，壮大集体经济助推产业振兴，建立和完善农村三产融合发展风险防范机制等。

一　粮食主产区基础设施和公共服务不健全，产业融合相关政策尚待完善

1. 基础设施和公共服务不健全

在粮食主产区农村地区，基础设施未能充分覆盖，公共服务水平不高。在基础设施方面，农田水利、农业机械、农业科技等领域的设施投入不足，导致存在许多亟待解决的问题，例如，农田水利设施老化、农业机械化水平较低以及农业科技水平不高。此外，这些地区的交通条件也有待改善，道路狭窄、路况差、交通拥堵等现象均对农产品的运输和销售产生负面影响。在公共服务方面，教育、医疗、文化、社会保障等领域公共服务能力不足，影响了农民的生活质量和生产效益，信息化服务尚未普及，给农民

了解农产品的供需、销售、物流储藏等信息带来了诸多不便。同时，先进技术要素在农村的扩散渗透力度不足，使得在进行产业融合的过程中，农产品生产的效益未能得到充分的发挥。

2. 产业融合相关政策尚待完善

我国虽然在 2015 年提出了农村三产融合的概念，但并没有对农村三产融合进行专项立法，农村三产融合的重大举措并没有相关法律制度的保障，各地区和部门之间的审批工作职责不明确，审批环节复杂，办事效率低。具体到粮食主产区，部分地区的农村三产融合具有自发性、盲目性，并没有实地考察并进行统一规划；部分地区出现大量荒废用地的情况，使得农村三产融合政策不能很好地落实，对培育"产业公地"的重要性认识不足。

二　粮食主产区农村地区产业要素活力不足

1. 农村三产融合人才素质低、劳动力老龄化，产业融合主体能力不强，新型农业经营组织发育迟缓

近些年，我国在粮食生产方面实现了一定程度的机械化、自动化，然而智能化程度不高，仍需大量的人力劳作。由于农耕效率低、经济效益差，越来越多的年轻人不愿意进行"面朝黄土背朝天"的农耕，而是选择进城务工，这加剧了农村劳动力资源的流失，导致了农村三产融合层次难以提高。近年来，大量农村人口从农村迁移到发达地区，更多优秀的年轻劳动力选择与农业无关的行业，农村老龄化现象日趋严重，直接导致在推进农村三产融合的过程中农业创新发展活力不足、农业技术人才缺失，不利于农村经济的发展。

目前，农村三产融合的经营主体大部分是中小企业，这些企业规模比较小，拉动整个农村经济增长的动力严重不足，而且有较强创新能力的新型经营主体较少，大部分经营主体缺乏"自我造血"能力。这种经营主体一般结构单一，经营方式粗放，参与融合能力有限，从而对产业链延伸的促进作用有限。再者，有些经营主体的融合意识不强，只注重生产和加工环节，没有从全局考虑三次产业之间的资源分配，导致资源倾斜，造成产业的融合浮于表面。较棘手的问题是，农村三产融合的发展刚起步，拥有相关知识、经验的人才较少，很难建立一个完整的农村三产融合组织机构，

新型的农业组织缺乏孕育环境。在我国农村地区，尤其是粮食主产区产业要素活力不足。优秀的人才和年轻劳动力都以走出农村地区进入发达地区为目标，这导致在农村三产融合过程中遇到最多的问题就是没有可用的人才。

2. 农村三产融合稳定的资金投入机制尚未建立

资金是农村三产融合发展的重要保障之一。农村产业资金投入机制不健全、金融服务水平不高是制约农村三产融合发展的重要因素。粮食主产区农村资源变资产的渠道尚未完全打通，大部分粮食主产区农村产业稳定的资金投入机制尚不完善，农村三产融合发展需要的良好金融环境尚未建立，这种情况严重阻碍了金融资本和社会资本进入农村产业，从而影响了农村产业的融合发展。

3. 农村土地市场创新滞后

一是土地出让金用于农业农村比例偏低。这一问题在粮食主产区尤为突出，严重制约了农业农村的可持续发展。在许多粮食主产区，土地出让金被大量用于城市工业化发展，而投入农业农村的比重却相对较低。这导致农村的各项基础设施建设、农业生产技术提升以及农村环境改善等缺乏足够的资金支持。二是农村资源变资产的渠道尚未完全打通，限制了农村资源的有效利用和流转。三是农村地区存在着土地空闲、低效利用以及粗放经营的现象，同时新产业新业态的发展也面临着用地供给不足的问题。这在粮食主产区表现得尤为明显，严重制约了农村三产融合发展。解决这些问题，需要采取有效的措施，提高土地利用效率，增加对新产业新业态的用地供给，推动农村三产融合发展。四是土地市场规范化程度不高，导致土地资源的有效利用和流转受到限制。

4. 农村三产融合技术创新滞后

由于技术创新政策不完善，粮食主产区的大多数农村三产融合企业存在科技创新能力不强的问题，尤其是农产品深加工领域的创新能力、技术能力和工艺水平不高，制约粮食主产区农村三产融合发展。因此，粮食主产区产品供给仍然以初级加工农产品为主，优质绿色精深加工农产品占比较低。

三 粮食主产区农村三产融合的程度低，新型农业经营主体带动能力弱

1. 农村三产融合的程度低

我国粮食主产区农村三产融合的程度低，一个突出的表现是农产品深加工能力严重不足、高端农产品的投入水平低，与发达国家农村三产融合之间还有很大差距。农村三产融合发展不平衡，严重阻碍农村经济的发展。①更多的农产品还是以订单为主，这大大提升了违约的风险；休闲农业的模式还是以观光旅游为主，与第三产业的高端服务融合不深。②农村三产融合政策的提出，催生了大量的新兴产业，但主导产业的带动作用有限，且部分农民知识水平有限，无法掌握运用新技术，导致农村三产融合的生产经营水平低。③部分新兴产业的创新能力弱，产品结构单一，在农村三产融合发展的过程中，对农业多功能开发不足。④我国农村三产融合制度刚刚起步，与农业发达国家相比，在高端农产品的科技研发、先进的信息管理、一体化的经营模式等方面仍有较大提升空间。

2. 农村三产融合企业实力较弱，带动效应不明显

粮食主产区农村三产融合企业的带动效应不足，主要表现在以下几个方面。一是农业产业链延伸不充分，农产品精深加工能力不足，从产地到餐桌的链条不健全，服务能力不强。二是由于农业发展过程中的历史因素和特定地理条件，一些粮食主产区可能长期以来都以小农户为主，缺乏培育大型农业龙头企业的土壤和条件。造成大型农业龙头企业总体偏少，对农村发展缺乏带动效应，不利于农村三产融合的深化。

3. 粮食产业与流通产业融合水平不高，未能有效促进粮食产业高质量发展

粮食产业与流通产业尚未进行充分融合。我国虽然经过粮食流通体制改革，逐步形成了包含批发市场、零售市场和期货市场的粮食市场体系，但是粮食市场的发展不够充分。粮食批发市场对于粮食市场价格的形成具有重要作用，我国粮食产业近年来呈现出发展缓慢的趋势。一是我国粮食产业抗风险能力较弱。部分地区的农村三产融合呈现散、弱的特点，无法充分发挥农村三产融合的带动效应，企业、农户抵御风险的能力十分薄弱。

二是我国农业技术推广体系不健全，大部分基层农业技术推广站缺乏专业职能部门的管理，存在职能不明确的问题。三是我国农业科技资本体系尚未健全。目前国内粮食科技投资主要来源于政府的财政支出，投资渠道没有多元化，没有利用好农村三产融合的优势带动农业科技创新发展，导致我国粮食批发市场发展不够完善。

四　农村三产融合方式单一，层次不高

1. 农村三产融合方式单一，产业链条仍然较短

第一，我国粮食主产区农村三产融合仍处在初步发展阶段，农产品以初级加工为主，休闲产业单一重复，很难实现第一产业与第二、第三产业的深度融合。第二，没有建立相对规范的农业组织体系，缺少对农村三产融合的实例分析，未能因地制宜，导致农村三产融合模式比较笼统和同质化。例如，发展休闲农业，仅停留在观光和采摘农产品的简单层面上，没有深度挖掘农业产业的附加值，满足不了客户的多层次需求。第三，农村三产融合过程中，参与主体复杂多元，各参与主体不能正确定位，导致出现思想分歧、利益分配复杂化的问题。第四，由于工商资本本身具有一定的趋利性，大多数农民由于固化印象对工商资本盲目排斥，造成农村产业资本、人才流失。

2. 农村三产融合体系不够成熟

粮食主产区第一产业并没有与第二、第三产业进行深度融合，产业链条短且附加值低，导致第二、第三产业的产值较低。农产品"种植+加工""种植+销售""种植+加工+销售"的模式在农村的发展体系中已经较为成熟，但是与第三产业交叉融合的程度仍然不高，这是农村三产融合必须解决的问题。"三链"（产业链、价值链、供应链）的拓展不足，影响了农村三产融合新业态的形成和发展。一是各地区发展不平衡。城市周边地区发展快于边远地区、东部地区发展快于中部和西部地区、经济作物集中地区发展快于传统粮食作物集中地区。在每个县市，各乡村发展不平衡。有些地区实施"一村一品""一乡一业""一县一特"，创建了一批"土字号""乡字号"特色品牌，增加了农产品的品牌收益。农业产业化水平高的地区发展较快，传统农业区域发展较慢。在大部分地区，"农村卖原料、城市搞

加工"的产业链空间布局还没有从根本上改变。二是利益分享机制有待完善。土地三权分置改革等举措的推进，鼓励农民以土地经营权参股，分享产业化的收益，但在具体操作环节上还存在难度。三是产业链各环节发展不平衡。"粮头食尾""农头工尾"需要提高技术加工水平。特色农产品的精深加工需要技术支持。

五　利益联结机制松散

粮食主产区订单合同、股份合作、服务协作等利益联结模式尚未有效推广，权益共享、风险共担、互惠共赢的融合理念尚未有效形成，利益联结机制有待完善。一般特色产业农户靠的是单打独斗式经营，只顾埋头拉车，行情好时盲目增加农产品种植面积，而大多数时候是买方市场，因此出现生产过剩、产品滞销。农户与市场主体的利益链不稳定。以小农户为主体的农业发展，始终受两个规律支配：市场好了，农户自干；市场差了，农户找企业、找政府。一定市场范围内，农户争相生产，抢占市场，而且各自为战。行情一好就扩大，一扩大就滞销，一滞销就放弃，一放弃就上涨，周而复始。小农户生产的行为是由周边区域性的或者是人人相传的行情来决定的，由此，分散的农户就会在市场行情的"引诱"下扩大生产，短期内增加供给，造成低水平的滞销，反之，又形成短缺。发展特色产业迫切需要提高农户的组织化程度，组织农户一起组团购买种子、化肥、农药等农资，一起选用优良品种、先进技术，共享市场信息，一起抵御市场风险，保证持续增收致富。

六　融合技术含量低

粮食主产区现有融合产业以初级农产品加工为主，缺乏科技支撑，多是小产品的产业。这些产业由于普遍规模小，科研项目少，又找不到合作伙伴，难以实现科技支撑。另外，"能工巧匠"水平有待提高。有些有特色产业的村里没有技术人员，更没有技术团队及科研人员，特色产业的发展缺乏创意支撑。

第四章

农村三产融合溢出效应的实证研究

第一节 农村三产融合对改善城乡发展不平衡的
溢出效应

一 引言

2020 年 5 月,中共中央明确提出,加快构建以国内大循环为主体、国内国际双循环相互促进的新发展格局。构建新发展格局,迫切需要充分打开包括农村消费在内的内需市场。国内大循环构建的难点在于城乡协调发展,尤其是农村居民的消费应该成为拉动经济的重要因素,也应该是双循环的重中之重(蔡昉等,2021)。2021 年的中央一号文件、政府工作报告均提出要全面促进农村消费。近年来,我国农村三产融合发展迅速,在脱贫攻坚和乡村振兴中发挥了积极作用。但总的来看,农村三产融合发展依然滞后,产品和服务供给不足,在推动农村产业高质量发展、实现农民增收与消费提质良性循环、构建新发展格局方面还存在较大的问题。

农村三产融合作为农业供给侧结构性改革的重要载体,在促进农村产业现代化、提升农民收入方面的作用已经得到广泛认可。在新发展格局下,农村三产融合不是几个产业的相加,而是在分工的基础上,以农业为依托,通过有效的组织形式和利益联结机制使各产业相互作用、相互渗透的农业产业链再造和价值链重塑。同时,农村三产融合,一方面可以推进现代农业产业园、农业产业强镇和优势特色产业集群建设,提高农业边际生产效率和农业价值链附加值，推动形成农业现代化生产体系；另一方面通过产业紧密连接，可以打通农村生产、分配、流通、消费各环节，实现产购储加销衔接配套，有利于深化城乡收入分配体制改革，推动加工、仓储、物流等向农业主产区布局，解决城乡收入分配差距过大问题，促进农民增收，改善城乡消费结构，释放农村消费潜力，形成需求牵引供给、供给创造需求的更高水平城乡消费动态平衡，提升城乡经济发展一体化效能，从而有效缓解城乡发展不平衡，解决农村发展不充分问题。

　　基于此，本节试图从理论上分析农村三产融合改善城乡发展不平衡的作用机理，并尝试通过实证分析农村三产融合改善城乡发展不平衡的过程，以及不同政策约束、资源禀赋下农村三产融合对城乡发展的影响路径，以期从加快农村三产融合视角给出改善城乡发展不平衡、扩大农民消费、促进国内大循环的思路与对策建议。

二　理论分析与假说

　　整体而言，当下的城乡居民收入差距依然很明显。尽管在国家的支持引导下农业农村发展势头渐盛，但由于历史遗留、政策惯性、资源差异等，城乡居民收入差距在今后一段时间内仍将存在，在数据层面甚至会表现为绝对差值变大的状况。要想破局，需要有的放矢，增强农业农村的发展后劲。本节结合当前农村经济发展政策走向，从农村产业不兴旺使集体经济发展滞后角度切入，重点研究农村三产融合促进农民增收、推动新型城镇化进而缩小城乡居民收入差距的作用机理（见图4-1）。

　　1. 农村三产融合促进产业链延伸，提升农业附加值，促进农民增收

　　农村三产融合是一产向二产、三产拓展，形成一个综合体，将工业化的模式植入促进农业发展的理念中，加大资金设备投入力度和技术研发力度，实现农业的机械化、自动化、智能化、规模化、高效化。通过产业链的延伸，农产品生产、加工、仓储、运输、销售等诸多环节得到了完善，农业相关服务业也得到了开发和拓展。农业价值创造和实现的渠道更加丰富，将助推农村经济发展进入新的阶段，农民收入也将持续快速增长。由于城市经济发展已经进入新常态，农村经济在发展速度上的优势将逐渐显现，也会以缩小城乡居民收入差距的形式体现。

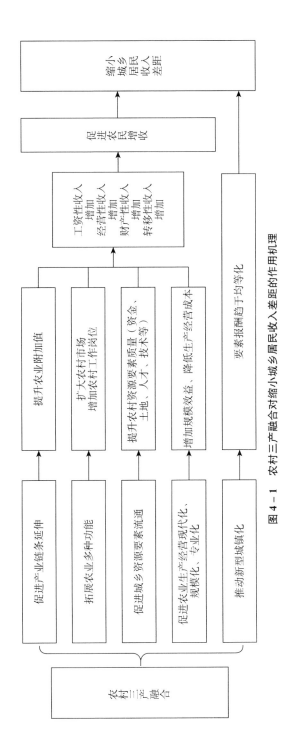

图 4 - 1 农村三产融合对缩小城乡居民收入差距的作用机理

2. 农村三产融合拓展农业多种功能，扩大农村市场、增加农村工作岗位，促进农民增收

传统的粮食生产已经不能满足时代发展对农业功能的要求。农村三产融合用服务业的技术和理念去指导农业发展：开发旅游观光农业、举办农业主题博览会等。与乡村旅游、传统文化、运动休闲、素质拓展、科普教育、生态疗养等产业相融合，培育农业新功能，体现了农村三产融合下农业功能的多样化。在农村三产融合的作用下，更多农业相关的产品和服务被提供，农村市场随之扩大。农村三产融合的发展需要各方面的支撑，制度制定与修改、资金筹措与投入、政策颁布与落地、项目开发与运营等都需要大量人才。一大批新的项目、企业的横空出世意味着将出现大量的岗位需求，这恰好能够吸收一大部分农村剩余劳动力参加就业，提高农民的工资性收入。同时，政府部门为农村三产融合提供的相关财政补贴使农民的转移性收入也在增加，进而增加农民收入。

3. 农村三产融合促进城乡资源要素流通，提升农村资源要素质量，促进农民增收

农村的要素市场有着巨大的发展空间。长期以来，国家对农村的开发力度十分有限，并不能使农村资源要素得到充分的利用。在乡村振兴战略背景下，各省份因地制宜进行改革创新，最大限度地激发当地农村资金、土地、人才、技术等资源要素活力，降低城乡资源要素流通壁垒，促进城乡资源要素流通。资金方面，政府财政支出主要用于农村三产融合的前期投资，如基础设施的建设以及相关项目的资金扶持。在政府做好前期铺垫之后，后续的投资将承担更小的风险，有很可观的投资收益预期。农村的储蓄资金以及各界资本都将向此倾斜，助力农村三产融合的稳步发展。土地资源方面，农村较城市有着天然的优势，农村土地资源丰富，但当下需要深化农村土地制度改革，赋予农民更加充分的土地财产权益，释放农村土地制度改革红利。人才方面，农村劳动力资源丰富。农村三产融合需要更多专业化的人才对各个项目进行技术支撑，最理想的实现途径就是通过培训，提升农民的技能和获利水平。科学技术是第一生产力，创新是引领发展的第一动力。借助互联网思维和技术发展农产品电商平台，农村电子商务的发展呈现出较高的业态价值和广阔的发展前景。互联网、物联网、

大数据、云计算等新一代信息技术加持下的农业生产、加工、销售、服务衍生出了农村电商、智慧农业等新型产业形态以及产地直销、个性化定制、农商直供等新的农业经营模式。搭乘现代技术的快车，农民的收益更加多元化。农村要素质量的提升激活了农村市场，增加了农民收入，继而缩小了城乡居民收入差距。

4. 农村三产融合促进农业生产经营现代化、规模化、专业化，增加规模效益、降低生产经营成本，促进农民增收

在国家描绘的乡村振兴宏伟蓝图上，农村三产融合的诸多项目顺利开展，大大促进了农业生产经营现代化、规模化、专业化，农业生产交易成本显著降低，规模效益凸显。综观国内外，农业经营模式的一个显著差异就是规模化差异，越是经济发达的地区，农业经营理念越是符合市场经济的规律。规模化经营相比分散的小农户生产具有明显的优势，其机械化程度更高、生产成本更低、生产效率更高、管理更科学合理、农产品质量更高、议价能力更强、销售渠道稳定等。只有实现规模化才能实现专业化、现代化，才能充分发挥优势，实现效益的最大化。农民的收入结构也将在农业规模化经营中得以调整，在经营性收入、财产性收入增加的同时，生产力得以解放，劳动力转移带来的工资性收入也会增加。多种收入的增加将会直接作用于城乡居民收入差距的缩小进程中。

5. 农村三产融合推动新型城镇化，要素报酬趋于均等化

"产城融合"是三产融合发展的一种模式，其理念是"以产促城，以城兴产，产城融合"。农村三产融合通过在县城、重点乡镇、产业园区合理布局第二、第三产业，依托当地的优势资源发展特色产业，吸引农村剩余劳动力为其发展提供支撑，实现农村居民就地城镇化。随着农村剩余劳动力流入城镇地区，从业人员要素报酬会趋于均等化，进而达到缩小城乡居民收入差距的效果。主要原因在于，就城镇地区而言，农村剩余劳动力大量涌入城镇地区，会导致城镇劳动力市场竞争加剧，使均衡工资率下降，即城镇居民的薪资水平相对于农村居民的薪资水平会有所下降。与此同时，对于农村地区而言，农村剩余劳动力的减少会促进农村劳动生产率的提高，使农村劳动力市场的均衡工资率上升，即农村居民的人均收入会有所增加。由此可以推断出，农村三产融合的发展会加速城镇化进程，从而达到缩小

城乡居民收入差距的效果。

总之，农村三产融合以农业为基础和依托，借助产业间交叉、重组、渗透等方式形成新的技术、商业模式，延伸农业产业链，由一产向二产、三产拓展，形成一个综合体，培育农村发展新动能，推动农村新旧动能转换，拓展城乡发展空间，是推动农业供给侧结构性改革、塑造生产生活消费新场景、发展农村产业的一种新业态。城乡协调发展主要表现为消除城乡之间的体制性障碍，实现城乡要素合理流动和平等交换，逐步消除城乡二元经济结构，实现城乡居民共享发展成果、城乡利益协调发展、城乡差距缩小的社会经济发展过程。农村三产融合通过影响资本劳动生产效率、农村生产要素质量、农业现代化生产经营和城乡资源要素流通水平等，优化产业部门间的资源要素配置，实现区域劳动力结构和产业结构相匹配的新格局。

根据以上分析，本节提出以下有待检验的研究假说。

假说 1：农村三产融合能够通过提高劳动报酬占比，缩小城乡收入差距，提高消费者效用水平，进而改善城乡发展不平衡问题。

假说 2：由于各地区资源、行业优势和自然环境条件等因素的差异，尤其是粮食主产区承担着国家粮食安全的重要战略任务，以及耕地保护制度、粮食生产约束等政策性因素的制约，农村三产融合对改善城乡发展不平衡的影响效应在不同地区呈现一定的异质性。

三　研究设计

1. 模型设定

根据上述机理分析，为进一步验证农村三产融合能否改善城乡发展不平衡的问题，本节构建如下计量模型：

$$Y_{it} = \alpha_0 + \beta_1 CON_{it} + \beta_2 X_{it} + \mu_{it} \tag{4-1}$$

其中，Y_{it} 是被解释变量，从城乡收入差距（URI）和城乡消费差距（URC）两个方面衡量农村三产融合对城乡发展的影响。CON_{it} 是核心解释变量，表示第 i 个样本省份在第 t 年的农村三产融合水平，主要包括农产品加工业发展水平（AP）、农业与工业融合水平（AE）、农业与信息业融合水平（AI）以及农业与金融业融合水平（AF）。X_{it}为控制变量，主要包括城镇化水平、经济发展水平等。β_i表示相关变量的参数估计值，μ_{it}表示随机扰动项。

2. 变量选取及数据来源

（1）被解释变量。本节的被解释变量为城乡收入差距（URI）和城乡消费差距（URC）。目前衡量城乡收入差距的方式较多，基尼系数通常作为衡量居民收入差距的重要指标，但由于现有省级层面的基尼系数缺乏一定权威性，因此，为准确度量城乡收入差距，本节参考邓创和徐曼（2019）的做法，采用城乡收入比作为衡量城乡收入差距（URI）的指标，也就是"城镇居民人均可支配收入/农村居民人均可支配收入"。为准确度量城乡消费差距，本节参考孙爱军（2013）的做法，以"城镇居民消费支出/农村居民消费支出"作为衡量城乡消费差距（URC）的指标。

（2）核心解释变量。本节的核心解释变量为农村三产融合水平（CON），基于现有文献，农村三产融合主要是指以农业发展为基础，进一步优化重组资本、技术、劳动力等相关要素，加快农村三次产业有机整合，促进农业产业链延伸、农民利益分配机制重建、农村三次产业共同发展，提升农产品加工业、农村三产融合和农业与金融业融合水平。结合前面的理论分析，本节认为农村三产融合对城乡发展产生的影响可以从农产品加工业发展水平、农业与工业融合水平、农业与信息业融合水平、农业与金融业融合水平四个维度来衡量。各变量采用如下方式衡量：①农产品加工业发展水平（AP），采用"农产品加工业年产值/农林牧渔业总产值"来衡量；②农业与工业融合水平（AE），采用"农业机械总动力/第一产业从业人数"来衡量；③农业与信息业融合水平（AI），采用"农村家庭平均每百户移动电话拥有量"来衡量；④农业与金融业融合水平（AF），采用"涉农贷款"来衡量。

（3）控制变量。本节的研究目标是分析农村三产融合对城乡发展的影响，并且考虑到城乡收入差距受多种因素影响，为了更准确地评估农村三产融合对城乡差距的影响，本节引入了其他控制变量。在控制变量选取上，本节充分考虑影响城乡收入差距的其他因素。在发展经济学中，库兹涅茨的"倒U形假说"表明，城乡收入差距受经济发展的影响。同时，市场化进程下，二元经济结构的改善明显抑制城乡收入差距的不断扩大（曾卓然，

2019）。基于理论分析，将经济发展水平、城镇化水平纳入控制变量中具有一定的科学性。经济发展水平（OP）被视为考察地区经济发展状况对城乡收入差距影响的重要指标。这一指标通常以人均 GDP 的对数来衡量（林毅夫、李永军，2003）。城镇化水平（UR）通过影响居民的就业机会、收入来源和财产性收入，进而影响城乡居民的收入结构和规模，本节以"城镇人口/常住总人口"来衡量城镇化水平。

（4）数据来源。本节选择的样本数据为 2009～2018 年我国 31 个省份（不含港澳台）的面板数据，数据主要来源于《中国统计年鉴》、《中国农村统计年鉴》、《中国农产品加工业年鉴》以及各省份的统计年鉴。根据国家统计局的数据，自 2013 年起，使用"农村居民人均可支配收入"这一指标来衡量农村居民的收入。因此，在 2013 年之前，城乡收入差距是由"城镇居民人均可支配收入/农村居民人均纯收入"来计算的。

3. 描述性统计

各变量的描述性统计结果见表 4-1。

表 4-1   变量描述性统计结果

变量	均值	标准差	最小值	最大值
URI	2.757	0.484	1.845	4.281
URC	2.609	0.575	1.596	4.358
AP	0.534	0.421	0.014	2.533
AE	3.587	1.910	0.041	9.494
AI	2.045	0.425	0.363	2.945
AF	6.988	6.841	0.051	35.067
UR	0.549	0.137	0.223	0.896
OP	0.349	0.387	0.047	3.729

4. 城乡收入差距现状

我国城乡经济发展有着不同的路线，从历史背景和因地制宜的角度来看，其在一定阶段具有合理性。但是，随着社会的进步、大环境的变迁，国家层面提出新的发展战略以适应新的时代发展要求。城乡收入差距在数据上的表现如表 4-2 和表 4-3 所示。

表 4-2　2015~2019 年城乡居民人均可支配收入

指标	2015 年	2016 年	2017 年	2018 年	2019 年
居民人均可支配收入（元）	21966.19	23820.98	25973.79	28228.05	30733.00
城镇居民人均可支配收入（元）	31194.83	33616.25	36396.19	39250.84	42359.00
农村居民人均可支配收入（元）	11421.71	12363.41	13432.43	14617.03	16021.00
城乡居民人均可支配收入绝对差距（元）	19773.12	21252.84	22963.76	24633.81	26338.00
城乡居民人均可支配收入比	2.73	2.72	2.71	2.69	2.64

资料来源：国家统计局。

表 4-3　2015~2019 年城乡居民人均可支配收入增长率

单位：%

指标	2015 年	2016 年	2017 年	2018 年	2019 年
居民人均可支配收入同比增长	8.9	8.4	9.0	8.7	8.9
城镇居民人均可支配收入同比增长	8.2	7.8	8.3	7.8	7.9
农村居民人均可支配收入同比增长	8.9	8.2	8.6	8.8	9.6

资料来源：国家统计局。

基于表 4-2 和表 4-3 数据可得出以下结论：2015~2019 年城镇居民人均可支配收入明显高于农村居民人均可支配收入，绝对差值逐渐增加；城乡居民人均可支配收入比比较稳定；2016~2019 年农村居民人均可支配收入同比增幅处于明显的增长态势。

四　实证分析与检验

1. 平稳性检验

为了分析实证所用面板序列是否具有稳定的分布特征，本节采取 LLC 检验和 Fisher-ADF 检验两种方式进行检验，检验结果如表 4-4 和表 4-5 所示。

表 4-4　LLC 检验

统计量	URI	URC	AP	AE	AI	AF
Adjusted t*	-10.1896*** (0.0000)	-10.1456*** (0.0000)	-1.4359* (0.0755)	-5.3757*** (0.0000)	-16.2813*** (0.0000)	-2.9808*** (0.0014)

注：***、* 分别表示在 1%、10% 的水平下显著，括号内为 p 值。

表 4-5　Fisher-ADF 检验

统计量	URI	URC	AP	AE	AI	AF
F	154.5605 *** (0.0000)	153.7045 *** (0.0000)	122.3207 *** (0.0000)	144.1468 *** (0.0000)	207.6981 *** (0.0000)	120.6376 *** (0.0000)
z	-7.3058 *** (0.0000)	-6.9102 *** (0.0000)	-4.9792 *** (0.0000)	-5.7030 *** (0.0000)	-8.1627 *** (0.0000)	-4.0379 *** (0.0000)
L*	-7.2494 *** (0.0000)	-6.9328 *** (0.0000)	-4.8822 *** (0.0000)	-5.8335 *** (0.0000)	-9.2082 *** (0.0000)	-3.9662 *** (0.0001)
Pm	8.3122 *** (0.0000)	8.2353 *** (0.0000)	5.4170 *** (0.0000)	7.3770 *** (0.0000)	13.0841 *** (0.0000)	5.2658 *** (0.0000)

注：*** 表示在 1% 的水平下显著，括号内为 p 值。

检验结果表明，LLC 检验拒绝存在单位根的原假设。Fisher-ADF 检验中，F、z、L*、Pm 统计量均强烈拒绝存在单位根的原假设。基于此，LLC 检验和 Fisher-ADF 检验均认为该面板序列是平稳的。

2. 全样本回归分析

由表 4-6 可知，本节在对固定效应模型和随机效应模型进行比较之后选择固定效应 LSDV 法进行分析。

表 4-6　全样本回归结果

变量	URI			URC		
	RE	FE	LSDV	RE	FE	LSDV
AP	-0.103 ** (0.051)	-0.112 ** (0.051)	-0.112 ** (0.052)	0.109 (0.068)	0.073 (0.070)	0.073 (0.057)
AE	-0.026 ** (0.011)	-0.020 * (0.012)	-0.020 * (0.010)	-0.018 (0.015)	-0.023 (0.016)	-0.023 * (0.012)
AI	-0.278 *** (0.035)	-0.196 *** (0.045)	-0.196 *** (0.056)	-0.466 *** (0.046)	-0.243 *** (0.061)	-0.243 *** (0.057)
AF	-0.001 (0.003)	0.006 * (0.003)	0.006 (0.004)	-0.018 *** (0.004)	-0.004 (0.005)	-0.004 (0.004)
UR	-2.465 *** (0.350)	-3.998 *** (0.554)	-3.998 *** (0.696)	-3.212 *** (0.427)	-6.737 *** (0.748)	-6.737 *** (0.692)
OP	0.013 (0.039)	0.017 (0.038)	0.017 (0.041)	-0.027 (0.053)	-0.025 (0.052)	-0.025 (0.048)
常数项	4.829 *** (0.149)	5.433 *** (0.223)	5.108 *** (0.246)	5.469 *** (0.179)	6.886 *** (0.302)	6.553 *** (0.270)

续表

变量	URI			URC		
	RE	FE	LSDV	RE	FE	LSDV
R^2		0.743	0.935		0.810	0.916
F 检验	F（30，273）= 43.69，Prob>F = 0.0000			F（30，273）= 27.94，Prob>F = 0.0000		
LM 检验	chi2（01）= 759.01，Prob>chi2 = 0.0000			chi2（01）= 624.37，Prob>chi2 = 0.0000		
Hausman 检验	chi2（6）= 22.92，Prob>chi2 = 0.0008			chi2（6）= 31.26，Prob>chi2 = 0.0000		

注：＊、＊＊、＊＊＊分别表示在 10%、5%、1% 的水平下显著，括号内为稳健标准误。

表 4-6 的回归结果显示，整体上看，农村三产融合能够通过农产品加工业将农业分别与工业、信息业和金融业融合，进而改善城乡发展不平衡的问题。在城乡收入差距方面，解释变量农产品加工业发展水平（AP）、农业与工业融合水平（AE）、农业与信息业融合水平（AI）的系数均小于 0，说明农村三产融合能够在一定程度上缩小城乡收入差距；在城乡消费差距方面，农业与工业融合水平（AE）、农业与信息业融合水平（AI）、农业与金融业融合水平（AF）的系数均小于 0，说明农村三产融合有利于缩小城乡消费差距。根据 LSDV 法估计结果，农产品加工业发展水平（AP）的提升对城乡收入差距具有缩小的作用，且其系数在 5% 的置信水平下显著为负，但其对城乡消费差距的影响并不显著。说明农产品加工业集聚式发展，在其空间布局上将加工企业纳入互联互通网络，降低农产品原材料采购、物流配送、产品销售等环节的交易成本，产生一定的网络效应，促进要素资源流动，使农户等农产品加工业新型经营主体之间的利益联结更为紧密，进而增加农民增收，缩小城乡收入差距，但尚未扩大农村消费需求。农业与工业融合水平（AE）在所有回归模型中的系数均为负，说明农业与工业相互融合、相互渗透，提高了农业生产效率，以机械化、自动化的管理方式高效发展农业，拓宽小农户进入现代农业的渠道，缩小城乡差距，刺激农村消费，改善居民消费环境，拉动内需，发挥消费的基础性作用，实现城乡经济协调发展。农业与信息业融合水平（AI）的系数在 1% 的置信水平下显著为负，说明发展智慧农业，以"互联网+农业"的形式，将新一代信息技术与农业深度融合，有利于加强农产品供应链体系建设，以互联网平台为基础，扩大农村电商网络覆盖面积，促进工业品流向农村、农产品流

向城市的双向流通，助推农村贫困地区特色优势农产品销售，提高农产品附加值，实现消费扶贫，缩小农村居民人均可支配收入与城镇居民人均可支配收入的差距。在分析城乡收入差距的影响因素时，农业与金融业融合水平（AF）的系数尽管为正，但其对城乡收入差距的影响并不显著。原因可能在于，农村金融发展规模对城乡收入差距缩小具有正效应，而农村金融发展效率对城乡收入差距缩小具有负效应（姚凤阁、路少朋，2017）。在农村三产融合过程中，农村金融发展规模虽在不断扩大，但资本的逐利性可能会导致农村资金外流，农村居民难以享受到金融发展规模扩大所带来的收入增加等正向效应，同时，农村金融发展效率相对较低，尚未真正实现农村金融"惠民"功能，这也进一步说明了农业与金融业融合水平对缩小城乡收入差距的影响较小。

3. 区域异质性分析

农村三产融合是以农业为依托，借助产业间融合渗透、交叉重组的方式，延伸农业产业链。农村三产融合在选择具体产业作为融合对象时，必须严守耕地红线，在耕地保护制度下，坚持市场导向，充分发挥市场配置资源的决定性作用（刘威、肖开红，2019）。我国各地区资源、行业优势和自然环境条件等因素存在差异，尤其是粮食主产区承担着国家粮食安全的重要战略任务，在一定程度上抑制了粮食主产区产业多样化发展（安虎森、徐洁，2016），导致不同地区在农村三产融合过程中存在异质性。基于此，本节将样本分成粮食主产区和非粮食主产区。国家统计局以气候、地理、土壤、技术等条件为标准，定义黑龙江、内蒙古、山东、河南、河北、吉林、辽宁、四川、湖北、湖南、江苏、安徽和江西等 13 个省份为粮食主产区，其余省份为非粮食主产区。首先，对区域层面的样本回归进行较优模型选择，由表 4-7、表 4-8 可知，对于非粮食主产区的回归，Hausman 检验的 p 值均在 1% 的显著性水平下强烈拒绝原假设，因此最终选择固定效应LSDV 法。对于粮食主产区的回归，最终选择随机效应 MLE 法。

粮食主产区的回归结果（见表 4-7）显示，整体上，粮食主产区的农村三产融合能够通过农产品加工业发展、农业与信息业融合和农业与金融业融合等多种途径改善城乡发展不平衡的问题，农业与工业融合水平（AE）的提高对于改善城乡发展不平衡的作用尚不显著。依 MLE 法，粮食主产区的农产品加工业发展水平（AP）、农业与信息业融合水平（AI）的提升有利于缩小城乡收入差距，且系数均在1%的水平下显著为负。但农产品加工业发展水平（AP）的提升扩大了城乡消费差距，可能是由于在农产品加工业发展水平的提升缩小粮食主产区城乡收入差距的基础上，随着农民收入的提高，粮食主产区农民的边际消费倾向较低，导致城乡消费差距扩大。农业与信息业融合水平（AI）、农业与金融业融合水平（AF）的提高分别在1%和5%的显著性水平下缩小城乡消费差距。说明粮食主产区在农村三产融合过程中，以农业为基础，充分提高农产品加工业发展水平，解决农产品产业链短、精深加工能力不足、附加值低等问题，同时推动农业与信息业融合，发展智慧农业，将农业生产经营充分与信息业融合，提高农业发展效率和效益，实现农业智能化、精准化发展，加快剩余劳动力在本地实现非农就业，以实现粮食主产区农民增收，促进农民消费升级，缩小城乡收入差距。

表4-7 粮食主产区的回归结果

变量	URI			URC		
	RE	FE	MLE	RE	FE	MLE
AP	-0.155***	-0.156***	-0.154***	0.183**	0.198**	0.177**
	(0.051)	(0.053)	(0.050)	(0.090)	(0.096)	(0.087)
AE	-0.011	-0.012	-0.011	0.002	-0.003	0.003
	(0.009)	(0.009)	(0.009)	(0.015)	(0.017)	(0.015)
AI	-0.210***	-0.197***	-0.216***	-0.423***	-0.331***	-0.442***
	(0.043)	(0.048)	(0.041)	(0.070)	(0.086)	(0.068)
AF	-0.002	-0.001	-0.002	-0.012*	-0.004	-0.014**
	(0.004)	(0.005)	(0.004)	(0.006)	(0.008)	(0.006)
UR	-1.609***	-1.815***	-1.512***	-3.566***	-5.326***	-3.190***
	(0.573)	(0.683)	(0.526)	(0.861)	(1.237)	(0.833)
OP	0.109	0.106	0.110	0.006	0.005	-0.005
	(0.116)	(0.123)	(0.112)	(0.200)	(0.223)	(0.190)
常数项	3.969***	4.050***	3.931***	5.217***	5.913***	5.073***
	(0.235)	(0.269)	(0.211)	(0.340)	(0.487)	(0.323)
R^2		0.807			0.845	
F检验	F(12, 111)=53.45, Prob>F=0.0000			F(12, 111)=18.58, Prob>F=0.0000		
LM检验	chi2(01)=383.68, Prob>chi²=0.0000			chi2(01)=201.83, Prob>chi²=0.0000		
Hausman检验	chi2(6)=1.13, Prob>chi²=0.9803			chi2(6)=4.80, Prob>chi²=0.5694		

注：*、**、***分别表示在10%、5%、1%的水平下显著，括号内为稳健标准误。

非粮食主产区的回归结果（见表4-8）显示：整体上，农村三产融合能够通过农业与工业融合、农业与信息业融合改善非粮食主产区城乡发展不平衡的问题，农产品加工业发展水平（AP）、农业与金融业融合水平（AF）的提高对于缩小城乡收入差距、城乡消费差距的效果尚不显著。说明在非粮食主产区进行农村三产融合时，农业与工业融合水平（AE）、农业与信息业融合水平（AI）的提升对非粮食主产区的城乡收入和消费差距影响更大，更有助于改善城乡发展不平衡问题。

表4-8 非粮食主产区的回归结果

变量	URI			URC		
	RE	FE	LSDV	RE	FE	LSDV
AP	0.039 (0.075)	−0.028 (0.079)	−0.028 (0.081)	0.091 (0.106)	−0.052 (0.108)	−0.052 (0.104)
AE	−0.066*** (0.019)	−0.056** (0.022)	−0.056** (0.022)	−0.052* (0.027)	−0.075** (0.029)	−0.075*** (0.023)
AI	−0.340*** (0.042)	−0.220*** (0.060)	−0.220*** (0.070)	−0.491*** (0.061)	−0.190** (0.082)	−0.190*** (0.067)
AF	−0.011*** (0.004)	−0.004 (0.005)	−0.004 (0.003)	−0.023*** (0.006)	−0.008 (0.006)	−0.008 (0.005)
UR	−2.532*** (0.368)	−4.395*** (0.706)	−4.395*** (0.752)	−3.355*** (0.564)	−7.469*** (0.955)	−7.469*** (0.796)
OP	−0.034 (0.043)	−0.009 (0.042)	−0.009 (0.041)	−0.051 (0.060)	−0.033 (0.057)	−0.033 (0.050)
常数项	5.288*** (0.158)	6.030*** (0.291)	6.964*** (0.537)	5.862*** (0.246)	7.582*** (0.394)	9.331*** (0.600)
R^2		0.791	0.945		0.811	0.927
F检验	F (17, 156) = 27.96, Prob>F = 0.0000			F (17, 156) = 30.06, Prob>F = 0.0000		
LM检验	chi2 (01) = 304.56, Prob>chi2 = 0.0000			chi2 (01) = 361.99, Prob>chi2 = 0.0000		
Hausman检验	chi2 (6) = 17.50, Prob>chi2 = 0.0076			chi2 (6) = 24.80, Prob>chi2 = 0.0004		

注：*、**、*** 分别表示在10%、5%、1%的水平下显著，括号内为稳健标准误。

表4-7和表4-8的回归结果表明，不同地区的经济基础、要素禀赋、行业优势和自然环境条件等差异会在一定程度上导致农村三产融合促进城乡平衡发展的方式不同。粮食主产区在保证粮食安全的前提下，积极提高农产品加工业发展水平，推动农业与信息业、金融业融合，由农业生产向

精深加工、销售及其他服务延伸，推动产业纵向延伸，形成较为完整的产业链，促进农民增收，缩小城乡收入差距。非粮食主产区农村的三产融合，通过强化农业与第二、第三产业间的利益联结机制，促进农业转型升级，加快产业横向融合。以上结果基本验证了假说 1 和假说 2，农村三产融合能够缩小城乡收入差距，促进农村消费升级，改善城乡发展不平衡问题，且由于各地区资源、行业优势和自然环境条件等因素的差异，尤其是粮食主产区承担着国家粮食安全的重要战略任务，以及耕地保护制度、粮食生产约束等政策性因素的制约，农村三产融合对改善城乡发展不平衡的影响效应在不同地区呈现一定的异质性。

五　结论与建议

1. 研究结论

农村三产融合以农业为基础和依托，借助产业间交叉、重组、渗透等方式形成新的技术、商业模式，延伸农业产业链，由一产向二产、三产拓展，形成一个综合体，培育农业农村发展新动能，推动农村新旧动能转换，拓展城乡发展空间，是推动农业供给侧结构性改革、发展农村产业的一种新业态。作为农村产业发展的必经之路，农村三产融合是实现乡村振兴的重要举措，对推进农业现代化、促进农民增收、缩小城乡收入差距具有重大意义。本节利用 2009～2018 年的省级面板数据，采用 MLE 法、LSDV 法分析了农村三产融合对城乡发展的影响。研究发现，从全样本上看，LSDV 法的回归结果显示，农村三产融合能够通过农产品加工业将农业分别与工业、信息业和金融业融合进而改善城乡发展不平衡的问题。在城乡收入差距方面，农村三产融合通过提高农产品加工业发展水平，提高农业与工业、信息业融合水平，进一步缩小城乡收入差距；在城乡消费差距方面，农村三产融合能够通过农业与工业、信息业、金融业融合缩小城乡消费差距。从区域分布上看，农村三产融合对城乡发展的影响具有一定的区域异质性。对比粮食主产区和非粮食主产区发现，国家粮食安全战略、耕地保护制度、粮食生产约束等政策性制约，可能会导致不同区域采取不同的融合模式或融合渠道进行农村三产融合。对于国家粮食安全、耕地保护等方面的政策性约束较强的粮食主产区，MLE 的回归结果显示，农产品加工业发展水平、农业与信息业融合水平的提高显著缩小城乡收入差距，农业与信息业融合水平、农业与金融业融合水平的提高显著缩小城乡消费差距，说明粮食主产区的农村三产融合能够改善城乡发展不平衡。对于国家粮食安全、耕地保护等方面的政策性约束相对较弱的非粮食主产区，LSDV 法的回归结果显示，农业与工业融合水平、农业与信息业融合水平的提高对城乡收入差距和城乡消费差距的扩大均具有显著的负向影响，说明农村三产融合对非粮食主产区城乡平衡发展同样具有推动作用，但不同区域的农村三产融合影响城乡平衡发展的因素不同。

2. 政策建议

结合研究结论，为全面完成农村三产融合所承载的战略目标和使命，释放农村三产融合的乘数效应，进一步拓宽农民增收渠道，加快农村消费升级，缩小城乡收入差距，为农村产业转型升级提供源源不断的新动能，本节给出如下政策建议。

（1）因地制宜，推动农村三产融合差异化、特色化发展。在守住耕地保护红线、保障耕地数量、保证国家粮食安全的前提下，应根据各地区的资源禀赋，依托农产品的生产方式及特色，结合当地优势资源、历史文化等，进行精准定位、差异化发展，优先发展当地特色产业，打造"一村一品""一乡一业""一县一特"，推进农业服务化发展。同时，将农业与工业充分融合，以工业需求为出发点，向农业生产进行渗透，以机械化、自动化的方式推动农产品精深加工高效发展，由农业生产环节向前和向后延伸产业链，加快形成市场竞争力强、规模效益明显、辐射带动能力突出的产业集群，实现农副产品生产、存储、流通的有机衔接，支持农民合作社、家庭农场、中小微企业等发展农产品初加工，培育农产品初加工企业。鼓励龙头企业和产业园区开展农产品精深加工，促进农业规模化、集约化生产，拓展延伸产业链，提升农产品附加值，加速城镇化进程，增加农民收入，缩小城乡收入差距，促进城乡平衡发展。

（2）加快推动农村三产融合企业数字化、连锁化转型。推动农业与信息业融合，创新农村三产融合模式，拓宽农民增收渠道，构建以科技手段带动新产品开发、以电商物流为引领的服务带动模式。建立健全农业科学技术推广平台，鼓励农业科技人员走向一线，将农业科学技术转化为实际生产力。同时，借助互联网思维、技术发展农产品电商平台，以"互联网+农业"的形式，将农业与信息业深度融合，发展农村电商、智慧农业等新型产业形态以及产地直销、个性化定制、农商直供等新型农业经营模式，最大限度地激发农村资金、土地、人才、技术等资源要素活力，降低城乡资源要素流通壁垒，促进城乡资源要素流通，促进国内大循环。

（3）大力引导金融和社会资本投入农村三产融合。加强银行与企业之间的合作，深化信息协同和科技赋能，为农村三产融合提供资金结算、供应链融资、财务管理等一站式服务。建立健全农村金融服务体系，提高农村金融效率，实现农村金融惠民功能。鼓励和引导农村金融机构结合当地社会经济发展现状，发展金融互助组织，建立农村金融组织体系，适当降低担保机构门槛，积极拓宽农村信贷渠道，增强对农村的资金支持，缓解农民或农村企业家的融资约束，增强他们应对生产不确定性的能力，解决农民贷款需求，从供求方面进一步深化农村三产融合，避免资金大量外流导致农村资金非农化使用，限制农村经济发展。同时，积极推广普惠金融和产业链金融模式，提高农村金融服务效率，通过增强资源流动性、降低信息不对称性和交易成本、改善企业融资环境和激发投资增量效应来加速产业扩张，真正实现农村普惠金融的惠民利民功能，实现农民增收与消费提质良性循环。

第二节　农村三产融合对粮食主产区农业高质量发展的影响

一　引言

农村三产融合是我国城乡一体化工作的重要组成部分，也是促进我国现代化农业发展的重要途径。因此，研究农村三产融合对粮食主产区农业高质量发展的影响，对产业结构的升级和区域经济的发展具有极其重要的现实意义。自党的十九大报告指出我国经济已经转向高质量发展阶段以来，国内众多学者对农业的高质量发展进行了详尽的阐述。谢兰兰（2020）认为促进农业的高质量发展要从农业生产方式转型、建立健全农业社会化服务体系、规范农业生产加工流程、注重技术创新等多方面入手。季秀敏

（2020）以巴彦淖尔市为例，论述了农牧区高质量发展的必要性，并在分析其所存在的问题的同时，提出要抓"四控"（控水、控膜、控药、控肥），建设三大体系（标准化体系、品牌体系和可追溯体系），从而促进农牧区的绿色可持续发展。汪晓文等（2019）认为我国农业的高质量发展包括不断优化生产结构、不断提高生产效益和农民收入、不断强化农业可持续发展。他们认为我国农业高质量发展的核心在于以保障粮食安全和农民收入为基础，以生产供给侧为着手点，以绿色发展为指向，促进农业产业结构升级，实现农业的高质量发展。

1. 运用新技术、新模式形成农业新业态，推动农村经济的可持续发展

自农村三产融合策略推出以来，各类农业新业态纷纷涌现，如休闲农业、旅游观光和田园综合体等。以田园综合体为例，目标是支持符合条件的乡村建设以农民合作社为主导、农民充分参与并从中受益的综合体，该综合体集循环农业、创意农业、农事体验于一体，通过农业综合开发、农村综合改革转移支付等途径，在试点示范中得到推进。田园综合体是一种跨产业、多功能的综合发展模式，强调发展循环农业，引导农业走向绿色生态，以农事体验为特色吸引游客，为当地农村经济的可持续发展提供强有力的支持。

2. 延伸农业产业链，增加农民收入，促进现代化农业的发展

农业现代化就是利用现代化科学技术、生产模式、经营理念等对传统农业进行包装的过程，通过农村三次产业的相互融合，使农业不再局限于传统的种植业，而是通过技术渗透将生产、加工、经营等结合在一起，延伸农业产业链，充分发挥中间农产品的增值效应。与此同时，横向加粗农业产业链，使农产品不再止步于原料销售，通过农业加工业对农产品进一步加工，使其成为餐饮业、旅游业等服务业的重要组成部分，通过按股权分配、按交易额返还利润等方式增加农民收入，促进现代化农业的发展。

二　农村三产融合发展对粮食主产区农业高质量发展的影响

1. 农村三产融合发展提高了粮食主产区经济效益

从农业的经济效益来看，农村三产融合提高了粮食主产区的经济效益，且主要体现在以下两个方面：①农业与工业的深度融合增加了农产品的附

加值，使优质产业带动基础种植业，促进农业多样性发展；②农业与服务业深度融合，不断将高科技成果注入农业发展进程中，形成观光农业、休闲农业等新型农业业态，并且通过人为控制，提高生产效率、控制生产成本，在一定程度上促进农民增收，进而促进新时代背景下农业的高质量发展。

2. 农村三产融合发展提高了粮食主产区社会效益

从农业的社会效益来看，农村三产融合使粮食主产区农业逐渐向集约化、市场化、社会化方向发展，同时，促进了劳动者智能化、科学化发展。农村三产融合为粮食主产区带来的社会效益主要体现在以下三个方面：①农村三产融合为社会提供了高质量高竞争力的农副产品，根据特定的农业标准体系进行种植、加工、销售等，实现农业的科学化管理；②农村三产融合所产生的农业新业态创造了很多就业岗位，为社会提供了很多就业机会，提高了社会的就业率；③农村三产融合通过以城带民发展特色产业，不断培育具有科学文化素养的新型农民，全面提升农民素质，加快农民对创新型科技及技术的适应速度，推动现代化农业的发展，提高农业的高质量发展水平。

3. 农村三产融合发展提高了粮食主产区生态效益

推动农村三产融合有利于绿色农业的发展，农村三产融合提高了粮食主产区的生态效益，且主要体现在以下三个方面：①农村三产融合促进了各产业之间的相互监督，建立了严格的监管检测体系，加强了对化肥、农药使用量的监管，坚决维持化肥、农药使用量"零增长"，并明确规定禁止使用高危害添加剂；②通过农业与高科技的深度融合，不断减少化肥、农药的使用量，促进滴灌和其他技术的一体化，推进农业废物资源再利用，如畜禽粪便、玉米秸秆等，从而促进循环农业的发展；③提高了人们对推动生态农业可持续发展的意识，将农业资源的保护与修复工作提上日程，大力推进耕地质量保护和土壤污染的控制与修复工作，科学配置水土资源，保障水土，推进生态农业建设，坚持绿色农业导向。

三　农村三产融合发展对粮食主产区农业高质量发展影响的实证分析

1. 变量选择与数据说明

基于李晓龙和陆远权（2019）对农村三产融合减贫效应的研究及上述

理论分析，初步确定农村三产融合对农业高质量发展的影响可以从农产品加工业发展水平、农业服务化水平、农业与工业融合水平、农业与信息业融合水平以及农业与金融业融合水平五个维度来分析。其中，农产品加工业发展水平（AP）用"农产品加工业年产值/农林牧渔业总产值"来衡量，农业服务化水平（AS）用农业服务化比重即"农林牧渔服务业总产值/农林牧渔业总产值"来衡量，农业与工业融合水平（AE）用"农业机械总动力/第一产业从业人数"来衡量，农业与信息业融合水平（AI）用"农村家庭平均每百户移动电话拥有量"来衡量，农业与金融业融合水平（AF）用"涉农贷款"来衡量。

高质量农业包括优质的农产品、完善的生产运营体系、较好的产业生产效益等多个方面，因此选取农村居民人均可支配收入（RC）、城乡收入比（RU）、单位耕地农业增加值（CL）以及人均第一产业总产值（PI）四个指标作为衡量粮食主产区农业高质量发展水平的变量。其中，用农村居民人均可支配收入和城乡收入比来分别衡量农业生产的经济效益和社会效益，用单位耕地农业增加值即农业增加值与耕地面积之比以及人均第一产业总产值即第一产业总产值与农村人口数之比来衡量农业的生产效率。由此建立多种回归关系，完成农村三产融合对粮食主产区农业高质量发展影响的实证研究。

遵循科学性、全面性、数据可获得性原则，本节选择了我国13个粮食主产区2009~2018年共计十年的年度数据作为研究样本，变量描述性统计结果如表4-9所示。

表 4-9 变量描述性统计结果

变量	均值	标准差	最小值	最大值
RC	1.002	0.335	0.446	2.085
CL	4.990	2.105	1.041	9.458
RU	2.550	0.265	2.064	3.210
PI	1.044	0.375	0.394	1.994
AP	0.649	0.297	0.133	1.442
AS	0.107	0.144	0.030	0.487
AE	4.270	1.860	0.266	9.494

变量	均值	标准差	最小值	最大值
AI	1.998	0.409	0.912	2.786
AF	9.244	6.815	0.726	33.888

2. 计量结果与分析

考虑到我国各粮食主产区的农业和农村三产融合发展状况存在差异，同时模型仅就我国粮食主产区的数据资料进行研究，不涉及用非粮食主产区的数据资料进行总体影响机制推断，且所分析的数据为短面板数据，本节选择个体固定效应模型进行实证分析。根据 Stata 输出结果，F 检验统计量的伴随概率均为 0.0000，远远小于 5%，表明应拒绝"混合效应模型"和"个体随机效应模型"的原假设，建立个体固定效应模型。模型设定如下：

$$RC_{it} = a_{0i} + a_{1i}AF_{it} + a_{2i}AS_{it} + a_{3i}AP_{it} + a_{4i}AE_{it} + a_{5i}AI_{it} + u_{1it} \qquad (4-2)$$

$$RU_{it} = b_{0i} + b_{1i}AF_{it} + b_{2i}AS_{it} + b_{3i}AP_{it} + b_{4i}AE_{it} + b_{5i}AI_{it} + u_{2it} \qquad (4-3)$$

$$CL_{it} = c_{0i} + c_{1i}AF_{it} + c_{2i}AS_{it} + c_{3i}AP_{it} + c_{4i}AE_{it} + c_{5i}AI_{it} + u_{3it} \qquad (4-4)$$

$$PI_{it} = d_{0i} + d_{1i}AF_{it} + d_{2i}AS_{it} + d_{3i}AP_{it} + d_{4i}AE_{it} + d_{5i}AI_{it} + u_{4it} \qquad (4-5)$$

模型中，$i \in [1, 13]$，$t \in [1, 10]$，截距项包含那些随个体变化但不随时间变化的变量的影响。本节采用个体固定效应模型进行参数估计，结果见表 4-10。总的来看，各变量的系数均有过在 1% 的显著性水平下通过检验的情况，说明各变量显著，是影响农业高质量发展的因素。

表 4-10　个体固定效应模型估计结果

变量	(1)	(2)	(3)	(4)
	RC	RU	CL	PI
AF	0.031 *** (0.003)	−0.010 *** (0.004)	0.113 *** (0.021)	0.026 *** (0.006)
AS	5.939 *** (0.999)	0.728 (1.179)	−25.432 *** (6.928)	0.655 (1.812)
AE	0.022 *** (0.008)	−0.010 (0.009)	−0.008 (0.055)	0.057 *** (0.014)

续表

变量	（1）	（2）	（3）	（4）
	RC	RU	CL	PI
AP	−0.034 （0.039）	−0.192*** （0.046）	1.390*** （0.273）	0.088 （0.071）
AI	0.380*** （0.029）	−0.285*** （0.035）	0.272 （0.204）	0.285*** （0.053）
常数项	−0.758*** （0.100）	3.306*** （0.118）	5.267*** （0.694）	−0.134 （0.181）
R^2	0.951	0.795	0.558	0.780

注：*** 表示在1%的水平下显著，括号内为稳健标准误。

由表4-10可知，模型（4-2）中，AF、AS、AE、AI的系数均大于零，且通过了1%水平下的显著性检验，说明农业与金融业融合水平、农业服务化水平、农业与工业融合水平以及农业与信息业融合水平的提升都对农村居民人均可支配收入的增加有正向作用。具体来看，AS的系数为5.939，在1%的水平下显著且数值较大，说明农业服务化水平的提高能够极大地促进农村居民人均可支配收入的提升，在一定程度上刺激消费，增加农业的资金投入，引进更加先进的技术设备，从而间接地提高农业的生产效率。AI的系数为0.380，说明农业与信息业融合水平每提高1%会使农村居民人均可支配收入提高0.380%。农业与信息业融合水平越高，农业生产的成本就越低，人们可以随时通过互联网浏览平台上的所有产品，实现需求与供给的对接，节省很大一部分的时间成本，农户也可以通过电商平台拓展客户，增加收入。

模型（4-3）中，AF、AP、AI的系数均小于零，且通过了1%水平下的显著性检验，说明农业与金融业融合水平、农产品加工业发展水平、农业与信息业融合水平与城乡收入比呈负相关关系，各变量数值越大，城乡收入比越小，城乡差距就越小。具体来看，AI的系数为−0.285，说明农业与信息业融合水平每提高1%便会使城乡收入比下降0.285%，农业与信息业融合水平的提高，有利于降低农产品的销售成本，充分利用电商平台提高交易效率，促进现代化农业的发展。

模型（4-4）中，AF、AP的系数均大于零，且通过了1%水平下的显著性检验，说明农业与金融业融合水平和农产品加工业发展水平的提升对单位耕地农业增加值的提高具有正向作用。具体来看，AP 的系数为 1.390，在 1% 的水平下显著且数值较大，说明农产品加工业发展水平的提升会使单位耕地农业增加值明显提高。农产品加工业发展水平的提高，有利于产业链的横向加粗，增加农产品附加值，扩大农产品消费需求，从而提高农民的种植热情以及单位耕地农业增加值，间接促进农业高质量发展。

模型（4-5）中，AF、AE、AI 的系数均大于零，且通过了 1% 水平下的显著性检验，说明农业与金融业融合水平、农业与工业融合水平及农业与信息业融合水平的提升对人均第一产业总产值的增加具有正向的作用。由实证结果可知，AI 的系数为 0.285，在 1% 的水平下显著，表明农业与信息业融合水平每提高 1% 会使人均第一产业总产值增加 0.285%。AE 的系数为 0.057，在 1% 的水平下显著，表示农业与工业融合水平的提升对人均第一产业总产值增加的正向作用较为明显，农业与工业融合水平每提高 1% 会使人均第一产业总产值提高 0.057%。农业与工业融合水平的提高，会使各地区的优质工业产业带动农村特色产业发展，在一定程度上提高了农业的抗风险能力，增加了人均第一产业总产值，从而促进了农业高质量发展。

四　促进农村三产融合推动粮食主产区农业高质量发展的对策建议

1. 创新农村三产融合方式，提升农业综合效益

推进粮食主产区乡村振兴，重点在于推进农业与加工业、农业与物流业以及农业与服务业的融合；关键在于以农业为依托，联结第二、第三产业，催生出新的产业业态。农村三产融合要取得良好成效，必须创新产业的融合方式，根据当地的农业发展情况因地制宜采取融合方式。以农业种植为主的农业环境，应该借助当地的自然资源，发展生态农业，打造生态旅游、观光、休闲农业，选择农业与其他产业交叉融合的方式。在农业生产方面，要采用以龙头企业带领农户的农村三产融合方式，建立利益共享、风险共担机制。

2. 明确农村三产融合主体，优化农业经营体系

正确理解各经营主体在融合过程中的角色定位，是农村三产融合发展的关键点。农村三产融合必须转变发展理念，培育新型的农业经营主体。

要利用独特的农业资源，同时加大对农村三产融合的引导支持力度，积极引进新型经营主体，支持并鼓励龙头企业发挥模范带动作用。首先，培育做大龙头企业，注重在农业产业的每一个环节引进先进的科学技术，建立土地流转管理制度。其次，注重产业链和供应链的建设与标准化管理，构建现代物流体系。最后，做好农村三产融合的整体发展规划与附属配套设施的建立及完善工作，确保农村三产融合发展的最终目标是增加农民收益，使农民利益最大化。

3. 延长农村三产融合产业链，促进农村产业转型升级

推动农村三产融合发展的本质是延长农业产业链，其目的是提高农业附加值和增加农民收益，促进农村经济发展。当前，我国粮食主产区农村三产融合不够深入，农业产业链较短，导致农业附加值不高，农民收入增长缓慢。因此，推动农村三产融合，必须解决延长农业产业链的问题，实现农业、农产品加工业、农村服务业的深度融合。要利用共享经济平台，与物联网、互联网、大数据深度结合，在农村加大电子商务的推广力度，推动数字农业发展。构建比较完善的农村三产融合体系，提高农民在融合过程中的地位，推动农民向新型农业经营主体转变，促进农村产业转型升级。

4. 挖掘粮食主产区农业多功能价值，打造农业特色品牌

首先，要深度挖掘农业的多功能价值，释放农业的巨大潜力，满足人民的多层次消费需求。其次，要建设具有文化符号、历史意义、地方特色的旅游乡村，打造乡村特色品牌。积极引进互联网技术，扩大品牌的宣传空间。最后，要加强对文化遗产的保护，弘扬乡贤文化和农耕文化。从多方面挖掘农业功能，进一步促进农村经济发展。

第三节　农村三产融合对粮食主产区粮食产业高质量发展的溢出效应

一　引言

目前，对粮食产业高质量发展的研究主要集中于三个方面。第一，学者们已经就粮食产业高质量发展的内涵达成共识，即以创新科技和绿色生

态等新的发展理念为指导，在确保产能的基础上，推动粮食产业结构的转型升级，以实现粮食产业高质量发展的整体目标。第二，大多数学者采用全要素生产率测算粮食产业高质量发展水平，选取生产效益（魏修建、李思霖，2015）、生产效率（闵锐、李谷成，2012）、竞争力（高江涛等，2020）作为期望产出，面源污染（李雪等，2022）、碳排放（尚杰等，2020）等作为非期望产出测算粮食产业的投入产出效率。也有学者试图从创新、协调、绿色、开放、共享五个方面建立指标体系，以此来衡量高质量发展。然而，不同的观点存在于对这五个指标的权重分配。一些学者认为创新应该占更大的比重，因为它直接推动了经济和社会的进步。而另一些学者则认为协调和共享同样重要，因为它们有助于解决社会不平等和资源分配问题（尚杰等，2020）。第三，关于如何促进粮食产业高质量发展，学者们提出了一系列有效的解决方案。其中，健全分工合作体系是关键。通过建立稳定的产销关系，优化供应链管理，加强产业协同，提高粮食产业的组织化程度，从而降低交易成本，提高效率（刘泽莹、韩一军，2020）。

随着生物技术、信息技术等高科技产业技术对传统农业领域的不断渗透和扩散，农村三产融合成为推动乡村振兴和农业现代化的重要手段。对于农村三产融合对粮食产业高质量发展的影响，诸多学者已将其纳入研究范围。张晓山（2019a）提出推进农村三产融合发展是农业发展方式转变的必要途径，同时也是实施乡村振兴战略和推动粮食产业现代化的重要手段。杜志雄等（2021）提出建立现代化农业产业体系，应注重技术革新、人才培养和新业态的培育，以提升农业的综合效益和竞争力，推动农业发展质量提升。美国、日本等发达国家的经验表明，农村三产融合发展是推进农业农村现代化的重要手段，有利于提高粮食产业质量和效益，拓展农民增收空间（高云、周丰婕，2021）。

综上，国内文献普遍强调农村三产融合对粮食产业高质量发展的重要作用。作为我国推进乡村振兴的重要举措，农村三产融合不仅有助于增加本地区农业产出，而且可以通过产生的溢出效应，如产业链整合效应、规模效应、专业化效应等，全面赋能粮食的产业链、价值链、资金链、创新链、空间链"五链同构"。这有助于丰富我国的粮食产业体系、经营体系，从而转变粮食产业发展方式，为促进粮食产业高质量发展提供坚实基础。基于此，本节拟在总结前人经验的基础上，分析农村三产融合对粮食主产区粮食产业高质量发展的作用机理，并构建粮食主产区粮食产业高质量发展综合评价指标体系。在测度粮食主产区粮食产业高质量发展水平和农村三产融合水平的基础上，采用固定效应、中介效应、调节效应模型，实证分析农村三产融合对粮食主产区粮食产业高质量发展的作用机制。本节旨在为加快推进粮食主产区粮食产业高质量发展，实现农业现代化提供新的思路。

二 理论分析与研究假说

农村三产融合推动农村劳动力和土地资源合理配置，农民可委托其他组织或个体统一经营闲置或分散土地，实现大规模农业生产，提高粮食产出效率。农村三产融合催生了专业大户、农民合作社、农业企业等新型农业经营主体，从事农产品加工、服务等，推动农业产业链延伸、升级。新型农业经营主体发展壮大，农民通过与其合作获取额外收入，如销售农产品、参与深加工等（孔祥利、夏金梅，2019）。这不仅能够有效提升粮食主产区的种粮积极性，实现"藏粮于地、藏粮于技"的整体目标，还有助于激发粮食主产区综合经济发展的潜能（陈湘满、喻科，2022）。农村三产融合带动工商资本投入科技创新和制度创新，如提升农产品加工效率、引入智能设备、制定政策法规，引导工商资本将粮食产业价值链延伸到加工、包装、物流环节，提升粮食产业附加值。引入新技术和产品，拓展产业链，提升粮食产业竞争力，实现"产购储加销"一体化，优化供应链以提高资源利用效率、运营效率和市场反应速度。基于此，本节提出第一个研究假说。

假说 1：农村三产融合对粮食主产区粮食产业高质量发展具有明显的溢出效应。

在粮食主产区粮食产业的高质量发展中，要素配置结构和配置效率的改善是至关重要的因素。当前，我国仍面临农业劳动力过剩和劳动力要素配置等方面的问题（武宵旭等，2019）。农村三产融合对于吸收农村劳动力起到了积极的作用，有效减少了农村对土地资源的依赖，推动了土地的集约化管理工作。通过创新技术与制度，农村三产融合形成了全产业链的发展模式，提升了农民对新技术的认知度，为粮食产业链的延伸提供了必要的人力资源。这一系列的发展也促进了农村经济的转型升级，实现了产业的增值。基于此，本节提出第二个研究假说。

假说2：农村三产融合通过改善城乡劳动力要素配置发挥对粮食主产区粮食产业高质量发展的溢出效应。

政府在农村三产融合中起到关键作用，包括规划产业布局、打造地方特色、树立典型示范区、出台扶持政策、监管市场、协调资源、推进政策协同等。"集中力量办大事"的体制优势在解决"三农"问题上发挥了重要作用，为农村三产融合提供了良好的政策环境。同时，政府和市场需要有机结合，发挥各自的优势，实现有效市场和有为政府的结合，不断完善和创新相关制度。基于此，本节提出第三个研究假说。

假说3：政策支持有助于正向调节农村三产融合对粮食主产区粮食产业高质量发展的溢出效应。

三　数据来源、变量选取与模型选择

1. 数据来源

本节对中国13个粮食主产区的10年面板数据进行研究，数据来源于《中国统计年鉴》等。为确保可比性，以2010年为基期，计算农产品生产资料价格指数，并对货币类数据进行GDP平减处理。

2. 变量选取

（1）被解释变量。基于粮食产业高质量发展的定义和新时代对粮食消费需求的变化[①]，本节结合现有文献，构建了粮食主产区粮食产业高质量发

[①]　粮食产业高质量发展应当贯彻供给侧结构性改革，提升产前、产中、产后各个环节的效率、效益和质量；同时，根据人民的消费需求变化，不断提高产品服务能力，实现自身的价值创造，满足新时代消费者对于粮食的需求。

展综合评价指标体系。同时，采用层次分析法对粮食主产区粮食产业高质量发展指标进行了赋值，最终得到粮食主产区粮食产业高质量发展指数。指标体系包含投入指标（IP）、产出指标（OP）、科技生态（TE）3 个一级指标以及 8 个二级指标和 21 个三级指标（见表 4-11）。

表 4-11 粮食主产区粮食产业高质量发展综合评价指标体系

一级指标	二级指标	三级指标	表征指标	权重	属性
投入指标	基础设施高质量	水利基础设施保障	有效灌溉面积/农作物播种面积	0.0707	正向
		电力基础设施保障	水电站发电装机容量/乡村人口数	0.0500	正向
		生产资料供给保障	单位面积设备投资	0.0420	正向
		交通基础设施保障	等外公路里程/乡村人口数	0.0595	正向
	人力投入高质量	人力投入数量保障	粮食生产从业人员数/粮食播种面积	0.0278	正向
		人力投入质量保障	居民受教育水平	0.0833	正向
产出指标	生产效益高质量	耕地要素生产效益	粮食产量/粮食播种面积	0.0701	正向
		劳动要素生产效益	粮食产量/粮食从业人员数	0.0284	正向
		资本要素生产效益	粮食产值/固定资产投资	0.0115	正向
	产业结构高质量	生产加工效益保障	粮食加工企业利润/产值	0.0436	正向
		粮食初加工产量比例	粮食加工产品产量/粮食数量	0.0218	正向
	粮食流通高质量	粮食流通规模保障	粮食流通量	0.0317	正向
		粮食流通效率保障	粮食商品率	0.0085	正向
		粮食流通效益	粮食商品零售价格指数	0.0143	负向
		粮食流通数字化支持	淘宝村数量	0.0109	正向
	供给能力高质量	粮食主产区粮食输出率	（粮食产量-粮食消费总量）/粮食产量	0.0925	正向
科技生态	科技发展高质量	科技研发保障	农业专利申请数	0.0556	正向
		科技投入保障	粮食机械化水平	0.0278	正向
		粮食信息化保障	单位面积光纤线路长度	0.0278	正向
	生态绿色高质量	耕地资源可持续发展保障	单位面积化肥使用量	0.1482	负向
		水土流失治理能力保障	水土流失治理面积	0.0741	正向

（2）解释变量。本节从农业产业链延伸水平、农业多功能性拓展水平、

农业与第三产业融合水平三个方面构建评价指标体系，用于评估农村三产融合水平（*IA*）。该指标体系不仅关注了农业产业链的延伸程度，还考虑了农业多功能性的发挥和农业与第三产业的融合程度，从而能够更全面地反映农村三产融合的发展状况（见表4-12）。

表 4-12　农村三产融合水平评价指标体系

一级指标	二级指标
农业产业链延伸水平	第一产业增加值占 GDP 的比重
	设施农业面积
	农产品加工机械总动力/农业机械总动力
	农产品加工业主营业务收入/第一产业增加值
农业多功能性拓展水平	农村第二、第三产业从业人员数/农村就业人员数
	休闲农业年营业收入/第一产业增加值
农业与第三产业融合水平	农林牧渔业增加值/第一产业增加值
	涉农贷款
	农村家庭平均每百户移动电话拥有量

（3）中介变量。本节选择劳动力要素配置水平（*LA*）作为农村三产融合影响粮食主产区粮食产业高质量发展的中介变量。基于理论分析，农村三产融合通过改善城乡劳动力要素配置影响粮食主产区粮食产业高质量发展水平。城镇化率较高的地区，其劳动力要素配置水平也较高，因此本节采用城镇化率（常住人口与总人口的比值）来衡量劳动力要素配置水平。

（4）调节变量。本节选择政府支持力度（*Finance*）作为调节变量，探究其对粮食主产区粮食产业高质量发展的影响。考虑到政府支持主要通过政策导向和转移支付推动农村三产融合，进而影响粮食主产区粮食产业高质量发展水平，本节采用财政支农（农林水支出）的对数来衡量政府对农村三产融合的支持力度。

（5）控制变量。为了更准确地分析粮食主产区粮食产业高质量发展的影响因素，本节选择了以下变量作为控制变量：受灾率（*Disaster*），以受灾面积占粮食播种面积的比例来表示；生产资料价格（*Price*），用以 2010 年为基期的农产品生产资料价格来表示；恩格尔系数（*Engel*），以农村居民食品支出占总消费支出的比例来表示。这些变量的选择考虑到了粮食主产区粮食产业发展质量还受到其他因素的影响，从而能更加全面地分析影响粮食主产区粮食产业高质量发展的关键因素。

本节所采用变量的描述性统计结果如表 4-13 所示。

表 4-13　变量描述性统计　($N = 130$)

变量类别	变量名称	变量代码	均值	标准差	最小值	最大值
被解释变量	粮食主产区粮食产业高质量发展水平	HQ	33.544	7.184	18.906	54.254
解释变量	农村三产融合水平	IA	29.862	11.055	9.852	59.258
中介变量	劳动力要素配置水平	LA	55.514	7.770	38.501	72.464
调节变量	政府支持力度	$Finance$	8.520	0.416	7.488	9.439
控制变量	生产资料价格	$Price$	118.548	8.665	100.000	138.288
	恩格尔系数	$Engel$	27.884	3.391	21.289	38.134
	受灾率	$Disaster$	15.484	9.552	1.200	45.770

3. 模型选择

（1）基准回归模型。鉴于个体数据可能存在的差异，对短面板数据进行 Hausman 检验，结果显示个体效应存在显著差异。因此，本节采用固定效应模型进行分析，构建如下模型：

$$HQ_{it} = \alpha_0 + \alpha_1 IA_{it} + \alpha_2 Cov_{it} + \varepsilon_{it} \tag{4-6}$$

（2）中介效应模型。为了进一步分析农村三产融合对粮食主产区粮食产业高质量发展的作用机制，并对假说 2 进行检验，基于式（4-6）构建如下中介效应模型：

$$LA_{it} = \beta_0 + \beta_1 IA_{it} + \beta_2 Cov_{it} + \varepsilon_{it} \tag{4-7}$$

$$HQ_{it} = \gamma_0 + \gamma_1 IA_{it} + \gamma_2 LA_{it} + \gamma_3 Cov_{it} + \varepsilon_{it} \tag{4-8}$$

（3）调节效应模型。采用调节效应分析法，实证检验政府支持力度在农村三产融合与粮食主产区粮食产业高质量发展之间的调节作用，构建如下模型：

$$HQ_{it} = \theta_0 + \theta_1 IA_{it} + \theta_2 \ln Finance_{it} + \theta_3 \ln Finance_{it} \times IA_{it} + \theta_4 Cov_{it} + \varepsilon_{it} \tag{4-9}$$

其中，i 表示省份；t 表示年份；HQ 是被解释变量粮食主产区粮食产业高质量发展水平；IA 是解释变量农村三产融合水平；LA 为中介变量劳动力要素配置水平；$Finance$ 为调节变量政府支持力度；Cov 是控制变量；α、β、γ 和 θ 分别为各变量的系数；ε_{it} 为随机扰动项。

四　结果与分析

1. 粮食主产区粮食产业高质量发展水平测算结果

本节通过层次分析法评估了 2010~2019 年我国 13 个主要粮食产区粮食产业的高质量发展水平，并于表 4-14 详细列出了粮食主产区粮食产业高质量发展水平的测算结果。观察结果可知，我国粮食主产区粮食产业高质量发展水平的平均值呈现明显上升态势，从 2010 年的 30.27 上升至 2019 年的 37.52。

表 4-14　2010~2019 年粮食主产区粮食产业高质量发展水平

地区	2010	2011	2012	2013	2014	2015	2016	2017	2018	2019	均值	增长率
黑龙江	43.53	44.77	46.32	48.61	48.16	51.30	51.89	52.34	54.25	54.02	49.52	2.43
内蒙古	39.92	41.67	41.96	40.25	39.33	42.29	43.11	43.05	45.22	46.60	42.34	1.73
辽宁	34.16	35.63	38.44	36.48	31.46	35.38	38.74	38.35	36.87	38.96	36.45	1.47
吉林	33.87	34.87	35.80	34.70	35.51	35.91	38.08	38.61	36.43	35.72	35.95	0.59
江西	33.89	34.08	35.06	34.01	32.93	34.10	34.71	35.80	37.47	37.46	34.95	1.12
江苏	30.95	29.35	30.86	29.78	30.19	34.68	35.85	37.35	37.60	38.55	33.52	2.47
四川	27.43	27.78	30.06	29.67	30.02	32.74	34.11	35.78	37.48	39.07	32.41	4.01
湖南	28.82	29.30	28.97	29.10	29.92	32.77	33.85	35.00	34.33	35.08	31.71	2.21
河北	27.71	29.99	29.98	27.52	27.57	30.21	30.60	32.13	32.87	34.49	30.31	2.46
山东	26.00	26.03	27.21	25.53	27.10	31.23	33.68	34.77	35.11	35.32	30.20	3.46
安徽	23.38	23.06	25.06	25.42	27.34	30.02	32.30	32.03	35.53	34.00	28.84	4.26
湖北	18.91	20.58	21.70	22.47	22.48	26.80	27.04	29.18	31.19	31.74	25.21	5.92
河南	24.93	24.34	25.03	22.33	24.03	25.06	24.40	25.20	25.02	26.68	24.67	0.76
均值	30.27	30.88	32.03	31.22	31.23	34.04	35.20	36.17	36.87	37.52	33.54	2.41

具体而言，黑龙江、江苏、湖北、四川、安徽、山东、河北的粮食产业高质量发展水平平均增长速度超过了粮食主产区的平均水平。湖北粮食产业高质量发展水平从 2010 年的 18.91 增长至 2019 年的 31.74，年均增长速度达到 5.92%，发展速度最快；吉林粮食产业高质量发展水平从 2010 年

的 33. 87 增长至 2019 年的 35. 72，年均增长速度为 0. 59%，增长速度最慢。

此外，黑龙江粮食产业高质量发展水平最高，2010 年其粮食产业高质量发展水平已居粮食主产区首位，并在 2010~2019 年保持了 2. 43% 的平均增速，维持了领先地位。河南在 2010~2019 年粮食产业高质量发展水平相对较低，且增长速度较慢，2019 年在粮食主产区中暂列最后一位。

2. 基准回归分析

表 4-15 显示，农村三产融合对粮食主产区粮食产业高质量发展具有显著的正向影响，这一结论在置信区间内具有较强的可靠性。农村三产融合通过整合农村资源，促进产销一体化，为粮食产业的发展质量、效率和效益的提升提供了强大的推动力，并产生了显著的溢出效应。农村三产融合通过延伸产业链、开发功能链、提升价值链、重组供应链等手段，充分激发了粮食主产区粮食生产的积极性，提高了粮食主产区粮食产业的协同创新能力，有效解决了粮食产业发展过程中容易被工商资本"低端锁定"的问题。农村三产融合对粮食主产区粮食产业高质量发展的影响系数为 0. 204，且通过了 1% 的显著性检验。综上，农村三产融合对粮食主产区粮食产业高质量发展具有明显的溢出效应，假说 1 得以验证。

表 4-15 基准回归结果

变量	模型（1）	模型（2）	模型（3）	模型（4）
	HQ	IP	OP	TE
IA	0. 204 ***	0. 063 ***	0. 049 *	0. 092 ***
	（0. 044）	（0. 020）	（0. 026）	（0. 020）
$Disaster$	−0. 044	−0. 001	−0. 017	−0. 018
	（0. 029）	（0. 013）	（0. 017）	（0. 013）
$Price$	0. 115 ***	0. 053 ***	0. 059 ***	0. 003
	（0. 033）	（0. 015）	（0. 019）	（0. 015）
$Engel$	0. 154 **	0. 054	0. 041	0. 059 *
	（0. 072）	（0. 033）	（0. 042）	（0. 032）
常数项	10. 160 **	3. 207 *	0. 259	6. 692 ***
	（3. 894）	（1. 797）	（2. 263）	（1. 735）
R^2	0. 564	0. 438	0. 324	0. 377

注：*、** 和 *** 分别表示在 10%、5% 和 1% 的统计水平下显著；括号内为稳健标准误。

进一步地，为了探讨农村三产融合对粮食主产区粮食产业高质量发展的影响路径，本节分别探讨了农村三产融合对粮食主产区粮食产业高质量发展的三个子系统（*IP*、*OP* 和 *TE*）的影响。结果表明，农村三产融合对粮食主产区粮食产业高质量发展的三个子系统产生正向溢出效应，并且对科技生态的溢出效应最为显著。其主要原因在于，农村三产融合通过整合农村资源引入先进技术，优化资源配置效率降低资源损耗，充分利用地区资源禀赋优势开拓粮食产业新业态，为粮食主产区粮食产业高质量发展培育新的增长点。

3. 劳动力要素配置水平中介效应分析

劳动力要素配置水平是指城乡劳动力要素配置效率，用城镇化率来衡量。通过逐步分析回归系数来验证其在农村三产融合影响粮食主产区粮食产业高质量发展中的中介效应（见表 4-16）。

表 4-16 中介效应和调节效应检验结果

变量	模型（5）	模型（6）	模型（7）
	LA	*HQ*	*HQ*
IA	0.296***	0.048	-0.036
	(0.042)	(0.046)	(0.063)
LA		0.530***	
		(0.085)	
Finance			8.707***
			(1.656)
Finance×IA			0.152**
			(0.058)
Disaster	-0.021	-0.033	-0.009
	(0.027)	(0.025)	(0.027)
Price	0.240***	-0.012	-0.026
	(0.032)	(0.035)	(0.044)
Engel	0.189***	0.054	0.117*
	(0.069)	(0.064)	(0.069)
常数项	13.310***	3.104	-40.130***
	(3.720)	(3.560)	(10.070)
R^2	0.782	0.676	0.653

注：*、** 和 *** 分别表示在 10%、5% 和 1% 的统计水平下显著；括号内为稳健标准误。

农村三产融合推动城乡劳动力要素重新配置，以提升粮食主产区粮食产业高质量发展水平。根据模型（6），加入劳动力要素配置水平之后，农村三产融合对粮食主产区粮食产业高质量发展无显著影响，但劳动力要素配置水平对其在 1% 的水平下具有显著正向作用。农村三产融合通过重新配置劳动力要素，推动粮食主产区粮食产业高质量发展。其作用机制为：农村三产融合整合农村劳动力资源，提高农民收入，推动粮食产业转型升级，开拓多功能农业市场。

4. 政府支持力度调节效应分析

表 4-16 模型（7）的估计结果显示，政府支持力度和农村三产融合水平的交互项系数为 0.152，且在 5% 的水平下显著，表示政府支持在农村三产融合与粮食主产区粮食产业高质量发展之间发挥正向调节作用。政府支持对粮食主产区粮食产业高质量发展具有积极的影响。政府支持力度越大，农村三产融合对粮食主产区粮食产业高质量发展的推动作用就越大。政府通过放宽政策、开放市场、制订人才激励计划、规范土地使用制度和引导工商资本介入等措施，为农村三产融合发展注入活力。此外，政府还通过完善税收优惠政策、提高基础设施水平、创建良好的营商环境等措施，为农村三产融合发展提供支持。良好的外部环境和合理的内部激励机制为农村三产融合在粮食主产区粮食产业高质量发展中发挥正向溢出效应提供了基础。

5. 稳健性检验

为了进一步验证前文结论，本节采取了两种方法来进行稳健性检验。首先，变换了解释变量，通过改变所使用的数据或调整变量的计算方式，来观察结论是否依然成立。这种做法可以排除因特定数据或变量选择所产生的偏差，使得结论更加可靠。其次，改变了估计方法。在回归分析中，不同的估计方法可能会产生不同的结果。通过使用不同的估计方法，如最小二乘法、最大似然估计法等，可以检验结论的稳健性。如果结论在不同的估计方法下都成立，那么可以确信结论是可靠的。稳健性检验结果如表 4-17 所示，模型（8）和模型（9）利用农村三产融合水平的滞后一期和滞后两期替换原解释变量，模型（10）采用 GMM 估计方法替换原估计方法。回归结果均表明，农村三产融合对粮食主产区粮食产业高质量发展具有溢出效应，验证了结论的可靠性。

表 4-17　稳健性检验

变量	模型（8）	模型（9）	模型（10）
	HQ	HQ	HQ
IA	0.236*** （0.041）	0.297*** （0.039）	0.060*** （0.030）
Disaster	-0.078*** （0.028）	-0.072*** （0.026）	-0.054*** （0.152）
Price	0.150*** （0.046）	0.127*** （0.048）	-0.033 （0.046）
Engel	0.177** （0.068）	0.224*** （0.067）	0.002 （0.040）
常数项	5.033 （5.233）	5.015 （5.554）	

注：** 和 *** 分别表示在5%和1%的统计水平下显著；括号内为稳健标准误。

五　主要结论与政策建议

根据实证分析结果，本节得出主要结论。①农村三产融合对粮食主产区粮食产业高质量发展产生积极影响，且农村三产融合对粮食主产区粮食产业高质量发展的影响在投入、产出、科技生态等方面存在差异。②农村三产融合通过重新配置劳动力要素，为粮食主产区的粮食产业注入了活力，推动了其高质量发展。这种融合不仅有助于提高粮食生产的效率和质量，还促进了农村经济的发展，为农民提供了更多的就业机会和收入来源。③政府支持在农村三产融合促进粮食主产区粮食产业高质量发展中发挥了积极的调节作用，为农业现代化和农村经济的持续发展提供了重要支持。

综上所述，本节提出以下政策建议。提高农村三产融合要素配置能力，包括加强农民工技能认证和加快土地流转。完善政策激励机制，激励企业和农民积极参与农村三产融合。制定清晰稳定的政策，充分发挥市场作用，提升粮食产业的附加值和核心竞争力。建立具有多种功能的农业市场，引导农民提高农产品的附加值，推动农业产业融合发展。鼓励农民参与组织化的生产和经营，提高整体效益。在农业供给侧改革方面，推动农产品的差异化生产和供应，满足消费者的需求，提高品牌的知名度和市场竞争力。

第四节 农村三产融合赋能农业韧性的
机理及效应测度

一 模型设定

1. 模型构建

为了检验农村三产融合对农业韧性的影响，本节构建如下基准回归模型：

$$AgrResi_{it} = \alpha_0 + \alpha_1 Con_{it} + \alpha_2 Controls_{it} + \sum City_i + \sum Year_t + \varepsilon_{it} \qquad (4-10)$$

其中，$AgrResi_{it}$ 表示 i 省份在 t 年的农业韧性；Con_{it} 为农村三产融合水平；$Controls_{it}$ 为控制变量；ε_{it} 为随机扰动项。实证分析过程中，本节控制了省份（$City_i$）及年份（$Year_t$）固定效应。

2. 变量定义

（1）被解释变量，农业韧性（$AgrResi$）。目前学界对农业韧性测度的探索较少，于伟和张鹏（2019）从生产韧性、生态韧性、经济韧性三个维度构建了农业韧性评价指标体系，基本特征至少包括冲击抵抗、后果修复及路径调整。因此，本节以农业韧性演化的三种能力为基本框架，结合我国农业生产过程中的脆弱性特点，最终基于抵抗力、恢复力、再造力三个维度，构建了一个系统的农业韧性综合评价指标体系。相较于韧性指数法（Martin，2012）和经济模型（胡志强等，2021）等存在衡量范围有限的问题，指标体系法由于其综合性能更全面地衡量农业韧性。各指标情况如表4-18所示。

表 4-18 农业韧性综合评价指标体系

一级指标	二级指标	三级指标	指标属性
抵抗力	生产韧性	有效灌溉面积/农作物播种面积	正向
		单位播种面积农业机械总动力	正向
		农村家庭农业生产性固定资产原值	正向
		成灾面积/受灾面积	负向

一级指标	二级指标	三级指标	指标属性
抵抗力	生态韧性	单位播种面积农业生产用水量	负向
		单位播种面积农用化肥（折纯）量	负向
		单位播种面积农用柴油施用量	负向
		单位播种面积农药施用量	负向
		单位播种面积农用塑料薄膜施用量	负向
	经济韧性	农林牧渔业增加值/农林牧渔业从业人员数	正向
		农林牧渔业增加值/农作物播种面积	正向
		农业生产中间消耗品产值/农作物播种面积	正向
		农产品加工营业收入/农作物播种面积	正向
恢复力	恢复韧性	农林牧渔业从业人员数/乡村就业总人数	正向
		农均农林牧渔业终端电力消费量/农作物播种面积	正向
		规模以上机械化农业企业亏损额	负向
		农村居民消费价格指数年度增长率的五年滚动标准差	负向
再造力	创新韧性	农林牧渔业固定资产投资/农林牧渔业从业人员数	正向
		农林牧渔业增加值增长率	正向
		农业科研支出	正向
		国有经济企事业单位农业技术人员数	正向

在测算综合指数时，利用熵值法确定指标权重。具体测算步骤如下。

第一，确定评价系统初始数据矩阵 $X = \{x_{kij}\}_{l \times m \times n}$，其中，$x_{kij}$ 为第 k 年 i 省份的第 j 个指标值，l、m、n 分别为 k、i、j 的最大值。

第二，标准化处理：

$$正向指标：x'_{kij} = \frac{x_{kij} - \min x_{kij}}{\max x_{kij} - \min x_{kij}}$$

$$负向指标：x'_{kij} = \frac{\max x_{kij} - x_{kij}}{\max x_{kij} - \min x_{kij}}$$

第三，标准化矩阵 $Y = \{y_{kij}\}_{l \times m \times n}$

$$y_{kij} = x'_{kij} \bigg/ \sum \sum_{ik} x'_{kij}$$

第四，计算信息熵：

$$e_j = -K \sum \sum_{ik} (y_{kij} \ln y_{kij})$$

其中，$K = 1/\ln\ (l \times m)$。

信息效用值：

$$d_j = 1 - e_j$$

第五，计算各指标权重：

$$w_j = d_j / \sum_j d_j$$

第六，计算各省份每年的综合得分：

$$S_{ki} = \sum_i (w_j \times x'_{kij})$$

（2）核心解释变量，农村三产融合水平（Con）。借鉴李晓龙和冉光和（2019b）、张岳和周应恒（2021）等的研究，本节从五个层面构建农村三产融合水平综合评价指标体系，权重测度使用熵值法。

表 4-19　农村三产融合水平综合评价指标体系

一级指标	二级指标
农业产业链延伸	农产品加工机械总动力/农业机械总动力
	农产品加工业主营业务收入/第一产业增加值
农业多功能性拓展	农村第二、第三产业从业人员数/农村就业人员数
	休闲农业年营业收入/第一产业增加值
农业新业态培育	设施农业面积/耕地面积
农业与服务业融合	农林牧渔服务业增加值/第一产业增加值
利益联结机制完善	农业及农村发展社会团体数量/农村常住人口

（3）其他变量。农村三产融合影响农业韧性的中介变量有两个：农村经济增长（Eco）和农村人力资本积累（Hp），分别以农村居民人均可支配收入和农村实际人均人力资本存量衡量。此外，还控制了5个变量：粮食种植结构（Str^c），以三种粮食作物（稻谷、小麦和玉米）产量分别在各省份粮食总产量中的占比衡量；水利基础设施（Facility），以有效灌溉面积占耕地面积比重衡量；生态环境（Envir），以水土流失治理面积占城区面积比重衡量；电力基础设施（Elec），以农村居民人均用电量衡量；交通基础设施

（*Transport*），以农村公路密度衡量。表 4-20 列出了变量的选取和定义。

表 4-20　变量选取及定义

变量	定义	度量方式
AgrResi	农业韧性	综合评价指标体系，熵值法测算
Con	农村三产融合水平	综合评价指标体系，熵值法测算
Eco	农村经济增长	农村居民人均可支配收入，取自然对数
Hp	农村人力资本积累	农村实际人均人力资本存量，取自然对数
Str^c	粮食种植结构	三种粮食作物产量分别在各省份粮食总产量中的占比（$c=1$、2、3，分别代表稻谷、小麦和玉米）
Facility	水利基础设施	有效灌溉面积占比，有效灌溉面积/耕地面积
Envir	生态环境	水土流失治理面积占比，水土流失治理面积/城区面积
Elec	电力基础设施	农村居民人均用电量，农村全社会用电量/常住人口
Transport	交通基础设施	农村公路密度，取自然对数

3. 数据来源及统计分析

本节以我国 31 个省份作为研究样本，样本区间设为 2007～2019 年。考虑到部分数据在某些年份中未做统计，本节对其进行估算。当前公开的统计资料中，未发现农业科研支出的分地区统计数据，因此本节对其进行估算。[①] 对于 2013 年以后的农村家庭农业生产性固定资产原值，估算公式为：当年农村家庭农业生产性固定资产原值＝前一年农村家庭农业生产性固定资产原值×(当年农业机械总动力/前一年农业机械总动力)。

本节对各变量进行描述性统计，发现无异常值，多重共线性检验中各变量的 VIF 值均小于 1，可排除多重共线性问题，认为数据质量较好。农业韧性的均值为 0.4164，标准差小于均值，表明数据稳定。农村三产融合水平的均值为 0.1219，表明 31 个省份农村三产融合总体水平仍较低，最大值与最小值差距大，反映省份间农村三产融合水平差异大，而标准差小于均

---

① 估算方式为：$E_{kt}=0.5×(R_t^A/R_t^T+Y_{kt}/GDP_{kt})$。其中，$E_{kt}$ 为地区 k 在 t 年的农业科研支出估算系数，E_{kt} 与地区科研总支出之积即为地区农业科研支出估算值；R_t^A、R_t^T 分别为 t 年的农业科研支出和科研支出总量；Y_{kt}、GDP_{kt} 分别表示地区 k 的农业总产值和生产总值。科研支出的价格平减指数 $PR=0.5×CPI+0.5×IFPI$，*CPI* 为消费者价格指数，*IFPI* 为固定资产投资价格指数。

值，又说明该数据较为稳定（见表 4-21）。

表 4-21　变量的描述性统计结果

变量	样本量	均值	标准差	最小值	最大值	VIF
$AgrResi$	403	0.4164	0.0364	0.3148	0.5641	0.1223
Con	403	0.1219	0.0643	0.0226	0.5070	0.0541
$Facility$	403	0.5333	0.2315	0.1737	1.1777	0.0802
$Envir$	403	11.0752	13.4583	0.0000	69.4179	0.2148
$Elec$	403	0.1803	0.4695	0.0027	3.8804	0.0085
Str^1	403	0.3630	0.3325	0.0000	0.9657	0.0084
Str^2	403	0.1688	0.1679	0.0000	0.5679	0.0358
Str^3	403	0.3290	0.2620	0.0000	0.8076	0.0056
$Transport$	403	2.9350	0.5907	1.8558	4.3940	0.0040
Hp	403	4.8162	0.5034	3.8323	6.8074	0.1223
Eco	403	8.8840	0.4751	7.7532	10.0878	0.0541

4. 内生性问题缓解

（1）双重差分模型。反向因果关系可能会导致基准模型产生估计偏误，这种偏误可能会对农业韧性的提升产生负面影响，进而影响市场竞争力。然而，农业韧性的提升也可以通过提高市场竞争力、拓展价值增值空间、提升发展内涵促进农村三产融合。本节通过双重差分法解决该问题。根据 2015 年国务院办公厅印发的《关于推进农村一二三产业融合发展的指导意见》，本节采用准自然实验设计，运用双重差分模型（DID 模型）对该政策进行效果评估。模型设定如下：

$$AgrResi = \alpha_0 + \alpha_1 treat_i \times post_t + \alpha_2 Controls_{it} + \sum City_i + \sum Year_t + \varepsilon_{it} \quad (4-11)$$

本节将政策提出时间视为外生性变量。在分组设置上，以农村三产融合发展试点省份作为实验组[①]，其他非试点省份作为对照组，即当省份属于"试点省份"时，$treat_i$ 为 1，否则为 0。$post_t$ 为政策颁布后的虚拟变量，将 2015 年之后的年份赋值为 1，其余年份赋值为 0。控制变量 $Controls_{it}$ 与式

---

① 2016 年上半年全国确立了 12 个农村三产融合发展试点省份，具体包括重庆、安徽、江苏、湖南、山东、辽宁、黑龙江、浙江、江西、河南、湖北、贵州。

（4-10）中的一致。

（2）工具变量法。本节尝试使用工具变量法缓解遗漏变量引发的内生性问题。

首先，考虑将历史城乡收入差距（IV1）作为农村三产融合的工具变量。[①] 一方面，农村三产融合发展与拓展农民增收空间之间存在密切关系。农村三产融合发展能够促进农民就业渠道的多元化，进而增加其收入（李姣媛等，2020），同时，农民收入的增加将进一步提高农村储蓄水平，并推动资源在产业间重新配置，从而对农村三产融合发展产生影响。因此，收入差距越大的地区，对农村三产融合发展的需求就越大，城乡收入差距与农村三产融合发展之间具有高度相关性。另一方面，农业韧性是一个综合性的概念，它不仅受到自然因素的影响，也受到社会经济因素的影响。因此可以认为，农业韧性与城乡收入差距关系较弱。除此之外，本节使用了1994~2006 年的城乡收入差距数据，这进一步弱化了城乡收入差距与农业韧性的关系，满足有效工具变量的排他性要求。

其次，考虑将乡村文化资源（IV2）作为农村三产融合的工具变量。[②] 农村三产融合受到社会、经济和文化的共同影响，其中，文化作为灵魂，促进了农业与文化产业、旅游业的融合。乡村文化资源为乡村休闲、养生和旅游业提供了支持，是农村三产融合发展的重要工具变量，满足相关性和排他性要求（陈云松，2012）。

二　实证结果及分析

1. 数据特征

农业韧性变化趋势。表 4-22 展示了 2007~2019 年我国农业韧性原始数据的情况。

[①] 使用城乡居民收入比作为城乡收入差距的代理变量，即城镇居民人均可支配收入与农村居民人均纯收入（2013 年后调整为农村居民人均可支配收入）的比值。此外，将不同地区的城乡居民消费价格指数以 1994 年为基期进行平减处理。

[②] 使用各省份乡村文化站数量作为乡村文化资源的代理变量，数据来源于 2019~2020 年的《中国文化文物和旅游统计年鉴》、2008~2018 年的《中国文化文物统计年鉴》。

表 4-22 2007~2019 年我国农业韧性变化趋势

年份	标准差	最小值	最大值	均值		
				总样本	粮食主产区	非粮食主产区
2007	0.0330	0.3148	0.4468	0.3977	0.4163	0.3872
2008	0.0314	0.3335	0.4628	0.3994	0.4179	0.3896
2009	0.0341	0.3279	0.4598	0.4015	0.4163	0.3843
2010	0.0286	0.3553	0.4614	0.4109	0.4244	0.4011
2011	0.0346	0.3634	0.4887	0.4239	0.4232	0.4094
2012	0.0379	0.3427	0.4979	0.4144	0.4338	0.4008
2013	0.0353	0.3535	0.4848	0.4192	0.4319	0.4065
2014	0.0342	0.3480	0.4844	0.4140	0.4329	0.4011
2015	0.0381	0.3406	0.5030	0.4163	0.4369	0.4043
2016	0.0333	0.3385	0.4973	0.4217	0.4367	0.4108
2017	0.0343	0.3559	0.5228	0.4240	0.4372	0.4150
2018	0.0351	0.3412	0.4898	0.4243	0.4383	0.4137
2019	0.0396	0.3722	0.5641	0.4463	0.4498	0.4137

农村三产融合水平变化趋势。由表 4-23 可知,2007~2019 年农村三产融合水平呈现稳健上升趋势,总样本均值由 0.0868 提升至 0.1612。各地积极响应政策,探索实践农业一体化、高端增值农业等模式,但农村三产融合仍处于初级阶段,发展空间大。

表 4-23 2007~2019 年我国农村三产融合水平变化趋势

年份	标准差	最小值	最大值	均值		
				总样本	粮食主产区	非粮食主产区
2007	0.0420	0.0226	0.2325	0.0868	0.0805	0.0913
2008	0.0490	0.0240	0.2964	0.0976	0.0989	0.1016
2009	0.0514	0.0228	0.3201	0.1031	0.1020	0.1061
2010	0.0526	0.0241	0.3251	0.1038	0.1044	0.1052
2011	0.0548	0.0251	0.3348	0.1065	0.1108	0.1081
2012	0.0566	0.0260	0.3164	0.1141	0.1202	0.1165
2013	0.0566	0.0302	0.3005	0.1193	0.1272	0.1187
2014	0.0603	0.0362	0.3252	0.1255	0.1326	0.1242

续表

年份	标准差	最小值	最大值	均值		
				总样本	粮食主产区	非粮食主产区
2015	0.0641	0.0361	0.3440	0.1316	0.1419	0.1308
2016	0.0672	0.0399	0.3749	0.1398	0.1458	0.1383
2017	0.0666	0.0411	0.3317	0.1437	0.1529	0.1421
2018	0.0705	0.0489	0.3168	0.1515	0.1538	0.1505
2019	0.0919	0.0528	0.5070	0.1612	0.1737	0.1505

2. 基准回归结果

表 4-24 报告了农村三产融合对农业韧性的影响。OLS 的估计结果显示，农村三产融合水平的估计系数为 0.2057，显著为正，初步说明农村三产融合水平的提升对农业韧性的增强有积极影响。但需注意，为缓解内生性问题，使用 DID 模型和 2SLS 法进行分析。RKF 检验结果表明不存在弱工具变量问题，即结论不变，工具变量法有效。农业韧性可通过产业链纵向延伸和横向拓展、信息要素流通和利益联结提升。

表 4-24　农村三产融合对农业韧性的影响结果

变量	(1)	(2)	(3)	(4)
	OLS	DID	2SLS	2SLS
Con	0.2057*** (0.0545)		0.4394** (0.2129)	0.5691*** (0.2030)
treat×post		0.0067** (0.0033)		
Facility	0.0131 (0.0271)	0.0748** (0.0344)	0.0307 (0.0351)	0.0114 (0.0304)
Envir	0.0002* (0.0001)	0.0002 (0.0002)	0.0003* (0.0002)	0.0004** (0.0002)
Elec	0.0471*** (0.0181)	0.0093** (0.0038)	0.0045 (0.0054)	0.0044 (0.0061)
Str^2	-0.1552** (0.0754)	-0.3413*** (0.0987)	-0.2674*** (0.0754)	-0.2277** (0.0890)
Str^3	-0.1022*** (0.0391)	-0.0366 (0.0410)	-0.0645 (0.0444)	-0.0766 (0.0562)

续表

变量	(1)	(2)	(3)	(4)
	OLS	DID	2SLS	2SLS
Transport	0.0253*** (0.0087)	0.0112* (0.0062)	0.0236 (0.0211)	0.0347 (0.0249)
常数项	0.4108*** (0.0504)	0.4154*** (0.0556)	0.4275*** (0.0576)	0.3332*** (0.0389)
省份固定效应	控制	控制	控制	控制
年份固定效应	控制	控制	控制	控制
*IV*1			0.0435*** (0.0122)	
*IV*2				0.0282*** (0.0087)
RKF 检验			12.6152	10.5314
样本量	403	403	403	403
R²	0.8626	0.7883	0.7101	0.7220

注：*、**、*** 分别表示在 10%、5%、1%的水平下显著；括号内为稳健标准误；粮食种植结构以稻谷产量占比为参照组；2SLS 回归中为第一阶段回归结果。

表 4-24 第（1）列显示，农业韧性与生态环境、电力基础设施和交通基础设施之间存在正向关系，良好的基础设施能够提升农业韧性。稻谷产量占比提升有利于提升农业韧性，与我国粮食种植结构的现状一致。水利基础设施系数为正，但不显著，由于技术配套设施滞后，精准灌溉无法有效实施，造成水资源浪费，因此水利基础设施的完善未对农业韧性产生显著影响。

3. 稳健性检验

（1）替换模型。考虑到本节测度的农业韧性取值为 0~1，符合受限因变量模型（Tobit 模型）条件，故使用受限因变量模型重新进行回归，并且同样使用固定效应。表 4-25 中列（1）为 Tobit 模型的估计结果。对比 Tobit 模型和 OLS 模型估计结果，农村三产融合水平估计系数符号保持不变。替换模型后的估计结果与基准回归结果的结论一致。

表 4-25　稳健性检验

变量	（1）替换模型	（2）剔除直辖市样本	（3）滞后一期解释变量	（4）平行趋势检验
Con	0.2057 ** (0.0899)	0.0726 * (0.0383)		
L. Con			0.1669 *** (0.0491)	
$treat \times year_{2008}$				0.0002 (0.0069)
$treat \times year_{2009}$				0.0007 (0.0069)
$treat \times year_{2010}$				0.0094 (0.0069)
$treat \times year_{2011}$				0.0248 (0.0170)
$treat \times year_{2012}$				0.0150 (0.0170)
$treat \times year_{2013}$				0.0176 (0.0171)
$treat \times year_{2014}$				0.0149 (0.0171)
$treat \times year_{2015}$				0.0169 (0.0172)
$treat \times year_{2016}$				0.0221 *** (0.0074)
$treat \times year_{2017}$				0.0206 *** (0.0075)
$treat \times year_{2018}$				0.0148 ** (0.0075)
$treat \times year_{2019}$				0.0244 *** (0.0078)
常数项	0.4108 *** (0.0795)	0.3815 *** (0.0422)	0.4099 *** (0.0574)	0.4314 *** (0.0439)
样本量	403	351	372	403
R^2		0.8624	0.8067	0.8103

注：*、**、*** 分别表示在 10%、5%、1% 的水平下显著；括号内为稳健标准误；控制变量、省份固定效应和年份固定效应均已控制。

（2）剔除直辖市样本。考虑到直辖市在农村劳动力非农化程度、农业经济发展水平、农业政策扶持、农业现代化发展速度等方面都明显有别于其他省份，本节进一步剔除北京、重庆、上海、天津4个直辖市的样本，并使用剩下的351个样本进行参数估计。结果如表4-25列（2）所示，在考虑控制变量、固定效应之后，农村三产融合水平的估计系数显著为正，主要研究结论依旧成立。

（3）滞后一期解释变量。考虑到农村三产融合可能存在的滞后效应，将农村三产融合水平变量做滞后一期处理，并使用滞后一期变量重新估计模型。表4-25第（3）列结果表明，农村三产融合具有一定的"雪球效应"，当期农村三产融合将有助于增强下一期的农业韧性。

（4）平行趋势检验。在双重差分模型中，为了保证实验组和对照组具有可比性，需要进行平行趋势检验。因此，这里将 treat 与各个年份的虚拟变量相乘，然后进行回归，结果如表4-25第（4）列所示。根据结果可知，试点政策实施之后的2016年、2017年、2018年和2019年实验组与对照组的差异才展现出来，在此之前的系数并不显著，说明在没受到试点政策影响时两组具有可比性。因此，本节使用双重差分模型是基本符合要求的。

4. 影响机制分析

农村三产融合水平的提升对于增强农业韧性具有重要作用，它通过促进农村经济增长和加速人力资本积累增强农业韧性。本节将检验上述两个因素（农村经济增长和农村人力资本积累）的中介效应。有关这两个因素的衡量方式已在"变量定义"部分详细阐述。

在模型的设置上，构建如下中介效应模型：

$$AgrResi_{it} = \alpha_0 + \alpha_1 Con_{it} + \alpha_2 Controls_{it} + \sum City_i + \sum Year_t + \varepsilon_{it} \quad (4-12)$$

$$M_{it} = \beta_0 + \beta_1 Con_{it} + \beta_2 Controls_{it} + \sum City_i + \sum Year_t + \varepsilon_{it} \quad (4-13)$$

$$AgrResi_{it} = \gamma_0 + \gamma_1 Con_{it} + \gamma_2 M_{it} + \gamma_3 Controls_{it} + \sum City_i + \sum Year_t + \varepsilon_{it} \quad (4-14)$$

其中，各变量含义与模型（4-10）一致，M_{it} 为中介变量。根据逐步检验回归系数法的检验原则，若回归系数同时满足以下条件，则表明存在中介效应。①式（4-12）中的回归系数 α_1 显著；②式（4-13）中的回归系数 β_1 显著；③若式（4-14）中的 γ_2 显著，且回归系数 γ_1 与 α_1 相比，数值显著变小，则意味着中介变量有助于预测被解释变量。若满足条件①、②、③，则至少可以说明存在部分中介效应，即解释变量对被解释变量的影响有一部分是通过中介变量来实现的。此外，还有一种情况，若上述三个条件均得到满足，但式（4-14）中的估计系数 γ_1 不显著，则说明存在完全中介效应。

表 4-26 显示了中介效应模型的回归结果。其中，列（2）中农村三产融合水平对农村经济增长的估计系数显著为正，说明农村三产融合促进农村经济增长。列（3）中农村经济增长对农业韧性的提高产生显著正向影响，同时农村三产融合水平的估计系数显著为正，但数值较列（1）中数值减小，说明存在部分中介效应。农村经济增长的中介效应约为 0.0880，占农村三产融合影响农业韧性总效应的 42.78%。同时，农村人力资本积累也发挥部分中介效应，结果如列（4）、列（5）所示，中介效应约为 0.0558，占农村三产融合影响农业韧性总效应的 27.13%。此外，本节通过 Sobel 检验和 Bootstrap 检验证明了农村经济增长和农村人力资本积累的中介传导机制。

表 4-26　中介效应检验

变量	（1）AgrResi	（2）Eco	（3）AgrResi	（4）Hp	（5）AgrResi
Con	0.2057*** (0.0545)	3.1300*** (0.5398)	0.1177* (0.0713)	1.5591*** (0.3347)	0.1499** (0.0675)
Eco			0.0281*** (0.0060)		
Hp					0.0358*** (0.0102)
常数项	0.4108*** (0.0504)	4.5505*** (0.6962)	0.2830*** (0.0585)	2.2239*** (0.3723)	0.3313*** (0.0577)
Sobel 检验			0.0879*** (0.0000)		0.0557*** (0.0001)
Bootstrap 检验 (ind_eff)			0.0880*** (0.0300)		0.0558** (0.0238)
Bootstrap 检验 (dir_eff)			0.1177* (0.0692)		0.1499** (0.0701)

续表

变量	（1）	（2）	（3）	（4）	（5）
	AgrResi	*Eco*	*AgrResi*	*Hp*	*AgrResi*
样本量	403	403	403	403	403
R^2	0.8137	0.8504	0.8339	0.9568	0.8243

注：＊、＊＊、＊＊＊分别表示在10%、5%、1%的水平下显著；括号内为稳健标准误；控制变量、省份固定效应和年份固定效应均已控制。

5. 异质性分析

粮食主产区的农业韧性强于非粮食主产区，主因是粮食主产区机械化水平更高、粮食生产能力更强。将样本分为粮食主产区和非粮食主产区后，实证发现农村三产融合在非粮食主产区对农业韧性的作用更强。部分农业资源流向第二、第三产业，但反哺机制不足（见表4-27）。

表4-27　异质性分析——区分粮食主产区与非粮食主产区

变量	（1）	（2）
	粮食主产区	非粮食主产区
Con	0.1379＊＊ （0.0592）	0.2160＊＊＊ （0.0730）
常数项	0.5133＊＊＊ （0.0992）	0.4589＊＊＊ （0.0579）
样本量	169	234
R^2	0.8222	0.7841

注：＊＊、＊＊＊分别表示在5%、1%的水平下显著；括号内为稳健标准误；控制变量、省份固定效应和年份固定效应均已控制。

农业韧性由抵抗力、恢复力和再造力构成，受农业发展定位影响，不同粮食产区的侧重点存在差异。本节研究农村三产融合对农业韧性的影响，并分维度考察作用效果。表4-28显示，农村三产融合对抵抗力、恢复力和再造力的提升都有显著促进作用，但对抵抗力的促进作用较大。农村三产融合提升粮食主产区农业系统恢复力，提升非粮食主产区农业系统的抵抗力和再造力。

表 4-28　异质性分析——进一步区分韧性维度

变量	总样本			粮食主产区			非粮食主产区		
	抵抗力	恢复力	再造力	抵抗力	恢复力	再造力	抵抗力	恢复力	再造力
	（1）	（2）	（3）	（4）	（6）	（8）	（5）	（7）	（9）
Con	0.235***	0.232*	0.177**	0.079	0.944***	0.108	0.237***	0.071	0.271**
	（0.067）	（0.118）	（0.087）	（0.064）	（0.281）	（0.140）	（0.087）	（0.162）	（0.110）
样本量	403	403	403	169	169	169	234	234	234
R^2	0.794	0.797	0.858	0.748	0.754	0.829	0.808	0.862	0.8371

注：*、**、*** 分别表示在 10%、5%、1% 的水平下显著；括号内为稳健标准误；控制变量、省份固定效应和年份固定效应均已控制。

三　研究结论与政策启示

本节尝试分析农村三产融合是如何通过影响产业链、农业范围、技术渗透以及农村经济增长、人力资本积累进而影响农业韧性的。实证研究通过构建抵抗力、恢复力和再造力等维度的农业韧性评价指标，利用 2007~2019 年中国省域数据进行分析，发现：①我国农业韧性正在增强；②农业韧性的增强与农村三产融合有关，且粮食主产区的农业韧性强于非粮食主产区；③农村经济增长和农村人力资本积累是农村三产融合影响农业韧性的重要途径；④农村三产融合对不同粮食产区农业韧性、不同农业韧性维度的作用不同，对非粮食主产区农业韧性的作用强于粮食主产区，对抵抗力的作用强于恢复力、再造力；⑤农村三产融合对农业系统恢复力的提升作用在粮食主产区更显著。

政策启示包括以下几个方面。①借助产业链的延展和信息技术的力量，推动农业产业的融合发展，以增强农业应对冲击的抵御能力。②建立完善的应急管理体系，着力加强农村三产融合发展的应急管理能力，以有效减少各种潜在损失。同时，构建公共服务平台，旨在增强农村三产融合发展的抵抗力，确保其稳定发展。③促进农村经济的快速增长和人力资本的积累，加强农村教育、医疗、文化等公共服务，提高农民的综合素质和技能水平，提高农业生产的科技含量和附加值。出台相关政策，鼓励农民创业、创新，支持农村企业发展，提高农村经济自我发展能力。通过这些措施的实施，有效增强农业对冲击的适应能力，保障农村经济的持续稳定发展。

④根据不同地区的需求和特点，农村三产融合发展的侧重点有所不同。在粮食主产区，侧重点应在于增强系统的抵抗力，以确保农业生产系统的稳定性和抗风险能力。在这个区域，农业应该是主要的产业，因此需要采取措施来保护和促进农业的发展，比如提高农业生产技术水平、加强农业风险管理以及改善农村基础设施等。而在非粮食主产区，侧重点应该放在恢复力的提升上。这里的农业可能不是主要产业，但仍然具有重要的地位。因此，需要采取措施来促进农业的恢复和发展，例如鼓励农业创新，提供农业教育和培训，以及加强农业与第二、第三产业的融合等。这些措施可以帮助农业恢复和发展，同时也能够促进农村地区的经济和社会发展。

第五节　三产融合的微观溢出效应

一　引言

技术效率提升对于农业高质量发展具有积极意义，以往研究在考察三产融合对农业发展的影响时，基于宏观视角得到了几乎一致的看法，即三产融合有利于农业提质增效。然而，这种宏观作用需要微观基础作为支撑，以企业创新为核心的技术改进，便是分析三产融合影响宏观农业效率的一个微观基础，但这一研究视角并未得到相关学者的关注。本节立足于此，揭示三产融合发挥经济效应的微观机制，这将有利于理解三产融合助力乡村产业兴旺的演进逻辑。

总结企业技术效率影响因素的相关研究，发现其主要集中在以下三个方面。首先，从企业自身特性出发，研究企业资源禀赋对其效率的影响，既有研究主要集中在知识资本投入（蔡绍洪、俞立平，2017）、企业性质和企业经营决策（闫海洲、陈百助，2018）等领域；其次，从企业所处的外部环境出发，考察产业集聚、要素市场扭曲（盖庆恩等，2015）等对企业技术效率的影响；最后，从国际层面出发，基于全球创新价值链框架考察企业技术效率的影响因素（吕越等，2017）。

虽然鲜有研究关注三产融合对微观企业技术效率的影响，但探索三产融合影响农业生产效率的文献十分丰富。基于农业的生产特性，有学者从分工角度探索三产融合对农业生产效率的影响。基于分工理论，胡永佳

（2007）通过揭示融合和分工的关系指出，三产融合并不影响已有的分工，而是将产业间分工更细致地转化为产业内分工，从而提升产业分工水平和劳动生产效率；苏毅清等（2016）与胡永佳观点一致，同时提出三产融合的本质就是在农村实现产业间分工的内部化。但无论是市场中还是组织内的分工，均会产生交易费用，为协调经济主体之间分工的利益冲突所付出的代价便构成交易成本，即分工要受到交易成本的制约，其所产生的比较收益与交易成本的冲突，使二者处于"鱼"与"熊掌"的对立面。基于交易成本视角，梁伟军（2010）揭示了三产融合的内在经济逻辑，认为三产融合通过降低资产专用性来有效避免交易成本的产生并提高资源配置效率，其主要手段是组织管理模式的创新。

二 理论分析与研究假说

1. 理论分析

基于前文的理论分析，本节认为，相比于分工内部化以及交易成本的贡献，保证产业高质量发展的关键因素在于技术进步，技术进步同时也是三产融合的基础。技术进步具体包含两个维度：一是生产前沿面的扩展，通过产业内部的重组以及农业与高新技术产业、工业和服务业之间的相互渗透，实现农业的组织创新和技术创新，技术创新进一步驱动技术融合，扩展农业生产的前沿面；二是技术效率，依靠三产融合中新技术和新知识在农业生产中的推广和扩散，以构建高效率农业生产体系的方式，促进农业生产综合效益的提升。因此，本节提出以下假说。

假说1：三产融合通过加剧市场竞争来刺激企业提升技术效率，即市场竞争在三产融合提升企业技术效率的作用中具有中介效应。

2. 进一步的分析

对于企业而言，由传统产业转入三产融合的新兴产业是一种自主选择行为。一方面要求技术上可行，即企业需要做相应的技术改造，以达到新技术的要求和标准并有能力提供对应的产品和服务；另一方面要保证融合的可行性，在三产融合过程中，企业面临原有市场被打破的威胁，在新的市场环境下，企业面对是否进行融合、融合的程度为多大等经营决策。简言之，企业自身的技术吸收能力、经营决策等因素影响三产融合对技术效率的提升效应。

（1）企业技术吸收能力的调节作用。三产融合有利于企业技术效率的提升，但该提升效应并非自动生成的，其本质是：在三产融合过程中，企业对各产业内目标企业的先进技术进行识别、模仿和学习，并结合自身已有技术进行改造和创新。[①] 具体而言，三产融合技术效率提升效应的发挥依赖于企业的技术吸收能力。一方面，三产融合过程中技术的扩散和推广，引起企业生产活动中使用传统技术和使用外部新技术之间界限的模糊，且受农业生产不可逆和生命连续性等特征的制约，外部高新技术在农业生产活动中的作用日益显现（如温室栽培帮助农业生产突破季节限制）；另一方面，企业自身技术和外部高新技术的有效结合，为创新链的打造提供了可能性，而创新链是拓展产业链深度和供应链宽度的关键。由此，本节提出以下假说。

假说2：企业技术吸收能力正向调节三产融合对企业技术效率的提升作用。

（2）企业产权性质的调节作用。在以上分析中，利润最大化是行为主体的目标，但当考虑到国有企业时，情况会有变化。理由是，利润最大化并不完全是国有企业的目标，它们往往还兼顾社会经济目标，且后者更可能成为其主要目标。政府通过改变国有企业经营目标使其承担一定的社会责任。一方面，在三产融合中，国有企业在保障农产品质量安全、农产品产量和农村劳动力就业增收等方面发挥重要作用。企业社会责任为其带来一定的补偿效应，承担社会责任能降低消费者对企业产品价格变动的敏感性。但当企业承担社会责任所付出的成本无法由相应的收益进行弥补时，便会抑制企业的生产效率。另一方面，与国有企业相比，非国有企业对产

[①] 传统企业在原有产业中的大量资本人力投入所产生的沉没成本，使其不太可能完全舍弃已有的技术和经验而进入一个新产业，因此更多的是在已有技术的基础上结合新技术进行技术能力的提升。

品升级和消费者需求的重视程度更高，提升效率和优化技术是非国有企业抢占市场份额的主要手段。由此，本节提出以下假说。

假说3：农村三产融合对非国有企业的技术效率提升作用更强。

三　研究设计

1. 实证模型

考虑到被解释变量的数值特性，本节选择随机效应面板 Tobit 模型进行回归分析：

$$Te_{it} = \alpha_0 + \alpha_1 Con_{i,t-n} + X_{it}\beta + \varepsilon_{it} \tag{4-15}$$

其中，Te 表示企业技术效率，Con 是三产融合度，X 为影响企业技术效率的一系列控制变量的列向量，下标 i、t 分别表示企业和年份。考虑到三产融合对企业技术效率的影响可能存在滞后效应，且为避免被解释变量与解释变量之间的反向因果关系引发内生性问题，在未找到合适工具变量的情况下，本节对解释变量做滞后处理，取 $n = 1$，2，即分别做滞后一期、滞后二期处理。α_0 为常数项，ε_{it} 为随机扰动项，β 为控制变量系数的列向量。

2. 变量构建

（1）企业技术效率。考虑到农业生产活动中自然风险等随机因素的冲击，本节通过 C-D 生产函数的随机前沿分析法对技术无效率项和随机扰动项进行剥离，并进一步估计企业的技术效率。基于随机前沿模型，参考 Battese 和 Coelli（1995）的做法，将计量模型设定为：

$$\ln y_{it} = \alpha_i + \alpha_k \ln k_{it} + \alpha_l \ln l_{it} + v_{it} - u_{it} \tag{4-16}$$

其中，y_{it} 为企业 i 在 t 年的产出水平，以企业主营业务利润衡量，对于利润为负的个别数据，为保留其信息，将其自然对数值赋值为 0.1；k 为资本投入，以企业固定资本存量衡量；l 为劳动投入，以企业在职员工人数衡量；t 为年份，是企业技术效率变化的时间趋势；α 为待估参数；v 为随机扰动项，包含一些不可控的因素，假定其服从独立同分布 $v \sim$ i.i.d. N（0，σ_v^2）；u 是技术无效率项，反映企业生产对前沿面的偏离，假定其服从半正态分布，设定方差参数 $\gamma = \sigma_u^2/(\sigma_u^2 + \sigma_v^2)$，用来评估技术无效率项的影响。基于式（4-16）的估计结果，企业技术效率可表示为：

$$Te_{it} = \exp(-u_{it}) \tag{4-17}$$

（2）三产融合度。目前，关于三产融合度的测算在学界尚未形成统一的标准，但总体来看主要有以下四种方法：①通过相关系数法和线性回归分析三产融合的存在趋势；②基于投入产出表数据，测算产业部门间投入产出的关联程度（汪芳、潘毛毛，2015）；③构建评价指标体系（李芸等，2017）；④根据赫芬达尔指数测算法对技术或业务融合度进行测算，$HHI = \sum_{k=1}^{N}\left(\dfrac{X_k}{X}\right)^2$，$X_k$ 为企业在 k（$k=1$，2，$\cdots$，N）行业的业务收入，X 为业务总收入。$1-HHI$ 表示企业的业务融合度，可近似反映三产融合度，其中各行业业务收入须界定为与农业相关。

上述四种方法各有特点，前三种方法常使用城市、省份层面数据，分析地区三产融合的宏观图景。本节选择 HHI 衡量微观企业层面的业务融合度，并将其作为三产融合度的代理变量，虽然未能反映三产融合全过程，但更符合本节分析的需要，加之目前三产融合尚处于初级阶段，因此从逻辑上看该做法是可行的。

（3）控制变量。引入以下一些必要的控制变量：企业技术吸收能力（Ac），以企业内工作人员中本科以上学历人员占比衡量；企业规模（Sz），以企业总资产取自然对数衡量；企业盈利能力（Roa），以加权平均净资产收益率衡量；企业年龄（Age），以企业上市年份与样本年份之差取自然对数衡量；企业产权性质（Sc），哑变量，非国有企业设置为1，国有企业设置为0；市场竞争（Mu），以企业的广告密度（广告支出占销售费用的比重）衡量，广告密度越大，则企业面临的市场竞争越激烈，其对自身新产品的宣传力度越大，进而广告成本越高。考虑市场竞争与企业技术效率之间可能存在反向因果关系，本节对市场竞争做滞后一期处理。

（4）三产融合模式。为检验融合模式异质性是否发挥作用，现定义三种融合模式：以第一产业为主的融合，即农业内部产业之间的融合，比如"种植+养殖"中的稻田养鱼；以第二产业为主的融合，即以农业为中心，农业产业链向前后延伸，如"产、供、销"一条龙以及把种子研发、农药供应与农业生产联系起来等；以第三产业为主的融合，表现为其他产业对农业的渗透，比如信息技术在农业生产中的使用，以及农业与旅游业、文化产业的融合等。

3. 样本选择及数据处理

根据沪深两市的行业划分标准，选择农林牧渔业中所有在 2008 年以前上市的以第一产业为主营业务的企业，将其确定为拟筛选的样本。筛除财务状况异常（ST、*ST）的样本，最终确定 50 家农业类上市企业作为研究样本，样本研究期为 2010~2019 年。本节数据来源于锐思（RESSET）金融研究数据库以及企业年度报告，为尽量保证数据的准确性，依照企业年度报告对数据进行抽样核对。此外，为补齐滞后变量中的缺失数据，在相应变量的数据搜集中将其范围扩展到 2008 年。

为保证数据的可比性，本节在测算企业技术效率时，采用剔除价格因素的做法，根据固定资产投资价格指数将固定资产净值、总值调整为 2010 年不变价，使用永续盘存法将固定资产净值转换为固定资本存量[①]；以农产品价格指数将主营业务利润折算为 2010 年不变价。各指数数据均来自国家统计局官网。变量的描述性统计如表 4-29 所示。

表 4-29　变量描述性统计

变量符号	变量名	样本量	均值	标准差	最小值	最大值
Te	企业技术效率	500	0.415	0.196	0.096	0.967
$Con\text{-}1$	三产融合度	500	0.236	0.226	0.000	0.758
$Con\text{-}2$	三产融合度	500	0.226	0.211	0.000	0.723
Ac	企业技术吸收能力	500	0.399	0.216	0.019	0.921
Sz	企业规模	500	21.847	1.009	19.478	24.886
Sc	企业产权性质	500	0.480	0.501	0.000	1.000
Roa	企业盈利能力	500	4.766	17.448	-19.440	126.030
Age	企业年龄	500	11.140	5.471	2.000	25.000
$Mu\text{-}1$	市场竞争	500	0.093	0.112	0.000	0.757

注：$Con\text{-}1$、$Con\text{-}2$ 分别表示三产融合度滞后一期、滞后二期；$Mu\text{-}1$ 表示市场竞争滞后一期。

---

① 公式为：$K_{it}^s = K_{it}^f + (1-\delta) K_{i,t-1}^s$，$K_{i0}^s = K_{i0}^f / (g+\delta)$。$K_{it}^s$ 和 K_{it}^f 分别代表企业 i 在第 t 年的资本存量和固定资产投资额；下标 0 为初始年份；δ 为折旧率，取 15%（使用不同的折旧率对本节结论无影响）；g 为所选样本企业的固定资产投资年均增长率。

四　实证结果与分析

1. 技术效率估计

使用 Frontier 4.1 软件对随机前沿模型进行估计，结果见表 4-30。对数似然值为 460.498，γ 系数的估计值为 0.922，且在 1% 的水平下显著，表明样本企业存在技术无效率，技术效率均值为 0.415，存在约 58% 的效率损失。数据表明，效率损失是农业类上市企业效率低下的重要原因，通过随机前沿模型估计企业技术效率具有合理性。

表 4-30　随机前沿模型估计结果

变量	系数	标准差	t 值
常数项	9.018	0.693	3.222***
资本投入	0.474	0.036	13.120***
劳动投入	0.469	0.047	9.895***
γ	0.922	0.025	37.049***
样本量	500		
技术效率均值	0.415		
对数似然值	460.498		

注：*** 表示 1% 的显著性水平。

2. 基准回归

表 4-31 为三产融合对企业技术效率影响的回归结果。第（1）和第（2）列的回归模型分别以滞后一期、滞后二期的三产融合度作为核心解释变量，结果发现，滞后一期情况下三产融合对企业技术效率的提升并无显著影响，但滞后二期的情况下具有显著的正向影响。这说明三产融合对企业技术效率具有"先平稳、后提升"的动态影响，简言之，三产融合的技术效率提升作用确实存在滞后。第（3）、（4）列中，将"未参与三产融合"的企业作为基准组，若企业属于"以第一产业为主"，则设置为 1，否则为 0；若属于"以第二产业为主"，则设置为 1，否则为 0；若属于"以第三产业为主"，则设置为 1，否则为 0。结果表明，滞后一期的情况下，"以第二产业为主"的融合方式相比其他两种方式而言，对企业技术效率的提升作用更强；滞后二期的情况下，"以第三产业为主"的融合方式对企业技

术效率的提升作用最强。这说明，从短期来看，"以第二产业为主"的融合方式发挥作用的速度最快；但从长期来看，"以第三产业为主"的融合方式更有利于技术的扩散和溢出，对企业技术效率的提升作用也更强。

表 4-31　三产融合对企业技术效率的影响——不同融合模式的比较

变量	被解释变量：企业技术效率 Te			
	（1）	（2）	（3）	（4）
$Con-1$	0.011 （0.038）		-0.025 （0.037）	
$Con-2$		0.097*** （0.037）		0.095*** （0.035）
三产融合模式 （以第一产业为主）			0.006 （0.044）	0.001 （0.041）
三产融合模式 （以第二产业为主）			0.109*** （0.017）	0.107*** （0.016）
三产融合模式 （以第三产业为主）			0.025 （0.040）	0.238*** （0.054）
常数项	-0.732*** （0.179）	-0.878*** （0.180）	-0.463** （0.182）	-0.599*** （0.175）
控制变量	控制	控制	控制	控制
样本量	500	500	500	500
LR	166.59	170.11	187.73	196.60
Wald Chi2	141.81***	154.92***	197.65***	228.44***

注：***、**分别表示1%、5%的显著性水平，括号内为稳健标准误。

五　调节效应分析与作用机制检验

1. 调节效应分析

以企业技术吸收能力作为调节变量，分析其对三产融合技术效率提升作用的调节效应。表 4-32 第（1）、（2）列以企业技术吸收能力作为调节变量，分别使用企业技术吸收能力与滞后一期、滞后二期三产融合度的交互项，来检验企业技术吸收能力的调节效应。第（1）列的结果表明，滞后一期时，虽然企业技术吸收能力对企业技术效率具有显著的正向影响，但企业技术吸收能力负向调节三产融合与企业技术效率的关系，即吸收能力越强，三产融合对企业技术效率的提升作用越小；第（2）列的结果表明，与滞后一期相比，滞后二期时，企业技术吸收能力的调节作用变为正向的，然而调节效应并不显著。本节认为，可能的原因在于企业对技术吸收能力的培养不够全面，一个较好的例子是"就创新论创新"的现象在农业类企业中普遍存在。此外，在三产融合颠覆原有产业格局的背景下，原有技术人员的跨界经验不足，而培养新的核心竞争力需要较长时间和较多精力。因此，短期内企业技术吸收能力并未正向调节三产融合与企业技术效率的关系。

第（3）、（4）列中，将非国有企业作为基准组，将企业的产权性质设置为哑变量：若企业的产权性质为国有，则设置为1，否则为0。结果发现，不管是滞后一期还是滞后二期，企业产权性质的调节作用均不显著，即本节并未发现"相对于国有企业而言，三产融合的技术效率提升作用对非国有企业更强"的证据。换言之，国有企业技术效率"低"这一说法并不成立。结合上文分析，本节认为，国有企业在三产融合中承担更多的社会责任，当企业承担社会责任所付出的成本能够被相应的收益所弥补时，假说3便不成立，但本节并未对此做进一步的讨论。

表 4-32　企业技术吸收能力和企业产权性质的调节效应分析

变量	被解释变量：企业技术效率 Te			
	（1）	（2）	（3）	（4）
$Con-1$	0.173** (0.080)		0.054 (0.057)	
$Con-2$		0.103 (0.072)		0.098* (0.050)
Ac	0.364*** (0.055)	0.306*** (0.054)	0.264*** (0.037)	0.303*** (0.037)
Sc	-0.045** (0.018)	-0.027 (0.018)	-0.022 (0.027)	-0.027 (0.026)
$Con-1 \times Ac$	-0.373** (0.024)			
$Con-2 \times Ac$		0.092 (0.143)		

续表

变量	被解释变量：企业技术效率 Te			
	（1）	（2）	（3）	（4）
$Con-1 \times Sc$			-0.073 （0.075）	
$Con-2 \times Sc$				-0.033 （0.060）
常数项	-0.755^{***} （0.178）	-0.879^{***} （0.181）	-0.717^{***} （0.179）	-0.878^{***} （0.181）
控制变量	控制	控制	控制	控制
样本量	500	500	500	500
LR	168.93	170.01	167.06	154.64
Wald Chi2	147.89	154.65	143.03	169.69

注：$***$、$**$、$*$分别表示1%、5%、10%的显著性水平，括号内为稳健标准误。

2. 作用机制检验

以企业面临的市场竞争作为中介变量，使用中介效应检验考察市场竞争的作用机制是否存在。由于滞后一期情况下三产融合对企业技术效率的提升作用并不显著，因此本节在滞后二期的情形下检验中介效应。表4-33第（2）、（3）列显示，三产融合对市场竞争具有显著的正向影响，即三产融合越深入，企业所面临的市场竞争越激烈；根据中介效应检验原理可知，市场竞争在三产融合对企业技术效率的提升中具有部分中介作用，这与本节的预期相符。

表 4-33　市场竞争的中介效应检验

变量	被解释变量		
	Te	$Mu-1$	Te
	（1）	（2）	（3）
$Con-2$	0.105^{***} （0.038）	0.089^{***} （0.018）	0.137^{***} （0.037）
$Mu-1$			-0.370^{***} （0.069）
常数项	-0.968^{***} （0.179）	0.244^{***} （0.052）	-0.892^{***} （0.175）

续表

变量	被解释变量		
	Te	$Mu-1$	Te
	(1)	(2)	(3)
控制变量	控制	控制	控制
样本量	500	500	500

注：*** 表示 1% 的显著性水平，括号内为稳健标准误。

六 研究结论与政策启示

1. 研究结论

企业之间的融合互动和协同创新，既是理解农村产业蜕变路径的一个重要视角，也是研究农村新业态新市场动态机制的重要方向。本节通过理论模型分析了三产融合推动效率变革的内生传导机制，以此为基础，选取 2010~2019 年沪深 A 股中 50 家农业类上市企业作为研究样本进行实证检验，得出以下结论。①理论上，三产融合加强了市场结构变化与企业效率改进之间的内在联系，牟取超额收益的预期和"不改进就退出"的竞争机制促使企业进行效率优化。②实证上，三产融合能够提升企业的技术效率和盈利能力，但这种提升作用存在明显时滞性；并且，以第二产业为主的融合模式见效最快，但以第三产业为主的融合模式在长期中更占优势；同时，对于国有企业和非国有企业而言，这种提升作用并未存在明显差异；企业对产业间认知的差距以及创新结构的单一化，使企业技术吸收能力未能对三产融合与企业技术效率之间的关系产生调节效应。③机制上，本节证实了三产融合影响企业技术效率变革的作用机制在于其给企业带来市场竞争效应，企业从融合市场的竞合关系中获益。

2. 政策启示

本节研究为理解三产融合与农业技术效率变革的关系提供了微观基础，同时也蕴含促进农业农村发展的政策启示。

（1）进一步加快三产融合发展进程，调动各融合主体的参与积极性。要确保利益相关方看到可能的融合收益，进而调动融合主体特别是实体企业在提供知识和人力资本方面的积极性，强调龙头企业的技术推动作用。

利用三产融合在提升技术资源配置效率方面的积极作用，打破产业间相互割裂的格局，实现各产业对农业的有效补充，为乡村产业兴旺破解技术障碍。

（2）理顺市场的价格信号，畅通市场结构变化对微观企业创新的引导通道。要避免企业以"扭曲"收益维持竞争优势，理顺要素、产品市场的价格信号，充分发挥有效市场竞争的中介作用。通过企业间的竞合关系，建设创新集成化平台，将企业间特别是跨产业企业间的知识、信息和技术等创新要素综合利用起来，重点解决农业技术刚性问题，促进融合技术产出成果更加贴近现实需求，提升融合产品的供给效益和核心竞争力。

（3）根据企业、区域的技术和资源实施分类指导的融合策略，可以考虑先增效后增值。在融合前期主要依托农产品加工业，打造农业全产业链，拓展产业增效空间，但从长远发展来看，要更加注重挖掘农业农村特色资源，积极发展乡村旅游、休闲农业、电商农业等新产业，构建多元化的现代农村产业体系，拓宽农业产业增值空间，突破农业产业被"低端锁定""高端封锁"的困局。

（4）企业应完善以创新链为核心的技术吸收能力体系。作为三产融合的创新主体，企业在建设高技术创新人才队伍的过程中，应注重人才分工和创新资源配置，尤其要避免人才集中在个别环节导致全链条创新能力的失衡。既要注重提高融合技术成果的转化效率，增强对终端市场的控制能力，又要把握新技术、新元素涌入农业的契机，培育能够在创新链前端做出实质性突破的基础研究型人才队伍。

（5）政府应该为融合主体提供政策保障，解决好融资难、保险难的实际问题。三产融合提升企业技术效率的滞后效应，从侧面反映出融合过程的长期性。相关部门要扮演好服务者的角色，引导市场匹配融合主体的融资需求，从资金端满足其各类型资金需要。除鼓励多种形式长期资金入市外，还可以引导创投基金产业介入三产融合，匹配不同类型资金风险偏好，营造相对良好的外部环境。只有解决了三产融合发展的前置堵点和后续难题，才能更好地发挥三产融合的经济效应，走出一条产业兴旺之路，进而为乡村振兴开启新篇章提供坚实支撑。

第六节　农村三产融合对农民农村共同富裕的影响

一　引言

党的二十大报告明确提出，中国式现代化的一个重要特征就是全体人民共同富裕的现代化，必须着眼于共同富裕，更平衡更充分发展，而城乡发展不平衡、农村发展不充分作为不平衡不充分的重点，决定了促进共同富裕的重点仍然在农村。目前，我国农村存在农民收入偏低、教育人力资本投入不足、城乡二元结构等问题，阻碍了农民农村共同富裕目标的实现。国家统计局数据显示，截至 2021 年，我国城乡收入差距达到 2.5。而发达国家如英国、美国的城乡收入差距保持在 1.5 左右，且同样为发展中国家的印度的城乡收入差距只有 1.9，居高不下的城乡收入差距严重阻碍了农民农村共同富裕目标的实现，农村发展成为我国实现共同富裕的最大难点。2021 年 8 月 17 日，习近平总书记主持召开中央财经委员会第十次会议，指出促进共同富裕，最艰巨最繁重的任务仍然在农村。由此观之，促进农民农村共同富裕目标的实现，要以农村发展为根本立足点，强化战略规划和顶层布局，将农民农村共同富裕的薄弱点转化为充分快速均衡发展的发力点，扎实推动农民农村共同富裕目标的稳步实现。

城乡产业差距过大是制约农民农村共同富裕的最大障碍。根据世界银行数据，作为一个发展中的农业大国，我国农业就业占比为 25.36%，而美国、英国等国家的农业就业占比分别只有 1.34% 和 1.03%，且我国的农业人口大多汇集在资源有限的地区，人均耕地面积较少，落后的产业结构显著制约了农业农村现代化水平的提升，成为实现农民农村共同富裕的最大挑战。发达农业国家的实践表明，农村三产融合发展是优化农村产业结构、缓解城乡关系、提高农民收入的重要手段，为此，中共中央连续召开重要会议并制定一系列针对性文件（党的十九届五中全会、2020 年中央农村工作会议、2021 年发布的中央一号文件等），要求积极推动农村三产融合，提高农民收入水平，引导农村三产融合发展推动农民就业增收成为政策的主要着力点之一。2022 年 1 月 4 日，《中共中央 国务院关于做好 2022 年全面推进乡村振兴重点工作的意见》更是提出聚焦产业促进乡村发展，强调要稳住农业基本盘，做好"三农"工作，全面推进乡村振兴，持续推进农村三产融合发展，鼓励挖掘农村多元价值，确保农业稳产增产、农民稳步增收、农村稳定安宁。

农村三产融合发展有助于提高农村人力资本累积水平，推动城乡技术、资本、劳动力等要素循环流动，从而增加地区投资与消费需求，加快中国式现代化建设，形成乡村全面振兴和城市新旧动能转换的"双轮驱动"。基于此，本节试图就以下问题展开研究。农村三产融合发展是否有助于农民农村共同富裕的实现？如果答案是肯定的，其促进机理和具体的效用如何？农村三产融合促进农民农村共同富裕的实现路径又有哪些？通过探讨以上问题，给出一个借助农村三产融合发展实践，推动农民农村共同富裕目标实现的研究视角和解决方案。

二　文献回顾

（1）有关共同富裕内涵的研究。学界普遍认为，共同富裕是"生活富裕富足、精神自信自强、环境宜居宜业、社会和谐和睦、公共服务普及普惠，实现人的全面发展和社会全面进步，共享改革发展成果和幸福美好生活"，是实现中国式现代化的内在要求，也是社会发展性、共享性和可持续性的高度统一（黄一玲，2021）。

（2）有关农民农村共同富裕的实现路径研究。农民农村共同富裕的基本内涵则是全民富裕、全面富裕、渐进富裕和共建富裕（李海舰、杜爽，2021）。有学者认为农民农村共同富裕的实现有赖于完善农村基础设施建设和公共服务供给，推动城乡基本公共服务均等化（黄祖辉等，2021）；有赖于增强农民收入增长内生动力，助力城乡居民收入均衡化（涂圣伟，2022）；有赖于城乡要素自由流动，实现城乡要素配置合理化（张敏娜等，2019）。

（3）有关农民农村共同富裕的测度研究。不同的学者从不同的维度对农民农村共同富裕水平进行测度。有学者从收入水平，教育、医疗等基本公共服务均等化程度，充分的就业机会等角度对农民农村共同富裕进行测量（罗明忠、刘子玉，2022）。还有学者基于共建、共享、共富、物质生活质量、精神生活质量和生活环境宜居六个维度构建指标体系（申云等，

2022）。此外，谭燕芝等（2022）基于富裕度、共同度、共享性和可持续性构建农民农村共同富裕指标；蒋永穆和豆小磊（2022）则从人民性、共享性、发展性和安全性四个维度构建了农民农村共同富裕评价指标体系。

有关农村三产融合与农民农村共同富裕的研究则尚不多见，仅有的几篇文献也多是从规范角度对两者之间的关系进行分析，认为农村三产融合发展促进农村资本要素投入、人力资本积累、农业技术效率提升和生产组织模式创新，提高资源要素配置效率和劳动生产率，进而促进城乡融合、缩小城乡差距，推动农民农村共同富裕目标的实现（涂圣伟，2022）。

综上，已有文献对分析农村三产融合发展与农民农村共同富裕起到了重要作用，但就笔者所了解的文献而言，仍有以下不足：国内文献大多强调农村三产融合对农民农村共同富裕的重要作用，但基本上是以规范方法对此进行解释，缺乏相应实证研究，农村三产融合对农民农村共同富裕影响机制及影响路径的研究有待进一步拓展。

三 农村三产融合影响农民农村共同富裕的机理与研究假设

本节认为，农村三产融合可以助推农业高质量发展，重构农业产业链、锻造农业供应链、培育农业价值链，进而提高生产质量并提升分配效率，促进城乡融合、增加农民收入、缩小城乡差距，是农民农村共同富裕的重要推动力。

1. 农村三产融合影响农民农村共同富裕的机理

（1）农村三产融合可以优化农村基本公共服务和产业体系，夯实农民农村共同富裕的基础。推动高质量发展是实现农民农村共同富裕的应有之义（谢伏瞻，2021）。大量研究表明，农村三产融合通过加速产业之间交叉渗透，推动新技术、新业态、新模式的形成，实现要素资源、创新技术等在农村的整合集成和优化重组，变革传统农业生产方式，加速农业向第二、第三产业拓展，最终实现农业现代化、城乡发展一体化、农民增收（姜长云，2015b）。农村三产融合有利于优化农村基本公共服务以提高农村基本公共服务的可及性（冯献、李瑾，2021）。农村三产融合通过延长产业链、提升价值链、构建创新链、完善服务链，贯通产加销，加快农业农村市场结构的重新塑造，实现农村产业结构的合理化和高级化，提高农民整体的创富能力，激活农村主体、要素和市场，增强农民农村内驱动力，夯实农民农村共同富裕的基础。

（2）农村三产融合可以提升农业农村的技术创新能力，提供农民农村共同富裕的持续创新保障。实现农民农村共同富裕，关键是进行技术创新和产业升级（林毅夫，2022）。技术进步促进了农村三产融合的诞生，带来了农业技术效率的提升和生产组织模式的创新（梁伟军，2011）。农村三产融合可以利用第二、第三产业的优势带动农业发展，促进农村资本要素投入和人力资本积累，改变农村传统生产模式，有效增加农产品附加值，提高农产品收入需求弹性（汝刚等，2020）；农村三产融合推动产业上下游整合，加速资源和信息的流通及共享，推动新技术的应用和传播，拓展新技术的应用场景，使得长期"低水平均衡"的状况得到大幅度改善，提升农业农村的技术创新能力，带动农业劳动生产率的提升，加强农民农村共同富裕的技术保障。

（3）农村三产融合可以吸引大量的工商资本下乡，促进农民持续增收，加快农民农村共同富裕的实现步伐。农村三产融合受到政策和制度改革的推动，资本回报率大幅提高，吸引大量的工商资本下乡，资本带动人才流动，改变人才迁徙模式，推进资本要素的"回流"（赵毅等，2018），有效缓解城乡二元结构问题，缩小城乡收入差距；农村三产融合将新技术、新模式、新业态与农民利益紧密联结起来，促进农民在参与产业链建设中提高创富能力、实现收入增长（熊爱华、张涵，2019），增加农民收入途径并完善利益联结机制（孔德议、陈佑成，2019），拓宽社会资本和要素进入农村的渠道（肖艳丽，2017），从而达到推进城乡基本公共服务均等化、城乡居民收入均衡化、城乡要素资源合理配置的目的。

（4）农村三产融合可以改善农民精神生活条件，助力物质富裕、精神富裕与生态富裕一体推进。在农村三产融合的助推下，涌现出许多新的产业组织模式，为农民参与农村三产融合提供了载体，使得集体经济组织在参与农业生产的过程中焕发新的活力。研究表明，农村三产融合不仅在缩小城乡、区域、居民收入差距，提高城乡居民收入方面表现突出，而且可以特色资源为依托，融合农文旅、延伸文旅产业链，促进新产业、新业态、新模式涌现，比如循环农业、"农业+文化"、"农业+教育"、"农业+康养"、"农业+旅游" 等体验型产业，推动文旅资源向农村、基层、相对欠发达地区倾斜，改善农民精神生活条件，满足农民多方面、多维度、多样化的文化精神和生态康养需求。

根据上述分析，本节提出以下假说。

假说1：农村三产融合可以有效促进农民农村共同富裕水平的提升。

2. 农村三产融合促进农民农村共同富裕的机制

上述分析表明农村三产融合能够促进农民农村共同富裕目标实现，但农村三产融合影响农民农村共同富裕的作用机制仍有待进一步探讨。人力资本是推动技术进步和经济发展的基础，是加快经济可持续发展的重要因素，是缩小城乡、区域差距的保障，也是实现农民农村共同富裕的重要资源。高素质人力资本多的地区农村人均收入水平提升较快，农户的生活空间也不断拓展，促进了农村经济的可持续发展（齐文浩等，2021a）。近年来，随着政策制度向农村地区倾斜，农村三产融合加快催生新产业和新业态，提高农村资本回报率，吸引更多资本返乡、下乡。资本下乡不仅促进农村物质积累，而且通过带动人才流动提高人力资本的积累程度，推动农村地区人力资源不断丰富。此外，产业结构转型为农民提供新的就业机会，带动就业岗位的增加，产生大量创造型和技术型人才需求，加强地区对农民教育投资的激励，推动农村人力资本不断积累。人力资本积累有利于农民对新产品的挖掘，能够拓展产业链、供应链，使农民从事特色农业和融合行业的能力更强，从而能够从加工、生产等环节中获得更多的收益，提高农村个人收入水平，促进农民农村共同富裕目标的实现。

假说2：农村三产融合通过加速农村人力资本积累促进农民农村共同富裕。

3. 农村三产融合促进农民农村共同富裕的路径

我国城乡消费差距较大，城乡消费差距的扩大不仅阻碍了我国经济的可持续发展，也影响了社会的和谐与稳定，造成收入分配的失衡和社会福利的损失，而缩小城乡消费差距可以扩大内需，推动经济增长，提高经济运行效率，平衡收入分配。农村三产融合是投资和消费平衡增长的关键（张杰、宋志刚，2017）。加快缩小城乡消费差距是我国经济发展和农民农村共同富裕目标实现的迫切任务（程雪军，2022）。农村三产融合可以提升农村消费水平，缩小城乡消费差距，助力农民农村共同富裕目标的实现。农村三产融合可以满足城乡居民多元化的消费需求，创造新的社会需求，拉动地方经济增长和带动农村居民消费新热点的形成，改变传统产业的发展模式，完成从"生产导向"到"消费需求"的转变（国家发展改革委宏观院和农经司课题组，2016）。同时，农村三产融合形成了以网络为载体的新型消费模式，提供多维度消费场景和多样式消费产品以满足农村居民消费需求，促进农村消费的提质升级。农村三产融合打破了三次产业之间的壁垒，产生了具有融合性的产品和服务，满足了消费者的多样化需求（张岳、周应恒，2021）。此外，农村三产融合带来的政策倾向有助于提高农村社会保障水平，降低农民预防性储蓄对消费产生的"挤出"作用，提高农村居民的消费水平，进而促进农民农村共同富裕。基于此，本节提出以下假说。

假说3：农村三产融合通过提高农村居民消费水平促进农民农村共同富裕。

四 实证设计

1. 模型设定

首先，为检验农村三产融合对农民农村共同富裕的影响，本节设定如下模型：

$$cop_{it} = \alpha_0 + \alpha_1 con_{it} + \beta X_{it} + \mu_i + w_t + \varepsilon_{it} \qquad (4-18)$$

其中，i 表示省份，t 表示年份。cop_{it} 为衡量农民农村共同富裕的指标；con_{it} 代表农村三产融合水平；X_{it} 为其他控制变量；μ_i、w_t、ε_{it} 分别为个体固定效应、时间固定效应和随机扰动项。

其次，本节检验农村居民消费水平（XF）和农村人力资本（HC）的中介效应，分别以农村居民人均消费和农村人均人力资本存量表示。根据上述变量，本节试图检验农村三产融合对农民农村共同富裕的影响机制，模型见式（4-19）、式（4-20）：

$$M_{it} = \alpha'_0 + \alpha'_1 con_{it} + \beta' X_{it} + \mu'_i + w'_t + \varepsilon'_{it} \tag{4-19}$$

$$cop_{it} = \alpha''_0 + \alpha''_1 con_{it} + \alpha''_2 M_{it} + \beta'' X_{it} + \mu''_i + w''_t + \varepsilon''_{it} \tag{4-20}$$

2. 变量选取

（1）被解释变量。本节的被解释变量是农民农村共同富裕（cop）。现阶段有关农民农村共同富裕理论内涵和指标体系的研究较为丰富，为明确农民农村共同富裕的理论内涵和构建指标体系奠定了基础。关于农民农村共同富裕的研究，已有文献主要从现实困境（温涛等，2018）和实现路径（黄一玲，2021）进行定性分析，少量文献集中在农业农村发展（薛龙飞等，2022）和农民生活水平（申云等，2022）等方面进行时空演进测度。

本节认为，农民农村共同富裕是在实现富裕的基础上进行公平分配，必须在高质量发展中推进，依靠全体人民共同奋斗来实现。农民农村共同富裕的实现是建立在我国生产力和综合国力不断提高的基础上的，生产力和综合国力的提升可以满足人民日益增长的物质文化需求。农民农村共同富裕不仅要强调收入差距、城乡差距的缩小，还要以农民收入水平的整体提高为主要目标。因此，在借鉴大量文献的常用方法和谭燕芝等（2022）构建的农民农村共同富裕模型的基础上，综合中国社会科学院农村发展研究所在《中国农村发展报告（2022）》中提出的农民农村共同富裕模型，本节尝试从共享公平和富裕程度两个维度进行农民农村共同富裕的横向和纵向衡量，从平衡发展和协调发展两个方面衡量其共享公平，从物质富裕、精神富裕和环境富裕三个方面衡量地区的富裕程度，以构建一个更为全面的农民农村共同富裕指标体系（见表4-34），并利用熵值法对农民农村共同富裕进行测度[①]。

[①] 具体测度方法见本章第四节，农村三产融合水平采用相同方法测算。

表 4-34　农民农村共同富裕指标体系

维度	一级指标	二级指标	三级指标	指标单位	指标属性
共享 公平	平衡发展	城乡融合	城乡居民可支配收入比	%	负向
			城镇化率	%	正向
		区域融合	区域农村居民人均可支配收入极值比	%	正向
	协调发展	社会保障	农业开发财政投入	万元	正向
			农村居民人均转移收入	元	正向
富裕 程度	物质富裕	农村居民生活	农村居民恩格尔系数		负向
			农村居民人均可支配收入	元	正向
			镇区及乡村消费品零售额占全社会消费额比重	%	正向
			农村居民人均财产性收入	元	正向
		农村产业发展	农林牧渔业职工平均工资	元	正向
			农业生产效率	%	正向
	精神富裕	文化资源共享	农村居民人均文教娱乐服务支出	元	正向
			乡镇文化馆	个	正向
			乡镇文艺团	个	正向
	环境富裕	基础设施建设	农村人均道路面积	平方米	正向
		人居环境整治	乡村绿化覆盖率	%	正向
			卫生厕所普及率	%	正向
			污水处理总量	万立方米	正向

（2）核心解释变量。本节的核心解释变量是农村三产融合水平（con）。从农业产业链延伸、农业多功能性拓展、农村新业态培育、农业与服务业融合、利益联结机制完善五个维度构建农村三产融合评价指标体系。具体指标体系如表 4-35 所示。

表 4-35　农村三产融合评价指标体系

一级指标	二级指标	单位
农业产业链延伸	农产品加工机械总动力/农业机械总动力	%
	农产品加工业主营业务收入/第一产业增加值	%
农业多功能性拓展	农村第二、第三产业从业人员数/农村就业人员	%
	休闲农业年营业收入/第一产业增加值	%

一级指标	二级指标	单位
农村新业态培育	设施农业面积/耕地面积	%
农业与服务业融合	农林牧渔服务业增加值/第一产业增加值	%
利益联结机制完善	农业及农村发展社会团体数量/农村常住人口	个/万人

（3）控制变量。研究农村三产融合对农民农村共同富裕的影响时，只有在控制了一系列相关变量之后，实证结果才更加可靠。已有文献认为基础设施建设、政府干预和人口密度会影响农民农村共同富裕程度，本节将该因素设置为控制变量：以地方基础设施投入对数为代理变量表示基础设施建设（lninfrastructure）；以地方财政收入对数为代理变量，表示地方财政干预度（lnprevenue）；以人均占地面积对数为代理变量，表示人口密度（lndensity）。

（4）中介变量和工具变量。影响农民农村共同富裕的因素众多，虽然本节已尽量控制了一些关键影响变量，但始终难以防止遗漏变量导致的估计偏误等内生性问题。为了缓解内生性问题，使用农村人口红利（IV1）和农村化肥纯使用量（IV2）作为工具变量。工具变量需要与内生变量（农村三产融合水平）高度相关，与被解释变量（农民农村共同富裕）无直接关系。在这一特性的基础上，考虑到农村三产融合的特性，将农村人口红利和农村化肥纯使用量作为农村三产融合的工具变量。本节以农村总抚养比为代理变量表示农村人口红利。农村人口红利的下降导致劳动力的压力变大，劳动生产率下降，使得地区对新技术带来的劳动生产率的提高有着迫切的需求，应拓展新技术的应用场景，提高农民加入农村三产融合的积极性，加快农村三产融合。但是农村人口红利与农民农村共同富裕没有直接联系，因此，其是合适的工具变量。以农村化肥纯使用量为工具变量时，地区化肥使用量较少说明该地区以生产绿色无公害农产品为主，农业技术水平较高，化肥使用率较低、利用率较高，新技术的应用范围较广，农村三产融合程度较深，而农村化肥纯使用量对农民农村共同富裕没有直接影响，因此农村化肥纯使用量是合适的工具变量。此外，为探索农村三产融合影响农民农村共同富裕的潜在机制，本节将农村居民消费水平（XF）和农村人力资本（HC）作为中介变量。农村人力资本用各地区农村人均人力资本存量表示。人力资本是地区教育水平和医疗保障水平的集中体现，采用农村人力资本作为中介变量可以反映农村三产融合给农村带来的教育和医疗方面的改善，其通过提升人力资本来促进农民农村共同富裕目标的实现。以农村居民人均消费对数为代理变量表示农村居民消费水平，农村三产融合通过扩大消费市场、提供多元化消费场景以及反向定制的方式来刺激农村居民消费，实现农民农村共同富裕。

3. 数据来源及处理

本节从《中国统计年鉴》《中国农村统计年鉴》《中国人力资本报告2021》等统计资料以及 EPS 数据库中得到 2007~2020 年我国 31 个省份的数据，相关经济指数均以 2007 年为基期进行消胀处理①，缺失的数据用插值法补全。

五　实证结果分析

1. 变量的描述性分析

为了减少数据之间的相互干扰，本节对绝对值变量及数量级较大的变量均进行对数处理。此外，为了避免数据极端值产生的结果偏误，对各变量进行描述性统计，认为可以排除极端值的影响（见表 4-36）。同时，各变量的方差膨胀因子分别为 1.61、2.67、3.54、5.20、8.43，均小于 10，因此，不存在严重多重共线性。

表 4-36　变量描述性统计

变量	变量名称	处理方法	均值	最小值	最大值	标准差
cop	农民农村共同富裕	构建指标	0.318	0.132	0.824	0.116
con	农村三产融合水平	构建指标	0.122	0.023	0.507	0.064
$\ln density$	人口密度	人均占地面积对数	13.150	10.160	17.580	1.505
$\ln prevenue$	地方财政干预度	地方财政收入对数	16.220	12.210	18.360	1.068
$\ln infrastructure$	基础设施建设	地方基础设施投入对数	8.940	5.600	10.700	0.993

---

① 农村居民人均可支配收入、农村居民人均财产性收入、农村居民人均转移收入以农村居民收入价格指数为基础进行平减；农村居民人均消费、农村居民人均文教娱乐服务支出以农村消费价格指数为基础进行平减；基础设施建设投入以固定资产价格指数为基础进行平减。

2. 平稳性检验

本节采用平稳性回归检验数据的稳定性，以排除数据不平稳导致的回归结果偏误。由表 4-37 的结果可知，有关农村三产融合和农民农村共同富裕的变量都通过了平稳性检验。

表 4-37　平稳性检验结果

变量名称	变量	检验类型	LLC 检验值	检验结果
农民农村共同富裕	cop	（C，T，1）	-4.6941***	平稳
农村三产融合水平	con	（C，T，1）	-1.7845**	平稳
人口密度	$lndensity$	（C，T，1）	-4.7276***	平稳
地方财政干预度	$lnprevenue$	（C，T，1）	-6.5215***	平稳
基础设施建设	$lninfrastructure$	（C，T，1）	-5.3946***	平稳

注：***、** 分别表示1%、5%的显著性水平。

3. 基准回归

在进行模型估计之前，F 统计量结果表明应选择固定效应模型。进一步，Hausman 检验结果强烈拒绝随机效应模型的基本假设。因此，本节采用双向固定效应模型探究农村三产融合对农民农村共同富裕的影响。

表 4-38 报告了将农民农村共同富裕作为被解释变量，以农村三产融合水平为核心解释变量的回归结果。由于可能会存在遗漏变量问题，为了缓解可能存在的内生性问题，本节采用双向固定效应模型的工具变量法对计量模型进行重新估计。为了便于比较，第（1）、（2）列分别汇报了在随机效应和固定效应下的估计结果。根据第（1）列的结果可知，农村三产融合水平的系数在 5% 的水平下显著；第（2）列的结果表明，农村三产融合水平对农民农村共同富裕的回归系数为 0.1934，在 5% 的水平下显著。两个结果都印证了假说1，且本节以双向固定效应模型为基准回归模型。

第（3）、（4）列报告了以农村人口红利和农村化肥纯使用量为工具变量的结果，且控制了时间和个体效应。从结果中可以看出，在加入工具变量缓解内生性问题之后，农村三产融合促进作用更加显著，结果更稳健，再次印证了假说1。表 4-38 的检验结果显著拒绝不可识别假设、弱工具变量假设以及过度识别假设，表明本节所选的工具变量是合适的。在缓解内生性问题后，实证结果表示农村三产融合显著促进了农民农村共同富裕目标的实现，依然支持上文的实证结论。

表 4-38　基准回归结果

变量	（1）	（2）	（3）	（4）
	RE	FE	2SLS	2SLS
con	0.2435** （0.1033）	0.1934** （0.0878）	1.8365*** （0.4020）	0.8190*** （0.248）
ln*density*	−0.0467*** （0.0123）	−0.3294*** （0.0660）	−0.2405** （0.1137）	−0.3882*** （0.072）
ln*prevenue*	0.0150 （0.0172）	−0.0114 （0.0207）	0.1200*** （0.0167）	0.1257*** （0.013）
ln*infrastructure*	−0.0347 （0.0220）	−0.0178 （0.0151）	−0.0686*** （0.0196）	−0.0384*** （0.013）
常数项	0.8556*** （0.2984）	4.8627*** （0.8519）	1.2519 （1.3719）	2.9078*** （0.884）
样本量	434	434	434	434
R^2		0.9372	0.8443	0.9275
省份固定	是	是	是	是
年份固定	是	是	是	是
*IV*1			0.0021*** （0.0004）	
*IV*2				−0.003*** （0.0001）
Kleibergen-Paap rk LM 检验			25.297 （0.0000）	23.473 （0.0000）
Kleibergen-Paap rk Wald F 检验			28.002	31.008

注：***、**分别表示1%、5%的显著性水平，括号内为稳健标准误（Kleibergen-Paap rk LM 检验和 Kleibergen-Paap rk Wald F 检验中括号内为 p 值），2SLS 中结果为第一阶段回归结果。

4. 分维度检验

表4-39探究了农业产业链延伸、农业多功能性拓展、农村新业态培育、农业与服务业融合以及利益联结机制完善对共享公平的促进作用。由第（1）、（2）列的结果可知，农村产业链延伸、农业多功能性拓展对共享公平的促进作用显著，且回归系数都在1%的水平下显著，说明农村产业链延伸、农业多功能性拓展每上升1%，共享公平度将分别提升0.1146%、0.1989%。由第（3）、（4）列的结果可以看出，农村新业态培育、农业与

服务业融合对共享公平的影响并不显著，这个现象也基本符合我国农村发展的事实。农业生产更多属于劳动密集型活动，农民对新业态、服务业的参与度较低，因此新业态培育、农业与服务业融合在农村较为缓慢，对于农村生产的影响较小，对共享公平的促进作用不显著。第（5）列的结果说明，利益联结机制完善对共享公平的促进作用并不显著。可能的原因是农村三产融合仍在试点的过程中，农村的利益联结机制尚在初级阶段，对共享公平的促进作用有限，因此利益联结机制的完善对共享公平的影响并不显著。

表4-39　农村三产融合的共享公平效应

变量	（1）	（2）	（3）	（4）	（5）
	共享公平	共享公平	共享公平	共享公平	共享公平
农业产业链延伸	0.1146*** (0.029)				
农业多功能性拓展		0.1989*** (0.046)			
农村新业态培育			0.0142 (0.149)		
农业与服务业融合				-0.2326 (0.165)	
利益联结机制完善					0.0002 (0.000)
控制变量	是	是	是	是	是
常数项	1.5551 (1.666)	1.6189 (1.555)	1.2720 (1.907)	1.6102 (1.867)	1.3034 (1.822)
样本量	434	434	434	434	434
R^2	0.3020	0.3401	0.2847	0.2965	0.2846
省份固定	是	是	是	是	是
年份固定	是	是	是	是	是

注：***表示1%的显著性水平，括号内为稳健标准误。

表4-40探究了上述五个维度对富裕程度的影响。从第（1）、（2）列的结果可以看出，农业产业链延伸、农业多功能性拓展能提高富裕程度，回归系数分别为0.1820、0.6399，分别在5%和1%的水平下显著，说明农业产业链延伸、农业多功能性拓展每提升1%，富裕程度分别提升0.1820%、

0.6399%。而第（3）、（4）列的结果表明，农村新业态培育和农业与服务业融合对富裕程度的提升作用并不明显。由第（5）列的结果可知，利益联结机制完善对富裕程度的提升作用显著，说明利益联结机制的不断完善可以有效提高农村富裕水平，提升农民收入水平。

表 4-40　农村三产融合的富裕程度效应

变量	（1）富裕程度	（2）富裕程度	（3）富裕程度	（4）富裕程度	（5）富裕程度
农业产业链延伸	0.1820 ** (0.086)				
农业多功能性拓展		0.6399 *** (0.096)			
农村新业态培育			0.0353 (0.157)		
农业与服务业融合				-0.2328 (0.360)	
利益联结机制完善					0.0020 ** (0.001)
控制变量	是	是	是	是	是
常数项	0.5838 (2.056)	-0.4316 (2.043)	0.8797 (2.223)	1.0099 (2.022)	0.9625 (2.040)
样本量	434	434	434	434	434
R^2	0.242	0.460	0.231	0.233	0.232
省份固定	是	是	是	是	是
年份固定	是	是	是	是	是

注：***、**分别表示1%、5%的显著性水平，括号内为稳健标准误。

由以上分析可以得知，农村三产融合主要通过农业产业链延伸、农业多功能性拓展促进农民农村共同富裕的实现，利益联结机制的不断完善可以提高富裕程度，但是对共享公平的作用有限。此外，通过比较各分指标的回归系数大小可以发现，农业多功能性拓展对农民农村共同富裕的促进作用最大，尤其是在提高富裕程度的过程中，农业多功能性拓展发挥的正效应比农业产业链延伸、利益联结机制完善更强。在促进共享公平的过程中，农业多功能性拓展的正效应强于农业产业链延伸，促进作用更为显著。

5. 稳健性检验

连续型的被解释变量可能因为截断或者删失而范围受限，如果忽略这些原因可能会导致最终的参数估计出现偏误。对于截断数据的线性回归，可以使用 Truncated 模型，对于删失数据的线性回归，可以使用 Tobit 模型，使得结果更加稳健。由于本节的被解释变量是取值 0~1 的受限变量，其数据可能存在截断或删失的现象，故选用 Truncated 模型和 Tobit 模型检验本节结论的稳健性。由表 4-41 第（1）、（2）列的结果可知，农村三产融合对农民农村共同富裕起着正向作用。

此外，我国各地区经济发展水平差异较大，这会导致农村三产融合的增长效应不一致。直辖市相比于其他省份具有明显的经济、政治、文化优势以及区位优势，可能存在极端值并对实证结果造成影响。本节进一步剔除四个直辖市样本，其回归结果如表 4-41 第（3）列所示，农村三产融合对农民农村共同富裕的影响依然在 5% 的水平下显著为正。因此，本节主要研究结论是稳健的。

表 4-41 稳健性检验结果

变量	（1）	（2）	（3）
	Truncated	Tobit	剔除直辖市样本
con	0.1934 ***	0.5324 ***	0.1467 ***
	（0.0693）	（0.0698）	（0.0531）
常数项	4.5222 ***	-2.4840 ***	2.2247 ***
	（0.4526）	（0.2138）	（0.6380）
控制变量	是	是	是
样本量	434	434	378
R^2			0.975
省份固定	是	是	是
年份固定	是	是	是

注：*** 表示 1% 的显著性水平，括号内为稳健标准误。

6. 影响机制检验

理论分析表明，农村三产融合能够带来农村人力资本的增长以及农村居民消费水平的提高，显著促进农民农村共同富裕目标的实现，因此本节使用中介效应检验方法验证农村三产融合是否可以通过加速农村人力资本积累、提高农村居民消费水平来影响农民农村共同富裕。如表 4-42 所示，本节将综合第（1）、（2）列对农村人力资本是否充当了农村三产融合影响农民农村共同富裕的中介变量进行实证检验。第（1）列的结果表明，农村三产融合对农村人力资本的正向作用明显，且其系数为 1.0693，在 10% 的水平下显著；第（2）列的结果表明，农村三产融合和农村人力资本都显著促进了农民农村共同富裕目标的实现。根据中介效应模型，Bootstrap 检验结果的置信区间不包括 0，Sobel 检验表明 z 值为 2.622，大于 1.6，且 p 值为 0.0087，小于 0.01。因此，农村人力资本作为农村三产融合影响农民农村共同富裕的中介变量是合适的。第（3）、（4）列对农村居民消费水平是否充当了农村三产融合影响农民农村共同富裕的中介变量进行实证检验。第（3）列的结果显示，农村三产融合对农村居民消费水平的提高有显著的促进作用；第（4）列的结果表明，农村三产融合和农村居民消费水平对农民农村共同富裕目标实现具有正向作用。此外，Bootstrap 检验结果的置信区间不包含 0，且 Sobel 的检验结果中 z 值为 5.646，大于 1.6，p 值小于 0.01。由此可以证实，农村居民消费水平是合适的中介变量。综上可知，农村居民消费水平和农村人力资本都是合适的中介变量。

表 4-42　影响机制检验结果

变量	（1）	（2）	（3）	（4）
	HC	cop	XF	cop
con	1.0693 * （0.5753）	0.1874 ** （0.0880）	1.4452 ** （0.6238）	0.1764 * （0.0864）
HC		0.0100 * （0.0055）		
XF				0.0118 * （0.0060）
常数项	34.4541 *** （10.4264）	4.4571 *** （0.9871）	46.9874 *** （10.0036）	4.3092 *** （0.9156）
控制变量	是	是	是	是
样本量	434	434	434	434
R^2	0.749	0.938	0.721	0.938
省份固定	是	是	是	是
年份固定	是	是	是	是

注：*** 、 ** 、 * 分别表示 1%、5%、10% 的显著性水平，括号内为稳健标准误。

7. 异质性分析

我国幅员辽阔，不同地区的农村三产融合对农民农村共同富裕的影响存在明显的异质性。农村三产融合和新型农业发展较好的地方，经济发展水平、生活富裕程度较高，农村三产融合与农民农村共同富裕紧密相连，在农民农村共同富裕的不同分布水平上，农村三产融合对农民农村共同富裕的影响可能存在较大的差异。诸多关于农村三产融合的实证研究证明，不同地区农村三产融合对农民就业增收和城乡差距缩小的影响存在差异性（张林等，2020）。农村三产融合对不同收入水平的农户都具有提高收入的作用，其作用效果对低收入农户更加显著，有利于缩小收入差距（齐文浩等，2021a）。同时，农业技能培训、农户人力资本积累可以提高低收入农户的收入水平，缩小收入差距（杨晶、丁士军，2017）。农村三产融合显著促进地区创业水平的提高，促进效果存在省级异质性，在城镇化进程快、金融发展迅速、人力资本积累度高等具有宏观优势的地区，农村三产融合的促进作用更强（李晓龙、冉光和，2019a）。由以上分析可知，由于各地区自然条件和经济文化具有差异，在农民农村共同富裕程度不同的地区，农村三产融合对农民农村共同富裕的促进作用可能存在较强的异质性。

本节运用分位数回归来对比分析农村三产融合对农民农村共同富裕影响的异质性。本节选取 0.1、0.5、0.9 三个分位数点，分别代表低、中、高三个等级的农民农村共同富裕程度。表 4-43 中第（2）列为农民农村共同富裕处于中等程度时的回归结果，农村三产融合水平的回归系数显著为正，这表明农村三产融合能够促进中等程度农民农村共同富裕水平的提升；第（1）、（3）列的回归结果表明，在农民农村共同富裕程度较低和较高的地区，农村三产融合对农民农村共同富裕具有促进作用，但该作用在统计意义上不显著。

表 4-43　农村三产融合对农民农村共同富裕影响的分位数回归

变量	（1）	（2）	（3）
	0.1 分位数点	0.5 分位数点	0.9 分位数点
con	0.1751	0.1924 **	0.2115
	(0.1821)	(0.0950)	(0.1867)
控制变量	是	是	是

续表

变量	（1）	（2）	（3）
	0.1分位数点	0.5分位数点	0.9分位数点
样本量	434	434	434
省份固定	是	是	是
年份固定	是	是	是

注：** 表示5%的显著性水平，括号内为稳健标准误。

出现以上结果的原因可能是：农民农村共同富裕程度较高的地区多属于沿海技术发达地区，拥有良好的创新环境、宽裕的就业岗位和较高的农业发展水平，因此该地区无革命性技术进步、革新型农业产业经营组织较少，农业产业化对农民农村共同富裕的促进作用并不显著；而农民农村共同富裕处于中等程度的地区（如安徽、河北、内蒙古、湖北、湖南、黑龙江等），加大地区财政投入力度、推广农业科技、推动新型农业产业经营组织发展等对农民农村共同富裕的促进作用显著；在农民农村共同富裕程度较低的地区，经济技术水平有限、区域基础设施尚不健全，可能存在资源过度开发、农户参与程度低的情况，因此该地区农村三产融合对农民农村共同富裕的促进作用并不显著。

六 研究结论和政策建议

是否有利于农民农村共同富裕，是深化农村三产融合发展的一个重要参考标准。理论分析表明，农村三产融合通过优化农村基本公共服务和产业体系、提升农业农村的技术创新能力、吸引工商资本下乡、改善农村居民精神生活条件等途径促进农民农村共同富裕目标的实现。在此基础上，本节基于2007~2020年我国31个省份的数据，通过构建农村三产融合和农民农村共同富裕的评价指标体系，利用熵值法进行赋值，实证检验农村三产融合对农民农村共同富裕的影响，得到如下结论：①农村三产融合有利于农民农村共同富裕目标的实现，且研究结论在内生性问题缓解和稳健性检验后依旧成立；②农村三产融合的具体内容中，农业产业链延伸、农业多功能性拓展有利于农民农村共同富裕目标的实现，利益联结机制的完善提高了区域的富裕程度，但是促进共享公平的能力有限；③农村三产融合，一方面通过提升农村居民消费水平，缩小城乡消费差距，达到共享公平的目的，另一方面通过加速农村人力资本积累，推动农村技术进步和经济增长，进而促进农民农村共同富裕目标的实现；④对农民农村共同富裕程度不同的地区来说，农村三产融合对农民农村共同富裕的作用效果存在差异，其影响效应在农民农村共同富裕中等程度地区最为显著。

基于上述分析，本节提出如下建议。

（1）健全农村三产融合保障机制，推动农村三产融合发展。完善农村三产融合的配套政策，加大财税政策对农村三产融合的支持力度，促进社会资源的高效配置，加快土地、劳动力、资本、技术等要素在市场上的合理分配，提高配置效率，减少农村三产融合过程中遇到的制度阻碍。完善用地支持政策，盘活农村资本，提高农村闲置农房和宅基地的利用率。保障下乡企业的权益，降低资本进入农村市场的门槛，综合发挥财政以及产业政策的引导作用，提高农村主体参与融合的主动性，持续深化农村三产融合，以促进农民农村共同富裕目标的实现。完善产权流转交易市场，丰富交易种类，规范交易制度，健全交易服务功能。

（2）加快促进农村人力资本积累和农村居民消费水平提高，充分发挥农村人力资本和农村居民消费在农村三产融合影响农民农村共同富裕中的中介作用。一方面，通过完善教育类基础设施、医疗政策，给农民提供更多的技能培训机会，保障农村人力资本质量以及劳动力素质的不断提高，实现农村人力资本的高质量积累。同时，通过农村三产融合加快农村资源向创富资本转变，实现农民农村共同富裕和乡村振兴战略有机融合和协同共进。另一方面，发挥农村三产融合对消费结构的改善作用，激活农村市场消费活力，在市场需求的推动下，加快培育中国式现代化农业产业体系，放大农村三产融合的内需效应，增强农民农村共同富裕的内生动力。

（3）重视农村三产融合作用的异质性，优化农村三产融合的空间分布，全面提高农村三产融合的发展水平。农村三产融合要立足于当地自然条件和要素禀赋，注重区位优势，形成特色产业、创新发展模式、推动融合效益好的优势产业不断发展，以带动农民就业、缩小城乡收入差距。在农民农村共同富裕程度低的地区要增加基础设施建设的投入，改善农村环境，创造农村三产融合发展条件，夯实农村三产融合基础。同时，鼓励开发核心技术并推动先进技术的引进，拓展技术的应用场景，将信息技术融入农村三产融合的全过程，提高农村劳动生产率。

第七节　数字乡村、农村三产融合与我国
粮食体系韧性构建

一　引言

在突发事件频发、资源约束趋紧、国际市场波动等多重风险挑战下，粮食生产的外部性增强，低收入国家和底层贫困群体受害尤深，至少 1.55 亿人陷入粮食不安全状况（世界粮食计划署，2021）。在面临全球粮食危机的情况下，我国面临产出下降等挑战，这对我国的粮食安全构成巨大压力。在此背景下，粮食安全的内涵已经不局限于粮食总产量，而是更加强调粮食体系的韧性。因此，我国需要采取措施来促进粮食体系的转型，使其更加具有韧性，以应对潜在的粮食安全问题（樊胜根等，2022）。在复杂的形势下，建立一个自主可控且能够有效防范和应对风险冲击的创新农业系统，已成为保障粮食安全的基础。这同样也是粮食体系韧性培育的重要组成部分（周应恒等，2022）。

Tendall 等（2015）在粮食安全领域率先引入韧性思维，构建了粮食体系韧性的概念框架。粮食体系韧性被视为粮食系统应对各种冲击（自然、政治或经济因素所造成的内部或外部、周期性或结构性、突发或渐进等类型的冲击）的能力；Béné 等（2016）认为，建设粮食体系韧性需要从多个层面出发，包括个人、国家或地区粮食体系以及全球价值链网络，以增强应对冲击的抵抗能力和适应能力；联合国粮食及农业组织（2021）从农业初级生产、农业贸易、膳食来源、运输网络等维度，设计了一套国家层面的粮食体系韧性评价指标体系并进行了测度，发现移动互联网、电子商务等有助于推动粮食体系韧性的建设。何亚莉和杨肃昌（2021）探讨了农业产业链韧性锻铸的潜在路径，包括农业产业链的延伸、多功能拓展以及新技术的渗透等方面；李雪和吕新业（2021）认为农业可持续发展、粮食提质增产和农民增收之间的有机统一，是增强粮食安全系统韧性的重要途径；青平（2021）在农食系统转型的分析框架中，提出增强粮食生产和供给韧

性、构建有韧性的农食系统已被视为提高应对突发事件能力的重要因素。

数字技术已向农业农村领域扩散，数字乡村建设有望作为新的制度安排，协助强化粮食体系韧性（王胜等，2021），对农民增收（齐文浩等，2021b）、农业增效（李欠男、李谷成，2020）和乡村振兴（沈费伟、叶温馨，2021）具有重要影响。因此，数字技术在粮食体系韧性培育中可能具有重要作用，这为本节研究的开展提供了指引。

本节尝试构建粮食体系韧性综合评价指标体系，以评估粮食体系适应冲击变化和主动应对的能力。采用熵值法并结合数字乡村建设赋能粮食体系韧性提升的假说，揭示地区差异和发展需求，评估数字乡村建设对粮食体系韧性的影响效应和作用边界。为深入理解粮食体系韧性及政策制定提供科学依据。

二 机理分析及研究假说

1. 粮食体系韧性的内涵

（1）关于粮食体系韧性的定义。联合国粮食及农业组织（2021）提出，粮食体系韧性是一种能力，使粮食体系能够抵抗破坏性因素并长期可持续地确保人们获得充足、安全和营养的食物，同时维护粮食体系参与者的生计。在我国，粮食安全视角下的粮食体系韧性被理解为：粮食体系通过系统内部组织结构调整实现抵御外部冲击、从冲击中迅速恢复及向新增长路径转变以实现适应性发展的能力。

（2）关于粮食体系韧性的特征。有学者认为，建立体系韧性的关键在于，采取一系列精细的风险管理措施，对组织或系统面临的各种潜在风险进行全面、准确的识别和评估，以降低组织或系统对特定风险冲击的敏感性和暴露程度（Stone and Rahimifard，2018）。建立粮食体系韧性可能并不局限于风险管理。Béné（2020）提出，强韧的粮食体系至少应具备三种能力（抵抗能力、适应能力和变革能力）。本节认为粮食体系韧性由抵抗、适应和变革三种能力构成，韧性概念化为这三种能力的结合。

（3）粮食体系韧性培育的理论意蕴。生产的多样性和贸易伙伴的多元化有助于降低风险。具体来说，在农业领域，那些粮食种类多样、贸易伙伴多元的国家，粮食初级生产的多元化程度更高，供应链的脆弱性较低。

劳动生产率是粮食安全系统应对冲击的核心因素，然而，由于技术进步缓慢，粮食生产的利润较低，难以创造超额利润（陈秧分、王介勇，2021）。粮食生产的经济规模、技术应用和投入构成会影响粮食体系抵抗风险的能力和投资韧性。粮食体系韧性需平衡效率和包容，以实现粮食增产增收和提高市场议价能力。互联互通的粮食供应链是韧性的基础，产业关联有助于提高粮食体系韧性。高效、灵活、冗余的运输网保障粮食生产和需求的有效对接，信息技术的应用提升粮食体系韧性。

2. 数字乡村建设影响粮食体系韧性的机理

关于数字乡村建设的界定，本节参照王胜等（2021）的研究，即数字乡村建设是现代数字技术重构农业农村发展的过程，涉及优化粮食产业体系、重构粮食生产体系及改造粮食经营体系。数字乡村建设锻铸粮食体系韧性的理论逻辑如图4-2所示。

（1）优化粮食产业体系，提升粮食体系韧性。数字乡村建设借助数字技术加强农村三产融合，提升粮食体系的稳定性。这表现为数字技术对粮食产业链的拓展，形成全产业链发展模式，包括生产、仓储、物流、加工、贸易（刘丽伟、高中理，2016）。数字连通使各产业环节实现专业化生产，推动产业链升级，防止断损风险，重构生产关系和秩序，提升抗冲击能力。数字技术提升粮食信息完整性，增强粮食体系韧性。数字乡村建设通过搭建信息网络平台，提供粮食作物价格和销售市场信息，帮助粮食生产者与贸易商及消费者建立联系（高鸣、王颖，2021），为粮食体系应对市场信息变动和消费升级提供了保障，提高了粮食体系多层次主体对市场风险等外部冲击的抵抗能力。

（2）重构粮食生产体系，提升粮食体系韧性。数字乡村建设通过数字金融基础设施升级，促进资源下沉，降低冲击对粮食安全的影响（易法敏，2021），通过乡村金融基础设施数字化改造，拓宽小规模生产者信贷资源信息渠道，以培育粮食体系韧性。除此之外，数字乡村建设通过推动资源的优化配置，缓解冲击对粮食体系的长期影响（Clark et al.，2020）。

（3）改造粮食经营体系，提升粮食体系韧性。数字乡村建设的目标之一是助力粮食体系应对外部冲击，实现结构调整。粮食体系在受到冲击后需要新技术、新产品，数字乡村建设通过对粮食生产者、经营者、管理者

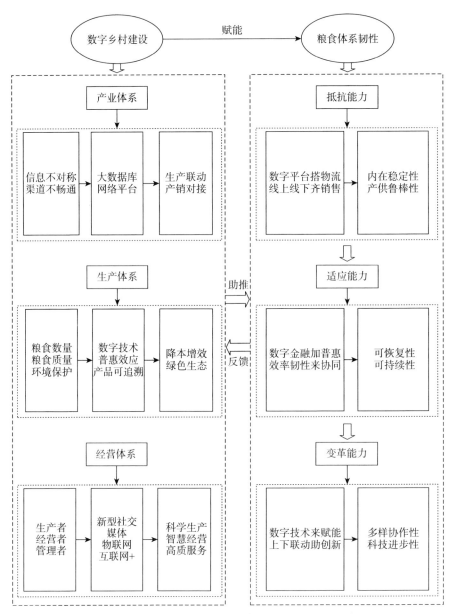

图 4-2 数字乡村建设锻铸粮食体系韧性的理论逻辑

的数字赋能，来推动这一进程（温涛、陈一明，2020）。同时，经营者以物联网等数字技术，精确预测粮食种植、加工、存储、销售各环节，降低粮食生产销售的盲目性。管理者利用"互联网+"，构建综合信息服务平台，推广现代"种养加销"新模式，提升粮食产业创新发展积极性。数字乡村赋能传统粮食体系各层次主体，使其成为"新农人"，懂技术的破解技术瓶颈，懂市场的把握销售前景，懂管理的实现科学运营，有效分工、交叉融合，提高粮食生产、流通效率，助力粮食体系开启新增长路径。基于以上分析，本节提出如下研究假说。

假说：数字乡村建设有助于粮食体系韧性的提升。

三　模型设定、变量说明与数据来源

1. 模型设定

为检验数字乡村建设对粮食体系韧性的影响，本节构建以下基准回归模型：

$$Food_{it} = \alpha_0 + \alpha_1 DR_{it} + \alpha_2 Controls_{it} + \sum Pro_i + \sum Year_t + \varepsilon_{it} \qquad (4-21)$$

其中，$Food_{it}$ 表示省份 i 在 t 年的粮食体系韧性，DR_{it} 为数字乡村建设，$Controls_{it}$ 为控制变量，ε_{it} 为随机扰动项。最后，控制了省份（Pro_i）、年份（$Year_t$）固定效应。

2. 变量说明

（1）被解释变量，粮食体系韧性（$Food$）。针对目前常用的测度系统韧性的韧性指数法（胡志强等，2021）和经济模型（Martin，2012）等存在衡量范围有限的问题，本节使用指标体系法，多层次全面衡量，构建粮食体系韧性综合评价指标体系。以粮食体系韧性演化的三种能力为基准，结合我国粮食体系的脆弱性，从抵抗能力、适应能力和变革能力三个维度设计指标体系。抵抗能力反映减少粮食体系受到的冲击，由内在稳定性和产供鲁棒性等指标构成；适应能力刻画粮食体系原始状态的恢复，使用可持续性和可恢复性等指标反映；变革能力强调自我调整和改变，包括多样协作性、科技进步性等相关指标。各指标具体如表4-44所示。在测度综合指数时，利用熵值法确定指标权重，具体测算步骤见本章第四节。

表 4-44　粮食体系韧性综合评价指标体系

一级指标	二级指标	三级指标（单位）	指标属性
抵抗能力	内在稳定性	耕地面积（千公顷）	正向
		有效灌溉面积（千公顷）	正向
		农村第一产业从业人员数（万人）	正向
	产供鲁棒性	人均粮食产量（公斤）	正向
		粮食生产价格指数（%）	负向
		粮食产量/粮食播种面积（公斤/公顷）	正向
适应能力	可持续性	农药施用量（万吨）	负向
		成灾/受灾面积（%）	负向
		农用塑料薄膜施用量（万吨）	负向
	可恢复性	复种指数（%）	正向
		农业增加值增长率（%）	正向
		农业生产终端电力消费量（亿千瓦时）	正向
变革能力	多样协作性	农业机械总动力（万千瓦）	正向
		农作物种植多样性指数（%）	正向
		农林牧渔服务业增加值（亿元）	正向
	科技进步性	农业科研支出（亿元）	正向
		农业固定资产投资（亿元）	正向
		公有经济企事业单位农业技术人员（万人）	正向

（2）核心解释变量，数字乡村建设（DR）。已有研究在评价数字乡村建设水平时（殷浩栋等，2020），会考虑数字乡村建设对粮食体系韧性的影响，本节从数字乡村信息基础建设、数字乡村金融基础建设、数字乡村服务平台建设三个维度，构建数字乡村建设综合评价指标体系，分别反映传统基础设施信息化、农村金融数字化、农村电子商务发展等情况。具体指标如表 4-45 所示。在测度综合指数时，方法及步骤与粮食体系韧性的测度一致。

表 4-45　数字乡村建设综合评价指标体系

一级指标	二级指标	单位
数字乡村信息基础建设	农村宽带接入用户	万户
	农村居民家庭平均每百户移动电话拥有量	部

一级指标	二级指标	单位
数字乡村金融基础建设	数字普惠金融覆盖广度	—
	数字普惠金融使用深度	—
数字乡村服务平台建设	农村投递路线长度	公里
	淘宝村数量	个

（3）其他变量。为控制其他因素对粮食体系韧性的影响，本节还进一步控制了以下变量：①农村全社会每万人用电量，以控制电力基础设施建设水平（Elec）；②农村公路密度，以控制交通基础设施建设水平（Way）；③水土流失治理面积占比，以控制地区生态环境（Envir）；④第二产业、第三产业增加值之和与地区生产总值之比，以控制地区产业结构（AS）；⑤单位播种面积农用化肥（折纯）施用量，以控制化肥施用量（Huafei）；⑥城镇人口与地区人口之比，以控制人口城镇化率（Urban）。

变量及其度量方式如表 4-46 所示。

表 4-46 变量及其度量方式

变量	变量名称	度量方式
Food	粮食体系韧性	综合评价指标体系，熵值法测算
DR	数字乡村建设	综合评价指标体系，熵值法测算
Elec	电力基础设施建设水平	农村全社会每万人用电量（亿千瓦时）
Way	交通基础设施建设水平	农村公路密度（公里/万人），取自然对数
Envir	地区生态环境	水土流失治理面积/地区面积
AS	地区产业结构	第二产业、第三产业增加值/地区生产总值
Huafei	化肥施用量	单位播种面积农用化肥（折纯）施用量（万吨）
Urban	人口城镇化率	城镇人口/地区人口

3. 数据来源及初步统计分析

本节以我国 31 个省份作为研究样本，样本区间设为 2011~2019 年。相关经济指标均以 2011 年为基期进行消胀处理。变量数据均来源于《北京大学数字普惠金融指数》和相关统计年鉴。为避免异常值影响结果可信度，进行描述性统计（见表 4-47）。结果显示未发现异常值，VIF 均小于 10，多重共线性问题不存在，说明数据质量较好；标准差均小于均值，说明数据稳定性较好。粮食体系韧性标准差为 0.1123，抵御波动及适应性能力较差。数字乡村建设标准差为 0.1401，各省份间数字乡村建设水平差距较大。

表 4-47　变量的描述性统计

变量	样本量	均值	标准差	最小值	最大值	VIF
Food	279	0.2515	0.1123	0.0916	0.4558	0.0349
DR	279	0.3151	0.1401	0.1432	0.5733	1.2727
Elec	279	0.1137	0.1045	0.0330	0.3199	2.9559
Way	279	2.9910	0.5759	1.9138	4.3940	0.0349
Envir	279	9.3901	8.1987	0.7505	23.4467	1.1211
AS	279	0.9013	0.0524	0.7416	0.9972	1.8744
Huafei	279	0.0376	0.0142	0.0112	0.0800	1.4172
Urban	279	0.5666	0.1314	0.2270	0.8960	2.4829

　　本节制作了数字乡村建设与粮食体系韧性的散点图，显示二者正相关（见图 4-3）。

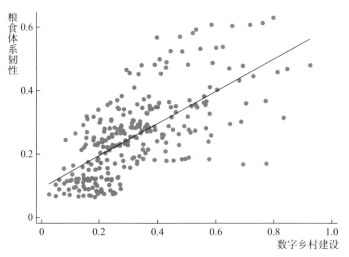

图 4-3　数字乡村建设与粮食体系韧性的相关性拟合曲线

四　数字乡村建设影响粮食体系韧性的实证分析

1. 基准回归结果分析

表 4-48 是数字乡村建设对粮食体系韧性影响的基准回归结果，豪斯曼检

验后决定使用固定效应模型。模型仅控制年份及省份的固定效应,数字乡村建设的系数显著为正。控制相关变量后,结论保持不变。说明数字乡村建设推动产业链延伸、拓展,增强冲击反应能力,促进商品和要素流动,增强冲击后革新能力,从而提升粮食体系韧性。电力基础设施建设水平、地区生态环境、人口城镇化率、地区产业结构和化肥施用量对粮食体系韧性有影响。电力基础设施水平的提高和地区生态环境的优化可提升粮食体系韧性;人口城镇化率对粮食生产规模化经营可能有利;化肥施用量过多降低粮食体系韧性;交通基础设施建设水平对粮食体系韧性的影响不显著。

表 4-48 数字乡村建设对粮食体系韧性的影响——基准回归

变量	(1)	(2)	(3)
	固定效应模型	固定效应模型	随机效应模型
DR	0.2009***	0.1587***	0.1656***
	(0.0341)	(0.0410)	(0.0412)
Elec		0.1030**	0.1110
		(0.0507)	(0.0736)
Envir		0.0002*	0.0000
		(0.0001)	(0.0003)
AS		-0.3061***	-0.4548***
		(0.1092)	(0.1332)
Huafei		-0.7103**	-0.2346
		(0.3531)	(0.6180)
Way		-0.0082	-0.0108
		(0.0070)	(0.0080)
Urban		0.2396***	0.1178
		(0.0865)	(0.0846)
省份固定效应	控制	控制	
年份固定效应	控制	控制	
常数项	0.0480***	0.2070*	0.5750***
	(0.0063)	(0.1140)	(0.1240)
样本量	279	279	279
R^2	0.9883	0.9893	

注:*、**、***分别表示在10%、5%、1%的水平下显著,括号内为稳健标准误。

2. 稳健性检验与内生性问题缓解

（1）替换模型。考虑到本节测度的粮食体系韧性（被解释变量）取值为 0~1，符合 Tobit 模型条件，故使用 Tobit 模型重估基准模型，并且同样使用固定效应。表 4-49 中第（1）列为 Tobit 模型的估计结果。对比 Tobit 模型和基准模型估计结果，数字乡村建设估计系数符号保持不变。更换模型后的估计结果与基准回归结果的结论一致。

（2）剔除直辖市样本。考虑到直辖市在农村劳动力非农化程度、农业政策扶持、农业经济发展水平、农业现代化发展速度等方面都明显有别于其他省份，本节剔除北京、重庆、上海、天津 4 个直辖市样本，并使用剩下的 243 个样本进行参数估计。结果如表 4-49 第（2）列所示，在考虑控制变量和固定效应之后，数字乡村建设估计系数在 1% 的水平下显著为正。

（3）内生性问题缓解与工具变量。虽然已控制关键变量，但遗漏变量仍可能导致估计偏误，使粮食体系韧性难以有效识别。因此，本节尝试采用工具变量法缓解内生性问题。选择滞后一期的互联网普及率（与时间有关）分别与 1984 年每万人固定电话数量和每百人邮电业务量（与个体变化有关）的交乘项作为数字乡村建设的工具变量。邮电布局影响互联网发展，间接影响数字乡村建设，但对粮食体系韧性影响小。因此，使用 1984 年固话数量（$IV1$）和邮电业务量（$IV2$）作为数字乡村建设的工具变量。同时，研究数据为平衡面板数据，需考虑使用固定效应模型。参考赵涛等（2020）的处理方式，本节使用滞后一期的互联网普及率与 1984 年每万人固定电话数量和每百人邮电业务量的交乘项作为工具变量，进一步分析了数字乡村建设对粮食体系韧性的影响，其结果在表 4-49 的第（3）、（4）列。RKF 检验结果表明无弱工具变量问题，过度识别检验的 p 值（0.7838）满足外生性假设，验证了工具变量的有效性。在此情况下，本节主要结论仍然成立。因此，本节认为，前文假说成立。

表 4-49　稳健性检验与内生性问题缓解

| 变量 | （1） | （2） | （3） | （4） |
	Tobit 模型	剔除直辖市样本	工具变量回归	工具变量回归
DR	0.1835 ***	0.1628 ***	0.3451 ***	0.2860 ***
	（0.0665）	（0.0405）	（0.0725）	（0.0759）

续表

变量	（1）	（2）	（3）	（4）
	Tobit 模型	剔除直辖市样本	工具变量回归	工具变量回归
常数项	0. 3305*	0. 4669***	0. 3518***	0. 3161***
	（0. 1706）	（0. 1022）	（0. 1097）	（0. 1070）
IV1			2. 0010**	
			（0. 9680）	
IV2				0. 0044***
				（0. 0009）
RKF 检验			24. 2748	21. 4870
样本量	279	243	279	279
R²		0. 9875	0. 9876	0. 9884

注：*、**、***分别表示在 10%、5%、1%的水平下显著；括号内为稳健标准误；控制变量、省份固定效应、年份固定效应均已控制；工具变量回归中为第一阶段回归结果。

3. 数字乡村建设对粮食体系韧性影响的进一步分析

首先，本节研究数字乡村建设对粮食体系韧性的影响，并将其分解为三个维度：数字乡村信息基础建设、数字乡村金融基础建设、数字乡村服务平台建设。通过比较这些维度在粮食体系韧性培育中的作用，评估数字乡村建设对粮食体系韧性的影响。

表 4-50 提供了数字乡村建设三个维度对粮食体系韧性的影响，结果表明，数字乡村信息基础建设（Xx）对粮食体系韧性的提升效应会随时间的增加而衰减，而数字乡村金融基础建设（Jr）和数字乡村服务平台建设（Fw）的粮食体系韧性锻铸效应更持久。因此，后续数字乡村建设需要加强对信息基础建设的关注，如搭建数字金融服务平台和电子商务服务平台，以提升粮食体系韧性和粮食安全保障水平。

表 4-50　数字乡村建设对粮食体系韧性的动态叠加影响——指标降维

变量	（1）	（2）	（3）	（4）
	固定效应模型	固定效应模型	固定效应模型	固定效应模型
数字乡村信息基础建设				
Xx	0. 0855**			
	（0. 0433）			

续表

变量	（1）	（2）	（3）	（4）
	固定效应模型	固定效应模型	固定效应模型	固定效应模型
L1. Xx		0.1194 * （0.0615）		
L2. Xx			0.1216 （0.0745）	
L3. Xx				0.0812 （0.0761）
R^2	0.9802	0.9846	0.9896	0.9917

数字乡村金融基础建设

变量	（1）	（2）	（3）	（4）
Jr	0.0749 *** （0.0077）			
L1. Jr		0.0632 *** （0.0088）		
L2. Jr			0.0501 *** （0.0111）	
L3. Jr				0.0458 *** （0.0126）
R^2	0.9874	0.9888	0.9900	0.9923

数字乡村服务平台建设

变量	（1）	（2）	（3）	（4）
Fw	0.0674 *** （0.0215）			
L1. Fw		0.0696 *** （0.0253）		
L2. Fw			0.0998 *** （0.0327）	
L3. Fw				0.1231 *** （0.0366）
R^2	0.9874	0.9888	0.9900	0.9923
样本量	279	248	217	186

注：*、**、***分别表示在10%、5%、1%的水平下显著；括号内为标准误；控制变量、省份固定效应、年份固定效应均已控制；L1、L2、L3分别表示各变量的滞后1期、2期、3期处理。

其次，本节将农村三产融合水平作为分组分析的依据。考虑到数字信息技术在农业农村领域的应用本身也是农村三产融合发展的一种表现形式且与农村三产融合中的技术渗透型融合模式相对应，本节进一步以农村三产融合指数为依据，将全国各省份分为农村三产融合水平较高的地区和较低的地区。根据表4-51第（1）、（2）列，在农业产业发达的地区，数字乡村建设与农村三产融合更为顺畅，能提升粮食体系韧性。数字乡村建设是农业现代化的重要战略，与农村三产融合有协同效应。农村三产融合的深化，使农业产业链、供应链、价值链、创新链优化，与数字乡村建设促进产业共生、为农服务的效能形成优势互补，提升粮食体系韧性。

本节根据流通数字化发展指数[①]，将各省份分类为流通数字化高水平省份和流通数字化低水平省份，后者数字技术在农业农村领域的应用较浅。研究发现，数字乡村建设在流通数字化高水平地区对粮食体系韧性有显著影响。因此，数字乡村建设通过流通数字化场景应用，如物流基础设施配置优化、电子商务，释放数字技术的影响，为粮食体系韧性的提升提供支持。

表4-51　数字乡村建设与粮食体系韧性——异质性分析结果

变量	（1）	（2）	（3）	（4）
	农村三产融合高水平	农村三产融合低水平	流通数字化高水平	流通数字化低水平
DR	0.2342 ***	0.1860 **	0.1739 ***	0.1077
	(0.0623)	(0.0935)	(0.0398)	(0.0667)
常数项	0.3106	0.4480 ***	0.7314 ***	0.6245
	(0.2145)	(0.1624)	(0.2441)	(0.4044)
样本量	135	144	96	90
R^2	0.9853	0.9835	0.9941	0.9926

注：** 、*** 分别表示在5%、1%的水平下显著；括号内为稳健标准误；控制变量、省份固定效应和年份固定效应均已控制；由于流通数字化发展指数中部分数据从2014年开始统计，因此第（3）、（4）列中所用数据的样本期为2014~2019年。

五　研究结论与政策建议

数字乡村建设对粮食体系韧性具有显著正向影响。进行内生性问题缓解及稳健性检验后，结论依然成立。通过具体实证检验可以发现，数字乡

---

① 流通数字化发展指数选取电子商务销售额、电子商务发展指数、批发零售比率、流通业增加值作为相关指标，使用熵值法测算。

村金融基础建设和数字乡村服务平台建设在较长时间内对粮食体系韧性的提升均有显著促进作用。当农村三产融合水平和流通数字化水平相对较高时，数字乡村建设对粮食体系韧性提升的促进效应更强。

根据上述研究结论，本节得出以下政策启示。首先，应将建立具有韧性的粮食体系作为首要政策目标。构建具有韧性的粮食体系可以提高粮食安全系统的适应力，并增强其对冲击的抵抗力，从而实现更优质的粮食供应保障。其次，强调数字乡村建设策略在增强粮食体系韧性、提升粮食安全系统抗冲击能力方面的重要作用。我国正在积极推进数字乡村建设，以促进农业高质量发展。本节为政府提供了有价值的启示，以便从粮食产业发展的安全性和鲁棒性方面进行政策制度设计。一是必须合理指导数字乡村的建设，通过数字技术的应用，为粮食安全系统抵御冲击提供必要的支援。二是应利用数字技术加速建立应急管理体系，以强化农业农村的应急管理能力，避免粮食生产关系遭受严重破坏。三是进一步培育多样化农产品服务平台，结合流通数字化改造，形成线上线下融合、粮食进城与农资下乡的双向流通格局。通过引入先进的数字技术，提高农产品的供应链效率，降低物流成本，推广农业科技和现代化种植方法，推进乡村振兴。四是高度重视释放农业农村优先发展的政策红利，特别是通过推动数字乡村建设和农村三产融合，实现粮食产业的纵向延伸、横向拓展和数字技术的渗透，从而增强在常态化冲击下粮食安全系统的应对和适应能力。

第八节　农村三产融合、数字金融与县域经济韧性

一　引言

县域经济作为城市经济和农村经济的联结点，其增长方式、发展速度和效益的优化对于助推乡村振兴、优化经济结构、促进新型城镇化等具有关键性作用（黄祖辉等，2022）。

新发展格局下，增强经济韧性被用来应对外部不确定性与内部经济动能转换的压力，此特质已成为推动经济高质量发展的重要因素之一（徐圆、邓胡艳，2020）。在经历了长期的粗放发展模式后，县域经济虽然展现出了不少"高光亮点"，但也显现出了发展不均衡、产业偏低端、同质化严重等

发展问题。增强县域经济发展的韧性，应对日益增加的不确定性冲击，是确保县域作为中国新型城镇化的重要载体，以及在新发展格局下进一步发挥其城乡资源配置优化作用、新旧动能更替催化作用的重要保障。

鉴于此，本节深入探讨县域经济韧性的实质与理论意义，并构建一套适用于中国县域经济韧性的综合评价指标体系，以此为基础，进一步从农村三产融合与数字金融的视角揭示县域经济韧性的成因。相比已有研究，本节可能的创新之处在于：基于演化经济理论构建一套县域经济韧性培育的理论逻辑框架，从提升县域经济韧性的角度出发，给出一个扩大内需、承接产业转移、增加就业、推动乡村振兴，尤其是促进产业兴旺的切入点，最终达成经济高质量发展的目标。

二　经济韧性和数字金融综述

1. 经济韧性的相关研究

经济韧性可以被定义为经济系统在面对冲击时，抵抗和吸收这种影响的能力，以及适应和拓展新的增长路径，实现系统长期发展的能力（Boschma，2015）。尽管经济韧性一直是一个模糊的概念，缺乏一个明确的定义（Martin and Sunley，2020），但经济韧性的演化轨迹与地区差异仍引起了学者们的兴趣。在风险冲击常态化和世界经济波动日益频繁的环境下，经济韧性关乎经济系统应对和适应各种冲击、干扰的能力（刘晓星等，2021），金融危机、公共卫生危机、自然灾害和技术革命等均是经济韧性相关研究的考量之处。而在新冠疫情暴发后，经济韧性与经济学其他领域之间的关联性以及如何测度和提高经济韧性，愈发成为经济学领域的重要议题。

经济韧性的测度方法可大致划分为三大类。第一类是基于经济韧性某特质内涵的单一指标法；第二类是基于经济韧性指标架构的综合指标体系法；第三类是基于特定核心变量的计量模型法。单一指标法着力于捕捉经济韧性内涵的某一层面，例如，Guillaumont（2009）将脆弱性指标作为国家经济韧性的代理变量；苗长虹等（2018）使用恢复力指标考察了中国资源型城市经济韧性的演化特征。综合指标体系法与单一指标法不同，其涵盖的信息更为全面，综合性特征使其能更好地表征经济韧性。代表性的成果，如 Briguglio 等（2009）从宏观经济稳定、微观市场效率与社会公共服务等维度构建了一揽子指标衡量国家经济韧性；之后有学者从不同维度构建了多种指标体系来评价经济韧性（齐昕等，2019）。尽管综合指标体系法在经济韧性评价中被广泛采纳，但对区域经济韧性的公认和合理的指标及其权重，目前仍未达成一致。部分文献利用经济系统对冲击的反应进行计量模型构建，通过比较实际变化与预期变化评估区域经济韧性（Doran and Fingleton，2018）。

研究表明，产业结构较为单一的地区往往经济韧性较差；相反，多元化特征明显的地区，虽然短期经济效率可能较低，但往往具有良好的经济韧性（Brown and Greenbaum，2017）。关于产业结构与经济韧性的研究，反映出经济短期增长和经济韧性之间可能存在一定程度的权衡取舍关系（Adger，2010）。文化因素（Huggins and Thompson，2015）、政府政策和制度环境（Kakderi and Tasopoulou，2017）同样是影响经济韧性的重要因素，但目前缺少有效的实证分析工具。

2. 数字金融的相关研究

已有关于金融与经济韧性的研究仍属于产业结构的研究范畴。Davies（2011）以欧洲国家为研究对象，发现金融业占比高的地区经济韧性显著较好，以制造业为支柱的地区经济韧性表现较差。Xu 和 Warner（2015）对美国各州的研究结果也支持该结论。而关于数字金融与经济韧性之间关系的研究，则与主流研究相反，这些研究超越了以结构为中心的观点，转而强调融合在培育经济韧性中的积极作用。区别于传统金融业态，数字金融是金融与信息科技深度融合的产物。崔耕瑞（2021）研究发现，数字金融通过提高资本配置效率和缩小城乡收入差距，以兼顾效率和公平的方式提升地区经济韧性；胡艳等（2022）提出，技术创新和就业创造是数字金融影响经济韧性的传导路径。关于数字金融与经济韧性关系的研究之所以具有吸引力，原因在于数字金融具有调整经济结构、稳定经济发展、推动经济创新的巨大潜力，而这与冲击对经济运行模式产生的影响密切相关。

已有研究关注国家、地区经济韧性，但忽略了县域经济韧性，这对区域经济韧性建设构成挑战。在县级层面对经济韧性培育的影响因素和农村三产融合韧性治理效应进行分析的研究较少。因此，本节基于韧性经济理论和中国县域面板数据，研究农村三产融合、数字金融与县域经济韧性的关系，为提升我国县域经济韧性提供建议。

三　机理分析与研究假说

关于县域经济韧性的定义，主流经济学仅有一些基础性的思路可供参考。学界目前主要基于演化经济理论来界定经济韧性的内涵，根据该领域代表性学者 Martin 和 Sunley（2015）的研究，经济韧性包含四个维度：①经济对冲击的敏感性和暴露度；②对冲击的抵抗能力；③衰退恢复的能力；④冲击后适应新发展路径的变革能力。此概念强调经济韧性是适应调整能力，为学者所接受。本节亦采用该概念，将县域经济韧性理解为，县域经济体系通过内部组织结构调整来实现冲击的抵御和恢复，以及通过重新配置资源要素向新增长路径变革实现适应性发展的能力。

1. 农村三产融合影响县域经济韧性的机理

本节将以农村三产融合为视角，对县域经济的韧性问题展开深入探讨，因为县域经济是以农村经济为主导的城乡融合型经济，且其产业结构在很大程度上体现出农业和工业的特性。本节参照江泽林（2021）的研究，认为农村三产融合对县域经济韧性的影响主要体现为以下四种效应（见图4-4）。

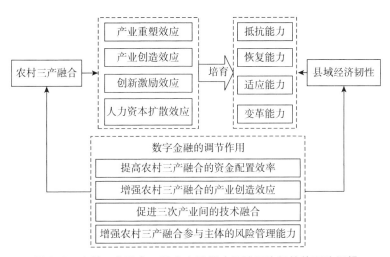

图4-4　农村三产融合、数字金融影响县域经济韧性的理论逻辑

（1）农村三产融合具有产业重塑效应，有利于县域产业风险分散。农

村三产融合有助于以农业价值链为核心重塑产业链，拓宽县域产业广度，缓解县域经济过于依赖具有较高收入弹性的农业的问题，从而减少可能面对的强烈生产率冲击或价格收入的剧烈波动，提升县域经济发展的鲁棒性。其内在逻辑是，三次产业具有不同的需求弹性、要素密集度、出口导向和外部竞争风险，农村三产融合能够在产业重塑效应的作用下产生更多样化的投资组合，而具有多样化集聚特征的经济系统的冲击吸收能力往往较强（Cainelli et al.，2019）。农村三产融合多样化集聚的"自动稳定器"特征，能够降低县域经济面对冲击的脆弱性和风险的暴露程度，增强县域经济的风险吸收能力和冲击抵抗能力。此外，产业链纵向延伸下的产业集聚，有利于形成产业外部规模经济。由于经济规模通常代表了巨量资源动员能力和可替换的系统冗余，因而为县域生产关系和经济秩序的恢复与重构营造了空间。Brown 和 Greenbaum（2017）在分析美国俄亥俄州如何应对 1977 年以来的多次经济危机时发现，俄亥俄州各县域在冲击中展现出的经济韧性具有显著差异，而这种差异能够用产业结构和产业重塑程度的不同来解释。王鹏飞和李红波（2022）在对江苏省在 2008 年国际金融危机中所表现出的经济韧性进行分析时，认为产业重塑效应通过刺激现有核心产业的生产诱发性进而实现经济体系的高韧性。

（2）农村三产融合具有产业创造效应，有利于县域产业智能化数字化改造。一方面，农村三产融合带来多样化的产业部门，通过产业数字化改造，引致差异化的消费需求，保障生产点与需求点的有效对接；另一方面，一个产业结构狭窄的县域，受限于专门的生产活动，不仅容易受到来自特定部门冲击的影响，重新定位发展模式的机会也有限，也就难以在冲击发生后进行发展路径的适应性调整。而产业结构单一的经济体系，通常经济韧性较差（Xu and Warner，2015）。农村三产融合通过丰富县域产业门类，释放生产的范围经济，提高资源的配置效率，创造出更多不同类型的产品来满足消费者需求。由于产业创造效应，县域经济在受到冲击后能够更快地实现适应性调整，并获得可持续的经济韧性。

（3）农村三产融合具有创新激励效应，有利于促进县域地区产业创新。根据经济韧性的内涵，县域经济需要以冲击为契机走上一条新的均衡增长路径，其中创新是关键性适应因素。农村三产融合将通过促进技术溢出和创新来推动这一进程。一方面，农村三产融合与技术创新高度相关。农村三产融合源于产业间界限的模糊，产业壁垒的降低提高了企业间的替代性和竞争程度，依靠新技术取得垄断利润的时间减少，由此产生的创新激励效应不断促使技术创新或模仿的产生（周振华，2003），为县域经济更新增长路径提供更多创新产品和服务。另一方面，附着高质量知识资本的产业嵌入传统产业价值链，为县域产业带来技术和知识溢出效应，推动形成协作、分工、竞争的创新网络，促进新企业、新技术、新产品、新模式、新产业的出现。

（4）农村三产融合具有人力资本扩散效应，有利于提升县域从业人员综合技能。经济体系在遭受冲击后所释放的劳动力资源再被本地同行业吸纳的可能性较低，更有可能在区域间和产业间流动（Holm and Østergaard，2015）。而农村三产融合为吸收和转移劳动力提供了有利条件，从而缓解县域经济遭受冲击后所引发的劳动力需求波动。农村三产融合产生的"共享劳动力池"，增加了劳动要素在供给端和需求侧的匹配数量，也提升了匹配质量，以就业创造的形式提升县域经济的就业上限，并外延其生产可能性边界。此外，农村三产融合不仅为县域劳动力提供更多就业机会，而且带来更多的专业技能培训学习，有利于县域人力资本的深化，提高地区产业生产效率的同时也为城乡融合发展提供人力资源基础，这种溢出效应通常表现为由人力资本扩散所引起的经济效应和资源再配置效应。Martin 等（2015）通过经济韧性的阶段循环模型提出，冲击会导致创造性破坏和资源释放，资源再配置能力越强的地区，越有可能快速恢复经济增长并产生新的生产活动，且更有可能形成新的比较优势。

2. 数字金融对农村三产融合韧性治理效应的调节

数字金融指利用数字技术实现投融资、支付交易和其他新型金融业务模式（黄益平、黄卓，2018）。金融与三次产业之间有较高的关联度，而数字金融作为金融与科技深度融合的产物，在农村三产融合中具有重要的媒介作用（崔耕瑞，2021）。

（1）数字金融提高农村三产融合的资金配置效率，改善县域经济发展的要素匹配。数字金融扩大竞争性金融供给，支持农村三产融合，促进规模经济产生，影响产业联动。数字金融运用大数据等信息技术，影响生产要素组合。传统生产函数结合数字金融，产生新生产方式，促进要素配置系统优化、要素流动优化、劳动要素和资本配置效率提升。数字金融推动劳动要素跨域配置，产生协同效应。融合数据基因和金融属性的数字金融优化生产要素配置。数字金融推动农村三产融合要素加快流动，优化县域产业链生产要素配置。

（2）数字金融增强农村三产融合的产业创造效应，促进县域产业结构调整。数字金融优化资本配置，推动农村三产融合结构升级，催生循环农业、文化农业、智慧农业、创意农业等新业态，激活农村要素活力，创造农村三产融合效应，推动农业产业结构升级。

（3）数字金融促进三次产业间的技术融合，增强农村三产融合对县域科技创新的溢出效应。创新要素在农村三产融合中的渗透受限于供给和采纳意愿。数字金融可缓解融资约束，增加创新要素供给。数字金融在生物育种等创新领域作用显著，是推动农村三产融合创新的关键。数字金融降低新技术交易成本并提高采纳意愿。例如，数字金融为农村电商发展创造条件，推动技术推广和采纳。

（4）数字金融增强农村三产融合参与主体的风险管理能力，赋能县域经济发展韧性提升。数字金融结合 AI、区块链、大数据、5G 等新兴科技提升金融市场交易风险信息获取能力，打破农村三产融合主体间及金融机构间信息壁垒，准确识别借款人或企业风险。数字金融支持的产业链风险管理能够增强农村三产融合参与主体风险管理能力，提升信贷可得性，助推农村三产融合深化。

根据以上分析，本节提出如下假说。

假说 1：农村三产融合有助于县域经济韧性的提升。

假说 2：数字金融在农村三产融合影响县域经济韧性过程中发挥正向调节作用。

四　模型设定、变量说明与数据来源

1. 模型设定

为检验农村三产融合对县域经济韧性的影响，本节构建如下基准回归模型：

$$CER_{it} = \alpha_0 + \alpha_1 IC_{it} + \alpha_2 Controls_{it} + \theta_i + \lambda_t + \varepsilon_{it} \qquad (4-22)$$

其中，CER_{it} 表示县域 i 在 t 年的经济韧性，IC_{it} 为农村三产融合水平，$Controls_{it}$ 为控制变量，ε_{it} 为随机扰动项。最后，加入了县域固定效应 θ_i，以控制不随时间变化的个体因素；年份固定效应 λ_t，以控制不随个体变化的时间因素。

2. 变量说明

（1）被解释变量，县域经济韧性（*CER*）。目前，常用于经济韧性评价的方法包括：单一指标法（苗长虹等，2018）、韧性指数法（Martin，2012）和综合指标体系法（齐昕等，2019）。但单一指标法和韧性指数法均存在衡量范围有限的问题，考虑到经济韧性强调经济体在遭受冲击之后所做出的反应，以及经济复苏、结构调整和更新增长路径的能力，本节使用综合指标体系法，系统构建县域经济韧性的综合评价指标体系，并在后续的稳健性检验中使用韧性指数法。根据县域经济韧性的四种能力（抵抗、恢复、适应、变革），本节构建了相应的综合评价指标体系，其中抵抗能力反映降低暴露程度和承受受损程度，由风险吸收能力和风险抵抗能力指标衡量；恢复能力反映恢复初始状态的能力，由宏观经济增长和宏观经济稳定指标表示；适应能力描述自我适应和调整，由适应组织能力和要素配置能力指标衡量；变革能力涉及开辟新的发展路径，涵盖科技进步能力、现代化发展能力指标。各指标具体如表 4-52 所示。

表 4-52　县域经济韧性综合评价指标体系

一级指标	二级指标	三级指标（单位）	指标属性
抵抗能力	风险吸收能力	居民储蓄存款余额（亿元）	正向
		人均粮食产量（公斤）	正向
	风险抵抗能力	出口额占 GDP 比重（%）	负向
		第二产业增加值占比（%）	负向
恢复能力	宏观经济增长	人均 GDP（万元）	正向
		农村居民人均可支配收入（万元）	正向
	宏观经济稳定	GDP/社会消费品零售总额（%）	正向
		财政自给率（%）	正向

续表

一级指标	二级指标	三级指标（单位）	指标属性
适应能力	适应组织能力	人均财政支出（元/人）	正向
		每万人卫生机构床位数（张）	正向
	要素配置能力	GDP/全社会固定资产投资额（%）	正向
		人口城镇化率（%）	正向
变革能力	科技进步能力	人均财政科技支出（万元）	正向
		每万人专利申请授权量（项）	正向
	现代化发展能力	第三产业增加值占比（%）	正向
		互联网宽带接入用户数（户）	正向

注：国家知识产权局每年都发布中国省级区域的专利数据，对于面广量大的县域却很难得到准确的数据，特别是以区为单位的县域，通过邮政编码进行统计时往往会因为行政区划的调整而无法得到准确的信息，本节中专利数据主要通过三种途径获得并通过交叉验证以尽量确保其准确度，一是通过国家知识产权局发放调查统计表回收获得，二是通过专利信息平台检索获得，三是通过各地在网上发布的统计信息获得。

在测度综合指数时，利用熵值法确定指标权重，具体测算步骤见本章第四节。

（2）解释变量，农村三产融合水平（IC）。农村三产融合影响县域经济韧性，表现在产业重塑、创造、激励、要素匹配等方面，依据研究，本节构建农业纵向产业链延伸、农业横向多功能拓展、农业新业态培育、农业与服务业融合、农业新技术全面融合等五个一级指标，具体指标选取如表4-53所示。在测度综合指数时，方法及步骤与县域经济韧性的测度一致。

表4-53　农村三产融合综合评价指标体系

一级指标	二级指标	单位
农业纵向产业链延伸	农用机械总动力	万千瓦
农业横向多功能拓展	乡村第二、第三产业从业人员数/乡村就业人员数	%
农业新业态培育	设施农业占地面积	%
农业与服务业融合	农林牧渔服务业增加值/第一产业增加值	%
农业新技术全面融合	淘宝村数量	个

（3）其他变量。为控制其他因素对县域经济韧性的影响，本节还进一步控制了以下变量：规模以上工业企业总产值的自然对数值，以控制产业规

模化程度（MS）；每万人社会福利收养性单位床位数的自然对数值，以控制社会福利水平（SFL）；金融机构人民币各项贷款的自然对数值，以控制金融发展水平（FD）。普通中、小学在校学生数与常住人口数之比，以控制人力资本投资（HRI）；常住人口数与土地面积之比，以控制人口密度（AGG）；政府一般公共预算财政支出与 GDP 之比，以控制政府干预程度（GOV）。

3. 数据来源及统计分析

本节研究选择中国 2014~2020 年 1739 个县域的面板数据，数据主要来源于《中国县域统计年鉴》和各县域的国民经济和社会发展统计公报等。针对部分缺失数据，本节采用移动加权平均法进行填补，以提升数据的完整性和准确性。同时，为了消除不同单位对回归数据的影响，保证数据的一致性和可比性，采用极差法对相关变量进行标准化处理。所有名义变量均通过价格指数处理（以 2014 年为基期）得到实际值[①]，并且将绝对值变量取自然对数处理，以降低异方差对估计结果的影响。此外，因国家统计局 2019 年之后不再公布固定资产投资价格指数，本节参考清华大学中国经济思想与实践研究院（ACCEPT）宏观预测课题组等（2022）的研究，基于2014~2019 年固定资产投资价格指数数据，通过建立回归模型进行样本外预测，估算 2020 年的固定资产投资价格指数。

表 4-54 为变量的描述性统计。为了确保估计结果的准确性，对各个变量进行了描述性统计。经过统计分析，未发现任何异常值的存在。此外，多重共线性检验显示，各变量的方差膨胀因子（VIF）值均小于 10，这表明不存在多重共线性问题，数据在统计上具有较高的质量。可以看出，各变量的标准差小于均值或与均值差别不大，说明数据具有较好的稳定性。从县域经济韧性指标来看，样本均值为 0.0513，表明整体县域经济抵抗扰动和适应的能力仍较差。因此，在冲击常态化背景下，推动县域经济高质量发展工作的开展，需要重视县域经济韧性的培育。从农村三产融合水平来看，样本均值为 0.0144，最小值和最大值分别为 0.0011 和 0.5638，反映了各县域之间农

---

① "第一产业增加值"以农业总产值指数、"农林牧渔服务业增加值"以农业生产资料价格指数、"GDP、人均 GDP、第三产业增加值、财政支出、人均财政收入"以 CPI 指数、"社会消费品零售总额"以商品零售价格指数、"全社会固定资产投资额"以固定资产投资价格指数、"农村居民人均可支配收入"以农村居民消费价格指数、"规模以上工业企业总产值、第二产业增加值"以工业生产者出厂价格指数分别剔除价格因素影响。

村三产融合水平差距较大的事实。

表 4-54　变量的描述性统计

变量	样本量	均值	标准差	最小值	最大值	VIF 值
CER	12173	0.0513	0.0210	0.0144	0.2859	0.0536
IC	12173	0.0144	0.0175	0.0011	0.5638	1.2483
MS	12173	13.7757	1.7251	4.6332	18.3414	2.2121
SFL	12173	3.2507	0.8948	-3.4468	6.1688	1.0701
FD	12173	13.6026	0.9692	8.2076	18.4145	2.0231
HRI	12173	0.1176	0.0416	0.0061	1.4360	1.0512
AGG	12173	0.0308	0.0310	0.0021	0.4225	1.4162
GOV	12173	0.2875	0.2234	0.0000	3.0181	1.8545

五　农村三产融合影响县域经济韧性的实证分析

1. 基准回归结果分析

表 4-55 针对农村三产融合和县域经济韧性的基准关系进行了实证检验。对于使用何种估计方法，豪斯曼（Hausman）检验发现，选用固定效应模型进行参数估计是较为合理的。第（1）列结果表明，农村三产融合对县域经济韧性具有显著的正向影响。第（2）~（5）列进一步分析了农村三产融合对县域经济韧性各维度的影响效应，结果表明，农村三产融合能够显著提升县域经济的抵抗能力、适应能力、恢复能力和变革能力。

此外，关于各控制变量，人力资本投资（HRI）、人口密度（AGG）、金融发展水平（FD）的估计系数显著为正，政府干预程度（GOV）对县域经济适应能力和变革能力具有显著正向影响。可能的解释是，在遭遇外部冲击后，政府对县域经济的调控有利于加速经济系统内部资源的重新整合，推动产业结构调整，助力产业变革。产业规模化程度（MS）估计系数显著为正，说明规模经济有利于提升县域经济韧性。社会福利水平（SFL）对恢复能力的估计系数显著为正，说明良好的生产生活条件为县域经济韧性的恢复提供了一定的物质基础。

表 4-55　农村三产融合对县域经济韧性的影响：基准回归检验

变量	（1）县域经济韧性	（2）抵抗能力	（3）恢复能力	（4）适应能力	（5）变革能力
IC	0.0374***	0.1778***	0.0209**	0.1553***	0.0646***
	（0.0121）	（0.0403）	（0.0104）	（0.0332）	（0.0193）
MS	0.0005***	-0.0008***	0.0005***	0.0028***	0.0002**
	（0.0001）	（0.0001）	（0.0001）	（0.0003）	（0.0001）
SFL	-0.0004***	-0.0003	0.0006**	-0.0024***	-0.0004**
	（0.0001）	（0.0003）	（0.0003）	（0.0006）	（0.0002）
FD	0.0016***	0.0029***	0.0020***	-0.0046***	0.0033***
	（0.0004）	（0.0008）	（0.0005）	（0.0018）	（0.0005）
HRI	0.0259***	0.0310***	0.0214***	-0.0039	0.0392***
	（0.0067）	（0.0117）	（0.0069）	（0.0384）	（0.0073）
AGG	0.2597***	0.1059	0.0331	1.0236***	0.1659***
	（0.0255）	（0.0696）	（0.0208）	（0.0983）	（0.0349）
GOV	-0.0009	-0.0037	-0.0246***	0.0240***	0.0062***
	（0.0012）	（0.0030）	（0.0028）	（0.0034）	（0.0013）
常数项	0.0093*	0.0190	0.0065	0.1098***	-0.0354***
	（0.0052）	（0.0121）	（0.0080）	（0.0236）	（0.0060）
样本量	12173	12173	12173	12173	12173
R^2	0.8915	0.9127	0.7443	0.8445	0.8572

注：*、**、*** 分别表示在 10%、5%、1% 的水平下显著；括号内为稳健标准误。

2. 稳健性检验与内生性问题缓解

（1）改变县域经济韧性测算方法。韧性指数法是针对经济系统对外部冲击的反应程度，关注 GDP 增长率与失业率等核心变量的方法，通过计算冲击后的缺口，反映经济系统的韧性。从县域宏观层面看，冲击较多，且影响县域经济结构的转变。本节选择 2014 年各县域夜间灯光亮度增长率为基准状态，测算各年与基准状态的差值，以此评价县域经济韧性，并将此时的变量符号改为 DN。一方面，以夜间灯光数据作为反映冲击的核心变量，可以降低 GDP 统计数据偏差对经济韧性评价的影响；另一方面，夜间灯光数据已被越来越多的学者用以监测区域经济增长率的真实性（徐康宁等，2015）。中国县域夜间灯光亮度与经济活动规模位序分布相符，能体现其经济系统抵抗冲击的能力。改变测算方法后，农村三产融合对县域经济韧性的影响效应与基准回归结论一致。

（2）剔除直辖市县级样本。从行政级别、资源分配优先权以及政策优势所带来的产业机会来看，直辖市的县级地方政府与其他地区存在显著的区别。为排除这种政策制度差异可能带来的影响，本节对北京、重庆、上海、天津四个直辖市的县域样本进行了剔除，并使用剩余的12026个观测值进行参数估计。参数估计的结果在表4-56第（2）列中展示。在控制了控制变量和固定效应之后，农村三产融合水平估计系数在1%的水平下显著为正。

表4-56　农村三产融合对县域经济韧性的影响：稳健性检验与内生性问题缓解

变量	（1）改变县域经济韧性测算方法	（2）剔除直辖市县级样本	（3）系统GMM估计法
	DN	CER	CER
IC	0.3999 ***	0.0363 ***	0.0782 ***
	（0.0931）	（0.0120）	（0.0250）
L. CER			0.4938 ***
			（0.0672）
县域固定效应	控制	控制	控制
年份固定效应	控制	控制	控制
县域控制变量	控制	控制	控制
市级特征变量			控制
常数项	−0.1055	0.0086	−0.0138
	（0.0803）	（0.0052）	（0.0095）
AR（2）p值			0.8831
Hansen检验p值			0.2662
样本量	12173	12026	10308
R^2	0.9546	0.8912	

注：*** 表示在1%的水平下显著；括号内为稳健标准误；L. 表示变量的滞后1期处理。

（3）内生性问题缓解。本节使用系统GMM估计法对模型重新进行参数估计，以缓解内生性问题。此外，进一步加入市级层面的特征变量，包括县域所属地级市的GDP、非农产业结构和金融规模等，以尽量缓解遗漏变量问题。检验结果中，残差序列相关性检验的AR（2）的p值为0.8831，且第（3）列估计结果表明主要研究结论依旧成立。综上，本节的主要研究结论是较为稳健的。

3. 调节效应检验

为了评估数字金融对农村三产融合韧性治理效应的调节作用，构建如下模型并进行参数估计：

$$CER_{it} = \beta_0 + \beta_1 IC_{it} + \beta_2 DF_{it} + \beta_3 DF_{it} \times IC_{it} + \beta_4 Controls_{it} + \theta_i + \lambda_t + \varepsilon_{it} \tag{4-23}$$

本节采用北京大学数字普惠金融总指数作为数字金融（DF_{it}）的代理变量，其余变量与模型（4-22）一致。之后使用一级指标替换总指数进行调节效应检验，主要包括使用深度（SD）、覆盖广度（GD）、数字支持服务（SZ）等，以检验数字金融对农村三产融合的加速作用。

表 4-57 展示了调节效应模型检验结果，第（1）列汇报了数字金融对农村三产融合影响县域经济韧性的调节效应的检验结果，其中农村三产融合水平（IC）系数和数字金融（DF）系数均显著为正，且二者交互项（$IC \times DF$）的系数同样显著为正，说明数字金融的推广和普及，进一步增强了农村三产融合对县域经济韧性的提升作用。第（2）~（4）列汇报了数字金融分维度的调节效应，结果表明，数字金融对农村三产融合的韧性治理效应具有正向调节作用这一结论是较为稳健的。更为重要的是，这在一定程度上反映了前文机理分析的正确性，即数字金融对农村三产融合与县域经济韧性关系的正向调节效应，源于其对农村三产融合产业重塑效应、产业创造效应、创新激励效应以及人力资本扩散效应的强化。

表 4-57　农村三产融合对县域经济韧性的影响——数字金融的调节效应检验

变量	（1）	（2）	（3）	（4）
	总指数	使用深度	覆盖广度	数字支持服务
IC	0.0325 ** （0.0130）	0.0333 *** （0.0127）	0.0351 *** （0.0121）	0.0319 ** （0.0127）
DF	0.0041 *** （0.0006）			
$IC \times DF$	0.2963 *** （0.1017）			
SD		0.0036 *** （0.0005）		
$IC \times SD$		0.2051 *** （0.0763）		

续表

变量	（1） 总指数	（2） 使用深度	（3） 覆盖广度	（4） 数字支持服务
GD			0.0023*** （0.0003）	
IC×GD			0.3777** （0.1546）	
SZ				0.0014*** （0.0003）
IC×SZ				0.0817*** （0.0307）
常数项	0.0031 （0.0053）	0.0060 （0.0053）	0.0042 （0.0053）	0.0099* （0.0052）
样本量	12173	12173	12173	12173
R^2	0.8917	0.8917	0.8917	0.8915

注：**、***分别表示在5%、1%的水平下显著；括号内为稳健标准误；控制变量、县域固定效应、年份固定效应均已控制；表格中变量均已进行中心化处理。

六 研究结论与政策启示

本节以演化经济理论分析农村三产融合如何赋能县域经济韧性，并探讨数字金融对此关系的调节作用。实证检验得出以下研究结论。①农村三产融合提升县域经济韧性，稳健性检验及内生性问题缓解后结论仍然成立。具体而言，随着农村三产融合的深入推进，县域内的农业、林业、牧业、渔业等产业之间的联系日益紧密，形成了相互促进、共同发展的良好格局。在这种格局下，任何一个产业的发展都能够带动其他产业的发展，从而形成一种协同发展的效应。这种效应能够增强县域经济的韧性，使其在外部环境发生变化时能够更好地应对风险和挑战。②县域经济韧性的增强不仅体现在其能够分散风险、抵御冲击，更表现为其适应能力和变革能力的提升。农村三产融合还能够促进县域经济的内生性发展。在内生性发展中，县域内的各种资源得到了更加合理的配置。这种内生性发展的效应能够进一步提高县域经济的稳健性，使其在面对外部冲击时能够更加从容。③数字金融的发展对于提升农村三产融合韧性治理效应带来了新的机遇，具有积极作用。通过数字金融的技术手段，可以有效地解决县域经济中尤其是农村三产融合中的一些问题，如信息不对称、信用体系不健全、金融服务不足等。同时，数字金融具有普惠性、便捷性和个性化等特点，能够为农村三产融合提升县域经济韧性提供更为精准、高效的金融服务。

基于上述研究结论，本节给出如下几点政策启示。①县域经济应适应内外部环境的变化，以农村三产融合为抓手，实现经济结构优化、动能转换和技术创新等，以促进就业潜力的挖掘和产出能力的提高，推动经济走向更为稳健和高质量的增长道路。②县域发展应当充分考虑比较优势和后发优势。通过促进农村三产融合，优化生产要素在城乡间的配置，推动新型工农城乡关系的构建，以实现县域经济的可持续发展。此外，还需通过农村三产融合进一步延伸产业链和强化供应链，深化产业间的分工，增强县域经济的内驱力、控制力和稳定性，从而推动乡村振兴和共同富裕的进程。③利用数字技术，优化资源在产业和城乡间的配置，推动农资和产品要素的双向流通格局的构建，促进农村三产融合的内部经济结构的优化，从而增强县域经济的韧性。④借助数字金融的发展，加强农村第一、第二和第三产业之间的互动与融合，并建立起多元化的县级金融服务体系，促进知识在各融合产业部门之间的流动，以及技术在使用主体之间的传播。增强各产业之间的相关性，提高各产业之间的黏合度，助推县级经济结构调整，从而提升县域经济发展的韧性。

第五章

三产融合发展的促进因素探讨

第一节　数字乡村、要素市场化配置
与农村产业深度融合

一　引言

当前，我国正处于"十四五"规划时期。近年来，伴随数字技术的快速发展，数字乡村迅速发展，农村产业的融合也在加速。2022年1月发布的《中共中央 国务院关于做好2022年全面推进乡村振兴重点工作的意见》明确指出，在加大乡村基础设施建设力度的同时，要注重数字化建设，加快数字乡村发展进程。要进一步推动"互联网+"现代农业的发展，加快重要农产品的全产业链大数据建设进程，强化全国农业数字化体系建设。

农业供给侧结构性改革是优化农业结构的重要内容，2020年和2021年发布的中央一号文件都提出，要持续优化调整农业结构，鼓励各个地区借助当地资源优势，因地制宜，根据地方特色，构建符合当地发展条件的农业全产业链，加快农村产业链增值分享机制的建立，推动农村三产融合集聚发展。推动农村三产融合发展，需要以改革为关键、以改革为动能，正确处理政府和市场的关系，全方位激活市场、要素和主体的发展动力，稳步优化调整农产品的供给结构，处理好市场与政府在资源配置中的关系，以市场为主导进行结构优化升级。

2020年3月，《中共中央 国务院关于构建更加完善的要素市场化配置体制机制的意见》进一步强调了要素市场化配置的重要作用，这标志着我国新型生产要素正在经历一轮更大规模的市场化配置，其中数据要素也被我国正式列入国家经济体系之中。近几年，我国劳动人口绝对供给量不断下降，社会老龄化问题日益严重，生育率持续走低，这些问题对劳动力市场都产生了不小的影响。在这种情况下，要全面激活数据要素与人才要素的动能，以数字技术赋能传统农业要素，探索农村三产融合发展新模式。

毫无疑问，互联网技术在优化资源配置、拓宽销售渠道以及实现空间互补等方面有着很好的应用前景，是影响乡村发展、改变农民生活方式的新兴要素，与其他传统要素相比，其在调配资源、拓宽售卖渠道、实现空间互补等方面具有明显优势。基于此，本章拟结合数字技术高速发展的时代背景，全面探讨数字乡村、要素市场化改革与农村三产融合之间的关系，试图给出一个围绕加速数字乡村建设，推动要素资源市场化改革，以促进农村产业深度融合发展，从而实现乡村振兴战略目标的路径选择。

二　数字乡村研究综述

"数字乡村"是一个比较新颖的术语，但在学术研究中，该词近几年出现频率迅速增加，数字乡村实践内容也不断拓展，其相关概念也逐渐清晰起来（李优柱等，2022）。充分利用数字技术，加快数字乡村的发展进程，是乡村振兴和农业农村现代化的重要驱动力，也是数字中国建设的一个重要组成部分（周健，2022）。数字技术与农业的深度融合可以作为农业生产的一种全新手段，显著延伸农业产业链并推动农业与加工制造业、旅游服务业的融合发展，从而推动农业生产的规模化与集约化发展，并且能更准确地选择适合我国农业发展的梯度升级路线，进而增强我国的内生发展动力（蒋瑛、黄其力，2022）。除此之外，数字乡村建设有助于促进信息共享，创造开放的产业生态环境，模糊产业间组织边界，为农业与第二、第三产业融合发展提供载体平台，促进农业、工业、服务业的跨界融合，形成新业态、新模式，进一步推动农村产业结构升级（李本庆等，2022）。

关于农村三产融合的研究，有学者认为农村三产融合是通过新技术、新业态、新商业模式对农村要素资源进行整合优化，形成相互作用、相互依靠的经济发展系统（姜长云，2016）。农村三产融合有助于产业整合，通过人才溢出效应、资本溢出效应，提高农民的收益，能够给我国农民带来巨大的规模经济效益以及内部效益（臧学英、王坤岩，2018）。同时，为了促进三产融合，生产者不断加大科研投入，将更多的现代技术引入农业生产中来，为农业农村现代化的发展提供了新的动力（刘海洋，2018）。信息化发展是三产融合的重要机遇，数字信息技术与农业实现深度融合，能够带动农村三产融合模式多样化发展，将农村产业链的供、产、销等环节有效连接起来，加快各市场主体之间的信息交流，有效降低农户生产经营成本，促进产业链升级（江泽林，2021）。

与传统的农村三产融合相比，数字经济下的农业在经济效益和社会效益等方面具有更大的优势，对于完善传统的三产融合体系、赋能农业高质量发展具有很大的作用（王小兵等，2018）。随着互联网技术在农村的广泛应用，越来越多的农业经营者可以通过互联网平台销售农产品，这模糊了农产品交易的时空边界，进一步深化了农业分工与合作，推动了农业全产业链创新升级，以新型商业模式加速了农村商品、服务、信息、生产要素与外界的流通，从供给和需求两端共同推动了农村结构转型升级（陶涛等，2022）。数字技术与农业的结合，不仅可以生产更加高质量的产品，还可以解决销售问题，提供新的销售渠道，使种植与售卖紧密结合。推动三产融合发展，延伸了农业产业链和价值链，节约了交易成本，提升了农业生产效率与发展质量，为我国农业现代化提供了一个新的发展途径（沈琼，2016）。农村要素市场化配置是实现乡村振兴的重要举措，它不仅能够促进农村要素自由流动，而且可以适应农业农村现代化的发展，进而形成新的农村发展模式（徐孙权、唐春根，2021）。而数字技术的应用有助于推动技术、资金、人才、物资等要素向农村流动，从而优化城乡之间各类要素的配置，为乡村发展提供新动力、新路径（唐文浩，2022）。因此，数字乡村对农村三产融合发展的作用是否会受到要素市场化配置的影响，值得进一步深入探讨。

综上所述，已有文献对理解数字乡村和农村三产融合起到了重要作用，但整体而言，尚存在以下有待进一步研究的问题。首先，目前学者们普遍认为数字乡村建设可以促进农村三产融合，但尚未有较为系统的理论分析，更缺乏相应的实证研究；其次，关于数字乡村、要素市场化配置以及农村三产融合的学术文献较少，尤其是将这三者纳入同一个框架进行理论分析以及实证研究的更少。

因此，本节尝试从以下方面展开研究：①构建一个关于数字乡村、要素市场化配置以及农村三产融合的初步分析框架；②实证研究数字乡村、要素市场化配置与农村三产融合之间的关系，从而为进一步深化相关研究提供一定的理论与实证支持。

三　理论分析与研究假设

1. 数字乡村与农村三产融合

（1）数字乡村建设能够进一步催生农村三产融合的新产业、新业态、新模式。数字科技为新兴信息技术产品，已经对农村经济社会的各个领域产生了广泛而深远的影响，并对其发展模式进行了全方位的革新。数据要素可通过大数据平台发挥其最大效用，帮助不同类型的乡村挖掘自身的竞争优势，促进新产业、新业态和新模式的生成与发展，从而促进农村产业的深度融合。随着数字经济时代的到来，农村产业的发展步入新阶段，数字生产力不仅为农业带来了新的发展活力，也为农业、工业及服务业三大产业的融合发展提供了有利条件，为城乡三大产业的融合发展注入了新动力。数字技术与农村产业的紧密结合，催生了"数字商务振兴农业"模式，为培育优质农产品、创建品牌及提升农产品生产标准提供了条件，推动了农产品质量安全承诺达标合格证制度的落实，建立并完善了全产业链质量安全追溯体系，推进了农村三产融合发展的用地政策的实施。

（2）数字乡村建设能为农村三产融合发展提供更多的新平台。数字乡村建设通过建立农业基础数据系统、数据感知网络等方式改造传统农业，提高农业生产效率；以农产品质量，实现农业产业链数字化升级；以产业链、价值链、创新链的融合发展引领农村三产融合发展；加快建立龙头企业集聚区，为农村三产融合发展提供更多新型平台。进一步地，在网络技术的支持下，乡村经济和互联网的深度融合，使得传统行业和农村电商之间的关系更加紧密，构成了协同发展的模式。与传统营销模式相比，该模式大幅度减少了经营成本，促进了传统产业的转型升级。

（3）数字乡村建设可以为农村三产融合发展运营效率和资源配置效率

双提升提供坚实的技术保障。一方面，数字农业以数据作为生产核心，可以为农业经营者提供精确的生产决策和经营方案，并利用人工智能和大数据对生产全过程进行分析，从而极大地提高农业产业链的运营效率和资源配置效率，对传统农业模式进行改造和升级。另一方面，数据在数字金融渗透农村三产融合体制的过程中发挥着重要的作用。并且，云计算、算法程序等数字技术在优化农村产业资源配置时高度依赖数据要素。推进农村三产融合发展、加速农村产业转型升级以及数字技术赋能农村三产融合发展这三者之间具有逻辑必然性。综上所述，本节提出假设：

假设1：数字乡村建设有利于推动我国农村产业深度融合发展。

2. 数字乡村、要素市场化配置与农村三产融合

（1）数字乡村建设可以促进要素市场化配置，进而促进农村产业深度融合。推动数字乡村建设，有助于发挥大数据、人工智能等数字技术的作用，构建数字平台，改善土地、资本、劳动、技术、信息等生产要素在城乡之间的资源配置，加速城乡间商品与要素的双向流通，为城乡一体化的商品市场与要素市场的形成奠定基础。首先，数字乡村可以为农村产业深度融合提供人才与资金保障。比如，大量研究表明，目前数字普惠金融的发展，为农村居民创新创业提供了较好的资金支持。其次，数字经济以其高技术、高成长、高融合、高协同特征，在增加高端要素投入量的基础上，使传统要素的质量得到了提升，要素生产效率也因此得到提高。数据在促进各类要素融合以及提高全要素生产率方面发挥着重要作用，它不仅有助于促进数字技术与实体经济深层次融合，而且能够加快产业链交叉重组，实现产业结构优化升级。除此之外，数据能够有效地解决信息不对称所带来的要素配置扭曲等问题，从而使市场调节功能更加完善，以促进各类要素集约利用和合理分配。数据要素的加入，使传统要素获得了高度流动性、时效性、非稀缺性以及非独占性等优势，实现了生产要素的线上流动，使其能够更加顺畅地在各领域进行流动。

（2）要素市场化配置效率影响着数字乡村建设促进农村产业深度融合作用的发挥。由于我国不同地区之间要素禀赋的差异性，要素市场化配置

效率也存在一定的差异。本节认为，一方面，数字乡村建设可以促进要素市场化配置，进而促进农村三产深度融合；另一方面，数字乡村对农村三产融合的影响作用很可能会受到当地要素市场化配置效率的制约与影响。在要素市场化配置效率较低的地区，由于当地农村的劳动力以及资本等要素的市场化程度较低，相应地会影响当地数字乡村的发展，不能为数字乡村的建设提供足够的条件，更不能实现数据的市场化流动，以致数字技术的作用难以充分释放，阻碍数字资源在农村各产业间更深层次的渗透，为农村三产融合带来负向影响。与之相反，在要素市场化配置效率较高的地区，要素能够充分流动、优化整合，这为数字乡村的发展提供了充分的条件，并且能够推动数据要素的市场化流动，使数字资源赋能农村各产业发展，从而加快农村三产融合发展进程。也就是说，在不同地区的不同要素市场化配置效率阶段，数字乡村对农村三产融合发展的作用存在要素市场化配置的门槛效应。综上所述，本节提出假设：

假设 2：数字乡村建设可以促进要素市场化配置，在要素市场化配置效率越高的地区，数字乡村建设越有助于促进农村三产融合发展。

四 计量模型与变量说明

1. 模型设定

（1）基准计量模型。本节构建如下基准模型：

$$Ino_{it} = \alpha + \beta Dig_{it} + \rho X_{it} + \mu_{it} \tag{5-1}$$

式中，i 表示地区，t 表示年份，Ino 为农村三产融合水平，Dig 为数字乡村建设水平，X 表示各个控制变量，α 是常数项，β 是核心解释变量的回归系数，ρ 是各控制变量的系数，μ 表示随机误差项。

（2）门槛模型。为验证假设 2，本章参考 Hansen（1999）的研究方法，构建如下面板门槛计量模型：

$$Ino_{it} = \alpha + \beta_1 Dig_{it} I(Mar_{it} \leq \gamma_1) + \beta_2 Dig_{it} I(\gamma_1 < Mar_{it} \leq \gamma_2) + \cdots +$$
$$\beta_{n-1} Dig_{it} I(\gamma_{n-1} < Mar_{it} \leq \gamma_n) + \beta_n Dig_{it} I(\gamma_n < Mar_{it}) + \rho X_{it} + \mu_{it} \tag{5-2}$$

式中，*Mar* 用来表示要素市场化配置效率，γ 用来表示具体门限，I（·）为指示函数，其他变量符号与公式（5-1）保持一致。

2. 变量说明

（1）被解释变量：农村三产融合水平（*Ino*）。根据目前已有的研究可以发现，大多数文章会选择使用熵值法或者协调发展系数法来计算我国农村三产融合发展的综合水平。与协调发展系数法相比，熵值法能够更加全面地反映农村三产融合的整体发展水平。因此，本节构建了农村三产融合发展的综合评价指标体系（见表 5-1），通过熵值法计算出各个指标的权重后进行加权求和获得 2007~2017 年中国 30 个省份（除港澳台和西藏）的农村三产融合发展水平。具体计算步骤如下。

①原始数据无量纲化处理：正向指标计算公式为 $x'_{jit} = (x_{jit} - \min x_{jit}) / (\max x_{jit} - \min x_{jit})$，负向指标计算公式为 $x'_{jit} = (\max x_{jit} - x_{jit}) / (\max x_{jit} - \min x_{jit})$。其中 x'_{jit} 为经过归一化处理后所得到的数据，x_{jit} 为原始数据，$\max x_{jit}$ 和 $\min x_{jit}$ 分别表示 j 指标在全部年份的最大值和最小值。②计算 t 年 i 省份 j 指标占比 p_{jit}，公式为 $p_{jit} = x'_{jit} / \sum_i x'_{jit}$。③计算 t 年 j 指标的熵值 e_{jt}，公式为 $e_{jt} = -k \sum_j p_{jt} \ln p_{jt}$，$k = 1/\ln m$，$m$ 表示指标总数。④计算 t 年 j 指标的权重 w_{jt}，公式为 $w_{jt} = y_{jt} / \sum_j y_{jt}$，$y_{jt} = 1 - e_{jt}$。⑤计算农村三产融合的综合指数 Ino_{it}，公式为 $Ino_{it} = \sum_j (w_{jt} \times x'_{jit})$，该数值越大则表明农村三产融合水平越高，反之越低。

表 5-1　农村三产融合发展综合评价指标体系

一级指标	二级指标	单位	类型
农业产业链条延伸	农产品加工业主营业务收入与农业增加值之比	%	正向
	农产品加工机械总动力与农业机械总动力之比	%	正向
农业多功能性发挥	休闲农业年营业收入与第一产业增加值之比	%	正向
	化肥施用强度	吨/公顷	负向
农业新业态发展	设施农业总面积与耕地面积之比	%	正向
	农林牧渔服务业增加值与第一产业增加值之比	%	正向

（2）解释变量：数字乡村建设水平（*Dig*）。鉴于目前并没有直接的数

据作为衡量数字乡村建设水平的指标。学术界通常认为，智能手机、计算机和互联网宽带等设备是数字化的物质载体，可以反映一个地区数字设施的建设水平以及对数字技术的利用程度，因此可以较好地反映一个地区的数字化程度。故本节基于每百户农村居民所拥有的智能手机、计算机和互联网宽带的接入数量，利用熵值法进行计算，得到 2007~2017 年 30 个省份的数字乡村建设指数，以此来衡量数字乡村建设水平。

（3）门限变量与控制变量。要素市场化配置效率（*Mar*）为本节的门限变量，要素市场化配置效率的测量是一个比较复杂的过程，目前，学术界并没有一个确定的模式和方法来测量要素市场化配置效率，本节构建了农村要素市场化配置效率的综合评价指标体系（见表 5-2），采用熵值法计算出各个指标权重后加权求和得到 2007~2017 年 30 个省份的农村要素市场化配置效率。

表 5-2　要素市场化配置效率综合评价指标体系

一级指标	二级指标	单位	类型
农业劳动要素市场化	农村非农劳动力占总劳动力的比重	%	正向
	工资性收入占农村居民人均可支配收入的比重	%	正向
农业资本要素市场化	农村住户固定资产投资占全社会固定资产投资的比重	%	正向
	农林水事务支出占地方财政支出的比重	%	负向
农业土地要素市场化	审批建设用地面积/耕地面积	%	正向

除数字乡村建设水平以外，农村三产融合还会受到其他因素的影响，故本节选取以下变量作为控制变量。①农业机械化水平（*Mac*），本节通过农业机械总动力与第一产业从业人数之比来衡量农业机械化水平。农业机械化可以通过提升农业集约化水平和农艺技术水平来提高土地的利用率，从而大幅度提高农业劳动生产率，有助于促进中国传统农业的转型，对农村三产融合具有重要意义。②技术水平（*Tech*），本节通过国内发明专利申请受理量对各个地区的技术水平进行衡量。技术创新是产业结构升级的第一动力，将新兴技术引入农业生产中，加快农业生产方式的转变，打破产业壁垒，为产业跨界融合提供条件，推动三次产业交叉融合的新型现代化产业发展，为农村三产融合发展提供新途径。③环境影响（*Dam*），本节通

过农作物受灾面积来衡量环境影响这一变量。农业属于先天弱质性产业，自然环境对农业的发展具有决定性作用，恶劣的自然环境将会阻碍农业的发展，从而影响农村三产融合发展。④城镇化发展进程（Urb），本节采用城镇人口比例来衡量城镇化发展进程。城镇化的发展有利于破解城乡二元结构，使要素能够在城市与乡村更加充分地流通，为农村产业规模化生产提供条件，有助于产业转型，从而影响农村三产融合发展。

3. 数据说明

港澳台及西藏相关数据大量缺失，因此本节在研究过程中所采用的是中国除港澳台及西藏以外的 30 个省份 2007~2017 年的样本数据，并且通过线性插值法将部分缺失数据进行补齐，对非比值类数据，主要采用自然对数来处理。本节研究数据主要来自《中国统计年鉴》《中国农村统计年鉴》、自然资源部门户网站、中国科技成果数据库以及各省份统计局网站。各个变量的描述性统计如表 5-3 所示。

表 5-3　变量描述性统计

变量名称	符号	样本量	最小值	最大值	均值	标准差
农村三产融合水平	*Ino*	330	0.043	0.622	0.161	0.096
数字乡村建设水平	*Dig*	330	0.008	0.824	0.250	0.173
要素市场化配置效率	*Mar*	330	0.109	0.740	0.269	0.083
农业机械化水平	*Mac*	330	1.113	9.378	3.829	1.852
技术水平	*Tech*	330	5.958	13.350	10.042	1.551
环境影响	*Dam*	330	1.099	8.908	6.351	1.454
城镇化发展进程	*Urb*	330	0.282	0.896	0.537	0.136

五　实证检验与结果分析

1. 数字化对农村三产融合发展的基准检验结果

本部分首先对解释变量的多重共线性问题进行检验，检验结果显示，回归模型的方差膨胀因子（VIF）为 2.87，单个解释变量的 VIF 最大值为 3.53，表明解释变量之间不存在多重共线性的问题。

表 5-4 基准回归结果表明，模型的拟合优度随着控制变量的增加而稳步上升，这说明各个变量的选取比较合理。进一步，随着控制变量的添加，

数字乡村建设水平的回归系数也发生了改变，从 0.206 增加到 0.223，然后减少到 0.182，最后增加到 0.201，这说明我国数字乡村建设对农村三产融合发展具有强稳定性的正向影响，而这种影响并不会随着控制变量的增加而发生明显的改变。根据模型（5）控制变量的回归结果可以发现，环境影响与城镇化发展进程对农村三产融合的影响并不显著，其余两个控制变量的回归系数均在 5% 的水平下显著，且技术水平对农村三产融合存在正向影响，而农业机械化水平的提高并不能进一步推动我国农村三产融合发展进程。

表 5-4　基准回归结果

变量	模型（1）	模型（2）	模型（3）	模型（4）	模型（5）
Dig	0.206 *** (0.013)	0.223 *** (0.015)	0.187 *** (0.026)	0.182 *** (0.264)	0.201 *** (0.030)
Mac		-0.007 ** (0.003)	-0.008 ** (0.003)	-0.008 ** (0.003)	-0.008 ** (0.003)
Tech			0.008 * (0.005)	0.007 (0.005)	0.0125 ** (0.006)
Dam				-0.004 (0.003)	-0.004 (0.003)
Urb					-0.160 (0.109)
常数项	0.110 *** (0.004)	0.132 *** (0.010)	0.061 (0.043)	0.094 * (0.052)	0.125 * (0.056)
N	330	330	330	330	330
R^2	0.439	0.450	0.456	0.458	0.462

注：*** 表示 p<0.01，** 表示 p<0.05，* 表示 p<0.10，括号内为稳健标准误。

2. 稳健性检验

基准回归结果表明，数字乡村建设对我国农村三产融合的发展具有积极作用，接下来本部分采用替换变量的方式来进行模型稳健性检验，以确保模型结果的可靠性。通过替换为与原始变量相关的变量，可以考察模型是否对不同的变量具有相似的预测能力，从而评估模型的稳健性。这种检验方法是一种常用的统计技术，可以有效地检测模型的稳定性和可靠性，为研究者提供更加准确的模型评估结果。关于影响作用方面，滞后一期的数字乡村建设水平与农村三产融合发展并不存在内生性关联，可以将其作为稳健性检验的替换变量，因此本部分将数字乡村建设水平的滞后一期（Dig_1）作为替换变量进行新一轮的回归检验，检验结果如表5-5所示。

表5-5　稳健性检验结果

变量	模型（1）	模型（2）	模型（3）	模型（4）	模型（5）
Dig_1	0.201*** （0.015）	0.213*** （0.158）	0.185*** （0.027）	0.183*** （0.028）	0.184*** （0.030）
Mac		−0.005* （0.003）	−0.006** （0.003）	−0.006** （0.003）	−0.006** （0.003）
$Tech$			0.006 （0.005）	0.006 （0.005）	0.006 （0.006）
Dam				−0.002 （0.003）	−0.002 （0.003）
Urb					−0.012 （0.106）
常数项	0.119*** （0.004）	0.138*** （0.011）	0.081* （0.046）	0.102* （0.055）	0.105* （0.059）
N	300	300	300	300	300
R^2	0.416	0.424	0.427	0.428	0.428

注：*** 表示 $p<0.01$，** 表示 $p<0.05$，* 表示 $p<0.10$，括号内为稳健标准误。

根据稳健性检验结果可以看出，除数值大小发生变化之外，各模型中的核心解释变量的系数符号以及显著性并没有发生本质性的变化，并且控制变量的系数方向与显著性水平基本与基准回归结果基本保持一致，由此可知，本节实证结果稳健性较强。

3. 异质性检验

实证检验表明，数字乡村建设对农村三产融合发展具有显著的正向影响。进一步地，鉴于我国各个地区的农村发展水平不平衡，尤其是数字乡村建设水平存在一定的差距。比如，东部发达地区的乡村数字基础设施的建设水平远远高于中西部发展较为落后的地区，而不同地区的数字乡村建设水平的差异很可能对回归结果产生影响。因此，本部分将通过一系列的异质性检验，深入探讨数字乡村建设水平对我国东部和中西部地区农村三产融合发展的影响。这些检验将涵盖不同的产业领域、地区差异以及农村发展阶段等方面，以充分揭示数字乡村建设对我国农村三产融合发展的多重影响，检验结果如表 5-6 所示。

表 5-6 异质性检验结果

变量	东部地区	中西部地区
Dig	0.293 ***	0.101 **
	(0.051)	(0.045)
Mac	0.003	−0.010 **
	(0.007)	(0.003)
Tech	0.0137	0.014 **
	(0.114)	(0.007)
Dam	−0.005	−0.002
	(0.005)	(0.004)
Urb	−0.695 **	0.112
	(0.229)	(0.119)
常数项	0.412 **	−0.0216
	(0.137)	(0.060)
N	132	99
R^2	0.482	0.515

注：*** 表示 $p<0.01$，** 表示 $p<0.05$，括号内为稳健标准误。

通过异质性检验发现，无论是东部还是中西部地区，数字乡村建设对农村三产融合发展均存在显著的促进作用。东部地区的数字乡村建设水平估计系数为 0.293，并且通过了 1% 的显著性检验，而中西部地区数字乡村建设水平的估计系数为 0.101，低于东部地区，通过了 5% 的显著性检验。由此可以看出，数字乡村建设对农村三产融合发展的促进作用具有明显的区域差异，与中西部地区相比，东部地区数字乡村建设对农村三产融合发展具有更大的促进作用。

4. 要素市场化配置效率的门槛效应检验结果

（1）门槛效应检验。如表 5-7 所示，从 F 值及其所对应的 p 值来看，门槛变量即要素市场化配置效率通过了双重门槛检验，因此需要采用双重门槛计量模型进行接下来的估计分析，具体结果如表 5-8 所示。门槛变量即要素市场化配置效率（*Mar*）的第一门槛值为 0.2087，第二门槛值为 0.2611，两门槛估计值都落在了 95% 置信区间内，这表明门槛估计值与门槛真实值是相等的，即通过了真实性检验。

表 5-7　门槛效应检验结果

门槛变量	模型	F 值	p 值	Bootstrap 次数	临界值		
					10%	5%	1%
Mar	单一门槛	16.05**	0.047	300	13.201	14.635	19.623
	双重门槛	20.87**	0.010	300	12.377	14.311	20.028

注：** 表示 p<0.05。

表 5-8　门槛值估计结果

门槛变量	门槛类型	门槛值	95%置信下限	95%置信上限
Mar	第一门槛	0.2087	0.2067	0.2103
	第二门槛	0.2611	0.2608	0.2620

（2）门槛参数估计。在通过了门槛效应检验之后，需要对模型进行进一步的参数估计，具体结果如表 5-9 所示。根据表中结果可知，以要素市场化配置效率作为门槛变量时，当要素市场化配置效率不超过第一门槛值时，数字乡村建设水平的系数为 0.257，且通过 1% 的显著性检验。但随着要素市场化配置效率的提高，当其跨过第一门槛，介于第一门槛值与第二门槛值之间时，数字乡村建设对农村三产融合的促进作用有所弱化，系数从 0.257 降低到 0.147，并通过 1% 的显著性检验。然而随着要素市场化配置效率的持续提高，当超过第二门槛值时，数字乡村建设对农村三产融合的促进作用也随之增大，系数从 0.147 增加到 0.232，同样通过了 1% 的显著性检验。此时，该实证结果并不能完全验证假设 2。出现这种情况的原因可能是，在未达到第一门槛值时，由于农村三产融合水平较低，所以在这一阶段要素市场化配置效率的提高，能够使数字乡村建设对农村三产融合发展具有更强的正向激励作用，即产生一定的后发优势。但是随着农村三产融合的发展，这种优势将会消失，从而导致在要素市场化配置效率跨过第一门槛，介于第一门槛值与第二门槛值之间时，数字乡村建设对农村三产融合的激励效应有所减弱。而当要素市场化配置效率持续提高至跨过第二门槛值时，较高的要素市场化配置效率对数字乡村建设产生了较大的影响，并且有可能和数字乡村建设一起对农村三产融合的发展产生双向促进

作用，从而导致在要素市场化配置效率跨过第二门槛值时，数字乡村建设对农村三产融合的促进作用有所增强。

表 5-9 门槛模型参数估计值

变量	门限变量 （Mar）
Dig （$Mar_{it} \leqslant 0.2087$）	0.257*** （0.316）
Dig （$0.2087 < Mar_{it} \leqslant 0.2611$）	0.147*** （0.294）
Dig （$Mar_{it} > 0.2611$）	0.232*** （0.030）
Mac	-0.010*** （0.029）
$Tech$	0.014** （0.006）
Dam	-0.004 （0.003）
Urb	-0.213** （0.108）
常数项	0.139** （0.053）
R^2	0.522

注：*** 表示 $p<0.01$，** 表示 $p<0.05$，括号内为稳健标准误。

六 研究结论与政策建议

1. 研究结论

农村三产融合发展是实现乡村振兴的一个重要举措，其发展进程会受到数字乡村建设水平以及要素市场化配置效率的双重影响。本节对数字乡村建设、要素市场化配置与农村三产融合三者之间的关系进行了理论分析，并提出了相关假设，在此基础上整理收集 2007~2017 年的中国省域面板数据，构建面板计量模型进行实证分析，验证了数字乡村建设对农村三产融合的直接影响，并且从要素市场化配置的角度出发，考察了其门槛效应。本节的主要研究结论包括。第一，农村三产融合的发展与数字乡村建设之间存在显著的正相关关系，数字乡村建设水平的提高有助于推动农村三产融合的发展。第二，数字乡村建设在促进农村三产融合发展时存在要素市场化配置效率的双重门槛效应，当要素市场化配置效率不超过第一门槛值时，数字乡村建设对农村三产融合具有促进作用；当要素市场化配置效率跨过第一门槛，介于第一门槛值与第二门槛值之间时，数字乡村建设对农村三产融合的促进作用有所减弱；当要素市场化配置效率跨过第二门槛时，数字乡村建设对农村三产融合的促进作用增强。

2. 政策建议

（1）加大数字乡村建设力度，以乡村产业数字化提升三产融合效率。加快数字乡村发展进程，各地应加大科技研发的投入力度，充分挖掘数据要素的优势，利用数字技术促进农村产业在广度和深度上更好地融合。加快农村5G基站等数字基础设施的建设，提高农村数字化网络覆盖率，强化数据要素在农村产业中的作用，充分发挥数据要素在传统产业中的作用，推动数字技术与农业的深度融合，进一步拓展农业产业链，加速农业全产业链的改造和升级。这需要充分利用数字技术的优势，如人工智能、大数据、物联网等，将这些技术应用到农业生产的各个环节中，从而提高农业生产效率、增加农民收入、促进农村经济发展。通过深度融合数字技术与农业，可以推动农业现代化进程，实现农业可持续发展。要培育乡村数字经济新业态，完善"线上+线下"的农产品经营模式，利用好互联网技术，发展农产品电子商务市场，加速推进"互联网+"农产品出村进城项目，打造高质量的农产品网络品牌，打通农产品宣传流通渠道，加快乡村数字经济的发展，使农村三产融合发展的内外循环体系更加畅通。

（2）进一步加快完善农村要素市场化配置改革。要想更好地发挥数字乡村对农村三产融合的促进作用，必须将要素市场化配置改革放在重要位置，各地区应当从当地农村发展的实际情况出发，分类推进要素市场化改革，继续做好将农村资产资源"盘活"的文章，优化土地制度安排、劳动力配置，完善资金支持政策，促进要素市场充分发育，打破城乡二元体制约束，使要素在两者间充分流动，推动生产要素融合优化。

对于农村劳动要素而言，应当进一步深化户籍制度改革，利用数字技术构建就业服务平台并扩大其在农村的覆盖范围，为农村劳动者提供就业新渠道，让农民工能够获得平等的就业机会与待遇。除此之外，要加快完善城市人才进村的激励机制，使更多的高质量人才投入农村建设中去，从而提高农村人力资本水平。对于农村资本要素而言，要着重增强农村金融服务的可得性、便利性以及有效性，利用数字技术从多个维度扩大农村金融服务范围，促进农村数字普惠金融的发展，为农民融资难问题提供新的解决思路。对于土地要素而言，实现城乡一体化是关键，要积极寻找农村集体经营性建设用地进入市场的有效途径，建立健全土地增值与收益分配机制，处理好个人利益与集体利益的关系，研究分析宅基地三权分置的实现途径。对于技术、数据等要素而言，可以采取试点办法，鼓励有条件的地区先行，在积累了一定的经验以后逐步推广。在传统要素市场化改革进程中，要充分重视数据要素在农村三产融合中的积极作用，大力发展农业大数据基础设施，促进数据要素的充分利用，提高数据要素的利用率，从而促进乡村数字化的发展，进一步促进城乡要素的自由流动。要促进要素跨界高效配置，形成更多新产业、新业态、新模式的三产融合形态，使农民能够得到更多三产融合带来的增值收益。

第二节　金融科技赋能农村三产融合的
理论逻辑与实现路径

改造传统农业，加快我国农业现代化进程，迫切需要加快农村三产融合。在乡村振兴背景下，金融科技对农村三产融合的支持和促进作用越发明显。

一　引言

进入 21 世纪以来，随着经济新常态和市场化的推进，我国农业发展的资源环境等条件约束越发增强，从国外先进农业发展经验、我国经济运行的态势来看，今后这一趋势可能还会延续甚至强化。农业生产成本的急剧上升，会打击农民从事农业相关产业的积极性，损害农业生产的创新能力与可持续发展能力。在城乡协调发展背景下，农村三产融合就成为农业资源环境约束的突破口和全面实施乡村振兴战略的有力抓手与重要推动力（黄祖辉，2018a）。

值得注意的是，在分工不断深化、信息技术快速进步的背景下，金融科技作为技术驱动的金融创新，在农村三产融合中的重要作用日益凸显。农村产业深度融合需要以市场需求为导向，其本质上是农业和工业及服务业交叉、融合和内部化的过程，金融和三次产业之间均具有较高的关联度。农村产业深度融合可以增强由龙头企业牵头、家庭农场和农民合作社跟进、广大小农户参与的农业产业化联合体的活力，助推产融结合的纵深发展。农村金融科技已成为促进农村产业高质量融合发展的"新引擎"（姜长云，2015b）。因此，研究金融科技赋能农村产业深度融合的机理，找出其存在的问题及实践路径，具有重大的理论与实践意义。

关于金融科技对三产融合作用的研究相对较少，有研究认为，以大数据、云计算、区块链和人工智能为代表的金融科技可以将新的科学技术应用到传统金融业，有利于降低金融行业的经营风险，促进金融业的变革发展（陆岷峰、葛和平，2017）。也有研究表明，金融科技对技术市场和要素市场具有积极影响。通过提高技术市场活跃度，金融科技可以促进科技创新和进步，刺激经济增长。同时，它也有助于促进要素流动，促进资源优化配置，降低交易成本，提高市场效率。这些积极的影响对于先进技术在行业或产业内的溢出效果起到了促进作用，推动了三产融合的实现（王达，2018）。不过，整体来看，研究金融科技创新对我国农村三产融合影响的文献尚不多见。

综上，已有文献对理解三产融合起到了重要作用，学者们提出了富有价值的思想观点和政策建议，为本节的研究提供了很好的借鉴。但是，就笔者所梳理的文献来看，现有研究大都对农村金融科技在三产融合发展中的突出地位和作用重视不够，因此，本节拟从农村金融科技创新角度入手，结合农村三产融合发展现状，探讨农村金融科技创新对农村三产融合发展的影响机理与促进机制，从而为构建我国农村三产融合体系、实现农村产业兴旺提供决策参考。

二 金融科技创新促进农村三产融合的理论逻辑

金融科技在农村三产融合中起到了助推器的作用。一方面，此作用体现在以移动互联网普及、数字技术创新、大数据和人工智能技术应用为基础的金融创新不断深化，其资源中介、配置和创新效应的发挥为农业三产深度融合奠定了重要的基础，具体体现在金融科技丰富了金融服务三产融合渠道，创新了产品供给，优化了融资服务，提升了农村金融服务质量与效率；还可以促使农村三产融合积极融入国家产业科技创新网络，加强农业同相关产业科技创新需求的对接。另一方面，此作用体现在金融科技通过提升传统金融业务服务农业经济的能力，有效地破除城乡之间技术壁垒、数字鸿沟等人为障碍，促进融合链条上的要素流动，能够推进新技术群落广泛运用并向多领域融合渗透，可以助推农村产业开展主体跨界融合、要素跨界配置、业态跨界创新、利益跨界共享，全面助推三次产业从基础农业、加工农业关键技术到高效农业应用示范的全链条产业合作布局的形成，促进农村三产融合创新升级，为推动我国农村经济高质量可持续发展创造客观现实条件。

1. 农村金融科技创新的三产融合资源配置效应，促进了农村三产深度融合结构升级

金融科技创新可以发挥乡村产业间的要素配置作用，在结合新一代数字技术的情况下，金融科技能够在农业生产、加工、销售与服务的各个环节提供服务。其大规模应用会产生大量数据资源，共享与分析利用这些数据成为农村三次产业联结的重要纽带，"数据+人工智能"金融科技的动态推力释放了农村三产融合要素流动效应。以金融科技为核心的数字经济构建了跨边界融合的产业发展新模式，有利于加速产业链上的生产要素合理流动。

一方面，金融科技可以通过提高城乡资本配置效率来影响农村三产融合结构的升级。金融科技让非常规和新兴金融、常规和传统金融共存于金融市场。金融服务的覆盖领域借助金融拓展到农产品的生产、加工与销售的运行系统中，对现代农业的融合生产、经营、管理和服务具有流程优化和提质增效作用，尤其是伴随数字乡村的建设发展、数字基础设施的进一步普及与应用，以数字金融服务为主体的现代生产性服务业不断涌现，有效促进了资本向效率较高的深度融合产业转入，还会催生新的市场需求，从而全面促进农业产业结构的升级。另一方面，金融科技通过帮助农村相关产业尤其是小微企业的资金融入，提升农村金融的供给水平，促使以金

融科技为核心的泛数字化农业经济生态圈形成。金融的概念是资金融通，而传统金融机构在资金配置方面存在效率低下且不够精准的问题。通过精准的数据模型和风险管理系统，能够实现资金的高效配置，使城市资金向农村回流。这有利于农村不同产业间的相互分工与合作，进一步推动城乡产业间的深度融合升级，促进农村产业结构合理化。

2. 金融科技可以降低农村三产融合的成本，提升融合的水平

金融科技创新提升农村金融供给能力，促使三产融合中涉农业务在线上共用同一账本，降低交易成本，节省农产品流通成本和退换货成本。金融科技为农村三产融合提供资金支持，涉农金融机构利用区块链技术为供应链参与者提供融资服务，实时监控资金使用状况。供应链融资服务能为摆脱金融支持困境提供新的思路，推动城乡金融科技一体化，打破农产品进城与工业品下乡困境。

3. 金融科技可从双向维度缓解市场中的信息不对称，有利于重塑三产融合信任关系，从而提高三产融合效率

金融科技使信息透明化，产业参与者可实时获取金融信息。金融科技可深入农村三产融合，包括社会服务组织、专业合作社、家庭农场、龙头企业、村集体和农户等，通过物与人之间的溯源、确权、时间戳，将真实信息上链存储。金融科技解决了传统三产融合可靠性差、信息不对称、利益分配难的问题，形成了利益共享、责任共担的多赢格局。这有助于重塑三产融合信任关系，加强农村三产融合主体的利益联结，特别是优化小农户与现代农业的利益联结，使农业生产者获得更多增值收益。

4. 金融科技可以有效促进农村产业间的技术融合

金融科技借助现代信息技术和科技发展，创新了传统金融的业务服务流程和产品供给模式，不但增强了金融创新活力，还产生了对其他产业的溢出效应。在农村产业领域，金融科技，如大数据、云计算和人工智能的应用，可提高数字化程度，加速资金流转，并增强农村地区资金、信息与技术的融合能力。这些技术能够更快、更好地应用于农村三产融合中，形成金融科技的创新溢出。因此，农村金融科技创新不仅有助于涉农金融产业自身要素禀赋结构转型升级，还可推动农村相关产业结构之间和结构内部的升级，进而提高整个农村产业的生产效率。

具体地，首先，金融科技创新降低了三产融合创新型企业，尤其是小型农业经营主体的融资门槛，特别是大数据风控使创新型企业和小型农业经营主体可以获得融资，这有利于提高它们生产、研发、经营等的积极性，激发其创新活力；其次，金融科技有助于开拓协同创新工作局面，金融科技可以促使农村围绕资金链打造创新链、围绕创新链提升产业链，促进三次产业间的技术融合，通过技术融合进一步打破产业间的壁垒，最终在农村地区形成以市场为导向、产学研深度融合的农村三次产业创新体系；最后，金融科技有利于引导三产融合科技成果转化，推动建立利益共享、风险共担的合作机制，可以大大改善农产品和服务的技术特性及价值实现方式，从而促使更多科技成果应用在农村三次产业融合升级中。

5. 金融科技增强了财政政策与金融政策的协同效应，提升了融合主体的风险管理能力

首先，在宏观上，金融科技有利于发挥金融政策与财政政策的协同效应，可以帮助充分发挥财政资金对社会资本进入和城市资本下乡的产业引导作用；其次，在微观上，金融科技可以通过人工智能、区块链、云计算、大数据、5G 等一系列新兴技术快速获取金融交易风险信息，农村三产融合主体之间及其与金融机构之间的壁垒将被打破。这必将有助于准确、快速地识别农村融合产业链与供应链上资金往来和利益分配可能面临的风险，增强三产融合参与主体的风险管理能力。大数据、云计算以及人工智能等科技的运用，既减少了金融机构对小型农村三产融合主体的还款能力和违约风险的担忧，有效提升了其信贷可得性，又促进了农业各经营主体之间合作、共享、联合运营，助推了农村三产融合不断走向深化。

金融科技创新促进农村三产融合的运行机制如图 5-1 所示。

三　我国农村金融科技创新存在的问题

1. 农村信息技术、金融网点基础设施投入不足，制约金融科技对农村三产融合的支持

发展金融科技要有强大的信息基础支撑。城市和乡村之间的金融科技信息缺乏共享，农村金融科技信息化水平偏低，基于 GPS、RFID 等的信息管理平台支撑缺失，难以运用现代化的金融科技方式和管理方式，削弱了

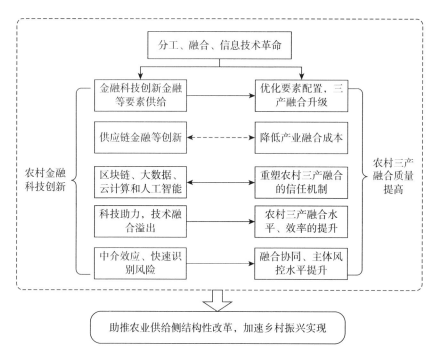

图 5-1　金融科技创新促进农村三产融合的运行机制

金融科技对三产融合的支持。尤其是经济落后的农村，由于农村信息技术基础设施投入不足，农民不仅缺乏信息意识，对社会新生事物的接受度和认同度偏低，而且缺乏市场意识、创新意识和科技意识，仅停留在对金融科技应用的观望层面。另外，从我国农村发展的实际来看，农村金融科技发展依赖农村金融基础设施，但由于我国城乡发展的不均衡性，农村地区尤其是中西部农村地区普遍存在金融机构网点分布不均衡等问题，导致农村金融科技缺乏推进产品创新的通道和载体，其助推三产融合的作用也就难以发挥。

2. 农村金融体制不健全，金融科技发展存在主体动力不足、工具层面脱节的问题，导致其对农村三产融合的支持力度不足

目前，我国农村金融科技的创新主体主要包括城乡中小商业银行、农信社、保险公司、信托公司以及互助基金等机构。农村商业银行与新型农村金融机构竞争不充分，有限的竞争无法拓展市场边界，且金融服务对象一般以法人为主。一个不容忽视的现实是，我国农村三产融合主体普遍存

在经营规模小、经营主体分散、规模效应不明显等特点，金融与农村产业、科技发展之间存在割裂，金融机构的对接渠道受限。在新型农业融合主体中，常见的有种养殖大户、家庭农场、专业合作社和现代化农业龙头企业四类。除了现代化农业龙头企业，其他多数主体并不以法人形式存在，这使其难以获得三产融合中急需的资金支持。实际操作中，金融机构常将这三类三产融合主体视同农户处理，在贷款中给予其较小的期限限制和授信额度限制。很多以三产融合等新型农业经营主体名义提出的贷款需求，农村金融机构均按农户信用贷款 5 万~10 万元标准发放，这个比例超过了90%，目前市场上，单均 8 万元的大额授信，尚未探索出完全线上的有效模式。2019 年对河南省新型农村三产融合主体的抽样调查显示，305 家获得银行贷款支持的新型农业经营主体中，60.3%的小型农村三产融合主体很难获得足够的资金支持。

另外，从农村金融科技工具层面来看，农村仍以传统民间融资和银行信贷为主，监管机制僵化减弱了农村金融机构的活力。农机、农资、农业服务（粮食贸易、农技培训等）等各个环节的数字普惠金融服务，目前仍存在认知和操作等主客观条件的约束。"金融+农贸+服务"的新型农服平台，目前还缺乏深入探索。

3. 农村金融科技复合型人才匮乏，限制了农村三产融合的功能发挥和发展壮大

金融科技复合型人才是金融科技人才体系中最基础、最关键的人才因素，也是推动整个金融科技应用、金融科技可持续发展的最重要的有生力量。当前，在农村地区，由于大量青壮年劳动力外出务工，留守人员的年龄普遍偏大，这些群体在农业产业经营过程中往往过于依赖经验，而缺乏现代科技知识和市场信息的支持，在知识储备和接受新事物的能力方面存在诸多不足。从我国农村实际看，相当部分农民文化素养低，缺乏对信息化和数字化建设的正确认知，最终造成了农村地区的信息贫困现象。同时，受制于我国长期存在的城乡二元发展体制，农村地区机会少、待遇水平低，导致农村数字化人才相对缺乏，难以满足农村金融科技发展的需求。

4. 专门性的农村金融科技组织创新滞后，减小了对农村三产融合的组织支持力度

一直以来，制约我国农村金融科技现代化的一个重要因素是农村金融科技组织化程度低，存在"小、散、弱"的缺陷，农村金融科技产业集中度低、规模小、壁垒低、竞争弱，适应农村三产融合升级的多元化、多层次、多业态的金融科技组织尚未形成。这使农村无法引入新业态，也缺乏与现代物流技术的有效对接，金融科技主体的缺乏、金融科技方式的落后和金融科技的低水平直接限制农村三产融合效率的提高。在行政—经济压力体制下，农村金融机构的选择性机会主义行为主要表现为确保涉农贷款不出现问题，而不是激励农村经营主体获取更多收益。农村金融机构的主动性不足以及其对偏好风险的三产融合主体存在一定的歧视，阻碍了市场对资源的有效配置，限制了其在农村信贷市场的创新行为，制约了农村三产融合的效率提升和结构优化。

四　加快农村金融科技创新，促进三产融合发展的对策

要坚守农业在国民经济中的基础性地位，实现乡村振兴，就必须大力促进农村三产融合的发展。而要实现农村三产融合的快速发展，就必须加快农村金融科技组织创新、技术创新和制度创新的步伐。要实现乡村产业深度融合发展，需要在新一轮金融科技和产业变革的背景下，发挥金融科技助推农村产业高质量发展的作用，针对农村三产融合中存在的痛点、难点和关键点，要全力支持新兴金融科技与乡村产业发展的深度融合。本节提出的对策如下。

1. 发挥政府作用，深入推进农村金融体制机制改革

农业具有弱质性特征，属高风险产业。农村金融管理体制机制改革必须革新传统金融管理职能部门的内部机构设置模式，以业务为导向着力优化内部机构设置，通过内部孵化与外部合作、金融与科技产业对接来提升金融部门对市场需求的反应速度和能力，促进金融科技转化为现实生产力。在农村金融科技发展过程中，政府的作用不容忽视。各级政府特别是基层政府应重视金融科技建设，及时了解和掌握当地金融科技发展水平，找准农村经济社会发展过程中的需求，增加相关领域政策供给。

首先，需重点关注一些金融服务较为落后的地区，加强金融基础设施建设，提供政策支持，完善农村市场竞争管理条例和农村金融科技产业组织支持政策，按照建设大金融科技、引导大生产、形成大市场的要求进行农村金融科技创新，全面消除当前农村三产融合市场化成本高的制约。同时，加强农村地区的数字基础设施建设，以优化农村地区的信息资源配置，为农村金融科技的发展提供必要的信息环境支持。其次，在农村金融科技发展过程中，要处理好政府和市场的关系，不仅要发挥市场在资源配置中的决定性作用，还要发挥政府在农村金融科技发展中的宏观调控作用。做好发展的顶层设计，完善对农村金融科技创新的差异化监管制度，以推进资本城乡双向流动为重点，完善促进农村金融科技产业发展的政策法规。要彻底扭转农村重生产轻金融的传统思想，以农村金融科技体制的创新引导现代农业产业化发展，激励、引导社会资金投向特定农村三产融合领域，更清晰地界定政府职能边界，通过科技创新消除不利于农村三产融合深化的金融制约，全面引导工商资本支持农村三产融合，提高中小农业企业金融服务的覆盖率，以缓解中小企业融资困难和融资成本高的问题，保障农村产业链稳定协调发展。

2. 加快构建共享服务平台，夯实农村金融科技创新的基础

农村金融科技共享服务平台有利于三产融合主体及时了解和掌握金融政策动向、金融信息、数据动态，不仅可以缓解三产融合主体和金融机构的信息不对称问题，实现投融资双方精准对接，降低投融资风险，而且可以推进金融资源适当匹配，保证科技、产业和金融机构有效对接，实现金融资源有效合理配置。一要充分发挥政府作用，加快数字乡村建设，构建多元化的农村数字经济产业业态，对现有各类科技服务平台资源进行整合，加大农村金融科技平台载体建设力度。各地区应结合本地农村产业发展特点，结合三产融合产业园重点发展的产业，构建金融科技公共服务平台。要着力推进科创中心建设，构建金融科技发展平台，在三产融合产业园聚集高校、科研院所等高端创新要素，充分发挥科技创新在三产融合产业园中的引领带动作用。二要探索建立政府与社会共同运营管理的运行机制与模式，不断创新服务形式和方法，推动金融机构不断向数字型共享服务平台转变，为中小企业科技创新提供精准有效的专业技术服务。

3. 构建农村"金融+科技+产业"融合生态链

实现农村产业高质量发展，亟须农村金融和乡村产业的深度融合，充分体现金融科技在农村三产融合中的渗透性和溢出性。当前，我国大多数农村金融机构仍然是在政策驱动的考核要求下，被动地参与农村三产融合。多数地区尤其是中西部地区在金融支农过程中存在较为明显的动机偏离和效果偏离。因此，各地政府要积极发挥正规金融机构的支农作用，通过整合共享农户信用数据，引导相关信息的高效聚合，协同做好风险防控，并通过产品设计、利率结构调整、流程再造等方面的供给创新，积极探索提升供应链融资结算线上化和数字化水平，合理运用区块链、大数据、人工智能等新一代信息技术推动金融科技赋能农村三产融合产业链。要大力发展数字普惠金融，通过现代化技术，创新金融服务供给，全面打造农村"金融+科技+产业"融合生态链，科学优化金融支农政策，改革评价考核机制，用好补偿激励机制，让金融机构支农的机会成本得到有效补偿。通过完善政策来鼓励使用电子签章在线签署合同、远程视频签约验证等，探索"订单+期货""订单+保单"等融资方式，提供与三产融合主体这一特殊产业群体金融需求相匹配的金融服务，进一步推动农业生产、加工、休闲旅游等一体化融合发展，通过产业融合和相关产品设计，有效引导农业结构调整和转型升级。

4. 大力创新数字化供应链金融，引导城市商业资本支持农村三产融合

我国农村三产融合还处于快速发展时期，急需资金，由于涉农产业弱质性和风险不确定性较强，金融机构对农村三产融合发展的资金支持明显不足。建议着力加快农村金融产品创新，以农村金融科技服务三产融合产品创新为突破点，尤其应大力创新发展数字化供应链金融。供应链金融本身就是产融结合的产物，是产业创新与金融创新融合的切入点。与传统金融不同，数字化供应链金融既有助于提高金融机构的风控水平，吸引金融、产业、第三方机构参与，构建供应链金融生态系统，推动其朝平台化、生态化方向发展，改善企业融资约束的边界条件，又能完善农业供应链中小企业和民营企业的金融服务，打造产融结合的新生态。

一方面，地方政府要注重使用供应链金融解决农村三产融合主体质押和担保问题，促进农业产业链、价值链延伸，提高供应链、产业链运行效

率，针对农村产业链上、中、下游的融资需求，依托供应链金融，打通企业信用链，疏通产业融资链，共同构建产融合作新模式，探索运用金融科技整合产业链中的物流、资金流、信息流，使农产品生产、加工、储运、销售等环节连接成一个有机整体，鼓励围绕三产融合核心企业主体构建产业链一体化的金融结算、融资、风险以及利益分配体系。另一方面，要通过"互联网+供应链金融"积极引导城市商业资本向农村市场拓展，通过"供应链金融+批发市场+合作社+家庭农场"等经营模式，加大商业资本对农村三产融合的支持力度，将资金配置到融合产业链的主体尤其是小规模的新型农业经营主体手中。

5. 加大对新型农村三产融合主体的培训力度，提升其信息素养

目前，科技发展迅猛，金融科技又是前沿科技，新型农村三产融合主体要想做到"金融+科技+产业"有效融合，需要具有良好的金融与技术素养。因此，政府等相关职能部门应加大培训力度，对金融机构从业人员开展相关培训，普及金融科技发展的相关知识，提高从业人员的质量。同时，要积极引导，广泛宣传新的数字金融产品，为新型农村三产融合主体开展关于运用区块链、物联网以及与现代农业息息相关的网络信息技术进行融资和风险控制等的培训，使其能够利用金融科技创新载体，降低三产融合成本，构建高效完整的三产融合产业链条。

第三节　供应链金融对农村三产融合的影响

供应链金融通过保障产业链上核心企业及上下游配套企业产、供、销链条的稳固和流转顺畅，能有效促进农村三产融合。

一　引言

农村三产融合是经济新常态背景下农业产业化发展的新动能，是新形势下推进农村供给侧结构性改革的重要途径，是实现农民增收、农业增效的新渠道。近年来，在国家政策的引导和各地政府的努力下，我国农村三产融合已取得一定成效，但仍处于初级阶段。其中，金融是农村三产融合发展所需要的关键要素，但由于受到农户和涉农中小微企业信用水平低、

缺乏担保等短板的限制，传统信贷模式下的金融机构不愿意为其提供服务，中小型农业企业的发展面临融资难、融资贵的问题，金融要素供给存在明显不足，导致传统的金融服务模式无法有效解决农村三产融合发展的融资问题，农村三产融合发展亟待突破金融服务不足的瓶颈。

而供应链金融打破了传统信贷模式下的评级授信要求，将核心大型企业的供应链作为信用担保，为上下游小企业提供融资服务，引导更多资本、技术、人才向农村产业流动，突破了农村金融发展的瓶颈，从而保障供应链上的核心企业及上下游配套企业产、供、销链条的稳固和流转顺畅。因此，供应链金融的发展能有效解决农村三产融合中金融供给不足的问题。在此基础上，分析供应链金融支持三产融合的优势和路径，对今后进一步推广农业供应链金融、推进农村三产融合发展具有重要意义。

二 相关研究述评

1. 供应链金融

供应链金融是基于供应链真实交易背景的经营活动，整合物流、商流、信息流，并联合供应链各主体及外部服务企业满足链上企业资金需求，最终实现价值共创。农业供应链金融是将农业产业链与供应链金融相结合，金融机构通过提供金融服务，降低信贷成本，克服高风险、低利率问题。

随着农村金融改革的深化，农业供应链金融信贷的作用彰显，越来越多的研究者聚焦供应链金融模式、风险管理和效果评估等领域。王营和祝锡永（2013）认为供应链金融主要包括应收账款、保税仓、存货质押三种金融服务模式。柴正猛等（2019）选取有关指标，构建农业供应链金融评价指标体系，对其中的信用风险进行定量测度，并提出可行的措施来防范这种信用风险。

2. 供应链金融促进三产融合

随着对供应链金融业务模式的广泛研究，有学者对其进行了理论拓展，关于供应链金融的研究开始下沉至"三农"领域，越来越多的学者认为农业供应链金融能有效促进农村的发展、提升农民的收入水平、缓解农业中小企业融资难等问题。但有关供应链金融支持农村三产融合的文章尚不多见。贾彦乐（2008）探讨了通过政策动向的改变，将供应链金融引入"三农"领域的可行性，并且站在"三农"视角，科学合理地论证了利用农业供应链金融为农业发展提供资金支持的可行性。邵娴（2013）认为农业供应链金融已成为有效解决农村中小企业和农户等农业经营主体融资难题的重要手段。朱海鹏（2019）分析了供应链金融服务乡村振兴的困境，并在此基础上，提出优化供应链金融服务乡村振兴的路径。然而，由于农业的弱质性，其面临的自然风险和市场风险均较大，再加上农业经营主体缺乏抵质押品，农业融资难题尚未得到有效解决。

通过文献梳理发现，对于供应链金融促进三产融合的研究还停留在理论分析与案例研究层面，将供应链金融与农村三产融合纳入同一个分析框架的实证研究尚不多见。基于此，本节先通过 DEA 方法测度农村三产融合的效率，然后利用面板 Tobit 模型实证检验供应链金融对三产融合的影响，以期为发展供应链金融从而更好地促进农村三产融合发展提供理论依据。

三　内在机理分析

农村三产融合发展是以农业为基础和依托，借助产业间交叉、重组、渗透等方式形成新的技术、商业模式，通过延伸农业产业链条，实现第一产业向第二、第三产业拓展，培育出农业农村发展新动能的突出亮点，是农业供给侧结构性改革、发展农村新产业的一种新业态。而要发展农村三产融合这一新业态，需要大量的金融支持。但是，由于农户和农业天然的弱质性、信息不对称，银行无法识别低风险用户，导致商业银行在农村信贷市场上放款面临较高的风险，银行不愿意贷款给农户和中小企业。供应链金融作为一种创新性的金融服务，可有效缓解这种信息不对称问题，通过加大对农村三产融合发展的信贷支持力度，实现延伸农业产业链、引导农村产业集聚发展的目标。

供应链金融，是一种金融科技手段的应用，它关注产业链、供应链的整体视野，将物流、资金流、信息流进行有机整合，构建起链条内主导企业与上下游企业一体化的风险评估体系和金融供给体系。强化链上各企业利益联结机制，增强交易黏性，缓解银行与中小企业信息不对称问题，提供系统性金融解决方案，可以降低企业成本，提升产业链上各主体价值，有效延伸农业产业链，解决农村三产融合发展中金融供给不足问题。基于此，本节提出了供应链金融对农村三产融合发展的影响机制（见图5-2）。

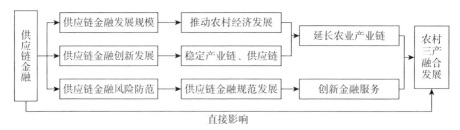

图5-2 供应链金融对农村三产融合发展的影响机制

1. 直接影响

金融机构将供应链核心企业作为枢纽，并在农业供应链金融中对各参与方的交易进行重点关注。核心企业视"农户、经销商、企业"为整体，通过多渠道业务往来和信息交换，金融机构能够运用真实且可靠的业务交易数据，而非单纯依赖农户个体收入、抵押资产规模等数据来评估还款能力。综合供应链成员的一揽子信贷解决方案，农业供应链金融有助于提升金融机构与农户间的信息透明度，整合个人理财、资产管理、移动支付等金融产品，实现农村金融服务供应的"链条化"拓展，从而加速推动农村三产融合发展进程。

2. 间接影响

（1）供应链金融发展可以改善农业经营体系，促进农业产业链延伸与三产融合。供应链金融通过对供应链网络中各环节信息的采集与解析，有效地减小了信息不对称的影响。现代信息科技与供应链金融的深度整合，推动了核心企业、金融机构以及第三方平台将农业产业链中的生产、物流、仓储等信息进行全面整合，从而显著拓展了企业获取金融服务的途径，保证了农业产业链上的中小企业以及农户在生产环节所需的金融支持，进而优化了高效完备的生产供给系统，提升了产业链、供应链的流通和循环效率。此外，农业供应链金融发展规模的不断扩大，对深化金融机构、生产主体和地方政府之间的分工合作，发挥规模经济效应，推动供应链结构升级和农业现代化发展起到了积极作用。

（2）供应链金融创新发展能有效维护产业链、供应链稳定，并以此促进三产融合。参与供应链金融的科技平台，通过合理运用区块链、大数据等技术能推动供应链、产业链上信息的透明化，推动科技赋能产业链；作为第三方的供应链金融创新平台也能加快实现企业、金融机构之间的互联互通，及时响应产业链上核心企业、中小企业的融资需求，维护产业链和供应链完整、稳定。

（3）供应链金融规范发展能有效促进金融服务创新，推进产业不断融合。任何一种金融创新工具的发展必然伴随风险，供应链金融也不例外。供应链金融中的信用风险能危及整个供应链，阻碍产供销链条协同发展，抑制三产融合。因此，防范供应链金融风险，确保供应链金融规范发展，维护产业生态良性循环，是创新农村金融服务的重要保障。农村金融服务的创新，可以进一步推动农村基础金融服务全覆盖，确保涉农中小企业、农户参与农村三产融合的进程，从而有效推进农村三产融合发展。

四　实证研究设计

1. 模型构建

（1）DEA 模型。根据目前国内大多数学者的效率测算方法，本节选择 DEA（数据包络分析）方法对我国农村三产融合的效率进行测度。本节选择 BCC 模型来测算农村三产融合的效率。BBC 模型表示如下：

$$\min[\theta - \varepsilon(e^{\mathrm{T}}s^- + e^{\mathrm{T}}s^+)] \tag{5-3}$$

$$\text{s. t.} \begin{cases} \sum X_j\lambda_j + s^- = \theta X_0 \\ \sum Y_j\lambda_j - s^+ = Y_0 \\ \sum \lambda_j = 1 \\ \lambda_j \geqslant 0, s^- \geqslant 0, s^+ \geqslant 0; j=1,2,\cdots,n \end{cases}$$

其中，θ 表示决策单元的综合技术效率，λ 表示决策单元线性组合的系数，s^+ 和 s^- 分别表示投入量和产出量松弛变量数值，ε 为阿基米德无穷小量，e 为元素为 1 的向量。当综合技术效率 $\theta = 1$，且 s^+、s^- 同时为 0 时，可以认为 DEA 有效；当综合技术效率 $\theta = 1$，但 s^+、s^- 存在非零值时，DEA 弱有效；当综合技术效率 $\theta < 1$ 时，DEA 无效。

（2）面板 Tobit 模型。本节测度的效率值处于 0 和 1 之间，因此运用最小二乘法估计会产生一定偏误。为了更加准确地检验供应链金融对农村三产融合发展的影响，本节采用面板 Tobit 模型，具体计量模型为：

$$CE_{it} = \beta_1 CON_{it} + \beta_2 X_{it} + \mu_i + \varepsilon_{it} \tag{5-4}$$

其中，CE_{it} 是被解释变量，表示第 i 个样本省份在第 t 年的农村三产融合效率；CON_{it} 是核心解释变量，表示第 i 个样本省份在第 t 年的供应链金融发展程度，主要包括供应链金融发展规模（SRR）、供应链金融创新发展水平（RD）、供应链金融风险（NLR）；X_{it} 为控制变量，主要为经济发展水平（GDP）、外贸依存度（FTD）；β 表示相关变量的参数估计值，μ_i 代表个体效应，ε_{it} 表示随机扰动项。

2. 指标选取

综合来看，关于农村三产融合的效率评价，目前国内学者所选择的评价指标各不相同，尚未形成一套完整的评价指标体系，本节依据 DEA 方法的需求，确定了测度三产融合效率的投入和产出指标。值得一提的是，本节强调的农村三产融合，是以农业为主的产业融合。

（1）投入指标。农村三产融合有助于完善现代农业产业体系、转变农业生产方式、拓宽农民增收渠道，是加快探索中国式农业现代化的关键举措，对促进经济社会发展有着十分重大的意义（李玲玲等，2018）。并且，在促进三产融合的道路上，政府发挥着不可替代的重要作用。基于此，本节选取政府在促进三产融合过程中的各项投入作为衡量我国三产融合效率的投入指标。参考国务院办公厅发布的《关于推进农村一二三产业融合发展的指导意见》提到的"创新农村金融服务""强化人才和科技支撑""改善农业农村基础设施条件"等观点，结合数据的可操作性、可获得性和代表性，本节从政府在财政、技术、人才、信息四个方面的投入入手，建立测度农村三产融合效率的投入指标体系。

在财政方面，选取各省份的农林水各项支出作为政府在财政方面的投入；在技术方面，考虑到农业生产技术进步可以在一定程度上代表农业技术进步，因此本节选取农业机械总动力这个指标来衡量政府在技术方面的进步；在人才方面，选取乡村就业人口这个指标来衡量政府在促进三产融合过程中人才方面的投入；在信息方面，政府强调要改善农业农村基础建设条件，加快完善通信基础设施，因此用农村家庭平均每百户移动电话拥有量这个指标来衡量政府在信息方面的投入（见表5-10）。

表5-10　投入指标

指标名称	度量方式
财政投入 X_1	农林水各项支出
技术投入 X_2	农业机械总动力
人才投入 X_3	乡村就业人口
信息投入 X_4	农村家庭平均每百户移动电话拥有量

（2）产出指标。农村三产融合的发展体现在带动农民增收，促进农业、农村、农民各项效益的提高，带来农村经济、社会、文化、生态等方面的全面进步上。结合数据的可操作性、科学性和可比性，本节从经济效益、社会效益和生态效益三个方面来构建衡量农村三产融合效率的产出指标体系。具体来说，经济效益的提高直接体现在产值的增加上，本节选取人均粮食产量、农产品加工业产值两个指标来表示经济产出效率；由于农民的收入关系着农村甚至是社会的稳定和谐，农民收入的增加反映了农村社会效益的增加，所以本节以农村人均可支配收入来代表社会效益；以单位耕地农业增加值来代表生态效益（见表5-11）。

表5-11　产出指标

指标名称	度量方式
人均粮食产量 Y_1	粮食总产量/总人口
农产品加工业产值 Y_2	农副食品加工业主营业务收入
农村人均可支配收入 Y_3	农村人均可支配收入
单位耕地农业增加值 Y_4	农业增加值/耕地面积

3. 面板 Tobit 模型指标选取

（1）被解释变量。本节的被解释变量为农村三产融合效率（CE），由上文对农村三产融合效率的测度中得到的综合效率指数、纯技术效率指数、规模效率指数来代表。

（2）核心解释变量。供应链金融发展规模（SRR）。资金是推动农村经济发展的核心力量，因此供应链金融的发展规模越大，就越能促进农村经济发展、农业产业链延伸。而农业核心企业，通过其覆盖全产业链的业务能力能够在很大程度上带动当地生产总值的增加，促进当地农业生产者和消费者的财富增长。但由于农业核心企业的数据不易获得，而且农村贷款大多与农业供应链相关，所以本节用农村贷款来代表农业核心企业的贷款，用农村贷款与全社会贷款之比来表示供应链金融发展规模。

供应链金融创新发展水平（RD）。首份供应链金融指导性文件《关于规范发展供应链金融 支持供应链产业链稳定循环和优化升级的意见》（以下简称《意见》）提出，供应链金融创新发展是推动金融供给侧结构性改革的重要内容。要重视供应链创新和供应链金融发展，促进金融科技在供应链金融中的深度应用，着力推动科技赋能产业链。基于数据可得性，本节选取 R&D 科技创新投入强度这一指标来表示金融科技在供应链金融中的应用，以衡量供应链金融创新发展水平。

供应链金融风险（NLR）。供应链金融虽然有效控制了供应链系统中各个环节上单个企业作为信贷主体的风险，但随之产生的供应链企业的信用风险，将对金融机构产生更大的危害。《意见》也指出，要加强信用风险防控，因此在研究供应链金融对农村三产融合发展的影响时有必要将供应链金融的风险考虑进来。商业银行的贷款回收期长，会使其违约的概率高于预测值，从而增加信用风险。而不良贷款率能在一定程度上代表供应链金融存在的风险。因此，本节选取不良贷款率来表示供应链金融风险。

（3）控制变量。本节的研究目的是探究供应链金融对农村三产融合的影响，考虑到三产融合发展水平还受到其他因素的影响，为更加准确地分析供应链金融对农村三产融合的影响，本节引入外贸依存度（FTD）、经济发展水平（GDP）这两个指标作为控制变量。在全球经济一体化的背景下，对外贸易对于促进经济增长和产业结构转型升级具有重大意义，可以促进产业结构转型升级和三产融合，进一步推动经济发展。《意见》也明确提出要修复全球产业链，加强对国际产业链企业的金融支持，以确保我国产业链、供应链安全稳定。因此，本节通过计算"地区进出口总额/地区生产总值"来衡量外贸依存度。经济发展水平主要用来考察地区经济发展状况对农村三产融合发展的影响，本节以地区生产总值增长率来衡量。

4. 数据说明

考虑到 2008 年之后农业贷款才具体分为农林牧渔业贷款、农村贷款、农户贷款、涉农贷款等，所以本节将研究的时间区间定为 2009~2017 年，研究对象为我国 30 个省份（由于港澳台及西藏的数据缺失较多，所以不包括在内）。针对个别数据的处理说明如下：由于不良贷款率衡量的供应链金融风险为负向指标，直接进行回归分析存在一定偏差，故本节在进行回归分析之前先对不良贷款率进行标准化处理。各变量描述性统计结果如表 5-12 所示。

表 5-12 变量描述性统计结果

变量	均值	标准差	最小值	最大值
供应链金融发展规模（SRR）	0.236	0.107	0.008	0.428
供应链金融风险（NLR）	0.310	0.148	0.088	1.000
供应链金融创新发展水平（RD）	1.543	1.083	0.340	6.080
外贸依存度（FTD）	0.268	0.296	0.012	1.457
经济发展水平（GDP）	0.142	0.106	−0.224	0.599

五 实证结果与分析

1. DEA 结果分析

本节运用 DEA 方法对 2009~2017 年的农村三产融合效率进行测算，将 30 个省份的产出与投入数据导入 DEAP 2.1 软件，运行软件后，将综合效率测算结果列于表 5-13。[①]

表 5-13 2009~2017 年 30 个省份农村三产融合综合效率

省份	2009 年	2010 年	2011 年	2012 年	2013 年	2014 年	2015 年	2016 年	2017 年	均值
安徽	0.810	0.727	0.727	0.750	0.760	0.736	0.728	0.731	0.737	0.745
北京	0.787	0.858	0.779	0.966	0.980	0.864	0.839	0.953	0.871	0.877
福建	0.995	0.962	0.932	1.000	1.000	1.000	1.000	1.000	1.000	0.988
甘肃	0.464	0.472	0.436	0.469	0.466	0.444	0.442	0.443	0.440	0.453
广东	0.756	0.743	0.707	0.845	0.922	0.942	0.916	0.913	0.947	0.855
广西	0.667	0.654	0.496	0.574	0.574	0.559	0.559	0.545	0.569	0.577

---

① 限于文章篇幅，未列出纯技术效率、规模效率测算结果。如有需要，可向作者索取。

省份	2009年	2010年	2011年	2012年	2013年	2014年	2015年	2016年	2017年	均值
贵州	0.697	0.608	0.425	0.471	0.459	0.463	0.459	0.490	0.479	0.506
海南	1.000	1.000	1.000	1.000	1.000	1.000	1.000	1.000	1.000	1.000
河北	1.000	0.935	0.657	0.728	0.724	0.663	0.662	0.665	0.632	0.741
河南	0.914	0.818	0.726	0.798	0.713	0.758	0.778	0.760	0.961	0.803
黑龙江	1.000	1.000	1.000	1.000	1.000	1.000	1.000	1.000	1.000	1.000
湖北	0.748	0.747	0.633	0.723	0.760	0.792	0.876	0.888	1.000	0.796
湖南	0.758	0.826	0.798	0.874	0.794	0.724	0.739	0.722	0.719	0.773
吉林	1.000	1.000	1.000	1.000	1.000	1.000	1.000	1.000	1.000	1.000
江苏	0.959	0.889	0.948	0.962	0.973	1.000	1.000	0.970	1.000	0.967
江西	0.790	0.767	0.639	0.743	0.713	0.699	0.713	0.735	0.804	0.734
辽宁	1.000	1.000	1.000	1.000	1.000	1.000	0.936	0.777	0.781	0.944
内蒙古	1.000	0.929	0.847	0.858	0.903	0.880	0.890	0.869	0.873	0.894
宁夏	1.000	1.000	1.000	1.000	1.000	1.000	1.000	1.000	1.000	1.000
青海	0.719	0.697	0.686	0.808	0.839	0.787	0.787	0.820	0.870	0.779
山东	1.000	1.000	1.000	1.000	1.000	1.000	1.000	1.000	1.000	1.000
山西	0.663	0.496	0.476	0.532	0.524	0.517	0.499	0.574	0.545	0.536
陕西	0.390	0.392	0.401	0.476	0.545	0.460	0.473	0.502	0.515	0.462
上海	1.000	1.000	1.000	1.000	1.000	1.000	1.000	1.000	1.000	1.000
四川	0.836	0.847	0.768	0.782	0.711	0.705	0.672	0.649	0.662	0.737
天津	1.000	1.000	1.000	1.000	1.000	1.000	1.000	1.000	1.000	1.000
新疆	0.819	0.762	0.712	0.744	0.766	0.743	0.758	0.745	0.659	0.745
云南	0.573	0.514	0.426	0.480	0.513	0.513	0.525	0.562	0.539	0.516
浙江	0.870	0.914	0.878	1.000	0.998	1.000	0.998	1.000	0.996	0.962
重庆	0.936	0.814	0.719	0.777	0.773	0.726	0.710	0.726	0.709	0.766
均值	0.838	0.812	0.761	0.812	0.814	0.799	0.799	0.801	0.810	0.805

首先，从整体上看，2009~2017年我国30个省份的农村三产融合综合效率均值从0.838变为0.810，不仅没有增长，反而下降了3.34%，说明我国三产融合的资源没有得到很好的运用，三产融合的优势没有得到充分发挥，在促进农村三产融合方面存在较大的发展空间。

其次，2009~2017年我国30个省份农村三产融合综合效率存在较大差异。其中，海南、黑龙江、吉林、宁夏、山东、上海、天津的综合效率均值最高，为 1，均达到了 DEA 有效，而最低的甘肃只有 0.453；除了上述 7 个达到 DEA 有效的省份，北京（0.877）、福建（0.988）、广东（0.855）、江苏（0.967）、辽宁（0.944）、内蒙古（0.894）、浙江（0.962）这 7 个省份的综合效率高于全国平均值（0.805）。在这 14 个省份中，东部地区占比 64.3%，中部地区占比 21.4%，西部地区占比 14.3%，这说明受到政策支持力度和经济发展水平的影响，我国不同地区的农村三产融合水平存在较大差异，其中我国东部省份在促进农村三产融合发展方面做得较好。

最后，2009~2017 年我国 30 个省份的农村三产融合综合效率存在一定程度的波动。以河北、江苏为例，河北在 2009 年的综合效率为 1，达到了 DEA 有效，但在 2010~2017 年的综合效率却在降低，到 2017 年仅为 0.632，呈现明显的下降趋势，说明河北的三产融合发展不理想；江苏 2009~2013 年农村三产融合综合效率分别为 0.959、0.889、0.948、0.962、0.973，而 2014 年、2015 年的综合效率均达到 1，2016 年出现短暂下降情况之后，在 2017 年其综合效率又回到 1，实现 DEA 有效。除此之外，还有许多省份的综合效率水平存在下滑趋势，例如内蒙古、四川、贵州等。而甘肃、陕西这两个省份的综合效率基本上小于 0.5，说明这两个省份的农村三产融合发展存在较大问题，其综合效率亟待提升。

2. 面板 Tobit 模型结果分析

（1）数据平稳性检验。为避免产生伪回归问题，本节运用 Stata 16 软件采用 LLC 检验对面板数据进行单位根检验，结果如表 5-14 所示，该面板是平稳的。

表 5-14　LLC 检验结果

变量	统计量	p 值
农村三产融合效率（CE）	-21.0952	0.0000
供应链金融发展规模（SRR）	-4.3953	0.0000
供应链金融风险（NLR）	-12.8021	0.0000
供应链金融创新发展水平（RD）	-4.0479	0.0000
外贸依存度（FTD）	-10.7871	0.0000
经济发展水平（GDP）	-18.1766	0.0000

（2）面板 Tobit 基准回归结果分析。面板 Tobit 回归通常有混合回归和随机效应回归两种方式，为了保证实证检验的准确性，先要判断使用混合Tobit 回归还是随机效应 Tobit 回归。表 5-15 为农村三产融合综合效率的回归结果：随机效应的回归结果显示，不加控制变量时，只有供应链金融发展规模对农村三产融合综合效率产生显著负向影响，且通过了 1% 的检验。加入控制变量后，供应链金融创新发展水平对农村三产融合综合效率产生显著正向影响。

表 5-15　综合效率回归结果

变量	（1）随机	（2）混合	（3）随机	（4）混合
供应链金融发展规模（SRR）	-0.346 *** (0.115)	-0.097 * (0.055)	-0.209 (0.132)	-0.102 * (0.059)
供应链金融风险（NLR）	-0.016 (0.030)	-0.055 (0.070)	-0.014 (0.030)	-0.054 (0.070)
供应链金融创新发展水平（RD）	0.021 (0.017)	0.007 (0.007)	0.037 * (0.019)	0.006 (0.004)
外贸依存度（FTD）			-0.073 (0.056)	0.236 *** (0.017)
经济发展水平（GDP）			0.090 ** (0.043)	-0.017 (0.119)
常数项	0.876 *** (0.055)	0.771 *** (0.028)	0.809 *** (0.064)	0.776 *** (0.032)
LR 检验（1）	chibar2（01）= 439.90		Prob≥chibar2 = 0.000	
LR 检验（3）	chibar2（01）= 444.51		Prob≥chibar2 = 0.000	

注：*** 表示 $p<0.01$，** 表示 $p<0.05$，* 表示 $p<0.10$，括号内为标准误。

具体而言，供应链金融发展规模的系数为负，这与前面 DEA 模型分析结果比较一致，即农村三产融合综合效率并不一定会随着供应链金融发展规模的扩大而提升，究其原因可能是我国存在"金融排斥"现象，金融机构在农村地区的信贷服务具有期限长、风险高、回报低等特点。另外，金融投入虽然很多，但资金利用效率不高，资金未能得到最优配置，从而未能促进三产融合。供应链金融创新发展水平的系数为正，这与理论分析的结果一致，说明供应链金融创新发展能有效提升农村三产融合综合效率。

金融科技投入通过提高供应链中信息安全保障水平、确保及时响应产业链上企业的融资需求来促进农村三产融合综合效率的提升。除上述影响因素外，外贸依存度与农村三产融合综合效率不相关，经济发展水平与农村三产融合综合效率存在正相关关系。

（3）纯技术效率和规模效率回归结果。表5-16、表5-17分别为农村三产融合的纯技术效率回归结果、规模效率回归结果。

表 5-16 纯技术效率回归结果

变量	（1）随机	（2）混合	（3）随机	（4）混合
供应链金融发展规模（SRR）	-0.482 *** (0.136)	-0.167 *** (0.037)	-0.406 *** (0.155)	-0.164 *** (0.054)
供应链金融风险（NLR）	-0.037 (0.037)	-0.053 (0.065)	-0.036 (0.037)	-0.053 (0.065)
供应链金融创新发展水平（RD）	0.006 (0.019)	-0.001 (0.004)	0.014 (0.020)	-0.000 (0.003)
外贸依存度（FTD）			0.030 (0.061)	0.220 *** (0.014)
经济发展水平（GDP）			0.052 (0.052)	0.011 (0.109)
常数项	0.955 *** (0.059)	0.846 *** (0.023)	0.918 *** (0.069)	0.844 *** (0.033)
LR 检验（1）	chibar2（01）= 330.04		Prob ≥ chibar2 = 0.000	
LR 检验（3）	chibar2（01）= 331.02		Prob ≥ chibar2 = 0.000	

注：*** 表示 $p < 0.01$，括号内为标准误。

表 5-17 规模效率回归结果

变量	（1）随机	（2）混合	（3）随机	（4）混合
供应链金融发展规模（SRR）	0.102 (0.090)	0.058 * (0.032)	0.102 (0.100)	0.066 ** (0.026)
供应链金融风险（NLR）	0.016 (0.031)	0.008 (0.025)	0.018 (0.032)	0.006 (0.025)
供应链金融创新发展水平（RD）	0.014 (0.010)	0.010 *** (0.003)	0.015 (0.011)	0.006 * (0.004)

变量	（1）随机	（2）混合	（3）随机	（4）混合
外贸依存度（FTD）			-0.010 (0.036)	0.027*** (0.005)
经济发展水平（GDP）			0.005 (0.043)	-0.032 (0.042)
常数项	0.899*** (0.035)	0.918*** (0.013)	0.898*** (0.042)	0.920*** (0.015)
LR 检验（1）	chibar2（01）=76.97		Prob≥chibar2=0.000	
LR 检验（3）	chibar2（01）=74.87		Prob≥chibar2=0.000	

注：*** 表示 p<0.01，** 表示 p<0.05，* 表示 p<0.10，括号内为标准误。

表 5-16 中的随机效应回归结果显示，供应链金融发展规模的系数通过1%的显著性检验，这与综合效率回归结果类似，供应链金融发展规模对农村三产融合发展的纯技术效率呈现负向影响。与前两者不同的是，表 5-17相应检验结果显示，供应链金融发展规模对农村三产融合规模效率的影响虽然没有通过显著性检验，但其系数为正，说明供应链金融发展规模对农村三产融合的规模效率产生正向影响。由于农村三产融合发展的综合效率=纯技术效率×规模效率，所以可以推出，供应链金融发展规模主要是通过影响农村三产融合发展的纯技术效率来影响三产融合效率，虽然农村三产融合的规模效率随着供应链金融发展规模的扩大而提升，但相对来说，供应链金融发展规模对三产融合纯技术效率的负向影响更明显，因此，综合来说，供应链金融发展规模对三产融合效率产生负向影响。

与综合效率回归结果不同，供应链金融创新发展水平对农村三产融合的纯技术效率、规模效率均未产生显著影响，但它们的系数均为正。这表明供应链金融创新发展能在一定程度上促进农村三产融合纯技术效率、规模效率的提升，进而对农村三产融合综合效率产生显著影响，促进农村三产融合。

供应链金融风险对农村三产融合纯技术效率、规模效率的影响均不显著。除上述影响因素外，外贸依存度、经济发展水平与农村三产融合纯技术效率和规模效率不相关。

3. 稳健性检验

（1）分样本回归。本节采用分样本回归，将前文中的 30 个省份按照东部、中部、西部地区分类，进行稳健性检验，检验结果如表 5-18 所示。

表 5-18　分样本回归结果

地区	变量	（1）综合效率	（2）纯技术效率	（3）规模效率
东部	供应链金融发展规模（SRR）	−0.078 *** （0.029）	−0.122 *** （0.031）	0.043 * （0.023）
	供应链金融风险（NLR）	−0.053 （0.054）	−0.093 ** （0.036）	0.040 （0.026）
	供应链金融创新发展水平（RD）	−0.002 （0.005）	0.005 ** （0.002）	−0.007 ** （0.004）
	外贸依存度（FTD）	0.010 （0.023）	0.016 （0.011）	−0.007 （0.017）
	经济发展水平（GDP）	0.138 （0.092）	0.113 ** （0.045）	0.026 （0.087）
	常数项	0.954 *** （0.036）	0.987 *** （0.016）	0.965 *** （0.027）
中部	供应链金融发展规模（SRR）	−0.783 ** （0.367）	−0.717 ** （0.360）	−0.331 *** （0.081）
	供应链金融风险（NLR）	−0.097 （0.070）	−0.075 （0.069）	−0.048 （0.037）
	供应链金融创新发展水平（RD）	0.034 （0.050）	0.056 （0.049）	−0.043 *** （0.012）
	外贸依存度（FTD）	−0.615 （0.401）	−0.513 （0.394）	0.283 ** （0.126）
	经济发展水平（GDP）	−0.042 （0.095）	−0.027 （0.094）	−0.081 ** （0.037）
	常数项	1.076 *** （0.145）	1.032 *** （0.142）	1.115 *** （0.038）
西部	供应链金融发展规模（SRR）	−0.734 ** （0.361）	−1.608 ** （0.659）	0.314 （0.316）
	供应链金融风险（NLR）	−0.041 （0.041）	−0.022 （0.077）	0.033 （0.069）
	供应链金融创新发展水平（RD）	−0.134 ** （0.053）	−0.124 （0.091）	0.054 （0.044）

续表

地区	变量	（1） 综合效率	（2） 纯技术效率	（3） 规模效率
西部	外贸依存度（FTD）	−0.156 （0.173）	−0.263 （0.322）	0.041 （0.224）
	经济发展水平（GDP）	−0.032 （0.070）	−0.075 （0.130）	−0.010 （0.105）
	常数项	1.017*** （0.134）	1.327*** （0.230）	0.752*** （0.126）

注：*** 表示 p<0.01，** 表示 p<0.05，* 表示 p<0.10，括号内为标准误。

由表 5-18 可知，东部、中部、西部地区供应链金融的发展对农村三产融合的影响存在显著区域异质性。东部地区由于经济发达，农村金融发展水平相对中部、西部地区较为成熟。东部地区农村三产融合的发展受供应链金融发展规模的影响更大。而中部地区多是农业大省，所需涉农贷款的规模较大，农户、农村、农业生产信贷需求大，而供应链金融能够通过供应链上的核心企业快速响应链上中小企业的贷款需求，缩短信贷时间、降低贷款难度。因此，供应链金融发展规模对中部地区各省份农村三产融合发展具有显著影响。中部地区应大力规范发展供应链金融，从而促进农村三产融合，进而促进农业增产和农户增收。西部地区相对东部、中部地区来说，经济发展落后，各省份的农业金融供求缺口更大，结合农村三产融合效率结果，西部地区金融资源配置严重不均衡，农业信贷仍严重处于"贷款难""供不应求"的局面。因此，西部地区三产融合发展受供应链金融发展规模、供应链金融创新发展水平影响较大，即应大力发展西部地区的供应链金融，通过供应链金融的特性，解决链上企业贷款难、贷款贵问题，合理配置金融资源，明确资金流向；同时加大供应链金融创新力度，提升供应链整体金融服务水平，更好促进农村三产融合。

（2）考虑遗漏变量。除本节已选取的指标外，农村三产融合效率还受到城镇化程度的影响。城镇化程度越高，农村流失人口越多，农地弃耕和农业后继无人的问题越严重，从而制约农村三产融合发展。基于此，本节在控制变量中加入城镇化程度（UR），重新进行回归，回归结果如表 5-19所示。在控制了城镇化程度后，回归结果无显著变化，证明了前文结论的可靠性。

表 5-19　考虑城镇化程度的回归结果

变量	（1） 综合效率	（2） 纯技术效率	（3） 规模效率
供应链金融发展规模（SRR）	−0.199 * （0.132）	−0.399 ** （0.155）	0.129 （0.097）
供应链金融风险（NLR）	−0.020 （0.030）	−0.048 （0.037）	0.030 （0.032）
供应链金融创新发展水平（RD）	0.043 ** （0.020）	0.028 （0.022）	0.004 （0.012）
外贸依存度（FTD）	−0.067 （0.057）	0.047 （0.063）	−0.036 （0.036）
经济发展水平（GDP）	0.062 （0.052）	−0.008 （0.064）	0.071 （0.051）
城镇化程度（UR）	0.033 （0.035）	0.069 （0.042）	−0.067 ** （0.029）
常数项	0.739 *** （0.098）	0.772 *** （0.114）	1.031 *** （0.069）

注：*** 表示 $p<0.01$，** 表示 $p<0.05$，* 表示 $p<0.10$，括号内为标准误。

六　结论与建议

1. 主要结论

本节通过构建三产融合的指标体系，利用数据包络分析法（DEA）测算了中国 30 个省份（不包含港澳台和西藏）2009～2017 年的农村三产融合效率，发现三产融合效率在我国存在区域异质性，我国东部省份近年来在促进三产融合方面所做工作的成效较好，西部和中部地区在这一方面有待加强。在此基础上，本节进一步构建计量经济模型实证检验供应链金融对农村三产融合效率的影响。研究表明，供应链金融发展规模对三产融合效率具有负向影响，原因可能是我国存在"金融排斥"现象，金融机构在农村地区的信贷服务具有期限长、风险高、回报低等特点；供应链金融创新发展水平能有效促进三产融合，要提高供应链金融创新发展水平，鼓励供应链金融创新，合理运用科技手段，促进产业链、供应链稳定发展；供应链金融风险会破坏产业链、供应链稳定协调发展，从而阻碍三产融合。

2. 对策建议

基于以上研究结论，规范发展供应链金融，支持农村产业有效融合可以从以下几个方面着手。

第一，提升供应链金融发展的规模效率。供应链金融发展规模通过降低三产融合发展的规模效率对三产融合产生负向影响，因此不仅要扩大供应链金融发展规模，也要提高供应链金融发展的规模效率。首先，需重点关注一些金融服务较为落后的地区，扩大其供应链金融发展规模。提高对中小农业企业金融服务的覆盖率，以有效解决中小企业融资难、融资贵问题，保障产业链稳定协调发展。其次，对金融机构从业人员开展相关培训，普及供应链金融发展的相关知识，提高从业人员的质量。

第二，围绕产业链上、中、下游融资需求，创新信贷、保险产品及服务模式，使农业产业链各个环节连接成一个有机整体。依托金融科技手段，整合商流、物流、信息流，构建供应链主导企业与上下游企业一体化的风险评估体系，快速响应产供销链条上各主体融资、结算、财务管理等需求，提升各方价值。

第三，加大科技创新投入，提升供应链金融科技创新水平。合理运用区块链、大数据、人工智能等新一代信息技术加强信息安全保障、提高存货（仓单）融资风控管理水平，推动科技赋能产业链。同时，还要探索提升供应链融资结算线上化和数字化水平，探索使用电子签章在线签署合同、远程视频签约验证等。

第四，防范供应链金融风险。建立防控机制，加强核心企业信用风险管理；加强金融科技融入，实现线上监控，增强监控的严密性和高效性；完善线上平台建设，在平台上进行监控、应急管理。

第四节　数字普惠金融对农村三产融合的影响机理

一　引言

在乡村振兴的战略背景下，促进农村三产深度融合，是实现农业现代化的重要手段，也是扩大农业生产可能性边界的关键措施。通过深度融合，可以有效推动农村产业兴旺，增强农业发展新动能，为全面实现乡村振兴提供强有力的支撑。具体而言，农村三产深度融合是指将第一产业的农业，第二产业的农产品加工制造业，第三产业的物流、销售、服务业等进行融合，从而创造更多的就业机会和财富，提高农民的收入和生活水平。此外，深度融合还可以促进农村产业结构的优化升级，推动农村经济的持续健康发展，为全面实现乡村振兴打下坚实的基础。金融是现代经济的核心，是推动我国经济发展的源头活水。所以，必须加大对金融的支持力度，以促进农村三产深度融合。

近年来，得益于政府对发展普惠金融，尤其是农村数字普惠金融的重视程度日益提高，数字普惠金融发展势头迅猛。2021年中央一号文件指出要"强化农业农村优先发展投入保障"，并着重强调了金融对农村三产融合的重要支持作用。其中特别强调，必须深化改革，创新金融服务模式，建立和完善乡村振兴市场体系、组织体系和产品体系，以促进农村金融资源的回流。

本节从数字普惠金融的视角出发，探讨数字金融发展与农村三产融合的关系。通过对数字普惠金融促进农村三产融合的机理及实施路径的研究，拓展了国内关于数字普惠金融促进农村三产融合理论机制和具体路径的研究内容，提供了新的认识和解释，具有一定的理论研究价值。目前我国农村三产融合面临诸多金融困境，因此，探讨数字普惠金融对三产融合的影响机理，为促进农村三产融合提供了现实依据，回应了社会关切的问题，为农村产业高质量发展提供了实践参考，具有重大的现实意义。

二 数字普惠金融对农村三产融合的影响机理

数字普惠金融具有良好的经济和社会效益，对于完善传统的三产融合体系、促进农业高质量发展具有重要的作用。

1. 实践基础层面：数字普惠金融具有三产融合的资源配置效应

数字普惠金融能够服务于农业生产、加工、销售、服务等各方面，其大规模应用会产生大量的数据资源，这些数据的共享、分析、利用将成为农村三产融合的重要纽带，构建起跨越国界的产业发展新格局，促进生产要素的合理流动。农业电商平台、数字农业等新的内容对传统农业进行了改造和升级，从而为农村经济带来了新的活力。一方面，数字普惠金融极大地降低了金融服务门槛，使新兴金融、非常规金融等能够与传统金融、常规金融共存，将金融服务的范围拓展到农产品生产、加工、销售的运作体系中，从而使现代农业的生产、经营、管理和服务实现流程优化和提质增效。另一方面，数字普惠金融将资金注入农村相关行业，特别是中小微企业，从而提高了农村金融的供给。融资本身就是一个融合性的概念，在传统的融资机制中，融资效率低下、不够精准。通过建立精确的数据模型和风险管理体系，可以有效地进行资金的分配，促进农村资源的合理利用，促进各行业之间的分工协作，促进城乡产业的深度融合和升级。

2. 经济效益层面：数字普惠金融降低了农村三产融合的成本

随着农村地区数字化金融程度的不断提高，对于三产融合中普遍存在的涉农经营合同签订、预付账款融资申请、订单合约、利益分配等业务，参与方可以通过共用同一个数字金融平台的账本，缩短农产品的储藏流通时间，并降低搜寻农产品和退换货等交易费用。这大大节约了三产融合交易成本。各类生产资源可借助数字普惠金融渠道直达农村，这有利于更好地发挥农村三产融合的范围经济效应、规模经济效应，提高融合效率，降低流通成本、物流成本，扩大农业再生产的规模，增加数字普惠金融的红利。数字普惠金融对农村的支持，不仅加快了农村资金的流通速度，还提高了农村资金、信息与技术的融合能力，促使各项新技术能够更快、更好地应用于农村三产融合中，形成数字普惠金融的创新溢出。因此，农村数字普惠金融的发展不仅促进了涉农金融产业自身要素禀赋结构的转型升级，也带动了农村相关产业的结构升级，从而提高了整个农村的产业生产率。另外，利用数字普惠金融对目标人群进行精确把控，可以促进农产品和服务的交互式发展，增强农产品用户的黏性，拉动农村经济的增长。

3. 社会效益层面：数字普惠金融有效减弱了市场的信息不对称

数字普惠金融通过促进农户、投资者和消费者的良性互动，为农村产业转型升级创造了一个稳定的发展环境。同时，区块链、大数据、云计算、人工智能等数字金融的应用，提高了信息透明度，使三产融合的参与者可以及时、准确地掌握金融信息。例如，区块链的分布式记账、多节点共识机制、非对称加密和智能合约技术手段具备分布式、不可篡改、价值可传递、可编程等特性，可以融入传统产业中。农村三产融合主体在农产品种植、收割加工、物流仓储、销售监管等三产融合中，通过溯源、确权、时间戳等科技手段将真实信息上链存储，有效解决了传统三产融合提质增效的可靠性不强、信息不对称、利益分配难的问题，有利于重塑三产融合信任关系。同时，快速流通的信息有效减小了资源浪费、弱质性成本以及通货膨胀的消极影响，从而提升了农村产业发展的可持续性。

4. 产业发展层面：数字普惠金融促进了三大产业的技术融合

借助现代信息技术，数字金融领域出现了个性化、智能化、定制化的金融产品，创新了传统金融的产品供给方式和业务服务流程，不但激发了金融创新的活力，还对其他产业产生了溢出效应。大数据、云计算、人工智能等数字金融在农村的应用，不仅加快了资金的流转速度，而且提高了农村资金、信息与技术的融合能力，促使各项新技术能够更快、更好地应用于农村三产融合中，形成数字普惠金融的创新溢出。因此，农村数字金融创新不仅助推了涉农金融产业自身要素禀赋结构的转型升级，也推动了三产融合效率的提高。一方面，数字普惠金融可以促使农村进一步围绕资金链打造创新链、围绕创新链提升产业链，促进三产的技术融合，消除产业间壁垒。另一方面，数字普惠金融有利于引导三产融合，促进科技成果转化，推动建立权责明确、优势互补、利益共享、风险共担的合作机制，大大改善农产品和服务的技术特性和价值实现方式，从而促使更多科技成果应用于农村三产融合中。

三 我国农村数字普惠金融发展存在的主要问题

1. 数字化基础设施投资不足

数字普惠金融的发展必须有坚实的信息基础作为支撑。特别是在经济落后的农村地区，数字化基础设施建设水平相对较低。以互联网普及率为例，根据中国宏观经济数据库数据，截至2021年6月，我国农村互联网普及率仅为59.2%，城乡之间相差19.1个百分点，即城乡间数字普惠金融的不均衡发展较为明显，亟须寻找农村地区的发展堵点。农村数字普惠金融依赖农村金融基础设施水平。从我国农村发展的实际来看，农村特别是中西部农村普遍存在金融机构分布不均衡现象，截至 2020 年 12 月，我国各省份村镇银行（含分支机构）数量差异巨大，如河南共 596 家、浙江 374 家，与之形成鲜明对比的是青海 7 家、西藏 6 家（见图 5-3）。

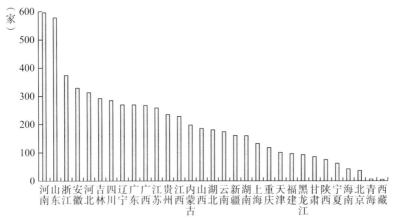

图 5-3　全国部分省份村镇银行（含分支机构）数量分布（截至 2020 年 12 月）

资料来源：中国银保监会。

2. 信息安全风险大

数字普惠金融，以数字化技术和互联网手段，消除了传统空间和管理的制约，给非法集资和电信诈骗等犯罪活动提供了便利。与此同时，居民信息泄露严重，网络平台金融欺诈的案例也屡见不鲜。特别是，农村居民的防范和识别能力较弱，极易在日常的数字理财业务中受骗，存在显著的信息安全风险。此外，网络金融平台中大量用户信息的泄露，引发了农民对数字金融的抵触情绪。与此同时，我国金融机构面临着严重的信息安全问题，农村地区的普惠金融机构中除了大型综合金融公司和供应链金融服务商外，还包括一些小型的农商银行、村镇银行和小额信贷公司，它们对网络攻击的防御能力较为薄弱，存在一定的安全风险。农村中小企业缺乏严格的规章管理制度，农业经营管理相对宽松，家庭农户、农民合作社、集体经济组织等市场主体的管理水平普遍较低。此类企业缺乏专业的会计人员，缺乏系统的交易记录和规范的财务报表，这使金融机构难以获取其真实的财务数据，导致信息不对称、农业贷款虚假、信贷调查不实、二次使用贷款、挪用信贷资金等问题，也是导致"三农"信贷不合规概率高、不良贷款率高的重要因素。

3. 信贷供给不充足

如今，我国仍处在农村三产融合发展的初级阶段，对资金的需求量是巨大的。表5-20显示，农户生产经营的贷款余额远远低于普惠小微企业，农户生产经营贷款余额的增长率与创业担保、普惠小微企业相差甚远。县级农业信贷总额虽持续增加，但相较于农村三产融合所需要的大量融资，差距仍然较大，且经营主体面临着信贷资金短缺的风险。农村金融体系目前仍不够完善，导致村镇的银行网点信贷供给不充足，严重制约了我国农业农村现代化的进程。例如，新型农村三产融合经营主体作为农村高质量发展的引导主体，转变了农业发展方式，推动了农村三产融合的发展进程。总体而言，我国新型农业经营主体尚处在初期发展阶段，融资需求相对较少，但其信贷限制较大的问题日益突出。

表5-20 各职能部门贷款余额及增长率（截至2021年第二季度末）

单位：亿元，%

	普惠小微企业	农户生产经营	创业担保	助学贷款
贷款余额	177400	65900	2293	1238
增长率	31	13.6	32.9	11.2

资料来源：根据中国人民银行发布的数据整理。

4. 农村居民对数字普惠金融产品接受程度低

在中国农村区域，居民们的现金交易偏好仍然较为明显，尤其是在中西部地区，这一现象尤为突出。农村居民中，老年人与女性占比很大，他们对数字设备的拥有量和使用能力相对较低，其数字金融知识储备不足，这导致他们对数字普惠金融等新事物的接受程度不高，对数字化金融创新产品有较强的抵触心理，他们的金融知识水平在一定程度上限制了其理解并接受一些相对复杂的创新金融术语的能力。由于这些因素，我国农村地区的数字金融在三产融合中的推广效果受到了影响，这限制了数字金融创新对农村地区三产融合的支撑作用。此外，由于网络信号差、智能产品普及率低，农村居民在使用网上银行等数字产品时仍存在困难。受制于农民对金融产品和服务的接受度较低，数字普惠金融在农村地区的应用效果不尽如人意，这为其未来的发展带来了巨大的空间。

5. 缺乏金融产品创新

各地、各族群、各产业、各发展阶段、各经济状况的农村三产融合的金融需求，存在明显的差异性。农村三产融合金融需求的丰富性、层次化、地域化，促使金融机构必须持续创新金融产品。在农村三产融合发展的大背景下，农业经营的专业化、规模化、市场化、集约化特征日益显著，这些特征对融资期限、融资时效、融资金额等方面提出了新的要求。目前，金融机构提供的短期小额贷款产品单一、条件苛刻，无法满足农业生产经营主体发展的需求，亟须金融机构进行金融产品创新。在众多外部因素的影响下，农村金融机构产品和金融服务的创新乏力，金融供需结构性失衡越发突出。而银行类金融机构的服务和产品远远落后于时代，无法满足现代社会的需求，导致农村数字普惠金融产品创新不足，难以发挥推动农村三产融合的作用。

四　对策及实施路径

数字普惠金融是促进农村三产融合的重要力量，它可以有效推进农业产业体系、生产体系和经营体系建设。本节从以下 5 点实施路径入手，切实推动农村三产融合，实现乡村振兴。

1. 加快相关政策出台，优化促进农村三产融合的数字化信息基础设施配置

以脱贫攻坚成果巩固和乡村振兴有效衔接为目标，政府应该先关注金融服务落后的地区，尤其是西部偏远地区的数字化信息基础设施建设，并给予一定的财政资金支持，以保障农业发展和农民的日常生活，为促进农村三产融合创造良好的外部条件。同时，鼓励民间资本参与到农村数字化信息基础设施的建设之中，国家应出台相关政策，制定农村服务网络建设规范，引入企业和民间资本参与投资建设，并给予适当的优惠补贴。优化农村信息资源配置，为农村数字普惠金融的发展提供良好的信息环境。

2. 发挥政府职能优势，加强促进农村三产融合的信用体系建设

当前，我国农村信用体系建设相对落后，金融机构普遍缺乏支持农村三产融合发展的动力。因此，要加快农村三产融合发展，就必须加强信用体系建设。政府及相关监管部门要率先加强内外信息系统的联动，引入信守承诺激励机制和违约处分机制，建立涵盖农民、家庭、农业社会化服务组织、专业合作社、农村企业等多种经营主体的信用体系。

3. 加强数字金融服务网络建设

当前，我国农村金融服务网络不健全，无法支撑农业产业化发展，亟须构建支撑农村三产融合的金融系统。因为完善的金融系统能够增强资金的流动性，减弱信息不对称和降低交易成本，改善企业融资环境，增加投资。具体来说，可以采取以下措施。一是围绕重点镇、中心村和聚居点的建设，不断优化农村金融服务网络。二是进一步深化农村信用社的体制改革，完善金融专业服务制度，为三产融合提供更好的金融服务。三是以乡镇为切入点，加快发展农村信用社、小额贷款公司等金融服务组织，积极探索新的贷款投资模式，争取开发新型金融支持模式，即银行、证券、保险优势互补，直接融资和间接融资相结合，民间资本积极参与的模式。

4. 加强金融知识教育，提升促进农村三产融合的居民金融信息素养

如今，数字普惠金融正在蓬勃发展。要实现农村三大产业的有效融合，农村居民必须具备良好的金融信息素养。金融机构只有向农民普及金融知识，才能在相互依存、协调发展的时代为农民提供金融支持，让农民响应国家"互联网+现代农业"倡议，切实支持农产品电子商务和数字普惠金融的发展。政府和有关职能部门应利用报纸、电视等载体，对农民进行金融知识的宣传和普及，提高农村居民的金融素质。同时，积极引导和广泛推广数字金融新产品，加大对新型农村三产融合主体利用区块链、物联网和现代农业数字金融技术进行融资和风险防控的培训力度，使其能够接受和使用数字金融创新载体，降低三产融合成本，构建高效的农业产业链，更好地为农业发展提供保障。

5. 加强金融产品创新，提升促进农村三产融合的金融服务质量

推进农村三产融合发展，需要加强金融创新，提升金融服务质量。一是对抵押贷款的方式进行创新。金融机构要大力推广水资源抵押、林权抵押、农村住房抵押、土地承包经营权抵押、动产抵押、集体土地使用权抵押、企业联合担保、商户联合担保、农民联合担保等方式。二是创新金融服务方式。金融机构要积极探索和设计出新型农业经营主体的融资渠道，

包括现金管理、结算、信贷、信息咨询、金融咨询等，以满足新农村经济发展的需求。三是对经营模式的革新。在保证高质量、高效率的前提下，银行必须继续健全金融组织的内部管理体系，建立新型农户信贷授信制度。

第五节　流通数字化对农村三产融合的影响

一　引言

农村产业的深度融合，对农业的现代化进程产生了积极的推动作用，成为实现乡村振兴目标的理想途径（黄祖辉，2018a）。

目前，我国的生产与流通关系正在发生转变，从生产占主导地位向流通占主导地位过渡，这对农业领域产生了广泛的影响。数字化转型在提升农村流通创新能力的同时，促进了农村三产融合发展，已发展成为流通创新的核心竞争优势。遗憾的是，已有的研究对流通产业在农村三产融合中所发挥作用的关注仍有不足。基于此，本节将数字化赋能流通产业纳入研究，并深入分析其对农村三产融合的影响。

有关流通创新，学界目前主要从提升流通业发展的效率角度，围绕流通组织创新（徐从才、原小能，2008）、流通技术创新（刘明宇、芮明杰，2012）、流通业态创新（李骏阳，2014）和流通创新发展思路（谢莉娟，2015）进行研究。随着互联网、大数据和信息技术等的快速发展和应用，数字技术正在逐渐渗透到流通产业中，这为流通产业的转型升级提供了新的动力。因此，流通数字化发展和智慧化转型已成为不可避免的趋势。谢莉娟（2020）提出，数字化技术可以提高流通效率和全要素生产率，这是未来商贸流通领域发展的新常态，各类电商平台的开放也为流通业的数字化发展提供了渠道，并在乡村扶贫方面做出了贡献。具体地，数字化转型能够有效拓宽农产品流通渠道，并解决农产品流通低效的问题（肖红波，2021），能够创新流通模式，促进农产品流通，为实现乡村振兴贡献力量。但不可否认的是，受到客观条件限制，我国城乡之间存在数字鸿沟现象，城市地区的信息与通信水平要远高于农村地区（曾红，2021）。

上述学者的研究为分析三产融合与流通数字化间的关系提供了很好的借鉴。本节从农村流通数字化视角，研究流通数字化对农村三产融合的影响和促进机制，为加快农村三产融合体系构建、促进乡村振兴提供新视角。

二 流通数字化促进农村三产融合的理论分析与假设

1. 流通基础设施智慧化水平与农村三产融合

伴随数字经济的蓬勃发展以及流通量的递增，传统网络设备已难以满足流通产业的巨大需求。使用互联网等数字技术手段，进行数据的采集和整理分析，进而提升流通媒介的交互效率，实现高效流通，已经成为一种趋势。在互联网与流通产业深度交融的环境下，基础设施的智能化程度不断提升，催生了诸如新零售、智慧物流以及电子商务进农村综合示范项目等新模式，也搭建了一批准确、快捷、现代的农村流通信息平台，形成了"消费品下乡"与"农产品进城"的双向流通信息平台，这为农村三产融合信息平台的建设提供了关键的支撑。农村流通信息平台的建设，有效缩短了农产品流转时间，降低了农产品搜寻、退换货等交易费用，解决了区域信息不对称的问题，大幅节省了三产融合的交易成本，提升了融合效率。该平台对于更好地发挥农村三产融合的范围经济效应和规模经济效应，驱动农村三产融合，并提升农村劳动生产效率，具有积极意义。基于此，本节提出如下假设：

假设1：流通基础设施智慧化水平提高对农村三产融合发展有促进效应。

2. 流通渠道数字化与农村三产融合

数字技术通过渗透至农村的运输、仓储、代理、配送等流通环节，强化了渠道成员之间的关系，提高了信息化水平，缓解了信息不对称问题。电商发展，小程序、App数量的增加，使商品流通突破时空限制，拓宽了销售渠道，实现了高效流通，从而有助于推进城乡流通一体化，摆脱农产品进城、工业品下乡困境，缩短流通时间。数字技术的信息获取快捷功能，可以帮助实现流通环节的动态追踪、数字化管理、快速定位，提升流通效率。各类资源通过高效流通渠道直达农村，增强三产融合竞争力。基于此，本节提出如下假设：

假设2：流通渠道数字化创新促进农村三产融合发展。

3. 流通产业数字金融服务与农村三产融合

依托信息技术，供应链金融等数字金融模式的发展可以降低交易成本，打破时间空间界限，拓宽融资渠道，优化产业布局，为农村三产融合提供供应链融资服务，缓解金融约束，增强融资能力，吸引经营主体，促进农村三产融合。基于此，本节提出如下假设：

假设3：流通产业数字金融发展促进农村三产融合。

4. 流通规模的中介效应

数字化发展为流通业规模扩张提供了条件。一方面，流通基础设施智慧化所衍生的新零售、智慧物流等流通模式，可以推动线上线下流通结构完善，流通规模持续扩张；另一方面，数字金融通过技术手段推动流通业中小企业发展，促进流通规模扩大，有助于生产和消费有效衔接，畅通产业链、供应链，推动三产融合发展。基于此，本节提出如下假设：

假设4：流通数字化发展使流通规模持续扩张，从而对三产融合产生影响。

三 研究设计

1. 指标体系构建

（1）流通数字化发展水平。近年来，数字化发展迅速，数字技术已在各行各业得到广泛应用。流通数字化包括新零售、区块链等，能为产业发展注入活力。随着5G时代的来临，流通数字化将加速发展，这将给流通创新带来新挑战。衡量流通数字化发展水平，有助于了解当前发展程度，推动流通业转型升级，提高流通效率，促进创新发展。结合已有研究，本节主要从三个角度构建指标体系来度量流通数字化发展水平（见表5-21）。

表 5-21 流通数字化发展水平指标体系

目标层	准则层	指标层
流通数字化发展水平（CDI）	流通基础设施智慧化水平（DIG）	互联网普及率
		电子商务发展指数
		互联网接入端口数
	流通渠道数字化创新（DCC）	批零比率
		流通业增加值占 GDP 比重
		电子商务销售额占 GDP 比重
	流通产业数字金融服务水平（INA）	数字金融使用深度
		数字金融覆盖广度

流通基础设施智慧化水平（DIG）：数字化发展成为未来经济新常态，本节选择互联网普及率、电子商务发展指数及互联网接入端口数三个指标来度量流通基础设施智慧化水平。

流通渠道数字化创新（DCC）：结合理论分析来看，流通渠道数字化发展能有效提高流通效率，畅通流通渠道。因此，本节选择流通业增加值占GDP 比重、电子商务销售额占 GDP 比重来反映流通创新效率，同时以批零比率即批发商品销售总额与零售商品销售总额之比来表示流通渠道结构。其中，批零业库存周转率越低，说明零售商品周转速度越快，相应的流通效率也就越高，批零比率越小，表示居民用于零售商品的花费越大，流通渠道越畅通，这有助于降低流通成本，促进农村三产融合。

流通产业数字金融服务水平（INA）：数字金融的出现，打破了传统金融时间和空间的界限，拓宽了流通业的融资渠道，可以有效缓解流通创新发展中的融资约束问题，为流通数字化发展提供资金支持。另外，以移动支付等为代表的数字金融的使用，大大提高了流通效率。

（2）农村三产融合水平。本节使用农产品加工业发展水平、农业服务化水平、农业与工业融合水平、农业与信息业融合水平以及农村金融发展水平 5 个指标来衡量农村三产融合水平。各变量度量方式如表 5-22 所示。

表 5-22 农村三产融合水平指标体系

指标名称	度量方式
农产品加工业发展水平	农产品加工业年产值/农林牧渔业总产值

指标名称	度量方式
农业服务化水平	农林牧渔服务业总产值/农林牧渔业总产值
农业与工业融合水平	农业机械总动力/第一产业从业人数
农业与信息业融合水平	农村家庭平均每百户移动电话拥有量
农村金融发展水平	涉农贷款

2. 模型构建

基于上述对流通数字化发展水平和农村三产融合水平指标体系的构建，本节通过熵值法测算 2014~2019 年中国 31 个省份（港澳台除外）流通数字化发展的总指数和各个维度的综合水平指数及农村三产融合指数，运用面板固定效应模型进行实证分析，构建如下计量模型：

$$IA_{it} = \alpha + \beta_1 CDI_{it} + \beta_2 CON_{it} + \mu_{it} \qquad (5-5)$$

$$IA_{it} = \alpha + \beta_1 X_{it} + \beta_2 CON_{it} + \mu_{it} \qquad (5-6)$$

其中，IA_{it} 是被解释变量，表示第 i 个样本省份在第 t 年的农村三产融合水平。CDI_{it} 是解释变量，表示流通数字化发展水平的总指数。X_{it} 表示流通数字化发展各个维度的综合水平指数，CON_{it} 为控制变量，β 表示相关变量的参数估计值，μ_{it} 表示随机扰动项。

3. 指标选取及数据说明

被解释变量：本节的被解释变量为农村三产融合水平（IA）。本节使用熵值法衡量 2014~2019 年中国 31 个省份农产品加工业发展水平、农业服务化水平、农业与工业融合水平、农业与信息业融合水平及农村金融发展水平，并依据权重计算各省份农村三产融合水平。

核心解释变量：流通数字化发展水平（CDI）、流通基础设施智慧化水平（DIG）、流通渠道数字化创新（DCC）、流通产业数字金融服务水平（INA）。

控制变量：考虑到农村三产融合水平的影响因素复杂，本节引入经济发展水平（GDP）、农村基础设施建设（IN）、农村固定资产投资（FAI）三个指标。用人均 GDP 的对数来衡量经济发展水平；借鉴张亦弛和代瑞熙（2018）的研究，选取有效灌溉面积、村卫生室数量、农村用电量三个指标，运用熵值法拟合成一个综合指标来衡量农村基础设施建设；用农村固定资产投资额来衡量农村固定资产投资。

本节时间区间为 2014～2019 年，对象为 31 个省份。数据主要来源于《中国电子商务发展指数报告》以及各类统计年鉴，处理后变量的描述性统计结果如表 5-23 所示。

表 5-23　描述性统计

变量	均值	标准差	最小值	最大值
农村三产融合水平（IA）	0.934	0.636	0.446	2.341
流通数字化发展水平（CDI）	13.759	3.140	8.554	23.410
流通基础设施智慧化水平（DIG）	34.820	10.137	18.633	66.095
流通渠道数字化创新（DCC）	0.565	0.223	0.193	1.332
流通产业数字金融服务水平（INA）	5.428	0.277	4.765	6.011
经济发展水平（GDP）	9.649	0.880	6.986	11.512
农村基础设施建设（IN）	8.318	0.984	6.215	9.812
农村固定资产投资（FAI）	5.238	1.467	0.000	6.874

四　流通数字化发展促进农村三产融合的实证分析

1. 回归结果分析

考虑到中国各省份的农村三产融合状况存在差异，且本节涉及的数据仅包含中国 31 个省级行政区，无须对总体影响效应进行推断，因此本节选择固定效应模型，回归结果如表 5-24 所示。

表 5-24　回归分析结果

变量	基准回归		核心解释变量滞后处理			
	（1）	（2）	（3）滞后一期	（4）滞后一期	（5）滞后二期	（6）滞后二期
流通数字化发展水平（CDI）	0.718*** (0.138)		0.635*** (0.106)		0.691*** (0.060)	
流通基础设施智慧化水平（DIG）		0.375*** (0.104)		0.191 (0.141)		0.083 (0.053)
流通渠道数字化创新（DCC）		0.023 (0.067)		-0.094 (0.142)		-0.045 (0.067)

续表

变量	基准回归		核心解释变量滞后处理			
	（1）	（2）	（3） 滞后一期	（4） 滞后一期	（5） 滞后二期	（6） 滞后二期
流通产业数字金融服务水平（INA）		0.231 *** （0.059）		0.313 ** （0.117）		0.380 *** （0.037）
经济发展水平（GDP）	0.268 *** （0.023）	0.241 *** （0.019）	0.263 *** （0.029）	0.215 *** （0.018）	0.082 *** （0.015）	0.072 *** （0.011）
农村基础设施建设（IN）	0.753 （0.524）	0.733 （0.504）	0.773 （0.456）	0.829 （0.623）	0.420 （0.368）	0.694 * （0.420）
农村固定资产投资（FAI）	−0.302 ** （0.119）	−0.290 ** （0.112）	−0.359 * （0.196）	−0.346 * （0.191）	0.005 （0.063）	0.026 （0.056）
常数项	−9.161 ** （4.254）	−8.850 ** （4.046）	−8.635 ** （3.625）	−8.696 （5.424）	−5.784 * （3.081）	−7.942 ** （3.457）
样本量	186	186	155	155	124	124
R^2	0.416	0.431	0.329	0.359	0.685	0.755

注：*** 表示 $p<0.01$，** 表示 $p<0.05$，* 表示 $p<0.10$，括号内为稳健标准误。

表 5-24 中的模型（1）和模型（2）的回归结果显示，流通数字化发展能够促进农村三产融合，与理论分析相符；流通基础设施智慧化水平、流通产业数字金融服务水平对农村三产融合水平影响较大且显著。虽然流通渠道数字化创新的系数不显著，但为正，进一步支持了假设 2 的合理性。回归结果显示，互联网及电子商务的发展促进了农村流通网络的完善，保障了农村三产融合的长期稳定发展。数字金融发展拓宽了流通渠道，提升了流通效率，奠定了农村三产融合的基础。流通渠道数字化创新有助于农业销售领域的发展，促进农村产业纵向融合。应利用新一代信息技术推动流通数字化发展，提升产业效率，优化农业资源配置，促进农村三产融合。为解决内生性问题，本节加入滞后变量，将滞后一期和两期的核心解释变量纳入模型，重新进行回归分析。表 5-24 汇报了稳健性检验结果，其与基准回归结果基本一致，验证了基准回归结果的稳健性。

2. 中介效应检验

为进一步探究流通数字化发展对我国农村三产融合的作用机制，本节构建中介效应模型对假设 4 进行验证：

$$CS_{it} = \alpha + \beta_1 CDI_{it} + \gamma CON_{it} + \mu_{it} \tag{5-7}$$

$$IA_{it} = \alpha + \beta_1 CDI_{it} + \beta_2 CS_{it} + \gamma CON_{it} + \mu_{it} \tag{5-8}$$

其中，CS 表示流通规模，用流通产业增加值、流通业全社会固定资产投资占全社会固定资产投资比重、人均社会消费品零售额、流通产业就业人数等指标衡量（先进行权重分析，再求出总指标）。本节通过逐步回归来验证流通规模的中介效应。

表 5-25 列（2）中，流通数字化发展水平的系数为 0.843，并且在 1% 的水平下显著，说明流通数字化发展能显著扩大流通规模；进一步，列（3）中，流通数字化发展水平与流通规模的系数均显著为正，并且可以发现流通数字化发展水平的系数与列（1）相比数值变小，表明流通数字化发展以流通规模为中介变量，对农村三产融合起到促进作用，验证了"流通数字化发展→流通规模扩张→农村三产融合水平提高"的作用机制，假设 4 得到验证。

表 5-25　流通规模的中介效应

变量	（1） IA	（2） CS	（3） IA
流通数字化发展水平（CDI）	0.718*** （0.130）	0.843*** （0.049）	0.398* （0.222）
流通规模（CS）			0.380* （0.215）
经济发展水平（GDP）	0.268*** （0.066）	0.129*** （0.025）	0.219*** （0.071）
农村基础设施建设（IN）	0.753 （0.647）	-0.294 （0.244）	0.865 （0.646）
农村固定资产投资（FAI）	-0.302** （0.111）	0.020 （0.042）	-0.294*** （0.110）
常数项	-8.663 （5.698）	6.852*** （2.144）	-11.268* （5.846）
F 值	65.92	1332.39	65.03
样本量	186	186	186
控制个体效应	是	是	是
R^2	0.937	0.997	0.938

注：*** 表示 $p<0.01$，** 表示 $p<0.05$，* 表示 $p<0.10$，括号内为稳健标准误。

五　结论与建议

数字化赋能流通产业，使流通效率提升、渠道扩张，促进农村高质量发展。本节旨在评估流通数字化对农村三产融合的影响。本节构建了一套指标体系，采用熵值法对流通数字化发展和农村三产融合水平进行了测算。在实证分析部分利用中介效应模型检验了流通规模扩张在流通数字化发展与农村三产融合之间的中介效应。结果表明：①流通基础设施智慧化水平对农村三产融合具有显著的正向影响；②流通渠道的数字化创新以及提供更加全面的数字金融服务，可以有效地增强农村供应链的融资能力，吸引更多的经营主体，从而提升三产融合的竞争力；③流通规模扩张在流通数字化发展与农村三产融合中起到部分中介作用。基于上述结论，本节对加快流通数字化发展，从而更快更好地推进农村三产融合提出如下对策建议。

（1）加强农村基础设施智慧化改造，夯实农村三产融合的基础。农村三产融合发展需要物流基础设施作为支撑，该设施对需求的释放至关重要，旨在实现高效联结农业生产与市场。需提升农村网络覆盖率、加强基础设施建设以创建流通数字化平台，实施政策引导，明确建设重点。利用新型流通组织形式，如供应链动态联盟、农产品电子商务、第三方物流外包，可打造一体化农村流通服务网络，实现信息共享，降低交易成本，提升流通效率。

（2）加强流通渠道数字化建设，助力农村三产融合。现有技术在流通渠道上应用不足，需加强建设。通过电子信息技术和大数据，建立一体化农村流通产业链条和智能交易网络平台，使其贯穿农产品生产、流通、消费全环节，为生产提供供应商，为流通提供便捷渠道，促进农村电商发展。通过 App 拓宽流通渠道，激发农村居民参与积极性。同时，考虑批发市场数字化转型，建设大型数字化农产品交易中心。

（3）进一步优化流通数字化发展环境，推动流通规模不断扩张。流通数字化能推动农村三产融合，故要建设现代农业产业体系。需支持流通数字化发展，包括完善相关政策法规、加大扶持力度、推进城乡统筹协调的流通体系改革等。要扭转重生产轻流通的传统思想，进行农村流通数字化创新，提升农村流通企业数字化、规模化和服务化水平。要加大财政支持力度，扩大农村流通规模，消除不利流通因素。

（4）大力发展数字金融，加大城市商业资本对农村三产融合的支持力度。近年来，三产融合在农村发展迅速，但金融供给不足，尤其在偏远地区，中小企业严重缺乏金融支持，制约其三产融合发展。数字金融通过服务中小企业，扩大金融服务范围，推广普惠金融，可以有效缓解供给问题。因此，应发展数字金融，在欠发达地区设立专门平台，加大创新金融资本对农村三产融合的支持力度，引导城市商业资本向农村市场拓展，让资金配置到产业链主体（特别是农户）手中，加强对农村三产融合的支持。

第六章

三产融合赋能农村农业发展的国际经验

在中国正式提出"推进农村一二三产业融合发展"以前，一些国家已经在农村三产融合发展方面进行了长期实践，并形成了许多比较成熟的模式和政策支持经验，它们通过一系列配套政策，有效地推动第一、第二和第三产业的融合，促进农业产业的创新以及生产、加工和流通等各环节的有机结合。实现了传统产业转型、产业渗透和产业重组。总结它们的产业融合背景、条件及实施对策对我国农村三产融合的发展有一定的借鉴意义。

第一节　日本农村三产融合发展的现状及发展经验

一　日本"六次产业化"的产生条件及背景

日本是一个国土面积相对较小的国家，其耕地面积十分有限。根据《日本统计年鉴2022》数据，全国农用地总量仅为459万公顷，从事农业生产的农户约为390万人，平均下来，每个农户的农用地面积为1.18公顷。与我国农业发展在土地禀赋条件上有一定的相似性，远低于欧美发达国家。为了确保国内粮食供应安全，自20世纪90年代以来，日本加大了对农业的支持保护力度，取得了很好的效果。但从20世纪末开始，随着日本城市化进程加速，农村劳动力也加速流动，女性和高龄人口成为农业生产的主体，农民增收缓慢，对农业生产造成了一定的不利影响。进入21世纪以来，日本农户收入下降幅度较大，出现这种情况的主要原因是，许多农产品作为加工原料直接进入市场销售，农户在这个过程中并没有获得额外收益；此外，随着零售集团和超市的扩展，农产品的收购价格被压低，导致相应的收益并没有给到农户，这种现象日益突出。

日本农业专家今村奈良臣（1996）研究发现，日本生产的农产品与消费的农产品之间存在较大价值差异，原因在于由农产品的加工和流通环节所带来的增值过程大都不在农村地区进行，农业产业的增值收益未能留在农村，从而制约了农民的增收。基于此，今村奈良臣提出了"六次产业"的概念，即第一产业+第二产业+第三产业＝六次产业，随后，今村奈良臣又提出了六次产业应是农村地区各产业的乘积，这意味着农村产业链中一个产业的产值为零，则总体效益变为零，更加强调农村第一、第二和第三产业融合的重要性，凸显基于产业链延伸和产业范围拓展推动农村第一、第二和第三产业之间整合和连接的关键性。

日本政府逐步采纳了"六次产业"的概念，认识到必须通过将农业产业链整合在一起，提高农产品的附加值，增加农民的收入，才能够提高农业的竞争力和可持续发展能力。因此，2010年，日本农林水产省制定并颁布了《六次产业化·地产地消法》，日本正式以法律形式确定全面推进农业"六次产业化"（姜长云，2015）。

二　日本农村经济发展现状

1. 农业总产值近年有升有降，总体发展平稳

图6-1呈现的是2000～2019年日本的农业总产值，可以看出，2000～2006年日本的农业总产值呈下降态势，2007～2014年呈现小幅波动状态，2015～2017年呈现上升趋势，2018～2019年又呈现下降趋势。但总体上看，上升和下降的幅度都不是很大，最快的增长速度出现在2015年，增长了5.19%，其次为2016年，增长了4.60%；下降幅度最大的为2009年，下降了3.26%，其次为2018年，下降了2.35%。

2. 农业生产大类结构特征稳定，但内部结构有调整

表6-1为2015～2019年日本农业总产值及其构成。可以看出，2015～2019年，日本农业生产结构中，作物种植、畜产和加工农产品所占的比重

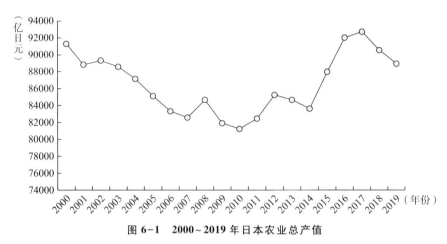

图 6-1　2000~2019 年日本农业总产值

资料来源：根据《日本统计年鉴 2022》整理。

相对稳定，作物种植所占比重一直在 64% 附近波动；畜产所占比重在 35% 附近波动，2019 年所占份额有所上升，达到 36.10%；加工农产品所占的比重在 0.6% 附近波动。

在各个大类内部，结构在不断调整。表 6-2 为 2015~2019 年日本作物种植构成。可以看出，2015~2019 年，日本粮食类作物所占的比重呈上升态势，大米从 26.66% 上升为 30.95%，麦类从 0.77% 上升至 0.94%，豆类从 1.22% 上升至 1.35%；水果坚果类也呈上升态势；而薯类、蔬菜、鲜花和经济作物呈下降态势。

表 6-1　2015~2019 年日本农业总产值及其构成

单位：亿日元，%

年份	作物种植		畜产		加工农产品		合计
	产出额	占比	产出额	占比	产出额	占比	
2015	56245	63.93	31179	35.44	555	0.63	87979
2016	57900	64.10	31843	35.25	584	0.64	90329
2017	59605	64.27	32522	35.07	615	0.66	92742
2018	57815	63.84	32129	35.48	615	0.68	90559
2019	56300	63.30	32107	36.10	530	0.60	88937

资料来源：《日本统计年鉴 2022》。

表 6-2　2015~2019 年日本作物种植构成

单位：%

年份	大米	麦类	豆类	薯类	蔬菜	水果坚果类	鲜花	经济作物	其他
2015	26.66	0.77	1.22	4.02	42.52	13.94	6.27	3.31	1.29
2016	27.86	0.73	1.18	3.77	41.81	14.06	6.01	3.27	1.31
2017	29.12	0.7	1.15	3.53	41.12	14.18	5.77	3.24	1.19
2018	30.12	0.69	1.08	3.38	40.15	14.54	5.75	3.09	1.20
2019	30.95	0.94	1.35	3.54	38.21	14.92	5.8	3.02	1.27

资料来源：《日本统计年鉴2022》。

3. 农业经营主体多元化，经营规模逐步扩大

日本传统的农业经营方式以农户家庭经营为主，而近年来，随着社会的发展，法人、团体等经营主体在农业经营中的地位不断上升，个体农业经营者的数量在减少，但每个农业经营者的经营规模在扩大。根据《日本统计年鉴2022》数据，2010~2020 年，农业经营者的数量在不断减少，从167.91 万人下降到 107.57 万人；但从经营耕地面积来看，不论是都府县，还是北海道，小规模面积的经营者数量呈现明显下降趋势。2010 年，北海道经营面积不到 10 公顷的经营者数量占比为 41.4%，30 公顷及以上的占比为 25.83%；而在 2020 年，不到 10 公顷的经营者占比下降到 34.98%，而30 公顷及以上的占比上升为 33.35%。具体数据见表 6-3。

表 6-3　2010~2020 年日本不同经营耕地面积农业经营者数量

单位：人

年份	总数	经营耕地面积组别						
		都府县	未满1ha	1~5ha	5ha及以上	北海道	未满10ha	10~30ha	30ha及以上
2010	1679084	1632535	927951	636776	67808	46549	19272	15253	12024
2015	1377266	1336552	737459	524599	74494	40714	15429	13405	11880
2020	1075705	1040792	562366	401590	76836	34913	12213	11058	11642

注：ha 表示土地面积公顷。

资料来源：《日本统计年鉴2022》。

4. 建立了高效的农产品流通体系

日本农业可用地面积小，而且分散，但借助网络发达、产品销售和生

产资料运输方便、拥有高技术等优势，日本建立了高效的农产品流通体系。日本的农产品流通体系有"分散生产，集中供应"的特点，80%的农产品的供应依靠的是其发达的批发市场，日本农产品批发市场拥有专业冷链物流设备，对质量把关严格，实现了各类农产品在国内的高效流通。在农产品流通领域，通过采用以超市零售端为主的直销模式，农产品流通的中间环节被大大减少，从而降低了成本，提高了效率。这一变革不仅缩短了农产品从生产者到消费者之间的距离，也使得农产品价格得到了降低。消费者因此能够用更低的价格购买到高质量的农产品。这种优化不仅提高了消费者的生活质量，也促进了农产品的销售，为农业产业的发展提供了有力的支持，使得农产品流通更为便捷，消费者与生产者之间的联系更加紧密。

三 日本"六次产业化"措施

1. 建立了有效的制度保障

早在 1981 年，日本农林水产省为了普及健康、合理、科学的饮食观念，在制订四年计划中提出了农产品"地产地消"。后来，随着日本消费者消费水平的提高和对食品安全的重视，"地产地消"这一理念再次受到关注。该理念倡导消费者尽可能购买当地或邻近产地的农产品，既能确保食品的新鲜度，又能降低运输成本，减少能源消耗。2010 年，日本政府决定将农业"六次产业化"与"地产地消法"相结合，并制定了《六次产业化·地产地消法》等多部法律及政策，"六次产业化"的实施从法律层面得到根本保障。

此外，涉及农林牧渔业的各个环节，相关部门之间以规划为基础相互沟通、协作发展，日本农林水产省下设内部部局、审议会、施设机关、特别机关、地方支分部局、外局等机构，在农村设立"六次产业化委员会"，为农户提供六次产业咨询、普及宣传、培训指导等服务。

2. 提供全面的政策支持

日本农业经营以零散的小农户为主，这些小农户缺乏资金来支付"六次产业化"所需要的巨大投入。由于资金短缺，许多小农户无法实现现代化的农业技术升级和设备更新，使得农业生产效率低下，无法满足市场需求。为了解决这一问题，日本政府开始推动"农业产业化"进程，通过提供贷款、补贴等政策支持，鼓励小农户联合起来，组成合作社或农业企业，共同承担"六次产业化"的资金压力。同时，政府也积极引导金融机构为农业产业提供贷款和融资支持，推动金融资源向农业领域倾斜。财政支持政策主要包含农业补贴政策和农产品价格支持政策。财政补贴政策有比例补贴、定额补贴，比例补贴对于不同的人采取不同的补贴额，部分定额补贴规定采取30%的浮动区间。日本政府设立专门的金融机构通过低息贷款的优惠形式给农民以资金支持，其利率比市场利率低 1/3 ~ 2/3（姜长云，2015）。此外，为保护农民的生产积极性、缩小城乡收入差距，日本政府制定了管制价格、最低价格等农产品价格保护政策，对主要农产品大米、马铃薯、甘薯等实行成本与收入补偿和目标价格差额补贴等，很大程度上缩小了农业和工商业比较效益的差距。

3. 培育多元化经营主体

从经营主体的角度来看，日本六次产业形成了多种不同类型的经营主体。这些经营主体包括大型企业、中小型企业、新兴企业和个体经营者。大型企业通常拥有较强的研发能力和资金实力，能够实现从原材料采购到产品加工、销售的一体化经营。它们在农业产业链上游和下游具有较强的议价能力，能够通过规模效应降低成本，提高收益。中小型企业通常在某个特定领域或细分市场具有专业化的优势，能够通过技术创新和差异化竞争获取市场份额。政府对中小型企业的支持也促进了其发展。例如，政府提供税收优惠、贷款保障、人才培养等多项政策，为中小型企业发展三产融合提供了有力保障。新兴企业则是在新技术、新模式、新市场的驱动下迅速发展壮大的企业。它们通常具有较强的创新能力和市场敏感性，能够捕捉三产融合市场机遇并快速响应。个体经营者则是六次产业中数量最多、形式最灵活的经营主体。它们通常在特定的地域或领域从事特色经营，提供多样化的产品和服务。例如，一些乡村地区的个体经营者利用当地的自然资源和文化资源，开展观光旅游、农产品销售等业务，为当地三产融合做出了贡献。

4. 完善农工商协作利益联结机制

日本的《农工商合作促进法》于2008年出台，旨在支持农村地区的农业、工业和商业融合发展。该法案鼓励中小企业和农林牧渔业者之间进行合作，促进三次产业的融合发展。《农地法》在2009年也进行了重要的修订，这次修订放宽了企业对经营农业的行业和规模的限制，为农业融合提供了更加广阔的空间。此举不仅有助于促进农业现代化，提高农业生产效率，也有利于推动农村经济发展，实现城乡一体化。新《农地法》所规定的政策环境为企业涉足农业领域提供了更多的机会和便利，进一步推动了农业领域的创新与发展。这项法律改革使得更多企业能够参与农业经营，利用其专业知识和技术，促进农业现代化、产业升级和创新发展。《粮食、农业、农村基本计划》是日本内阁于2010年修订的重要政策文件，旨在增加农民收入，提升农产品的附加值和竞争力，优化现有的商业模式。该计划通过发展"六次产业"全产业链，实现农工商的协同发展，推动农村经济的多元化和可持续发展。为了确保农民的利益，《农工商合作促进法》等法律规定了农工商合作中工商业的出资股份不得超过49%。这一限制确保了农业从事者能够获得合理的收益份额，并吸引了更多专业人才积极参与农业经营。同时，企业也可以从中获利并发挥其所长。这些政策文件的出台为农工商合作和三产融合发展提供了法律支持和指导，促进了农村经济的转型升级和可持续发展。

5. 突出人才和技术支持

日本非常重视对农业人才的培养，日本政府为了满足三产融合发展对技术型人才、海外贸易型人才和服务型人才的需求，在全国范围内建立了"六次产业"人才培养体系。人才培养体系提供了高质量的教育和培训，涵盖了广泛的领域和专业，包括科技、商业、语言、文化、服务等。该体系不仅为日本的经济发展奠定了坚实的人才基础，也为个人职业发展提供了广阔的舞台。通过这个培养体系，日本政府致力于培养具有全球视野和领导才能的优秀人才，为日本在全球化时代的农业发展提供强有力的人才支持。另外，日本充分利用各领域科技人才研发农业技术，并设专门的"普及指导员"用于技术推广，其普通高中就设有农业教育课程，另有培训机构用于农业从业人员进修，同时，成立一个由农业骨干人才组成的负责部门，他们肩负着推动农业发展的重要任务。这个部门采取了一系列"对流促进型"的协作措施，旨在实现区域均衡发展，有效促进农村劳动力回流。这些措施的实施，不仅能够提高农业生产效率，改善农村生活环境，还能为农村劳动力提供更多就业机会，从而促进农村经济的持续发展。此外，日本制订了"农林水产技术研究计划",旨在支持农业、林业和水产业的技术研发和创新。该计划通过投入资金和资源,鼓励科研机构、农业企业和农民参与研究项目,推动新技术的开发和应用,提高农业生产效率和产品质量。日本注重对创新技术的产业化和知识产权保护。在技术研发阶段,政府为农业科研项目提供支持和资金,以促进新技术的商业化转化。同时,日本也重视知识产权的保护,确保技术创新者能够享有合法的权益,进一步鼓励创新和投资。日本还在全国范围内建立农业科研实验网,以加强不同研究机构之间的协作和信息共享。这个实验网的建立有助于整体规划、明确分工,促进农业科研机构的合作与协调,提高研究效率和成果转化。通过这些措施,日本推动了以农业为基础的新兴产业的发展,促进了农业的融合发展。

第二节　韩国农村三产融合发展的成效及经验

一　韩国农村三产融合发展的背景

20世纪70年代,随着韩国经济快速增长,工业化和城市化进程也在加快。随着韩国国际开放进程的加快,韩国国内农产品市场向全世界开放,在全世界的激烈竞争下,韩国农产品价格明显下降。此外,以小规模家庭经营为主的韩国农业凸显劣势,农业收入在韩国居民收入中的占比急速下滑,从而使得农民收入随之减少,农业用地面积减少,大量的农业从事者失业,农民的生活水平持续下降,这一现象在韩国部分农村地区尤为严重。随着农村劳动力的老龄化和弱质化,年轻的农业接班人越来越少,这使得农业生产面临后继无人的困境。此外,农业机械化发展的滞后也是农民生活水平下降的原因之一。这种状况使得农业生产效率低下,农民的收入水平无法得到提高。

1. 耕地面积呈下降态势

随着韩国工业化和城市化快速推进,韩国耕地面积自1970年开始减少,到2021年,50多年期间耕地面积由232.4万公顷减少至154.7万公顷;2021年,总人口数为5173.8万人,人均耕地面积约0.03公顷,农业人口数为221.55万人,占总人口数的4.28%。图6-2为韩国1970~2021年耕地面积，可以看出，1970～2010年下降趋势十分明显，2010年以后下降态势趋缓。从变化率看，2010年的耕地面积比1970年下降了26.19%；2010年后，除2012年耕地面积略有回升外，其余年份耕地面积基本上以年均1%的速度下降。

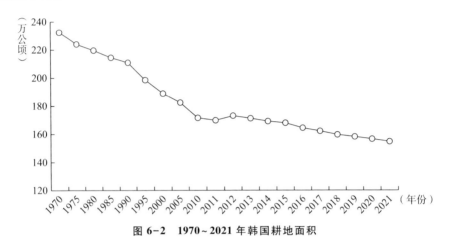

图6-2　1970～2021年韩国耕地面积

资料来源：韩国国家统计局，https://kosis.kr/stathtml/stathtml。

2. 农村人口减少，老龄人口占比升高

随着韩国城市化进程的加速，城乡收入差距不断扩大，农村人口持续减少，导致韩国农村人口老龄化问题日益凸显。农村人口老龄化不仅对农业劳动生产力的提高产生了负面影响，而且对农村地区的经济和社会发展产生了重大影响，如农村土地撂荒、影响粮食自给率、村庄解体等。图6-3为韩国2010～2021年农村人口数与50岁及以上人口占比，可以看出，从2010年起，韩国农村人口数总体在下降，但50岁及以上人口占比总体在上升，2021年占比为79.22%，创历史新高。

对此，韩国政府在实施第三个五年计划时，把"工农业的均衡发展"和"农水产经济的开发"放在经济发展三大目标之首位。在农业领域，政府致力于加强农业结构调整，提高农业生产效率，保障粮食安全。同时，政府还注重农水产经济的开发，加强对农业、渔业、水利等领域的投资和建设，提高农产品的质量和产量，促进农村经济发展。

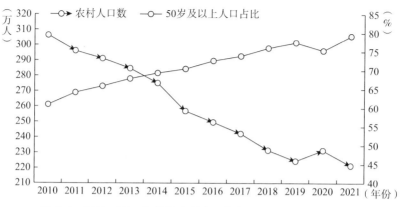

图 6-3　2010~2021 年韩国农村人口数与 50 岁及以上人口占比

资料来源：韩国国家统计局，https://kosis.kr/stathtml/stathtml。

二　韩国农村三产融合成效

韩国政府通过实施一系列农村发展政策，如新村运动和农村再生计划等，极大地改善了农村基础设施和农业生产条件，提高了农民收入和生活水平，还促进了农村经济的多元化和可持续发展。韩国国家统计局 2021 年 5 月发布的农业经济调查结果显示，2020 年韩国农民家庭年均收入为 4503 万韩元（约合 40455 美元），创历史新高，较 2016 年增长 21.1%。农民年均农业收入从 2016 年的 1007 万韩元增至 2020 年的 1182 万韩元，增长 17.4%，这主要得益于《稳定大米供求对策》等政策以及稳定农户经营的农作物灾害保险等。农民年均转移性收入从 2016 年的 878 万韩元增至 2020 年的 1426 万韩元，增长 62.4%。2019 年韩国国会通过了《公共利益直接支付法》，将现有 9 个直接支付系统中的 6 个纳入 "农业和农村公共利益促进直接支付" 系统。改革后，2020 年基本公益金支付总额比 2019 年增加约 1 万亿韩元，平均支付额比改革前增长 86%。特别是对面积在 0.5 公顷以下的农场，不论面积大小，每年给小农户直接支付 120 万韩元补贴，为小型农场收入稳定做出巨大贡献。此外，国民年金制度的进一步完善也增加了农民的转移性收入。农民非农业劳动收入从 2016 年的 1525 万韩元增至 2020 年的 1661 万韩元，增长 8.9%，这主要得益于韩国持续推进乡村旅游、促进农村三产融合发展，使得农户收入多样化水平提高。

三 韩国促进三产融合的措施

1. 制定了较为完善的三产融合支持的法律体系

韩国在过去几十年也采取了一系列法律和政策措施，以促进农村发展、农民收入多元化和农业的结构性转型。20 世纪 80 年代后，韩国政府尝试创新农业发展模式，通过开发农村旅游、农家餐馆、农产品加工和制造，拓宽产地直销渠道等途径，提高农业产业发展质量。1983 年出台的《农渔村收入源开发促进法》提供了制度保障，促进农村收入源的开发和农工园区、加工工厂的建设。1990 年制定了《农渔村发展特别法》和产业选择及开发的相关法律，为农渔村特产生产园区、休养园区开发提供制度保障，并首次提出农村与休养、旅游融合的理念，推动农村超越第一、第二产业，发展第三产业。随着时间的推移，韩国政府继续探索新的农业发展模式。进入 21 世纪，韩国政府进一步加强了对农业产业的支持。2004 年，韩国出台了《农村旅游发展法》，为农村旅游提供了更加明确的法律保障。同时，政府加大了对农村旅游、农家餐馆、农产品加工和制造等领域的投资，推动农业产业的全面发展。此外，政府还鼓励农民创新，支持他们开发出更多具有特色的农产品，进一步提高了农业产业的质量和竞争力。2010~2014 年韩国又出台了一系列法律，包括《农村融合复合产业培育及支援法》等，2020 年通过了《饮食产业振兴法》，通过多年的努力，韩国的农业产业已经取得了显著的成绩。农村旅游、农家餐馆、农产品加工和制造等领域得到了广泛的发展，农民的收入也得到了显著提高，推动了农业产业的持续发展（严瑾，2021），有助于韩国农村地区实现农业结构性转型，提高农民收入，改善农村生活环境，并推动农业向复合型产业发展（崔鲜花，2019）。

2. 提供财政和金融政策支持

首先，韩国提供贷款支持，包括低利率和无息贷款等形式。这些贷款旨在为农业产业融合参与主体提供资金支持，帮助他们在生产、加工、流通和销售等环节中满足资金需求。其次，韩国还提供补助支持。补助可以采取特定数额、最大限度额和事业费一定比例等方式。特别是对于三次产业主体购置加工、流通设备，韩国政府提供高达 80% 的财政补贴，以促进农村三产融合的发展。再次，为了满足农村三产融合经营主体在生产、加工、流通和销售等环节中的资金需求，韩国农林食品部成立了"农业产业融合相生资金"。该资金旨在为农业产业融合参与主体提供必要的资金支持，促进农村三产融合的发展。最后，韩国政府在 2014 年进一步追加了 100 亿韩元的资金用于支持各种农村产业，如农家乐、农产品加工业和旅游业等，进一步促进了农业的多元化和融合发展。这些财政支持措施为农村三产融合经营提供了关键的资金支持，有力推动了农村产业的发展和农民收入的显著增加。通过支持各种农村产业，政府为农民提供了更多的机会，帮助他们增加收入并改善生活。此外，这些财政支持措施还推动了农村地区的经济发展，促进了城乡一体化，有助于缩小城乡差距。在支持农村三产融合发展方面，韩国政府的这些措施是非常成功的。这些资金的支持为农村地区提供了重要的帮助，促进了农业产业的发展和农民收入的增加。同时，这些措施还推动了农村地区的经济发展，为韩国农业的未来发展奠定了坚实的基础。

3. 加强技术研究和促进产学研相结合

韩国政府在文件中明确表示，将大力支持与农业新产品相关的创新开发以及创办与农林食品产业相关的中小微企业。此外，还将积极推动农业副产品的综合利用，促进农业与服务业的有机融合，并确保创新技术的合理生效。此外，韩国政府着重强调三产融合技术研究，提出三产融合初期，韩国关于三产融合的研究及理论体系并不健全，为保障三产融合的顺利进行，组织相关专业人员实地勘察韩国农村，分析梳理农业实际情况并主动开展相关技术研究，主要研究内容为开发具有挑战性的农业生产技术，开发国际品牌提高国际竞争力，开发高效率、低成本及环境友好型的农业技术，开发高附加值农产品的核心技术，提升韩国国民经济效益。改变现有的农业生产方式是为了提高农业生产效率、降低成本并增加农产品的竞争力，通过引入先进技术和科学管理方法，农民能够提高农作物的产量和质量，并有效地利用土地和资源。

4. 注重改善农村基础设施

在改善农村基础设施方面，韩国政府加强了农村交通、水利、电力等基础设施建设，提高了农村地区的通达性和生产效率。这些措施的实施，为农村经济的发展提供了有力保障，改善了农民的生活条件，提高了农业生产的效率和质量，推动了农村的现代化进程。通过这些措施，韩国政府不仅为农村三产融合发展提供了必要的支持和保障，也为农民提供了更好的生活和发展环境，实现了农村经济的可持续发展。

5. 致力于推动农业生产现代化

为了提高农业生产效率和附加值，韩国政府加大对农业技术的研发和应用力度，推广先进的农业机械和种植技术，提高农产品的产量和质量。首先，韩国政府鼓励农民发展特色农业和高端农产品，如有机农业、观光农业等，进一步拓宽了农民的收入来源。其次，为了应对气候变化、病虫害等问题，提高农作物的产量和增强农作物的适应性。韩国政府致力于推动新品种的培育和支持，以保证农民能够正确使用和管理这些新品种。再次，为了提高农产品的价值建设专业化农产品生产基地，通过集中生产和加工，农产品可以得到更好的质量控制和包装，从而提高市场竞争力。最后，政府还实施了一系列计划，包括"农户副业企业"计划、"新村工厂"计划以及"农村工业园区"计划等，旨在鼓励农民发展农村非农业产业，提供就业机会并增加收入来源。这些举措有助于优化农业产业结构，促进农民的经济收入增长。

6. 注重农村环境生态保护和社区建设

在农村三产融合过程中，韩国政府特别强调绿色发展和可持续发展，推行环保政策和生态建设，加强农村环境整治和生态保护。这不仅提高了农村的环境质量，也增强了农民的环保意识。此外，韩国政府通过开展新村运动和农村文化活动，激发了农民在三产融合中的创业和创新意识，加强了农村社区建设，完善了农村公共服务设施，提高了农村居民的生活品质。

第三节　欧美农村三产融合发展的成效及经验

一　法国农村三产融合发展的成效及经验

1. 法国农村三产融合的产生条件及背景

法国拥有较好的农业资源禀赋，是欧盟第一大农业生产国，也是世界主要农副产品出口国，粮食产量占全欧洲粮食产量的1/2。在城镇化发展的推动下，法国的青壮年劳动力发生了大规模的迁移，从农村流向城市。这一现象导致了农村人口显著减少，从 1950 年的 1874.9 万人锐减到 1975 年的 1435.2 万人。这种人口结构的变化，使得法国的农村地区出现了严重的人口老龄化和空心化现象。城乡不平衡发展的矛盾日益突出（汪明煜、周应恒，2021）。当时法国以小农经济为主导，农业技术落后，劳动生产率低下，农业产品品种较为单一，农业整体发展缓慢。法国农业急需改造。

2. 法国农村三产融合发展的成效

（1）农场规模化经营趋势进一步增强。法国的农业产业在规模化经营方面已经取得了一定的成就。中小型规模的农场占多数，这些农场形成了专业化的生产体系，并且非常重视品牌营销，产品特色明显。农业生产过程在机械化、信息化和专业化方面取得了显著进展。机械化使农业生产更高效。农场通过使用农业机械和设备，可以减轻劳动负担并提高生产效率。信息技术的应用为农业提供了精确的数据和实时信息，帮助农民进行决策和管理。专业化的农业生产意味着农民更加专注于特定的作物或养殖业，并运用专业知识和技术来提高产品质量和市场竞争力。在农场规模化经营的初期阶段，政府起到了宏观规划和引领作用。根据各地的自然条件、历史习惯和技术水平，政府对农业分布进行统一规划。例如，在平原地区发展种植业，利用平坦的土地进行粮食和蔬菜的种植；在丘陵地带从事畜牧业，利用丘陵地形进行放牧和养殖；在山地地区发展果蔬业，利用山地的气候和土壤条件来种植水果和蔬菜。这样的规划有助于充分发挥各地的农业优势，提高农业产出和农民收入。通过农场规模化经营和专业化发展，法国农业能够更好地满足市场需求，提供具有品牌特色的农产品，并推动农业的可持续发展。政府的宏观规划和引领作用对于推动农业产业结构调整和农民收入增长起到了重要的作用。

近年来，农场经营规模有扩大趋势。从表 6-4 可以看出，2010～2020 年，农场数量从 49.00 万家下降至 38.98 万家。从农场规模结构变化来看，微型、小型和中型规模的农场数量都在下降，但大型农场的数量不降反升；从占比来看，总体结构呈现中型、小型、微型农场比重下降，而大型农场比重由 15.29% 上升至 19.88%，说明法国农场规模化经营有进一步扩大趋势。

表 6-4　2010 年和 2020 年法国不同经营耕地规模农场数量

单位：万家，%

规模	2010 年		2020 年	
	数量	占比	数量	占比
微型农场	15.60	31.84	10.76	27.60
小型农场	13.13	26.80	10.38	26.63
中型农场	12.77	26.06	10.09	25.89
大型农场	7.49	15.29	7.75	19.88
合计	49.00	100.00	38.98	100.00

资料来源：法国国家统计局，https：//www.insee.fr/fr/accueil。

（2）农业人均总增加值指数整体在提高。图 6-4 为 2000~2022 年法国农业部门按要素成本计算的人均总增加值指数（以 2010 年为基期，按实际价格计算）。从图 6-4 可以看出，2010 年后，法国农业人均总增加值指数在波动中呈上升趋势，其中 2013 年、2016 年、2019 年呈现较为明显的下降趋势，与 2019 年相比，2020 年进一步下降，但整体上呈上升趋势，尤其是 2021 年和 2022 年有较大幅度的上升。与 2010 年相比，农业部门按要素成本计算的人均总增加值指数增长了 43.1%。

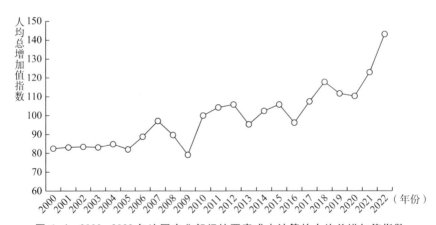

图 6-4　2000~2022 年法国农业部门按要素成本计算的人均总增加值指数

资料来源：法国国家统计局，https：//www.insee.fr/fr/accueil。

（3）农业用地面积下降趋势明显，农林牧渔业增加值在波动中上升。图 6-5 为 2000~2020 年法国农业用地面积和农林牧渔业增加值，可以看出，法国的农业用地面积呈下降的趋势，从 2000 年的 29.81 万平方公里下降至 2020 年的 28.55 万平方公里，20 年的时间下降了 4.23%；但与此对应的是，农林牧渔业增加值在波动中呈上升趋势，2000 年法国的农林牧渔业增加值为 286.56 亿美元，到 2020 年已达 420.02 亿美元，增长了 46.57%。结合上文法国按要素成本计算的人均总增加值指数，可以看出近 20 年法国农业劳动生产率总体在提高。

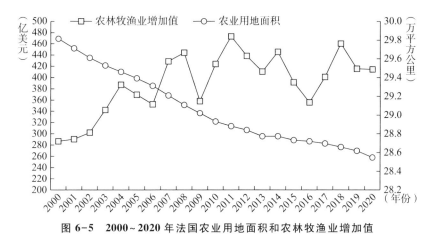

图 6-5　2000～2020 年法国农业用地面积和农林牧渔业增加值

资料来源：法国国家统计局，https://www.insee.fr/fr/accueil。

3. 法国农村三产融合发展的经验

（1）土地规模化经营。1955 年，法国正式实施以"均衡化"为目标的领土整治运动，通过实施"离农终身补贴"政策，法国减少了农村剩余劳动力，促使农村劳动力向城市转移，从而推动了农业规模化发展。此外，法国政府规定农场主的合法继承人只能有一个子女，而其他子女只能继承货币资产，这一规定旨在防止土地分散经营，进一步推动了农场规模的扩大。1960 年，法国政府颁布了《农业指导法》，该法案将差别化政策作为重点，主要支持中等规模的家庭农场，并通过社会福利政策支持小规模农场逐步退出市场。这些政策措施有效地促进了法国农业的发展，使得农场规模不断扩大，农业生产效率得到提高，同时也保障了农民的利益和生活质量。该法案还引入了分级补贴制度，对农民按照流转土地的性质和面积进行补贴，并为流转土地达到一定规模的经营者提供优惠信贷支持。为了优化农地经营权配置，法国设立了土地开发与农村安置公司（SAFER），并实施对农村土地交易市场的管制。这些措施旨在根据农业结构调整政策合理配置农地经营权。1962 年,法国颁布《农业指导法补充法案》,对农地经营的最大规模和最小规模做了明确规定,并将其作为农业结构调整政策的核心标准。这些政策和措施的实施为法国农业的规模化经营和专业化发展提供了基础,促进了农业的现代化进程,也为其他国家在农业发展中的决策提供了有益的借鉴。

（2）合作社经营一体化。法国采取了成立农业合作社的方式来促进农业产业链的延伸。这些合作社的组织形式多样,根据其主要功能可以分为生产性、流通性、农业信贷和技术指导服务等四种类型。合作社为社员提供涵盖法律、税务、环保、土地等多个方面的咨询和培训服务,以服务社员为根本目的,并注重解决科技问题。合作社致力于在生产专业化和协调基础上,通过控股或缔结合同等方式,将农业与相关领域如工业、商业、运输业、信贷等部门结合起来,构建成一个庞大的利益共同体,旨在实现资源共享、优势互补,促进产业协同发展,实现多方共赢。在这个利益共同体中,农民、资本家、农场主将共同投资、共同经营,相关部门也将提供技术支持、资金支持等,共同推动农业和工商业的融合发展。构建利益共同体,不仅可以提高农业生产效率、改善农民生活条件,还可以促进工商业与农业的交流合作,加速产业升级,实现经济社会的全面发展。通过使用现代科学技术和现代企业方式,合作社实现农业与相关产业的一体化发展。这种合作社经营一体化的模式利用集聚效应,带动先进技术和充足资金进入农业,促使农业生产结构得到优化升级。如在旅游业,政府为鼓励农村旅游业的发展,将 90% 的休闲农场纳入合作社,每年营业收入高达1660 亿欧元,形成了法国农村农业经济网络,覆盖了农业产品从生产到销售的各个部门及环节,也总揽了农产品的采购与供应、储藏与运输、销售服务与信息服务,形成了产供销一体化的联合经营模式。

（3）科技创新推动农业转向现代化。法国工业基础居于世界领先地位,法国政府合理采用发达的工业技术,鼓励技术人员创新研发农业生产的各种机械工具,向农业领域投入大量的机械设备。20 多年的时间,法国农村拥有拖拉机和收割机的数量各增加 9 倍、32 倍,农业机械的投入大大解放了法国农民劳动力,为农业生产省出了大量劳动力,多余的劳动力可以投入农业生产的其他经营环节，大大提高了农业劳动的生产率。

（4）建立数据信息管理和先进营销运营体系，促进三产融合创造。一方面，法国逐渐实现了从传统农业向信息化、高端化的农业转变。据《法国统计年鉴》数据，法国政府每年将研发支出的11%都投入农产品的生产中。法国建立了一个大的数据统计网站，该网站对农产品的生产、加工、流通、销售及供需等信息进行了有效的整合，并向各个合作伙伴传达供需信息，以确保农产品市场整体效益，保证农产品储藏流通服务的有效运行。法国还通过运用新媒体、互联网技术为旅游业经营者提供低成本、高效率的营销策略。另一方面，法国注重促进三产融合创造，通过将工业、农业、商业、运输业、信贷等部门紧密结合起来，形成良性经济循环，实现工农共同发展。这种模式的目标是加速农业现代化进程，提高农业生产效率和质量，促进农民收入的增加。法国不仅注重农村三产融合的发展，还关注农村社会的发展，包括教育、卫生、基础设施建设等方面的改善，为农村居民提供更好的生活条件和服务。通过整体规划和科学指导，法国能够充分利用各个部门的优势资源，实现各项工作的协调推进，促进整个乡村社会的可持续发展。这种以三产融合为引导的农业综合发展新模式在法国的农村发展中取得了显著成效，并为其他国家在乡村振兴和农业现代化方面提供了有益的借鉴。

（5）重视农业基础与高等教育。法国的农业教育体系较为完善，为农业发展提供了重要的人才支撑。法国一直重视农业教育，并建立了涵盖基础教育和高等教育、初始教育和继续教育、普通教育和职业教育的农业教育体系。这个体系包括农业基础教育和农业高等教育两个主要部分。农业基础教育涵盖从初中三年级到高中毕业，以及高等精英学院预科班阶段和高级技术员文凭阶段的学习。这些教育阶段致力于培养农业专业知识和实践技能，为学生打好农业教育的基础。农业高等教育则包括工程师、兽医、风景师等类别，以及职业本科、硕士和博士教育等多个层次。这些教育旨在培养高级农业专业人才，提供更深入、专业化的农业知识和技能。此外，法国对从事农业生产的人员实施了严格的准入规定，要求必须拥有农业技师证书（BTA）或者农业职业结业证书（BEPA），确保了农民接受专业的培训和教育，并具备必要的农业技能，从而提高了他们的专业素养和竞争力。这种注重农业教育的努力，有助于提升农业的发展后劲，并提高法国农业在国际竞争中的地位（许浙景、杨进，2019）。

二　荷兰农村三产融合发展的成效及经验

1. 荷兰农村三产融合的产生条件及背景

荷兰位于西欧北部，国土面积小，仅有 4.15 万平方公里，排名世界第 134 位，并且一部分土地低于海平面，容易受到海潮入侵和河流泛滥的威胁。由于耕地面积有限，农业发展受到空间的制约。2022 年底，荷兰人口 1783.5 万人，是世界人口密度最大的国家之一。荷兰的气候特点是光照不足，年平均仅 1484 小时，平均气温较低，全年平均气温在 8.5~10.90℃。这对部分作物的生长不利，需要采取相应的措施来提供适宜的环境条件。19 世纪后半期至 20 世纪 50 年代以前，荷兰农业生产仍以传统粗放型经营为主，不能自给，农业发展急需改革。20 世纪 50 年代以后，荷兰政府加大了对农业的干预与保护力度，通过颁布法律法规和实施各项政策，为农业发展奠定了基础。政府制定的《土地整理法》和《空间规划法》等法律法规，明确了政府在乡村治理和土地利用方面的职责，为农业结构调整和三产融合提供了法律依据。20 世纪 80 年代，荷兰通过政策调整，成功地构建了以园林业和畜牧业为主的农业产业结构，充分利用有限的土地资源，提高了土地的利用效率。此外，荷兰还通过调整农业生产结构缓解了土地资源短缺的情况。荷兰在农业领域广泛应用现代农业技术和创新科技发展农业，如设施农业、智能农业、精准农业等。这些技术的应用提高了农业生产效率，改善了农作物和畜禽养殖的环境条件，推动了农村三产融合的发展。总体而言，荷兰农村三产融合的产生条件是有限的土地资源和不利的自然条件，以及政府的干预与支持，农业结构调整和创新科技的应用等因素的综合影响。这些条件和背景使得荷兰成了农业高度发达的国家之一，并为其他国家的农业发展提供了有益的经验和借鉴。

2. 荷兰农村产业发展成效

（1）农业增加值整体在上升。图 6-6 为 2000~2021 年荷兰的农林牧渔业增加值（以当年价格计算），可以看出，自 2000 年以来，荷兰农林牧渔业增加值整体呈上升趋势，在 2017 年达到最高点，之后有所下降，但下降幅度并不大。

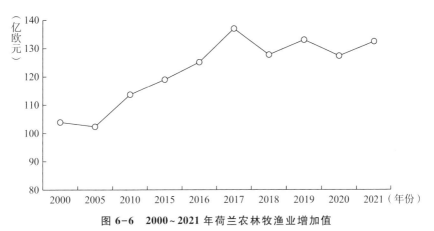

图 6-6　2000~2021 年荷兰农林牧渔业增加值

资料来源：荷兰中央统计局，https://opendata.cbs.nl/statline/portal.html?_la=en&_catalog=CBS。

（2）农场数量逐年下降，大型农场数量增加。图 6-7 为 2000~2021 年荷兰的农场数量，可以看出，荷兰农场数量自 2000 年以来呈较为明显的下降趋势，尤其是 2000~2016 年直线下降，自 2016 年以来下降的速度减缓。农场数量减少的同时，结构也在进行调整，大型农场数量增加，而中小型农场数量减少。

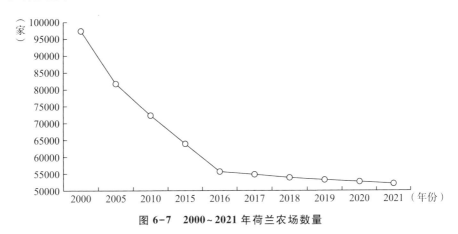

图 6-7　2000~2021 年荷兰农场数量

资料来源：荷兰中央统计局，https://opendata.cbs.nl/statline/portal.html?_la=en&_catalog=CBS。

（3）农产品出口额屡创新高。表 6-5 为 2016~2021 年荷兰农产品出口额，可以看出，近年来荷兰农产品出口额屡创新高，尤其是 2021 年，与 2020 年相比增长了 14.8%。长期以来，荷兰农产品出口额都仅次于美国，在全球排第二名。

表 6-5　2016~2021 年荷兰农产品出口额

单位：亿美元

指标	2016 年	2017 年	2018 年	2019 年	2020 年	2021 年
农产品出口额	987.46	1068.63	1122.64	1104.21	1124.27	1290.38

资料来源：世界贸易组织，https://stats.wto.org/。

3. 荷兰农村三产融合发展的经验

（1）农业合作组织发挥重要作用。荷兰农业合作社已有 150 年以上的历史。农业合作社发展稳定，对农业起到了较好的引领和支撑作用。它们提供专业化的生产服务，帮助家庭农场在各个领域和环节进行农业生产。这些合作社包括采购合作社、销售和加工合作社、拍卖合作社、信贷合作社以及服务合作社。采购合作社帮助农民集中采购农业生产所需的原料、设备和农资，以获取更有竞争力的价格和更好的服务。销售和加工合作社则帮助农民将农产品出售到市场，并提供加工服务，使农产品能够得到更高的附加值。拍卖合作社在荷兰农业中也起着重要作用，通过集中拍卖农产品，为农民提供公平的市场竞争机会。此外，信贷合作社为家庭农场提供融资支持，帮助它们解决资金问题，并提供灵活的贷款条件。服务合作社为农民提供一系列农业生产性服务，包括农业机械租赁、农产品仓储、病虫害防治与防疫、技术咨询指导和专业知识技术培训等。这些合作社在促进家庭农场与大市场合作方面发挥了重要作用，有助于提高农产品的竞争优势和规模效益，并保障家庭农场的经济利益和合法权益。通过合作社的支持和服务，荷兰的农业得以更加高效、可持续发展（谭寒冰，2018）。

（2）科技创新提供有力支撑。由于耕地不足，荷兰在多个环节应用科技来提升农业生产效率和农产品质量。荷兰的农业发展依托高校、科研机构和农业试验站等不断开发的新技术和新产品，这为农业发展提供了技术支持。此外，荷兰政府通过政策优惠和资金支持鼓励企业参与农业科研项目。在生产环节，注重引进先进技术和装备以提升农业生产效率和农产品质量。例如，荷兰采用了现代化温室栽培技术，通过电脑控制播种、栽培、收获和包装等各个环节的作业，实现了机械化生产，显著提高了产量。此外，许多农场也实现了自动化控制，通过中央控制系统自动调节光照、温度、灌溉和施肥等条件，极大地提高了劳动生产率。在农产品的加工、包装和运输过程中，荷兰也注重技术创新。荷兰农业以采后保鲜技术为优势，政府每年投入大笔资金用于研究运输技术和物流供应链管理技术。得益于这些技术的应用，荷兰农产品在存储和运输过程中的损耗较低，通常能够控制在5%以下。荷兰农业在科技创新方面的成功经验为其他国家提供了重要的借鉴。通过将科技与农业相结合，荷兰有效应对了土地资源有限及其他生产资源匮乏的挑战，实现了农业的高效、可持续发展。

（3）重视三产融合人才的培养。荷兰农业教育经过长期的发展和完善，形成了从职业教育到大学教育的完整体系。职业教育在荷兰占据着至关重要的地位，政府将职业教育视为推动国家经济发展和社会稳定的关键因素，因此投入了大量的资源和资金来确保其顺利实施和持续发展。荷兰的农业职业教育体系发达，课程设置丰富多样，注重实践操作和技能培养，使学生在毕业后能够迅速适应三产融合工作岗位要求，为荷兰三产融合做出了重要贡献。另外，荷兰的农业高等教育是支撑农业科技发展的重要组成部分，政府、学校和企业形成了"政教产融合"体系。教学内容与经济发展和企业需求密切相关，确保培养出满足市场需求的农业人才。这种政府、学校和企业合作的模式有助于增强农业教育的实用性和针对性。通过密切的行业联系，荷兰的农业教育能够适应不断变化的市场需求，并为农业现代化提供有力支持（谭寒冰，2018）。荷兰农民受过高等教育并广泛应用先进技术，这是荷兰农业现代化的一个显著特征。根据荷兰中央统计局的统计数据，80%的荷兰农民使用全球定位系统（GPS）来收集农田信息，并借助政府提供的卫星支持体系进行科学分析。同时，他们还利用无人机等先进技术来实现精确、高效的综合病虫害治理。GPS是一种卫星导航系统，可以提供高精度的位置、速度和时间信息。荷兰农民通过使用GPS技术，能够准确获取农田的地理坐标和相关信息。这些数据可以帮助他们对农田进行科学分析，包括分析土壤特征、水资源利用、植物生长情况等，从而更好地管理和规划农田。此外，荷兰农民还利用无人机等先进技术来进行综合病虫害治理。无人机可以快速、精确地巡视农田，监测病虫害的蔓延情况。通过搭载各种传感器和摄像设备，无人机可以实时获取农田的影像和数据，为农民提供及时的病虫害信息，使他们能够迅速采取措施进行精准治理，减少化学农药的使用，提高农产品的质量和产量，同时也会减少对环境的负面影响。荷兰农业在农田信息收集与分析、病虫害治理等方面的先进经验，对其他国家的农业现代化发展提供了很好的借鉴和启示（陈新忠、袁梦，2020）。

三　美国农村三产融合发展的成效及经验

1. 美国农村三产融合发展成效

美国耕地面积全球第一，也是世界最大的农产品出口国。美国土地广阔，资源丰富，气候条件适宜，得天独厚的自然条件适合农业生产。美国有着世界上最大面积的耕地资源，耕地多以大规模农场的形式存在，便于大规模机械化生产。此外，美国拥有高度发达的农业科技水平，美国农产品的产量几十年来一直都居于全球第一的位置，且远远超过其他国家，各种农作物的产量均是别国的数倍。

（1）农业总产值较为稳定，农业从业人员数近些年在下降。图6-8为2010~2021年美国农业总产值与农业从业人员数，可以看出，自2010年以来，美国农业总产值发展态势较为平稳，2015年有小幅下降，2016~2020年基本稳定，2021年有明显的上升。从数值上看，2021年美国农业总产值达4666亿美元，占其国内生产总值的比重仅为1.27%。自2015年以来，美国农业从业人员数呈下降态势，2021年仅137.7万人。

（2）农产品出口额排名全球第一。图6-9为2010~2021年美国农产品出口额。可以看出，美国农产品出口额在2010~2014年呈现较为明显的上升趋势，2015年有一定程度的下降，之后保持平稳发展态势，2020~2021年有较为明显的上升。从数值上看，2021年美国农产品出口额高达1569.45亿美元，排名全球第一。2010年，美国的农产品出口额已经达到1003.85亿美元，且一直占据全球第一的位置。从出口农产品结构看，出口量最大的农产品种类为大豆，其次为玉米。美国是全球玉米产量最大的供应国，

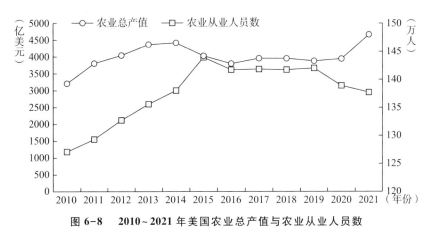

图 6-8 2010~2021 年美国农业总产值与农业从业人员数

注：农业从业人员数为私人部门的全职和兼职从业人员数。

资料来源：美国商务部，https://apps.bea.gov/。

占全世界总产量的 30% 以上；大豆产量仅次于巴西，占全世界总产量的比重也超过了 30%。

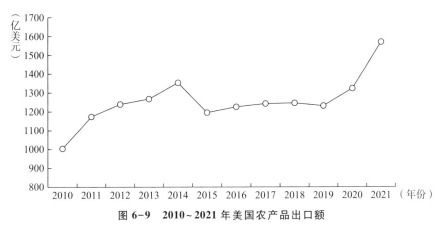

图 6-9 2010~2021 年美国农产品出口额

资料来源：美国商务部，https://apps.bea.gov/。

2. 美国农村三产融合发展的经验

（1）实行农场式的经营管理。2021 年美国农业从业人员数为 137.7 万人，仅占美国全部就业人员数的 1% 左右。这反映了美国农业的高度自动化和机械化。农业技术的不断进步和先进机械设备的广泛应用使得农民能够更有效地管理农田、种植作物、养殖牲畜等，从而提高了生产效率和农产品质量。在家庭农场内部，通常会形成类似工业化的体系，对各个环节进行专业化分工。例如，育种、养殖、加工、经营和销售等环节在家庭农场中都有明确的任务分工，这有助于提高效率和管理水平。家庭农场也借助市场化和国际化的机会，将农产品推向全球市场，实现更广泛的经营和销售。总体而言，美国农业的现代化程度和高效率生产模式使得其成为全球农业的重要参与者，不断推动农业科技创新和机械化进程，探索合理的分工模式和市场经营策略，有助于提高其农业生产的效率和竞争力。

（2）实现农商融合。美国的农业产业化体系发达，农产品出口规模很大。农业与电子商务融合，为传统农业带来了新的创新动能，推动了农业的现代化发展。美国的农商融合体现在农产品电子商务的发达、农业科技的进步以及农业信息化程度提高上。农业电子商务为农民提供了一个更广阔的销售渠道，同时也使消费者能够更方便地获取各种农产品，从而提高农产品的竞争力。这使得美国农产品能够更加便捷地进入国际市场，农民可以利用电子商务平台与消费者直接进行交流和交易，借助互联网、新媒体以及物流运输等平台的运用，农业电子商务成功地扩展了农产品的营销市场，减少了中间环节，并带来了显著的人力、物力和资金成本节约效益。

（3）利用信息技术充分开展精准农业。进入 21 世纪以来，美国农业开始广泛应用一系列先进技术，包括遥感技术、智能机械和计算机网络系统等。这些技术的运用带来了农业生产效率和产品质量的显著提升。遥感技术被广泛应用于农业耕作中，通过使用卫星和无人机等遥感平台，农民可以获取关于土地肥力、植物生长状态、水分需求等信息。这些数据可以帮助农民更好地管理土地和农作物，实现精确施肥、灌溉和病虫害监测等，从而提高农业生产的效率和可持续性。智能机械也在美国的农业中得到广泛应用。智能农机设备配备了传感器、控制系统和自动化功能，能够自主进行作业，并可以根据实时数据和预设指令进行调整。例如，智能播种机可以根据土壤条件和作物需求自动调整种子的密度和深度，实现精确播种。这些智能机械的应用不仅提高了生产效率，还减少了资源浪费和环境污染。2010 年物联网技术的引入更是推动了精准农业技术的广泛应用。物联网连接各种传感器和设备，实现了农业信息的实时收集和互联互通。通过无线网络，农民可以远程控制农田的温湿度、土壤水分，监测气候变化等，从而精确调整农业生产的管理策略。精准农业技术的应用使农民能够更好地管理农作物生长过程，并根据具体需求进行精确施肥、灌溉和植保操作，最大限度地提高农产品的产量和质量。美国将全球定位系统、遥感技术、地理信息系统等先进技术整合到农机设备上实施精量播种、变量施肥、播撒农药、有效灌溉、机械操作等，提高了农业生产效率。美国发展和推广农机设备的主要措施包括建立农业信息科技中心、提供与之配套的基础设施、建立农业数据库、向科研机构提供研究经费等一系列帮扶政策，让农户切实体会到农机在农业产业链中的作用。集成计算机技术和 GPS 功能的产量监视系统的应用使得农民在玉米、小麦、水稻收割时可以监控每亩地产量，并记录其位置，最后绘制成产量分布图，根据土地的差异实施不同的解决方案（张宇泉等，2020）。

（4）营造良好的政策支持环境。在美国农业的发展中，联邦政府的农业支持政策起到了重要的推动作用。这些政策通过提供经济补贴、市场保护和技术支持等方式，促进了农业经济的快速发展。美国农业的支持政策可以追溯到 20 世纪初。在第一次世界大战期间，欧洲战乱导致粮食短缺，美国政府为了确保国内粮食供应，实施了价格保护和农业补贴政策。此后，随着农业生产技术的不断进步和市场需求的变化，农业支持政策也不断演变和调整。农业支持政策的核心目标是保护农民的收入稳定和市场份额。通过制定价格支持政策和补贴计划，联邦政府为农民提供了经济补偿和保护机制，以弥补农产品价格波动和市场风险带来的损失。这些政策包括直接支付补贴、农业保险、贷款担保等。此外，美国还施行了农业出口补贴政策，以促进农产品的出口和国际竞争力的提高。除了经济支持，联邦政府还在农业科技研发和创新方面提供了支持。通过投资农业研究机构和农业科技项目，美国鼓励农业技术的创新和应用，推动了农业的现代化，提高了生产效率（徐轶博，2017）。美国政府在农村三产融合中提供了各项便利，首先家庭农场主可以长期享有低息和政府信贷担保等优惠政策。其次在税收方面农民合作组织最初可以税务全免，现在虽会征收但只是部分，并对征收主体给予各项优惠。最后在公共服务方面不仅有专门的管理部门，而且政府投入资金用于人员培训。

第四节　国际经验对中国农村三产融合发展的启示

发达国家在三产融合方面已经积累了丰富的经验，并形成了不同的发展模式。这些三产融合模式多样化，既有由政府主导的，也有由上下结合共同推动的，同时也存在外生因素和内生因素导致的差异。政府部门、农民协会、农业从业人员、企业、高等院校、金融机构等参与主体共同发挥作用，实现了农业与其他产业的有机融合。

一　以农业为主发展三产融合，注意保护农民利益

在发达国家推进三产融合的过程中，均十分注重保护农民的利益，如法国通常会建立各种形式的农民组织、协会或代表机构，以便农民能够参与决策过程并行使自己的权益。这样可以确保农民的声音被听取，并在三产融合中得到充分考虑。日本要求在农业产业链的延伸中，农户必须拥有一定比例的股份，以保障其分享产业链带来的红利。这样可以让农民从增值环节中获得更多收益，提高其收入水平，缩小城乡收入差距。日本的六次产业化使得日本农业从事者人均收入在 2009~2012 年持续上升，2012 年高达 46045 美元，同时，作为农业发展重要指标的土地经营规模也得到了显著提高。同样地，韩国的三产融合政策使得 2000 年的农村居民收入占城镇居民收入的 96.03%，法国实施相关政策以促进乡村旅游业收入每年近 237 亿欧元。居民收入水平提高，也就达到了提高居民生活水平的目的，成为激发农村经济活力的关键路径。

二　鼓励创新研发

一些农业发达国家将生物技术、信息管理技术、农业机械设备、智能 5G 通信等广泛投入了农业生产中。采用互联网与农业相结合的模式，为农产品提供了新颖的、便捷广泛的加工销售等服务平台——电子商务服务，促进农产品品牌化，使农产品商品化极大程度地成为现实，提高产品附加值，促进社会效益、生态效益和经济效益实现最大化。我国应建立精准农

业的技术研发、推广和服务体系，开展"北斗系统"规模化应用的研究，集中攻关农业精准作业技术，建立农业信息数据库，为农业健康发展提供参考依据，建立精准农业国家示范园区，推广先进农业技术和设备，加强农业智能装备使用和管理培训，降低研发、推广成本，使得信息技术真正走向千家万户，应用于我国农业生产实践。

三　加强财政政策支持和完善农业服务体系建设

日本、韩国和法国等农业强国，基于自身农村财政现实，制定了一系列财政补贴、专项资金和助农贷款等策略，同时，也在不断完善农业服务体系和相关法律法规体系的构建，由此可见政府对于农业发展的投入和支持力度较大。农业作为较为敏感又至关重要的行业，政府必须对其进行严格管制，制定适合各类情况的扶持策略，并加大扶持力度和增加财政优惠。我国应制定有助于三产融合顺利进行的财政政策和金融政策，并将政策贯彻至相关部门，各部门间协同推进，共同为三产融合贡献力量。为确保政策有效实施，政府部门需加强政策监督、规划实施流程以及制定引导政策执行的农业产业规范。中国作为农业大国，各地区农业人口状况、土地规模和农业机械设备使用情况不相同，因此，需针对各地实际情况制定个性化政策，细化至各省级行政区，提升政策实用性。

四　因地制宜，充分利用区域资源

日本"六次产业化"战略中最有特色的"地产地销"为日本农业经济的发展提供了巨大贡献，日本将生产出来的农产品在当地销售，减少了农产品生产者的销售宣传环节，降低了消费者和生产者之间的流通成本，同时也避免了生产者与消费者间信息不完全以及信息不对称的现象。农业"六次产业化"促进了日本农村当地的资金、技术、文化、市场、劳动力等现有资源得到充分利用，并挖掘新资源替代农业进口原材料，提高了农村居民的收入水平、促进了农业经济快速增长。日本和美国虽然在资源禀赋方面存在着不同，但是在各自的农村三产融合发展之中存在相似之处，而这种差异中的共同点正是我国可以吸收借鉴之处。在参考国外发展模式的同时，要注意结合自身状况，比如我国目前大多是小规模家庭式耕作，自然无法像美国一般实现高程度的自动化水平，所以要结合资源禀赋来谋划发展方向，制定发展策略，利用已有的自然资源开发市场需要的独特产品，形成自己的竞争优势。在探索自身发展时要注意采纳多方意见，让农民、消费者以及行业专家一起参与其中。要将三产融合战略落实到行动上，开发挖掘本土优势资源，促进三产融合，充分利用特色资源，提高产品附加值，提升区域经济效益。在区域优势资源与区域经济效益相互协调的前提下，根据不同地区的地理状态、生态环境、经济形势等因素，因地制宜，制定相应的三产融合政策；将农产品加工业与种植畜牧业和餐饮服务业相结合，形成一体化经营模式；重点发展区域主体产业来带动关联产业的迅速增长，进而促进农业经济的提高。

五 注重融合人才培养，加强教育培训

国外政府还注重对农业从事者的教育培训，完善教育体系，培养农业从事者运用先进技术的能力，提高农业参与主体的综合素质。我国农村发展现在面临的一大困境就是农村就业人口递减的同时缺乏接受高等教育的人员。而在美国，农民拥有学士甚至硕士学位都并不少见，所以我国应提高农业经营主体的受教育水平，至少应加强对专业知识的学习，毕竟创新型人才能够更好地结合政策法规、发展环境做出创新高效的成果。我国应积极引导高等院校农业类学科根据区域特点设置相关课程，注重理论教育与课外实践的结合，培育一批前沿的专业型人才，为农业产业提供人才支撑。为农村引进先进的经营管理经验，推进乡村人才引进。根据相关政策文件设置相应的政策推广社会服务组织，开展分类培训和专题培训，普及政策、技术、农机、营销、品牌相关知识，激发农民投入三产融合发展的动力和热情。

六 加强基础设施的建设，注重三产融合的可持续发展

农村三产融合的发展离不开完善的基础设施。日本、韩国、法国等农业发达国家完善的基础设施和环保政策为农村三产融合提供了巨大便利。目前我国现有的基础设备不健全，不能满足三产融合战略顺利实施的实际需求，公路、水路、气路、电路、通信、环保政策等建设相对欠缺，阻碍

了三产融合的推进，因此要加快农村基础设施建设，推动城乡农业基础设施的互利共享；改善农林食品区、旅游服务区的周围环境，完善环保政策，推进生态技术的创新研发，合理有效地利用农村环境，实现三产融合可持续发展。

第七章

增强三产融合溢出效应，促进主产区农业高质量发展

本章在前面两章对农村三产融合发展影响因素研究及国外经验借鉴的基础上，构建了一个增强农村三产融合溢出效应的框架与发展机制。

第一节　推进主产区农村三产融合高质量发展的机制构建

一　高质量发展要求下粮食主产区农村三产融合的困境及主要障碍

结合前文分析，当前粮食主产区农村三产融合的困境及痛点主要包括：①农村三产融合产业链的应变能力不足；②农村三产融合的稳定性比较差；③农村三产融合产业链附加值较低；④农村三产融合产业链类型繁多、规模较小。以种植业为例，农业全产业链各环节存在的问题如表7-1所示。

二　主产区农村三产融合溢出效应发挥的主要瓶颈

1. 长期重城市轻农村、重工业轻农业形成的政策障碍

当前，我国农业产业发展速度缓慢，现代化程度不高，农村三产融合发展也亟待加速。在资源分配上，工业与农业之间、城市与农村之间极不均衡。而现行的政策不够完善，导致主产区农村三产融合规模不大及质量不高，严重制约三产融合溢出效应的发挥，突出表现在以下几点。

表7—1　农业全产业链各环节存在的问题——以种植业为例

功能链条	产前	产中	产后			各链条亟待解决的问题
			加工环节	流通环节	消费环节	
供应链	①种子供应链不能自主可控；②农资供求信息不对称，流通渠道不畅；③农机社会化服务效率低	①化肥、农药使用过量；②机械化程度低；③劳动生产率不高；④良种良法不配套问题	①质量问题（加入反式脂肪酸、药剂污染，违规添加剂）；②损耗较大（小麦、稻谷加工环节的损失率为4%~5%）	①产销对接不精准和布局不合理；②仓储设施老化；③粮食流通监测体系尚未建立	①经营分散导致市场供需不匹配；②存在漂绿风险；③粮食供求结构失衡，加剧了食物结构转变，加剧了产品结构性错配	①数字化如何赋能农业供应链、强链、固链机制构建？②如何培育农业供应链韧性？
价值链（利益链）	①产前关联投入成本较高；②高标准农田建设不足；③农业的数字投入"最先一公里"的数字基础设施和数字基础设施缺乏	①产业增值能力弱；②竞争力（尤其是国际竞争力）弱；③农民专业化生产不足，兼业化普遍；④优良品种推广面积有限	①产品缺乏品牌化；②分配机制不合理；③产品精深加工不足，加工链条短，增值空间小	①利益纽带松散，小农户利益难以保障；②专业化粮食运输车辆装备应用不足，标准化运输程度不高，存在抛撒遗漏；③农民组织在粮食购销与价格形成中的作用有限	①农产品价格形成市场化水平过低；②绿色有机食品供给与消费者在中间流通商对利益的博弈中处于相对弱势地位，"菜贱伤农"与"菜贵伤民"并存	①如何构建乡村特色价值链增值机制？②如何利用数字化手段构建合理的利益分享机制？
创新链（技术链）	①农业科研成果市场化推广不足，推广广度差，农技推广广度差；②新技术应用存在时滞性；③农民采用新技术积极性不高；③农业科研协同创新动力不足	①缺乏实践型创新人才；②农户新技术运用能力低；③产中施肥、除虫、灌溉等技术支持不足	①同质性严重，缺乏特色，产品附加值低；②粮食加工的专业化能力不足；③加工配料关键酶制剂等依赖进口，面临"卡脖子"问题	①产品冷链物流存在短板；②粮食储备技术落后；③缺乏精准的绿色减损保鲜技术、精准装备，环保性低；④在途监测、智能运行技术尚待突破	①谷物、杂粮等健康又节约的粮油食品科研成果不够，难以快速适应市场消费习惯变化；③"最后一公里"短链流通运行技术保障不足	①如何构建提高水平的农业协同创新？②数字化如何赋能农业共性技术平台构建？

续表

功能链条	产前	产中	产后			各链条亟待解决的问题
			加工环节	流通环节	消费环节	
资金链	①种业振兴融资绿色通道缺失；②小农户融资渠道少，融资成本高；③农户"抵押难、担保难"；④银企信息不对称	①农民获得更多保险权益的机制尚不完善；②农村保险险种缺失，产品供给不足，理赔难、难以满足农户等多元主体需求；③农业产业园信用产品缺失	①针对农业加工企业的财政支持不足；②中小型农产品加工企业融资难、融资贵；③缺少有效抵押资产，信用担保体系不健全	①流通主体资金获取难、冷链数字化改造资金支持不足；②农业供应链金融产品创新滞后	①高品质农产品"消费信贷"难以获取；②农产品产销资金闭环形成问题	①如何消除城乡代际"数字鸿沟"问题？②数字化时代涉农信贷风险分担和补偿机制如何构建？③如何使用数字技术创新农业全产业链？
空间链（组织链）	①空间上呈现碎片化，土地流转规模小、集约化水平低；②缺乏稳定的、可持续的利益联结组织载体；③组织创新缺乏；④地域发展不平衡；⑤农业基础设施建设空间布局不合理	①农户合作化程度低，专业化分工不精细；②村级合作社作用不大；③集聚和协同发展不足	①规模化和集约化不足；②上中下游企业协同加工能力不足；③品牌支撑发展不平衡	①销售零散，缺乏较大规模的销售平台和空间载体；②农业流通主体能力参差不齐	①产销空间距离大导致运输成本的增加；②推进节粮减损的组织结构缺失；③基层服务组织不足；④农业与特色文化资源有机协同不足	①数字化时代农业产业链组织如何创新？②如何基于数字平台优化主产区产业空间布局？③如何以区域数字协作为载体构建数字化农业全产业链？
各环节亟待解决的问题	①种子供应链安全问题；②土壤修复监测问题；③高标准农田建设问题；④精准施肥问题	①规模生产效率问题；②绿色生产与环境问题；③数字技术应用问题	①数字化促进"农食"对接问题；②以绿色高效为引领，打造优质安全产业链问题	①流通数字化与农业统一大市场建设问题；②农产品流通管理机制构建问题	①市场绿色风险形成及防范和浪费机制构建问题；②减少食物损失和浪费问题；③产销错配与节能减排问题	

第一，与其他行业相比，农村三产融合税负率偏高，税收优惠力度不足。我国长期重视工业发展、轻视服务业发展，因此形成了工业、服务业二元化结构税收现象。与发达国家相比，我国农村三产融合相关税收标准普遍偏高。与其他优先发展的产业相比，农村三产融合承受着更大的税收压力，受到更少的社会扶持。我国现行税制对信息、销售、质量、物流、基建、品牌等农业社会化服务缺少税收优惠。此外，政府在支持农村三产融合企业发展中，所出台的优惠政策通常局限于农业服务龙头企业或重点企业，缺少对该领域企业普遍适用的优惠政策。农产品深加工企业要比轻加工企业承受更多的税收，加工农业"高征低扣"，制约农产品加工业的深度发展[1]，且加工越精越深，附加值越高，"高征低扣"就越严重，这会导致农产品的潜在价值得不到充分挖掘，抑制农业产业链的深度融合。另外，出口农业退税率过低，主要为5%和9%，而发达国家和其他出口行业的退税率则更高。此外，出口企业在将农产品返销国内时还需要缴纳增值税和进口关税，这对企业的发展造成了阻碍。并且，现行税制对金融机构发放给农户的小额贷款利息收入会征收较高的所得税，导致农业金融税收优惠力度不足，无法满足农业规模化经营和机械化生产的信贷需求，也加大了涉农小额贷款的金融风险。

第二，对农村三产融合的财政补贴力度不够。在发达国家，政府对农村三产融合补贴规模较大。在美国，政府补贴比重为20%；在欧盟，该比重为31%；在日本，该比重高达60%。我国财政对农村三产融合的补贴虽然一直增加，但其中存在的问题也很多，如补贴资金绝对规模小、因没有科学规划而导致错误的补贴方式和方向、补贴资金使用效率低等。

第三，新型农村三产融合主体扶持政策不明确，不利于农村三产融合主体的成长。比如针对农民合作社成员进行技术培训等服务于三产融合的活动，没有明确的优惠政策。根据现行税制，仅通过资格认定的国家重点龙头企业可免征所得税，门槛过高，优惠范围过窄。仅对从事种植、畜禽饲养所得有一定优惠，对农村三产融合主体发展壮大的扶持政策力度较弱。

---

[1] 现行税制对外购免税农产品初加工后，按买价的9%计算进项税额；深加工外销时，购进按9%抵扣进项税额，生产时加计1%的进项税额抵扣，按销售额13%计销项税额。初加工和深加工有别的增值税政策，使农产品深加工企业存在"高征低扣"现象。

2. 二元化的投资机制成为制约农村三产融合溢出效应发挥的障碍

第一，农村三产融合投资规模小。近几年，中国财政对农村三产融合的投资支出增长速度较快，但绝对数量仍然很少，只占财政总支出的5%左右，而在农业经济发达的欧盟，该比值在30%左右。另外，我国在农村三产融合投资上缺乏连续性，没有形成一个稳定的投资增长机制，财政投资不足已经成为制约农村三产融合发展的重要因素。

第二，农村三产融合投资结构不均衡。在中国当前对农村三产融合的投资支出结构中，占比最大的是生产性支出和事业费支出，其次为基本建设支出，最低的是科研支出。实际上，这三项支出中边际产出效应最高的是科研支出，最低的为基本建设支出。因此，当前财政对农村三产融合投资支出结构分配的不合理导致了财政资源浪费，促进农村三产融合发展的作用尚未显现。

第三，农村三产融合发展急需的资金投入来源渠道单一。农村三产融合发展资金来源渠道少，主要集中于财政资金拨付和地方政府投资支持这两个渠道，一些农业大省对财政资金的依赖程度高达40%。另外，资金管理使用效率低，且没有带动其他渠道资金投入，导致农村三产融合发展受到限制。

3. 户籍政策障碍制约农村三产融合溢出效应发挥

户籍管理制度阻碍了农村三次产业的现代化整合。由于户籍管理制度的限制，城市的优秀人才流动到农村地区参与农村三产融合的机会相对较少。这导致农村地区难以吸引到城市的高级人才，限制了农村三产融合发展。户籍管理制度造成了信息与科技的不均衡。城市一般拥有更先进的信息资源和科技条件，而农村地区相对落后。这使得农村地区在推动三次产业融合过程中面临信息获取困难、技术引进困难等问题，限制了农村三次产业融合的发展。由于长期受到城乡二元结构的影响，一些农村地区存在观念落后。这可能导致农村居民对三产融合的重要性认识不足，缺乏对新生产、生活方式的理解和认同。农村居民素质得不到提升，农村三次产业融合所需的各类人力资源得不到满足，最终导致农业生产效率低下，限制农村三次产业融合发展的进程。

4. 土地制度创新不足制约农村三产融合溢出效应发挥

农村土地制度被视为农村三产融合的重要基石。一旦农村土地制度与农民利益呈现一致态势，农民的积极性就会被高效地激发，从而促进农业生产及相关服务产业的进步。在20世纪80年代初期，家庭联产承包责任制开始推广，农民的生产积极性被显著增强，释放了农村的生产力。然而，随着改革的不断深化，家庭联产承包责任制的收益逐渐降低，现今的农地制度已无法满足三产融合发展的需求，影响农村三产融合规模化的发展。首先，农地承包经营权存在缺陷。尽管农民家庭在经营农村土地方面起主导作用，但他们只能在农地上决定种植何种农产品，无法将土地用于非农业生产。这导致了农地经营权难以充分流动，土地市场不平衡，限制了农村三次产业融合所需的土地流转。其次，农地经营权过于分散。由于家庭承包，农村土地被分散经营，受家庭人口规模限制，单个家庭承包的地块狭小，土地经营权被严重分散，农户土地经营规模过小，单户农民难以抵御自然风险和市场风险，农民经营耕地的相对收入水平较低，导致农村三产融合难以实现规模化，抑制了农村三产融合的发展。

三　农村三产融合驱动因素与运行机制分析

本章认为，三产融合高质量发展的形成与演化主要受到3个层面因素的影响，即宏观层面的环境约束因素（如政府干预、技术进步）、中观层面的制度因素（如市场需求）和微观层面的三产融合参与主体能力因素（如共享理念、利益驱动）。它们共同决定了三产融合高质量发展的路径和方向。

（一）农村三产融合的外部驱动力

1. 政策扶持

中央政府对地方政府的财政给予支持，重视对农村财政部门的拨款。政府发布三产融合财政补贴措施，加大对我国农村地区的财政资金投入。财政措施激发出了农村地区农业发展的巨大潜力，对农村财政的持续投入，提高了农村农业高质量发展水平，农业效益也持续提升，为三产融合的快速发展提供了非常有力的支持。

各级政府与其他行政区域内的有关部门还要进行深度合作，实现当地跨区域的特色产业政策对接和优惠政策双向对接，助力三产融合协同发展，从现代农业生产要素再到跨区域政策的有效整合配置，也可以推动当地农村特色产业兴旺。

2. 科技创新驱动

现代创新活动越来越强调各个主体之间的协同互动。不同类型的创新主体，如高校、科研院所、企业和政府，拥有各自的优势和资源。通过加强合作交流，它们可以共享知识和经验，进行技术交流和资源整合，以实现更有效的创新。政府可以为农村三产融合主体提供一个平台，促进主体之间的科技协作，农民合作社可以与高校、科研院所等机构合作，共同攻克行业核心技术难题，从而促进农村地区的资源和生产基础利用效率的提高，有利于三产融合高质量发展。

（二）市场需求拉动力

市场机制是农村三产融合的拉动力。要把各种先进生产要素纳入农村三次产业融合发展，必须统筹城乡市场，促进城乡各要素自由流动，而经济要素在城乡之间的自由流动，使得三产融合的创新更具竞争力。城乡之间资源的有效合理配置，城镇的各种资源、技术、人才等向农村涌入，促进农村产业集聚，带动农村地区第二、第三产业的发展，进而萌发出新的业态和商业模式。新经济圈的出现，辐射带动农村经济发展，推动产业兴旺。

（三）农村三产融合的内部驱动力

1. 资源共享理念的驱使

农村三产融合的关键在于深度融合各类资源，使得各主体能够更好地发挥自身的优势，同时通过优势互补来解决创新过程中的难题。这种资源共享的方式可以提高资源利用效率，降低创新成本，推动农村产业的协同发展。通过将不同主体拥有的资源纳入同一系统组织中，并按照互利互惠、优势互补的原则进行协调发展，三产融合可以降低成本，提高资源利用率。在农村三产融合中，特色型高校和科研院所拥有知识、技术、人才、专利和研发设施等资源优势，但可能存在缺乏紧密联系行业需求、生产设施和资金投入不足等方面的劣势。企业则具备设备、资金和技术使用场地等资源优势，但可能缺乏创新人才。政府、金融机构和中介机构提供的信息和服务也是不可忽视的资源。因此，通过资源共享，不同主体可以弥补彼此的短板，实现三产融合资源的"大共享"，从而全面深化三产融合的发展。

2. 利益驱动社会主体参与的推动力

社会主体介入是农村三产融合发展的推动力。一方面，农村专业生产合作社为全体农民提供了各种生产资料或其他社会服务资源来满足农民在参与农业经济生产中的需求。另一方面，农民是农业生产最直接的参与者，对农村三次产业的融合产生了积极的影响，特别是广大农民积极参与发展绿色循环经济农业、特色生态农业和现代农业，不仅推动了农业现代化进程，而且拓展了农村产业市场，为农村三次产业融合提供了动力。

农村三产融合中，不同主体的利益驱动会有所差异。非营利性主体通常更关注研发和转化创新成果，追求学术水平的提高、名誉的积累、人才的培养等非物质利益。而营利性主体则更注重取得竞争优势和经济效益，以保障自身的生存发展为首要目标，并致力于与高校的前沿技术和高素质科技人才对接，以提升自身的创新能力和竞争力。利益驱动不同主体之间进行合作与交流，各方通过互相提供资源、技术、市场等方面的利益来实现共赢。这种利益驱动的联结将激发各主体参与农村三产融合的积极性，形成协同效应，推动农村三产融合的深入发展。需要注意的是，在利益驱动下，农村三产融合也需要注重平衡各方利益，确保各主体在合作中都能够得到相应的回报和认可，以维护长期合作关系的稳定性和可持续发展。同时，政府等相关部门也需要制定政策和提供支持，以营造良好的利益联结机制和创新环境，促进农村三产融合的良性循环与可持续发展。总之，农村三产融合必须以市场机制和市场需求为导向，适当调整农村生产服务活动，转变主导产业发展方向，促进新型主导产业发展，发挥经济农业的作用，吸引第二、第三产业集聚农村产业，实现工、农、商一体化融合发展。

四　促进粮食主产区农村三产融合的机制构建

（一）农村三产融合的机制分析

中国农业是典型的以一家一户为主的小生产、大市场模式，这点在13个粮食主产区表现突出，主要表现在农户土地规模小，农民经营分散，组织化、专业化程度低，技术创新能力弱，生产主体兼业化突出等方面。要促进粮食主产区农村三产融合溢出效应发挥，改变农业传统的生产方式，完成小规模农业向现代农业的转变，重在从专业化分工、产业链整合、价值链升值多个层面构建一种支持农村三产融合发展的体系，结合地区实际，通过完善农村三产融合体系提高农业生产经营的组织化程度，拓展农业多功能化。农村三产融合体系发展机制是促进农村三产融合良好运行的保障，农村三产融合体系的构建是一个系统工程，体系框架构建不仅需要良好的外部生态系统尤其是政府政策的支持，还需要龙头企业和其他社会力量的大力支持，充分发挥市场的作用，提高服务资源的配置效率（见图7-1）。从政府推动、技术中介、农科院支持、金融机构投资、农户主动五个方面对三产融合高质量发展的动力源进行分析，并构建三产融合高质量发展动力模型，成为促进农村三产融合发挥以工促农、加快实现农业现代化作用的助推器。

三产融合的最终目的是追求经济效益最大化，产业融合为其提供了条件。产业融合是在全球化和自由化、政府管制的放松、市场需求的改变等外在因素同技术和管理的创新、企业组织原则的变革等内在因素的相互作用和影响下的结果。农村三产融合是产业融合发展的一个分支，近年来已经成为促进农业农村发展的主要形式，本部分将对促进农村三产融合的机制进行分析，具体分析框架见图7-2。

1. 适合国情省情的农村三产融合激励机制

由于农业的弱质性，社会力量普遍缺乏进入农村市场的动力，因此，要建立全方位的三产融合参与激励机制，搭建促进三产融合的生态网络。首先，政府要加大对农村三产融合公共设施的投资力度。其次，要完善农业社会化服务组织加入农村三产融合的激励政策，给予其税收、资金免息等多种激励。再次，政府可以采取购买服务的政策措施为农户参与农村三产融合提供有效激励。最后，政府要积极引导千家万户分散经营的农户通过与流通公司、龙头企业、农业协会等组织对接实现"小生产、大市场"对接，从而提升农业生产的市场化程度，实现农民增收。鉴于农业资源的有限性、要素禀赋区域的差异性和禀赋短期稳定性等因素，通过资源要素密集投入来推动农业现代化显然不能持续。因此，需要借助理论研究和政策实践，以及数字化赋能农业生产效率提升的新机制，以推进农业现代化进程。从数字化驱动农业全产业链融合"双向"拓展层面，加速推进资源要素市场化进程，培育产业链持续创新能力，提高产业链发展韧性；破除产业链"制度化"约束，从完善供需并行的产业环境层面，优化营商环境，

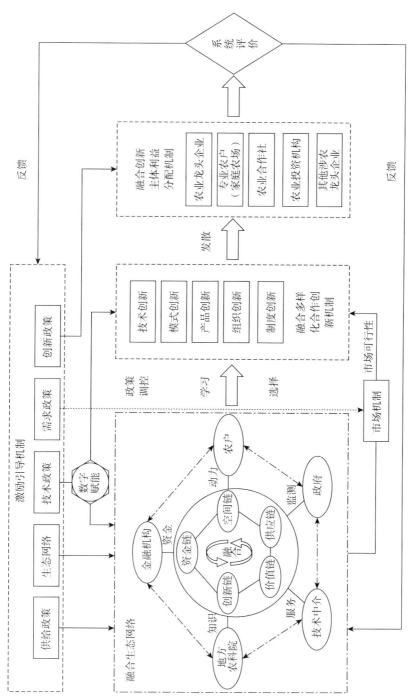

图 7 - 1　农村三产融合体系运行机制

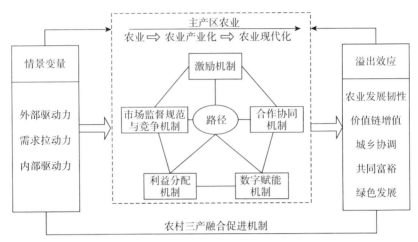

图 7-2　农村三产融合促进机制框架

加强融资服务与保护，完善基础性配套服务，以保障产业链安全性。

2. 公平有效的市场监督规范与竞争机制

在市场经济条件下，中国农业的标准化程度较低，对农村三产融合的主体缺乏有效的监督，某些服务供给为广大农户提供的服务质次价高，严重影响了农村三产融合体系健康运行。在新型农村三产融合体系构建中，要着重建立公平有效的市场监督规范与竞争机制，保障农村三产融合主体在一个公平竞争的环境生存和发展，通过规范的市场竞争促使农村三产融合不断提升质量、扩大规模、发挥作用。

3. 多元融合的合作协同机制

目前，中国的农村三产融合主体主要有政府、合作社、龙头企业及其他，四大类主体各自拥有的资源不同，政府侧重于准公共产品类型的农村供给，合作社、龙头企业则更贴近市场资源，多元供给主体可以高效利用服务资源，优化资源配置，围绕农户需求深化分工合作。公共服务机构、龙头企业、合作经济组织和其他社会力量等都在不同层面担任着农村三产融合的主体，比如各级政府主导的公共服务机构为农户提供农业生产基础服务有优势，而龙头企业在订单式和特色农产品农村三产融合方面更具优势，合作经济组织的农民参与性更强，更贴近农户需求。在构建农村三产融合体系时，要整合农村服务资源，建立多样化合作创新机制，促进服务创新以适应农户的需求。

4. 融合主体合作共赢的利益分配机制

农村三产融合主体与服务对象农户之间的利益分配问题是建设农村三产融合体系的关键性问题，需要一个科学合理的利益分配机制能够使农村三产融合主体与服务对象农户实现双赢，才能通过利益驱动、功能引导、政策推动等多种机制，形成系统内要素相互作用，提高体系运行效率。健全"联结主体"机制。着力通过数字技术构建以党组织为核心、合作社为载体、产业基地为依托、农户为基础、其他要素为补充，使龙头企业、合作社、产业基地、农户等紧密联系的联合体，健全完善农业全产业链利益联结机制，确保农户在产业链中各环节的利益。

5. 创新融合的数字赋能机制

通过加快数字基础设施城乡均等化建设，推进三产融合主体的高水平协同，实现融合要素高效配置。特别是在我国推进中国式农业现代化的过程中，打通生产、分配、流通、消费各个环节利益分配机制，全方位推动三产融合数字赋能，更好实现多种资源供需动态均衡，进而为发挥农村三产融合溢出效应奠定坚实基础。

（二）农村三产融合的机制构建重点

1. 以政策激励机制为基础

在社会主义市场经济条件下，发挥市场对资源配置的决定性作用的同时要注重政府的积极引导，政府的战略规划和政策导向可以明确融合发展的目标，为融合创造良好的发展环境。政府在融合发展中要做到政策创新，探寻合理且有效的支持政策，制定相应的法律法规保障三产融合工作的开展，同时要做到在整体规划的基础上结合各地特点，充分发挥各地优势。下属机构要做到落实政策实施，创新工作方式，真正做到惠民利民。财政支持极为关键，可以激发三产融合发展活力，调动经营主体的参与积极性。一是加大对于农村基础设施建设的资金投入，加快农村道路、供水、垃圾处理等方面的工作进程；二是加大对于三产融合发展的财政补贴力度，促进新产品的开发、新技术的推广以及农机设备的普及应用；三是提高贷款额度、延长贷款期限并制定税收优惠政策，吸引第二、第三产业经营者的参与。

2. 以新型融合主体培育为保障

培育新型融合主体首先要升级改造现有主体：一是将小规模家庭经营

主体发展为专业大户和家庭农场，取代原有主体成为融合发展的基础力量；二是壮大龙头企业，支持其转型升级，发挥主导和示范作用。其次要加快培育新型人才：一是鼓励青年知识型人才参与农村建设；二是对"村官"进行培训，学习借鉴示范乡村发展经验，促进彼此交流与合作；三是培育打造新型职业农民，促进农民意识形态的转变，加强新型技术应用能力。

3. 以公平有效的市场规范与竞争动力机制为关键

农业作为国民经济的基础性产业却较为脆弱，对其他产业的吸引力较弱，在新型农村三产融合体系构建中，要着重建立公平有效的市场监督规范与竞争机制，推进主产区三产融合市场主体公平竞争，重点帮助主产区三产融合主体解决困难，提振农业产业市场主体发展信心，同时加大农业科技创新的保护力度，依法加强对涉农资本的有效监管，防止工商资本对农村三产融合的低端锁定，规范农村三产融合市场主体健康发展。

4. 以融合利益协调机制为核心

构建产业链利益协调机制的关键是使得农户在三产融合中获得增值收益，充分维护农民的利益，确保融合目的的实现。首要措施是完善订单农业，确保实现种子供应、施肥、技术培训和农产品的市场销售四个方面的统一；鼓励农户入股企业，对企业的持股比例进行限制，以免农户太过于依赖企业，同时吸引企业入股合作社来构建利益共同体。当然还要使第二、第三产业经营主体的利益得到保证，政府不仅要大力扶持龙头企业的发展，还要兼顾小型涉农企业的利益，使其拥有发展空间，在竞争中处于相对公平的地位。此外，还要注重利润分配问题，争取做到政府和市场共同发力，保证利益在三产融合参与者手中合理分配。

5. 以科技创新、数字赋能为推动力

以科技创新、数字赋能作用于农业生产、加工、销售的各个环节，信息产业与农业的融合提高了农业产量和综合效益，成为融合发展中不可或缺的要素。提高信息化服务发展水平首先要完善互联网基础设施建设，提高农村互联网普及率；其次要注重加快推进农业物联网的建设以及农业装备的智能化；最后要在设施齐全的基础之上建立综合性信息化服务平台和专家系统，为融合参与主体提供市场信息、政策解读和专业化指导。

第二节　增强溢出效应的主产区农村三产融合
利益分配机制构建

前文的论述与相关研究表明，农村三产融合可以视为农业产业化的高级形态和升级版，通过市场需求导向，以合约为形式将生产者、加工者、销售者和消费者联结起来，实现农业内部和农村三次产业之间的联动发展。它强调农产品生产、加工和销售等环节的协同，构建农业产业链延伸机制和农业现代化转型的组织形式和经营机制。农村三产融合的主体包括小农户、种养大户、合作社、家庭农场、新农人、龙头企业、农业服务组织等，它们之间的联系紧密。同时，随着社区支持农业和乡村休闲旅游等新兴业态的崛起，城镇居民也逐渐成为农村三产融合的关键参与者。这种模式下，城镇居民可以通过购买农产品、参与休闲农业等方式，与农村产业紧密联系，促进城乡经济的一体化发展。

通过农村三产融合，农业从传统的单一生产形态向多元化、高效化发展，农民的收入和生活水平得到提升。同时，消费者也能够获取到优质、安全的农产品。这种以市场需求为导向的农村三产融合模式，有助于推动农业产业链的升级和现代化转型，提升农村经济的竞争力和可持续发展能力。农村三产融合基于"农产"的价值增值和利益分配过程，因此，要想发挥其推动农村高质量发展和乡村振兴的溢出效应，就必须建立科学合理的三产融合利益分配机制，以提升农民获得感、幸福感和安全感等作为重要抓手，以利益联结机制为关键。

一　农村三产融合利益分配的影响因素及博弈分析

由于不同主体目标和风险承受能力的差异，利益分配是农村三产融合中一个重要的考虑因素。在农村三产融合的合作过程中，需要建立公平、合理的利益分配机制，确保各主体都能够获得合理的经济回报和发展空间。不同主体在农村三产融合中扮演着不同的角色，它们在价值链上承担着不同的任务和责任。例如，专业大户和家庭农场通常负责农产品的生产，农民专业合作社起到组织协调和资源整合的作用，龙头企业承担着农产品收购、加工和销售的重要职责，经营性农业服务组织提供技术支持和农业服务。在这个过程中，不同主体之间需要合理分工和相互配合，以实现优势互补和协同发展。

1. 农村三产融合利益分配的主要影响因素

根据前述分析，影响农村三产融合利益分配的主要因素有以下几点。

（1）市场与技术创新能力。不同主体在农村三产融合中的贡献具有一定的差异性，而对这些贡献进行量化是很困难的，因此利益的分配可能变得复杂和困难。一般来说，利益分配方案应该根据各成员的创新能力来进行分配。创新能力较强的主体可以凭借先发优势在三产融合中占据主导地位，并制定对自身有利的利益分配方案，但这可能导致利益分配不公平的情况出现。为了避免不公平的利益分配方案，以及在农村三产融合过程中高估或低估主体的创新能力，可以考虑利用第三方机构对市场与技术创新能力进行评估。第三方机构可以通过专业评估和数据分析，对各主体的市场与技术创新能力进行全面评估，以便在利益分配中做出科学合理的决策。这样可以使基于市场与技术创新能力的利益分配更加客观和公正，提高整个农村三产融合系统的效率和促进可持续发展。

（2）投入的资源。人才、资金、物力和信息资源是农村三产融合主体在融合活动中投入的重要资源。其中，企业家人才是农村三产融合的关键资源之一，他们的集聚对市场与技术创新起到了基础性的作用。资金的投入水平也对农村三产融合的运行效果产生了影响。农村三产融合的主要资金来源通常是融合主体自有资金，这些资金用于支持农村三产融合的各项活动，资金的充足与否会直接影响融合项目的进展。另外，农村三产融合还需要物力资源来支持其正常运作，包括土地、原材料、设备和能源等。这些物力资源对于农村三产融合的顺利进行至关重要，缺乏这些资源可能会阻碍融合项目的实施。不同的融合主体具有不同的资源优势，它们依托各自的资源优势进入农村三产融合平台。因此，利益分配与资源投入是密切相关的。不同的融合主体根据其投入的资源量和质量，以及对融合活动的贡献程度，可以要求相应的补偿和回报，从而实现利益的合理分配。

（3）承担的风险。不同主体在农村三产融合中承担的风险种类和程度可能会有所差异，这也会影响利益的分配。首先，技术风险是一个重要的因素，包括技术创新的成功与失败、技术应用的成熟与否等。如果某个主体在农村三产融合中承担了较高的技术风险，为融合活动带来了独特的创新技术，那么这个主体可能有权要求更多的回报。其次，管理风险和财务风险也是需要考虑的因素。不同主体的管理水平和财务实力可能会对农村三产融合的风险承担产生影响，承担更大管理风险和财务风险的主体可能会要求相应的回报来弥补其面临的风险。最后，市场风险和政策风险也是需要关注的因素。市场行情的不确定性以及政策调整对农村三产融合的影响可能会给融合主体带来风险，对于承担更大市场风险和政策风险的主体而言，适当的补偿是合理的。在进行利益分配时，农村三产融合主体需要进行风险评估，并根据其所承担的风险种类和程度，要求相应的回报。科学合理地评估各类风险，可以使利益的分配更加公正合理，同时也能够激励各方继续积极参与农村三产融合活动。总之，农村三产融合中存在多种风险，不同主体承担的风险种类和程度不同，这会对利益的分配产生影响。为了合理分配利益，需要科学评估各类风险，并根据风险的大小进行相应的回报。

（4）追求的目标。龙头企业作为农村三产融合中的重要角色，除了追求物质利益外，也十分注重公司声誉的提升、市场占有率的提高和竞争优势的加强等非物质利益。它们更加关注企业形象的塑造，以及在市场中的地位和竞争力的提升。家庭农场则更加注重经济利益，它们希望通过参与农村三产融合获取更好的经济收益，确保自身的生存和发展。而金融、流通等服务类企业则借助融合过程和创新来提升效率和服务质量，从而获得更好的经济回报。它们追求的是通过农村三产融合实现自身业务的拓展和发展，增加利润和市场份额。由于不同主体追求的利益类型和程度不同，它们在农村三产融合中的目标存在差异。一些主体可能对于利益的期望过高，如果难以达到预期收益，可能会影响农村三产融合的发展进程。因此，在推动农村三产融合过程中，需要充分考虑各方的利益诉求，进行合理的利益分配，以实现各方的共赢和可持续发展。综上，农村三产融合涉及的主体追求的利益类型和程度有所差异，导致了目标的多样性。龙头企业追求物质利益和非物质利益，家庭农场注重经济利益，金融、流通等服务类企业关注效率和发展。不同利益期望的存在，需要进行合理的利益分配，以促进农村三产融合的可持续发展。

2. 农村三产融合利益分配的合作博弈

农村三产融合利益分配的实施，可被视作一个合作博弈的过程。在这一过程中，各类经济实体，如专门的大户、家庭农场、农民的专业合作社、运营性的农业服务组织和龙头企业，都试图围绕农村三产融合的目标形成合作关系。此合作博弈的基础在于集体理性与共同利益，并凭借相互学习、有效沟通和资源共享等手段，促成有约束力的协议，以期最大限度地推动农村三产融合的效益提高。在这一过程中，利益分配成了一个重要问题。合适的利益分配机制，应在保证效率和公平的同时，实现所有实体的利益最大化，并确保各实体的均衡分配。农村三产融合利益分配机制的设计，应考虑众多因素，包括各个实体的贡献、风险承担、资源投入以及利益诉求等。合理的利益分配能激励各实体更积极地参与合作，并提高整体效益。同时，利益的公平分配也是维护合作关系的关键，避免因利益分配不公而导致合作关系破裂或失衡。因此，在农村三产融合中，适宜的利益分配机制是实现良性运作的必要前提。通过协商、合作和共赢的策略，各实体能够在追求自身利益最大化的过程中，实现农村三产融合系统的可持续发展和创新目标。

二　农村三产融合利益分配的改进夏普利值分解模型

1. 夏普利值分解模型描述

根据前文对农村三产融合利益分配的影响因素和合作博弈分析，构建农村三产融合利益分配的夏普利值分解模型。假设合作社、农村家庭农场（小农户）、服务企业、龙头企业等 n 个融合主体组成了农村三产融合系统，这样，农村三产融合的利益分配问题可以简化为 n 个参与主体间的合作博弈问题，$N=\{1, 2, 3, \cdots, n\}$，为三产融合参与主体的集合。A（$A \subseteq N$）是 N 的子集，可以约束农村三产融合各方利益分配问题。T（A）表示 A 的最大收益，是合作博弈中的特征函数，具有如下性质：

①T（φ）$=0$，φ 为空集；

②若 $A \cap B \neq \varphi$，其中，$A \subset N$，$B \subset N$，表明收益具备超可加性，即农村三产融合系统内部的小集体之间合作策略收益更大；

③若 $T(A+B) = T(A) + T(B)$，其中，$A \subset N$，$B \subset N$ 且 $A \cap B \neq \varphi$，表明收益具备可加性，此时合作与不合作基本无差别。

在农村三产融合的利益分配中，要注重在不违背个体理性的前提下实现集体理性。要实现农村三产融合的利益最大化，分配方案 $V = (V_1, V_2, V_3, \cdots, V_n)$ 必须满足以下条件：

$$V_i \geq V_{i0} \quad i = 1, 2, \cdots, n \tag{7-1}$$

$$T(N) = \sum_{i=1}^{n} V_i \tag{7-2}$$

$$\sum_{i \in A} V_i \geq T(A) \tag{7-3}$$

V_i 为主体参与农村三产融合时获得的收益，V_{i0} 为主体不参与农村三产融合时获得的收益。式（7-1）表明参与农村三产融合获得的收益大于或等于不参与农村三产融合的收益；式（7-2）表明农村三产融合的最大收益为各主体收益之和；式（7-3）表明相较于参与农村三产融合，系统内小集体结合会损失部分收益。此时分配方案在满足上述条件下得出最优的夏普利值，即利用公理得到的合作博弈的唯一解。

设 $\phi_T = [\phi_{1(T)}, \phi_{2(T)}, \phi_{3(T)}, \cdots, \phi_{i(T)}]$ 为三产融合成员在博弈 $T(N)$ 中的期望收益，即农村三产融合实现利益最大化时的 V。那么合作博弈有唯一的一组向量函数解 $\phi_T = [\phi_{1(T)}, \phi_{2(T)}, \phi_{3(T)}, \cdots, \phi_{i(T)}]$，它的第 i 个分量是：

$$\phi_{i(T)} = \sum_{A(i \in A)} \frac{(|A| - 1)! \, (n - |A|)!}{n!} [T(A) - T(A-i)] \tag{7-4}$$

其中，$|A|$ 表示可以约束农村三产融合系统利益分配问题的成员数；$\dfrac{(|A|-1)! \, (n-|A|)!}{n!}$ 为加权因子，可表示为 $\omega(|A|)$；$T(A-i)$ 表示 A 中除去成员 i 的收益。

2. 夏普利值算法修正

（1）基于风险的夏普利值算法修正。夏普利值分解法，作为一种常见的利益分配策略，其核心任务在于将整体效益细分为各参与方的贡献程度。这种方法旨在激励各参与方积极创新，它将关注点放在各参与方的贡献上，并对那些在融合过程中做出较大贡献的参与方给予更多的奖励。然而，在这一过程中，夏普利值分解法存在一定的缺陷，即未能充分考虑各参与方在融合过程中所需承担的风险。在农村三产融合发展中，存在诸多风险，如市场风险、技术风险、政策风险等。为了增强各融合主体对风险承担的积极性以及维护各融合主体之间关系的稳定性，考虑风险因素后对利益分配进行修正是十分必要的。运用层次分析法对风险因子进行度量，并将其量化为指标因子，有助于客观地评价各风险因素的重要性和影响程度。在利益分配中，引入风险因子，增加风险较高主体在利益分配中所占的比重，能够提高融合主体对风险的承担能力和分担意愿，更为全面地评估各融合主体的综合表现，使利益分配更为合理和公平，有助于推动农村三产融合的可持续发展。

为简化分配问题，在运用夏普利值分解法测度农村三产融合的利益分配时，将融合主体承担的风险比重均设定为 $1/n$，收益为 $\phi_{i(T)} = T(N)/n$，与农村三产融合实践存在一定差异。为了进一步缩小该差异，本章假设农村三产融合成员实际承担的风险比例为 $F_i \geq 0$，$i = 1, 2, \cdots, n$，且 $\sum_{i=1}^{n} F_i = 1$，实际获得收益为 $\phi'_{i(T)}$。因此，实际承担的风险比例与理想情况下差值为 $\Delta F_i = F_i - 1/n$，则有 $\sum_{i=1}^{n} \Delta F_i = 0$。那么，三产融合成员实际利益分配修正量为 $\Delta \phi_{i(T)} = T(N) \times \Delta F_i$，具体算法修正方案如下。

$\Delta F_i \geq 0$，表明融合主体 i 在实际的融合过程中承担的风险比例高于理想情况的风险比例，应增大其收益分配比重，收益增值为：$\Delta \phi_{i(T)} = T(N) \times \Delta F_i$。融合主体 i 实际分配到的收益为：

$$\phi'_{i(T_D)} = \phi_{i(T)} + T(N) \times \Delta F_i \tag{7-5}$$

$\Delta F_i < 0$，表明融合主体 i 在实际的融合过程中承担的风险比例低于理想情况的风险比例，应减小其收益分配比重，收益增值为：$\Delta \phi_{i(T)} = T(N) \times \Delta F_i$。融合主体 i 实际分配到的收益为：

$$\phi'_{i(T_D)} = \phi_{i(T)} + T(N) \times \Delta F_i \tag{7-6}$$

基于风险的夏普利值算法修正是在夏普利值分解法的基础上，将农村三产融合系统的风险因素纳入其中，对利益进行重新分配。系统的总收益保持不变：

$$\sum_{i=1}^{n} \phi'_{i(T)} = \sum_{i=1}^{n} \left[\phi_{i(T)} + T(N) \times \Delta F_i \right] = \sum_{i=1}^{n} \left[\phi_{i(T)} \right] + T(N) \sum_{i=1}^{n} \Delta F_i = \phi_T \quad (7-7)$$

（2）基于声誉的夏普利值算法修正。农村三产融合在给融合主体带来收益的同时也能够增加其声誉，特别是对龙头企业而言，成功地融合有助于提升其声誉。声誉在农村三产融合中起着重要作用，它不仅关系到企业的形象和信誉，还可以为企业带来更多的商机和竞争优势。因此，在利益分配中，实际利益的动态调整确实应该考虑声誉因素，以更符合农村三产融合的实际情况，并实现公平合理的利益分配，可以将声誉因素引入夏普利值的修正中，以更全面地评估融合主体的表现。已有的关于声誉定义与测度的研究可以为本章提供借鉴。本章参考已有的关于声誉测度的方法，将声誉因素与其他指标因子一起考虑，构建适合农村三产融合实际的修正夏普利值模型。这样的修正模型可以更好地反映融合主体的贡献和风险以及声誉对利益分配的影响，从而为农村三产融合的可持续发展提供支持。

Fombrun 和 Shanley（1990）、Fombrun 和 Van Riel（1997）、Fombrun（1996）对企业声誉的内涵和价值进行了宽广的阐述，并将其界定为一种无形的核心资源。尽管国内外的研究尚未形成一个统一的声誉度量标准，但若干评估方法在学术界和实践中已获得一定程度的认同。首先，《财富》杂志的 GMAC 评选和 AMAC 评选是两项著名的声誉衡量方式。这些评选通常通过调查、数据分析和专家评审等手段评估企业的声誉水平，包括企业的财务绩效、社会责任、员工关系等各方面。其次，德国《管理者杂志》发布的"综合声誉"评估方法也得到了一定程度的认可。该方法综合考虑企业的经济效益、社会责任、环境影响等多个因素，并将这些因素加权综合计算得出一个综合声誉指数，用以评估企业的声誉状况。此外，还有一些学者提出了声誉评估的其他模型，如 Manfred 的二维评估模型和 Harris-Fombrun 声誉指数模型。这些模型通常综合考虑企业的财务绩效、社会责任、品牌形象等指标，从不同角度评估企业的声誉。然而，这些方法都存在一定程度的局限性。例如，某些评估方法可能过于定性化，缺乏量化指标；有些方法可能过于简化，无法全面考虑企业的复杂状况。此外，不同评估方法可能基于不同的权重设置和指标选择，导致评估结果存在差异。

基于声誉的夏普利值算法修正可以被理解为对龙头企业利益分配进行

调整的方法。通过考虑企业声誉的影响，可以更准确地评估和分配利益，从而使得龙头企业的声誉提升能够得到适当的回报。现对基于声誉的夏普利值算法修正进行如下假设：将龙头企业的声誉划分为 7 个等级 D_i，$i=1$，2，…，7，即"很好，好，较好，中，较差，差，很差"，融合前和融合后的声誉等级分别为 D_i^1、D_i^2；在风险和声誉修正后的收益为 $\phi'_{i(T_D)}$。基于此，龙头企业的分配修正量和实际收益分别为：

$$\Delta\phi'_{i(T)} = \beta(D_i^1 - D_i^2) \times T(N) \tag{7-8}$$

$$\phi'_{i(T_D)} = \phi_{i(T)} + T(N) \times \Delta F_i - \beta(D_i^1 - D_i^2) \times T(N) \tag{7-9}$$

在本节中，基于声誉的夏普利值算法修正是在风险修正基础上的再次修正，基于风险和声誉修正的夏普利值更贴合农村三产融合的实际发展，利益分配更加公平、合理，但是计算难度大，且需要依靠协议来保障分配的顺利展开。

（3）农村三产融合利益分配的算例分析。通过算例对农村三产融合利益分配的模型进行应用验证。为简便起见，假定农村三产融合由龙头企业、服务企业和家庭农场协同实现（忽略间接主体的参与），获得的收益用资金表示，单个主体、两个主体和三个主体进行市场与技术创新获得的利润情况如表 7-2 所示。

表 7-2　三产融合各主体所获得的利润

单位：万元

组织名称	利润
龙头企业 L	1200
服务企业 S	1000
家庭农场 H	800
龙头企业 L+服务企业 S	3600
龙头企业 L+家庭农场 H	2800
服务企业 S+家庭农场 H	2600
龙头企业 L+服务企业 S+家庭农场 H	4800

由表 7-2 可知，三个主体的创新活动获利多于两个主体、多于单个主体，合作利润均不低于单个主体的利润总和。利用夏普利值分解法进行利

润分配，计算得到各主体的利润，结果如表 7-3、表 7-4 和表 7-5 所示。

表 7-3　龙头企业 *L* 获得的利润计算

A_L	L	$L+S$	$L+H$	$L+S+H$
$T(A_L)$（万元）	1200	3600	2800	4800
$T(A_L-L)$（万元）	0	1000	800	2600
$\omega(\lvert A_L\rvert)$	1/3	1/6	1/6	1/3
$\omega(\lvert A_L\rvert)[T(A_L)-T(A_L-L)]$（万元）	400	1300/3	1000/3	2200/3

根据表 7-3，计算 $\phi_{L(A)}$ = 400+1300/3+1000/3+2200/3 = 1900（万元）。

表 7-4　服务企业 *S* 获得的利润计算

A_S	S	$L+S$	$S+H$	$L+S+H$
$T(A_S)$（万元）	1000	3600	2600	4800
$T(A_S-S)$（万元）	0	1200	800	2800
$\omega(\lvert A_S\rvert)$	1/3	1/6	1/6	1/3
$\omega(\lvert A_S\rvert)[T(A_S)-T(A_S-S)]$（万元）	1000/3	400	300	2000/3

根据表 7-4，计算 $\phi_{S(A)}$ = 1000/3+400+300+2000/3 = 1700（万元）。

表 7-5　家庭农场 *H* 获得的利润计算

A_H	H	$L+H$	$S+H$	$L+S+H$
$T(A_H)$（万元）	800	2800	2600	4800
$T(A_H-H)$（万元）	0	1200	1000	3600
$\omega(\lvert A_H\rvert)$	1/3	1/6	1/6	1/3
$\omega(\lvert A_H\rvert)[T(A_H)-T(A_H-H)]$（万元）	800/3	800/3	800/3	400

根据表 7-5，计算 $\phi_{H(A)}$ = 800/3+800/3+800/3+400 = 1200（万元）。

夏普利值分解法求得的龙头企业 *L*、服务企业 *S* 和家庭农场 *H* 的利润分别为 1900 万元、1700 万元和 1200 万元。通过和假定条件对比，可以得出以下结论：龙头企业 *L*、服务企业 *S* 和家庭农场 *H* 所获得的利润之和为其协同所产生的总利润。可见，任一主体都倾向于选择三主体协同以谋求利润最大化。

对基于风险的夏普利值分解法的研究，通常是采用遗传算法、AHP 法、模糊综合风险评价法等量化风险因素。经本章风险评估后，龙头企业 *L*、服

务企业 S 和家庭农场 H 的风险系数假设分别为 0.30、0.45、0.25。基于风险的夏普利值算法修正,考虑风险因素后,龙头企业 L 和家庭农场 H 获得的利润有所减少,服务企业 S 获得的利润有所增加(见表 7-6)。

表 7-6　三产融合各主体风险调整后获得的利润计算

指标	龙头企业 L	服务企业 S	家庭农场 H
调整前利润 $[\phi_{i(T)}]$(万元)	1900	1700	1200
风险系数(F_i)	0.30	0.45	0.25
风险调整系数($\Delta F_i = F_i - 1/n$)	$-1/30$	$7/60$	$-1/12$
利润调整额 $[\Delta\phi_{i(T)} = T(N)\times\Delta F_i]$(万元)	-160	560	-400
调整后利润 $[\phi'_{i(T_D)} = \phi_{i(T)} + T(N)\times\Delta F_i]$(万元)	1740	2260	800

基于声誉的夏普利值算法修正,假定龙头企业 L 声誉等级提高量为 0.6,常数系数为 0.01,那么龙头企业 L 在考虑风险因素和声誉因素后,分配到的实际利润如表 7-7 所示。

在本章中,龙头企业 L 减少的利润 28.8 万元在服务企业 S 和家庭农场 H 之间进行分配,因此,系统的总利润保持不变。

表 7-7　龙头企业 L 考虑声誉后获得的利润计算

指标	龙头企业 L
调整前利润 $[\phi_{i(T)} + T(N)\times\Delta F_i]$(万元)	1740
常数系数(β)	0.01
声誉等级提高量($D_i^1 - D_i^2$)	0.6
利润调整额 $[\Delta\phi'_{i(T)} = \beta(D_i^1 - D_i^2)\times T(N)]$(万元)	28.8
调整后利润 $[\phi'_{i(T_D)} = \phi_{i(T)} + T(N)\times\Delta F_i - \beta(D_i^1 - D_i^2)\times T(N)]$(万元)	1711.2

综合上述算例分析发现,基于风险、声誉修正的夏普利值更符合农村三产融合活动的实际,但是碍于计算难度较大,本算例仅进行简单计算用于实际应用,对各系数的假定仍需要更加科学的论证,并辅以主体间协商或签订协议等方法。

三　构建农村三产融合利益分配机制的路径选择

依据"基在农业、惠在农村、利在农民"原则,以增进农民福祉为核心，以延长产业链、畅通供应链、增强价值链为关键，建立利益联结机制，有效衔接小农户和现代农业企业，推进农村三产融合的可持续发展。

1. 农村三产融合利益分配机制构建的原则

农村三产融合在为各主体创造共同利益的同时，平衡各主体收益，维持系统有序稳定发展，力求农村三产融合的收益得到公平、合理的分配。具体分配原则如下。

（1）兼顾"个体理性"与"集体理性"。个体理性原则强调相较于不参与融合，参与融合过程获得的利润较大。集体理性原则强调主体间相互交流、协同发展，且个体利益应服从于整体利益的提高。

（2）收益与投入一致。收益与投入一致原则是指融合主体所得收益与其投入成正比。在农村三产融合中，投入包括有形资产和无形资产，有时候无形资产更加重要。评估投入时要科学公正，鼓励融合主体为融合发展提供要素资源，并以此为收益分配的依据。

（3）风险分担。农村三产融合发展中存在诸多不确定性和潜在风险，分配利益时应充分考虑风险与收益的关系，增强融合主体的积极性。在农村三产融合研究中，应强调风险与收益的对等原则，即融合主体承担的风险越大，获得的收益也应该越多。

2. 农村三产融合利益分配机制的构建

（1）建立风险防范机制，健全制度体系。一是强化企业社会责任意识，龙头企业应加强社会责任意识，确保企业的经营行为符合社会、环境和农民利益的要求。建立健全社会责任报告制度，并加强信息披露，向社会公开企业的社会责任履行情况。二是加快政策扶持和利益联结机制构建，政府可以加大对农村三产融合的政策支持力度，适当与利益联结机制挂钩，确保农民能够从农村三产融合中获得实际的利益，可以采取多种形式，如补贴、奖励、税收优惠等。三是加强工商资本租赁农地审查和监管，建立健全工商资本租赁农地审查制度，并加强事中、事后监管，对租赁农地面积予以限制，规范工商资本租赁农地行为。此外，还可以出台土地流转风险补贴、农地租赁租金预付等保障金制度，确保农户利益的同时防范违法行为。四是关注农户的社会保障和培训，应关注土地流出农户的社会保障、技能培训和就业机会。鼓励龙头企业为这些农户开通"绿色通道"，提供岗位机会和发展空间。五是建设履约监督和纠纷调解仲裁体系：加强对三产融合中订单合同、土地经营权流转合同和融资担保合同等的履约监督，建立土地流转纠纷调解仲裁体系，维护各方的合法权益并促进产业链的稳定发展。

这些措施可以帮助确保农村三产融合的可持续发展，并保护农民的利益。在实施过程中，需要政府、企业和农民等各方共同努力、形成合力，推动农村经济的发展和农民收入的增加。

（2）建立文化耦合机制，提高相互信任水平。在农村三产融合协同体系中，各主体所处的社会文化环境具有差异性。拥有不同文化背景的成员相互学习、优势互补，能够促进割裂的组织文化转变为良性互促的耦合形态，在提升融合主体文化耦合度的同时，完善农村三产融合协同体系。在耦合过程中，需将显性文化融合和隐性文化融合置于同等重要的地位，这样可以同时实现融合主体对科技文化、商业文化的接受，实现不同文化背景的成员之间的良性互动和共同发展，进而达到文化的高度耦合，有助于增强农村三产融合协同体系的稳定性和可持续发展。

（3）深化提升三产融合人才的培养机制。农村三产融合协同体系需要高素质的人才队伍，提升人才的素质是农村三产融合协同体系的必然选择。一是为了最大限度地调动科技人员的积极性，可以改变现有知识、技术和管理等要素的配置方式。这可以通过提供更好的薪酬待遇、职业发展机会、项目奖励等激励措施来吸引和留住优秀的科技人员，并发掘他们在推进农村三产融合中的潜力。二是要充分释放高校的多学科优势，发挥其对人才培育的作用，建立校企对接机制，可以实现教育与实践的有效结合，培养适应农村产业发展需求的高素质人才，为农村三产融合发展输送优质人力资源。三是要制定相关法律法规，促进农村三产融合体系内部人才的有序流动，明确人才流动的权益和义务。这包括鼓励人才跨领域、跨行业的流动，建立轮岗制度，使人才能够广泛接触不同领域的知识和经验，并为农村三产融合发展提供更多的创新思路和解决方案。

（4）增强融合主体目标的一致性。增强目标一致性，有利于提高融合系统的协调能力，推动农村三产融合体系目标的实现。一是要增强各主体参与三产融合体系的意愿。在农村三产融合体系中，各主体参与程度和其目标达成率相互关联，如果各主体实现了自己的目标，他们就会更积极地参与三产融合，并贡献更多。因此，需要增强各主体参与的意愿，通过提供相应的利益和回报来增强他们对整个系统的认同感。二是要建立明确的奖惩制度，并将绩效考核与各主体的利益挂钩，可以加强各主体追求利益最大化的动力，同时确保其行为符合整个系统的利益。这样的制度可以促使各主体在行动中考虑到系统目标的实现，并避免个体利益与整体利益相悖的情况发生。三是融合主体间应保持相互沟通，将融合意向和目标动态结合。农村三产融合体系的演进过程往往较为复杂，容易出现目标不一致的情况。为了增强目标的一致性，融合主体间应保持沟通，及时分享信息和意向。这样可以使各主体对系统目标有更清晰的认识，并根据情况调整自身行为，以确保整体目标的实现。

3. 因地制宜，构建多种利益联结机制

针对不同三产融合模式，需动态调节利益联结机制。运用订单合同、股份合作、技术服务等紧密型利益联结机制，引导小农户参与到农村三产融合发展中，推进农业现代化。

（1）创新发展订单农业。第一种方式是签订购销合同：鼓励龙头企业和工商资本与小农户、专业合作社、家庭农场等农业经营主体签订农产品购销合同。这种合同可以确保农产品的稳定购销关系，并根据市场需求动态调整价格。通过建立长期的合作关系，可以为小农户提供更稳定的市场渠道，同时给龙头企业和工商资本提供稳定的供应来源。第二种方式是采用互联网+订单农业方式：借助互联网和电商平台，推进新型农业经营主体开展农产品销售和业务拓展。通过建立"点对点"的柔性化农产品网络订单体系，方便农产品的订购和配送。这种模式可以实现生产者与消费者之间的直接联系，减少中间环节，提高销售效率和农产品的附加值。第三种方式是探索消费会员制和种养众筹模式：鼓励农户尝试消费会员制和种养众筹模式。农户可以与特定消费群体签订购销契约，根据需求种植、养殖，并与消费者分享农产品。这种模式可以帮助农户提前获得销售额和回报，减少经营风险，同时满足消费者对优质农产品的需求。

（2）鼓励发展股份合作。一是土地股份合作：通过推进土地股份合作，可以实现农村土地资源的有效利用和集体资产的增值保值。采用"自主经营+内股外租"的方式，农民可以自主经营其持有的股份土地，同时将外部土地进行租赁以扩大经营规模。这种方式可以充分调动农民的积极性，提高农业生产效益。二是成立股份合作经济组织：基于农村集体产权制度改革，可以组建股份合作经济组织，由龙头企业、村集体统一开展产业经营。通过整合资源、优势互补，可以提高农业产业化程度，实现集体资产的保值增值。三是推行技术股份合作：引导科研院所将科研成果、知识产权通过作价入股等方式转让给农民专业合作社，加快推动技术股份合作的落地。这可以促进科技与农业的融合，推动农业生产方式的升级和提高。通过以上措施，可以推进农村集体产权制度改革并加强股份合作经济的发展。这有助于优化农村资源配置，提高农业生产效率，并为农民提供更多的发展机会和增收渠道。此外，创新技术股份合作，可以进一步促进农村地区的发展和技术创新。

（3）"数字+技术服务"保障小农户参与现代农业融合发展的利益。数字化技术的飞速发展为小农户参与现代农业融合发展提供了新的机遇和保障。通过数字技术服务，小农户可以更好地把握市场信息，掌握先进的生产技术，了解政策法规，从而提高自身竞争力和收益水平。数字技术服务可以帮助小农户获取实时、准确的市场信息，了解消费者需求，把握商机。同时，数字技术服务还可以提供精准的气候预测和病虫害预警，帮助小农户制订科学的生产计划，降低生产风险。此外，数字技术服务还为小农户提供智能化的农业管理系统，实现生产流程的自动化和精细化，提高生产效率和产品质量。在政策法规方面，数字技术服务可以为小农户提供政策解读和法律咨询服务，帮助他们了解政策法规的具体内容，可以重点防范工商资本租赁农户承包地风险，完善资格审查、责任追究等管理体系，切实保障小农户权益。同时，数字技术服务还可以为小农户提供技术培训和职业发展指导，帮助他们不断提升自身素质和技能水平，更好地融入现代农业融合发展的大潮。通过对数字技术服务的应用，农村地区可以进一步构建科学合理的利益联结机制、加强合作交流、发展农业新业态，并保障小农户权益，将有助于实现农业现代化转型，提高农民收入水平，推动农村经济的发展和社会的稳定。

（4）注重发挥专业合作社在三产融合中的利益联结作用。专业合作社在三产融合中扮演着至关重要的角色，它们不仅是农民的组织，也是促进农业现代化、提高农民收入的重要载体。在三产融合中，专业合作社可以通过多种方式发挥利益联结作用。首先，专业合作社可以建立有效的土地流转机制，引导农民有序流转土地，实现土地的规模化、集约化经营。这不仅可以提高农业生产效率，还可以增加农民的财产性收入。其次，专业合作社可以发挥"龙头企业+农户"的模式，通过与农业龙头企业合作，形成紧密的利益共同体。这种模式下，专业合作社可以为龙头企业提供稳定的原材料来源，同时也可以通过龙头企业的带动作用，提高农民的技能水平和农业生产效益。最后，专业合作社还可以通过发展农村电商、农产品加工、农业旅游等产业，促进农村产业升级和农民增收。例如，通过发展农村电商，专业合作社可以帮助农民拓宽销售渠道，提高农产品的附加值；通过发展农产品加工，可以延长农业产业链条，提高农产品的附加值和农民的收益；通过发展农业旅游，可以挖掘农村的文化和旅游资源，为农民提供多元化的收入来源。

第三节　三产融合促进主产区乡村振兴的案例研究

一　引言

经过多年的三产融合发展，我国农村已经形成了多种三产融合模式，包括农业内部的"农业+"模式、农业与第二产业融合的"1+2"模式、农业与第三产业融合的"1+3"模式，以及农业与第二、第三产业交互融合的"1+2+3"模式等。这些模式的形成，标志着我国农村经济的发展已经进入一个新的阶段。

推进农村三产融合的快速有效发展，不仅是乡村振兴战略实施中的重大举措，也是我国经济发展进入新常态这一时代背景下乡村振兴的必然选择。随着城市化的加速和工业化的深入推进，乡村经济面临着巨大的挑战和机遇。三产融合的发展，有助于优化农村产业结构，提高农业生产效率和农民收入水平，改善农村生活环境，协调城乡发展，最终实现乡村振兴。本节借助典型案例分析，深入探讨三产融合在促进乡村振兴方面的实际应用和效果。

二 三产融合促进乡村振兴的典型案例

1. 盘锦市大洼区农村特色三产融合发展示范园

盘锦市大洼区在农村三产融合发展过程中依托现有产业基础、结合当地特色、创新农村产业充分融合发展模式、健全产业利益多方联结协调机制、修改意见、完善园区创建工作方案、明确园区功能定位和发展战略思路，以"一心、两区、'一带一路'、七星、一园、多节点"重点铺开园区建设，以新立镇全区域为核心区，运用一产带动三产、拉动二产发展，通过两区建设加强园区在空间、功能及产业上的联结，打造农村三产融合发展示范园。

（1）着力打造"认养"农产品深加工三产融合模式。大洼区首次开创"认养"农业模式，以"互联网+认养"模式为突破口，通过"互联网+认养"模式扩大盘锦大米和盘锦蟹产品的影响力。积极推进采用现代物联网或移动互联网信息技术，实现农业种植生产经营全过程的信息可视化。传统古法技术种植与现代先进技术种植方法的结合，生产出高质量的农产品，古法技术种植可以确保各类农产品安全绿色无公害，现代先进技术种植使各类农产品的食用质量安全有较大保障。

（2）以"农旅双链"实现功能拓展型融合。采取"农户+合作社+企业+政府"的旅游经营模式，充分发挥各方的优势，实现农村民宿房屋养老休闲产业的良性发展。农户提供房屋和基础服务，合作社进行管理和品牌建设，企业提供市场运营和服务支持，政府提供政策扶持和公共服务。通过提供优质的农村民宿和丰富多彩的农村养老体验项目吸引城市居民前来体验农村养老生活。这不仅能够满足城市居民对休闲度假的需求，也为农村地区带来了经济收入和就业机会。将当地特色乡村旅游资源整合起来，打造集度假、文化、康养、教学、农学体验于一体的"超5A级旅游景区"，提升农村旅游的吸引力和竞争力。积极发展休闲观光农业，连续成功组织举办"冰雪嘉年华""稻草艺术节""印象辽河口插秧节"等大型休闲旅游观光文化活动；稳步推进宝源温泉度假区和乡村旅游综合体2亿元以上重点项目建设；新立镇杨家门楼及慢行系统、乡村大舞台等旅游项目均已竣工并投入使用，成功举办了首届"粽情端午"辽宁省非物质文化遗产进乡村活动。

（3）依托物联网、电商平台提高农业智能化。盘锦市大洼区取得良好成绩并被评为三产融合示范园，主要在于模式的创新和物联网新技术的支持。大洼区服务是基于全国农村邮政管理系统，推进上游和下游的农村物流销售信息服务资源的有效整合，积极推进"村邮购物"等农村特色物流服务。盘锦市选择在线资源和旅游资源相结合的在线和离线业务组合，依托 120 家标准化超市"互联网+线下"的互动模式服务广大居民，推广了二维码的使用，推动了当地农产品的销售。

大洼区不断完善洼客电商公司旗下电商平台"特色中国大洼馆""洼客优选"，与阿里巴巴联手，通过特色中国千湖秘境阿里 A 级活动等各类活动，将具有"中国地标产品品牌+区域公共品牌"双标产品的洼客牌碱地柿子推向全国。根据大洼区人民政府所公布的数据，2017 年销售盘锦碱地柿子 42 万斤，与 6 家国家级和省级重点农业产业龙头企业、42 家专业合作社合作，发展订单农户 3.2 万户。新增人才公共培训基地 6 个，先后被国家评为"中国农产品电子商务上行百强县"和"中国溯源与品控双百工程示范县"国家级荣誉称号。与天猫、"博爱人家"、万达等大型综合平台进行对接，真正实现利用"互联网+"新业态、新经济促进农民增收。

2. 公主岭市农村三产融合示范园

公主岭市构建以"一区、一核、多基地"为核心的农村三产融合发展结构，"一区"以迎新产业园为鲜食玉米标准化种植示范区，主要布局鲜食玉米加工区、新农双创产业园、研发中心、玉米种业和鲜食玉米仓储物流中心；"一核"依托园区内的吉林省农嫂食品有限公司、兴佳农场和德乐合作社等龙头企业建立鲜食玉米产业核心区，积极推进功能玉米育种和功能鲜食玉米系列食品开发，加快有机绿色基地建设和认证；"多基地"以山前村和石丰村作为鲜食玉米核心企业及合作社的种植基地，扩大甜糯玉米良种播种面积，提高机械化作业水平，加快玉米种植结构调整。建立紧密型利益双方联结合作模式，促进广大农民就业增收，农民下岗就业，使广大农民分享现代工业化发展带来的诸多好处。

（1）调整农业产业结构。一是种植业结构调整。《瞄准大目标 构建新格局——公主岭市实施"乡村振兴"战略盘点》显示，2019 年，普通玉米减少 6.2 万亩、大豆增加 3.5 万亩、新鲜玉米增加 1 万亩，其他作物如谷物和豆类增加 2.19 万亩、蔬菜增加 1.5 万亩。全市棚室总面积已发展到 3.5 万亩，集中连片规模化园区达 60 个，年产蔬菜 40 万吨，实现产值 10 亿元以上。二是大力发展农产品多种经营，对农业产业结构调整过程中的绿色蔬菜、经济作物、瓜类等作物每亩补助 200~300 元。

（2）推进新技术，农业转化生产过程智能化。将新型技术应用到农业的生产中，实现了农机作业全产业链覆盖，公主岭市恒通生态农业产业园农作物机耕水平为 99.13%，农作物机播水平为 98.45%，农作物机收水平为 81.39%。公主岭市恒通生态农业产业园将设备人员等生产要素都与物联网联合在了一起，人力、物力通过物联网可以无缝对接。新技术的应用可以随时掌握生态产业园区的生产数据。

（3）延伸产业链，提升价值链。首先，大力发展"农工"。地处"黄金玉米带"的公主岭市，打好打实"玉米牌"，全力打造玉米全产业链发展集聚地。2019 年，全市基本形成了以公主岭为核心和龙头的绿色食品黄金玉米生产、加工和销售链，拥有 160 万吨的粮食年加工量，占全市的粮食年总产量的 60% 以上，是雀巢、蒙牛、伊利等知名企业的认可产品。2022 年，农产品加工企业产值近 60 亿元。其次，着力打造"农业旅游"。推动投资 3 亿元的玫瑰山旅游度假区的花卉游；推动投资 2820 万元刘房子镇双青湖水库的渔业游；推动投资 1.2 亿元的南山满族文化园和 7.5 亿元大龙山文化园的大型文化游等。最后，稳步推进"农户+公司+网络"的三产融合发展模式。公主岭市打破传统农业思维桎梏，坚持走第一、第二产业深度融合路子，结合"中国玉米之乡"优势，采取"公司+农户"经营模式，释放农业发展潜力，走出了一条"资源变资本，玉米变黄金"的农产品加工业增值创新之路，形成了以吉林农嫂、祥裕食品、德乐农业、吉农绿色、恒泰家庭农场等规模企业为支撑的鲜食玉米产业集群，与天猫、淘宝、京东、拼多多等电子商务平台合作，成立旗舰店，将鲜食玉米及衍生物和其他通过网络平台传播的产品通过网络平台进行联合销售。年销售鲜食玉米超 4 亿穗，产值达 14 亿元，远销中东、俄罗斯、智利等 15 个国家和地区，带动超 5000 户农民增收。

三　三产融合促进乡村振兴的模式优化——以成都市 Z 镇为例

　　Z 镇是四川省小城镇建设的示范镇，地处成都平原，地理位置优越，交通发达。当地政府积极响应中央政策，坚持三产融合的发展方略，以建设现代化农业强镇为目标，积极引进龙头企业带头发展，全力打造现代农业产业园，奋力推动农业转型升级、提质增效，促使当地乡村产业在现有基础上有大幅度的提升，全面提高当地人均收入，实现人民幸福。Z 镇三产融合促进乡村振兴的路径见图 7-3。

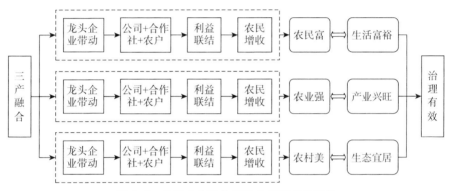

图 7-3　Z 镇三产融合促进乡村振兴的路径

　　在 Z 镇推进三产融合与发展的过程中，主要采取以下措施。

　　（1）引进龙头企业，带动乡村发展。Z 镇农业产业园大力发展梨、柠檬、葡萄、猕猴桃、花卉苗木等种植业，着力打造现代化农业产业区。在发展过程中，积极引进多家种植企业，该镇在三产融合实践中，主要采用的模式是"大园区小业主""公司+合作社+农户"。在此类模式下，产业区内的养殖及加工产业集群企业得以全面组织生产，引进实力雄厚的企业，同时组织村民也积极参与其中，最终建成了三产融合示范小城镇。

　　（2）改善农村三产融合基础设施。该镇对村民房屋、村容村貌进行整治，修建乡村道路，使得市道、乡（镇）道、村道纵横相连，不断发展完善周边道路网，建立外通内畅的交通体系，制定了"产业集聚园区、园区变景区、新村成社区"的乡村发展规划，最终顺利完成幸福美丽新村建设。改善、美化乡村环境，在为该镇农业产业园的发展奠定良好基础的同时也进一步夯实了该镇农旅融合产业发展的基础。

（3）农旅融合，走生态可持续农业发展之路。一是将生态农业与乡村旅游相结合，打造了具有乡村特色的生态农业旅游景区。游客可以在景区内参观有机蔬菜园、水果园、花卉园等，还可以参加农事体验活动，如采摘、垂钓、野营等。这种乡村旅游模式的出现，不仅拉动了当地经济的发展，也促进了城乡交流和城乡一体化发展。二是农业信息化，在"互联网+"的经济形势下，该镇抓住机遇积极应对，建立乡村电子商务平台，将农产品供求信息及时发布于网络平台，实现信息即时共享，进一步拓展了信息渠道，使乡镇农民也能体验到互联网的方便快捷，成为信息时代的受益者。该镇已与北京信安盟科技有限公司及江豆网建立合作伙伴关系，设立了电子商务服务站，以实现农业信息化。三是农业休闲化，发展创意农耕体验园、特色农家乐等项目，以满足游客对农村田园生活的向往或追忆等需求。通过这种发展模式使当地农业产业园具备现代农业示范基地、农耕采摘体验园区、休闲度假景区等多元化功能，实现农业休闲化。

（4）种养循环，打造生态宜居城镇。该镇将养殖业、种植业、加工业相结合，形成一条绿色生态的产业链。其中前景最为广阔的就是"种养循环"模式，将水产养殖和禽类养殖产生的排泄物经过处理后，作为有机肥料施用于水果和蔬菜，以此生产出健康、环保的有机农产品。之后可以对农产品进行深加工，包括果汁、果蔬干以及保健品等，大力提高农产品的附加值，间接提高农民收入。

第四节　基于三产融合的精致农业发展
——以河南省为例

一　精致农业发展的背景

精致农业，作为一种全新的农业范式，不仅是对传统农业技术的全面改革，也是对农业生产理念的一次深刻颠覆。它以构建产出优质、高端、高附加值农产品的体系为核心目标，力图推动农业生产从全流程出发，向以高标准、高质量、高效益为目标的升级。传统农业往往局限于粗放的生产模式，缺乏标准化和精细化操作，难以保证农产品的品质和产量。而精致农业正是要打破这一局限，通过实施标准化生产、产业链融合经营及特色化布局等手段，使农业生产更加科学、高效。标准化生产是精致农业的核心。通过制定和实施一系列严格的生产标准，确保农产品在种植、养殖、加工等各个环节都达到最优状态。这不仅提高了农产品的品质和产量，还有助于提升农业的整体竞争力。产业链融合经营则是精致农业的重要推动力。它将农业生产与加工、销售等环节紧密结合，形成完整的产业链条。这不仅有助于降低生产成本、提高经济效益，还能带动相关产业的发展，增加农民的收入。特色化布局则是精致农业的点睛之笔。根据当地的气候、土壤、水资源等条件，因地制宜地选择适合的农作物和养殖品种，形成具有地方特色的农业生产布局。这不仅能充分利用资源优势，还能促进农业的多样化和可持续发展。

在我国当前经济背景下，解安（2018）认为，要打造完整的现代农业经济体系，首先应建立包括农村产业体系、农村生产体系和农村经营体系的基本框架，而农村三产融合的发展，正是构建现代农业经济体系的有效手段。张向达和林洪羽（2019）通过建立农业、农产品加工业和旅游业三个产业耦合协调度模型，揭示了2010~2016年东北粮食主产区三产融合的耦合作用规律，分析得出了制约东北粮食主产区三产融合发展的主要因素。

精致农业在内陆地区发展起步较晚，国内发展较好的地区主要是台湾，国外则是日本、韩国等一些发达国家。张慧祯和黎元生（2011）认为台湾精致农业的成功经验在于打造了完备的农业技术研发与推广体系，且开发出精致农业生态游和精致特色农产品，打通了产供销一体化的营销渠道。湛礼珠（2019）根据不同时代背景中的农业发展需求，分析了台湾精致农业从调整产业结构、提升农产品品质到注重可持续发展的农业施政重点的演变路径。秦中春（2019）认为台湾地区发展精致农业的实践对大陆乡村振兴工作具有重要的启示作用，提出乡村振兴要把农业发展精致、重视培养新型农民、深化政策体制改革。刘志霞（2018）分析了中日两国精致农业的发展历程及现状，总结了日本发展精致农业休闲旅游的成功经验，并根据中国休闲农业发展的现状及国情，对中国精致农业休闲旅游的发展提出了建议。

二　三产融合促进精致农业发展的理论分析

1. 精致农业发展的基本特征

（1）生产方式的高水平化。在生产过程中，精致农业依赖于农业先进技术和科技进步，比传统农业更愿意投入资金和技术，从而推动农业生产方式向高水平发展。在精致农业技术积累阶段，农业研究力量承担了提供新技术和新品种的任务，确保精致农业发展所需的新技术和新品种能够得到满足，重点支持园艺种植业和精细畜牧业等市场潜力较大的产业。与传统农业相比，精致农业更加关注培养高素质农民，提高人力资源的利用率和边际生产力，以推动农业生产力的提升。为了实现高水平的农业发展，必须投入科技力量。掌握新技术的高素质农民与技术要素互为补充，共同推动农村生产方式的变革，使传统粗放式农业生产方式得到优化。

（2）生产过程的高效益化。在精致农业的施行流程中，农产品的生产从初期步骤直至最终的市场投放，均按照标准化的规定执行。各项农业生产要素被妥善地配置，助推农业发展模式的更新，提升了农业经营活动的经济效益。精致农业的构建必须考虑到成本效益，因此必须遵循经济活动的基本法则。精致农业成功提升了农业生产效率，综合性地权衡了收益和回报的提高、投入和成本的控制两个关键因素，并将它们有机地融合为一体。

（3）生产产品的高质量化。在农产品品质方面，精致农业的要求涉及更高品质的产品与更大的附加值，以满足市场对农产品及其加工品的高商品率需求。通过借助独特农产品、精细管理、深度加工、创意融入实现品质提升，精致农业正形成包括种植、产品加工、休闲观光及文化创意等元素在内的新兴产业链。农业活动对自然环境和社区生活有着显著的影响。为此，精致农业从源头上进行引导与防控，实施规范管理，更加关注环境保护与生态改善。

2. 三产融合促进精致农业发展的机理

（1）农村三产融合通过培养新型农业经营主体，加大科技投入力度、培养高素质农民，促进生产方式的高水平化。农业与信息、生物产业融合改变了农业生产、农产品加工的原始方式和价值创造过程，从而催生出多种高效的农业业态，如高效农业、休闲农业和农村三产融合等。如运用生物技术开展绿色食品的研发种植；利用温室保鲜技术，生产反季节蔬菜，推动农产品生产方式的多样化。新型农业经营主体引入先进科技，通过技术对农业生产的帮助，丰富了三产融合的路径，优化了农业的生产方式。

（2）农村三产融合通过优化生产要素布局、缩减流通环节、降低交易费用，提高了生产过程中产生的效益。农村三次产业的融合，可以使农村不同的生产要素，整体地参与到产业分工中，提高资源的利用率。比如，某些生产要素会因季节性而闲置，而通过资源优化整合，这些闲置的生产要素可以得到二次利用，从而使拥有者获得持续的产出，实现收入的增长。

与此同时，农村生产者与消费者之间的距离，也因三产融合得以缩短。原始农村产业内部的分工，延长了生产者和消费者之间的距离，使农民很难从需求方获得信息，同时会加大消费者面临的产品风险。然而，在农村三次产业融合后，农产品生产市场和消费市场间的透明度提升，模糊了供给与需求间的界限，供需双方的联系变得更为简易。通过互联网等技术，农民能够以低成本获取需求方信息，实现农产品向消费者的准确供应，降低了交易成本，提高了生产效率。

（3）农村三产融合通过促进经济增长与产业升级，加快农村产业化经营速度，提高农产品生产标准，确保了产品的质量。促进经济增长是三产融合的重要作用，在农村三产融合的过程中，推动经济增长的要素从单一变得多元，经济增长的平台更为广阔，农村产业化进程加快，农产品标准化生产成为可能。农村产业化经营过程的完善，使农产品的产出一体化，规范了产出农产品的标准，从而确保了农产品的质量。在此基础上，打造绿色农业、健康农业，从生产源头进行标准化管理，使农产品产出的生态环境得以改善，有利于农产品品牌的建设。

三产融合促进精致农业发展的路径见图7-4。

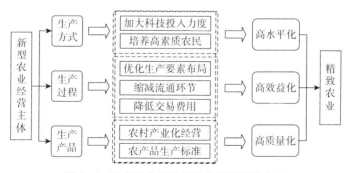

图7-4　三产融合促进精致农业发展的路径

三 河南省精致农业发展的可行性分析

河南是农业大省，截至 2020 年底，连续 4 年粮食总产量都超过了 1300 亿斤。同时，河南也是畜牧业大省，畜牧业各项指标均居全国前列，2021 年生猪存栏量全国第一，肉蛋奶总量全国第二，乳制品年加工能力全国前三。同时，河南农作物供种能力也相对突出，约占全国的 1/10，小麦、花生的供种能力更是全国第一，"河南种"为全国粮食增产发挥"芯"贡献。自 2015 年国家提出农村三产融合以来，河南积极响应，并初步取得了一些成绩。截至 2022 年 6 月，河南获批国家农村产业融合发展示范园 17 个，创建国家级现代农业产业园 10 个，80 个省级、187 个市级产业园。2022 年河南省委一号文件提出"大力发展乡村产业"，将"发展优势特色农业""加快发展设施农业""推进农业全产业链发展""推进农村一二三产业融合发展"等作为重要任务。

1. 优势（Strengths）分析

自然条件优势。河南粮产区地处华北平原，自然区位优势明显。华北地区气候适宜，可以满足作物一年两熟，土地肥沃、耕地面积辽阔，自古以来就是我国农业大省，生产基础良好。劳动力资源优势。作为人口大省，河南省劳动力资源丰富。根据表 7-8 可知，2015~2020 年河南省农村就业人口数占省内总就业人口数的一半左右。2020 年，农村就业人口数仍达到了 2293 万人，农业劳动力规模巨大。河南省农业种植结构以粮食为主，已经积累了数千年丰富的粮食生产经验。河南省农村丰富的劳动力资源为发展精致农业奠定了劳动力资源基础。交通区位优势。河南省地处中华腹地，与六省相邻，省内交通网络四通八达，有利于农产品批发市场的建立和发展农村物流业，从而促进农产品的销售。

表 7-8 2015~2020 年河南省常住及就业人口数

单位：万人

指标	2015 年	2016 年	2017 年	2018 年	2019 年	2020 年
常住人口数	9701	9778	9829	9864	9901	9941
总就业人口数	5075	5052	5029	4992	4934	4884
农村就业人口数	2908	2788	2672	2550	2402	2293

资料来源：《河南统计年鉴 2021》。

2. 劣势（Weaknesses）分析

人均耕地面积小，土地规模化经营发展缓慢。河南省农村种粮农民多为一家一户的小农经营，小农经济不利于生产力水平的提升，即便是种植面积大的生产者，也多采取年限承包制的方式，种粮积极性受当年农产品收益高低影响较大。农民收入水平低，劳动力素质不高。农民收入偏低，导致农业生产对新生代农民的吸引力不足，从事农业生产的多为中老年群体，劳动力年龄偏大，对于科技的接受能力有限，劳动力素质提升困难。基础设施建设落后。河南省农业相关基础设施建设还不完备，在农田水利设施、防范自然灾害等方面，尚有较大提升空间。

3. 机遇（Opportunities）分析

农业科技发展机遇。近年来，河南省由农业技术进步所引发的经济增长率已经超过其他要素（资本、劳动和土地等）投入之和，成了农业经济增长最主要的驱动力。河南省经济平稳增长，对农业科技引进的步伐加快，能够极大地促进省内农业生产力逐步由以主要依靠要素投放为标志的粗放型增长，向主要依靠科技提升为标志的密集型增长转变。政策机遇。国家对"三农"问题逐年重视，给河南省农业发展提供了新的机遇。2015年中央一号文件，围绕加大改革创新力度，加快农村现代化建设的主题，提出了许多既富有战略高度与创新价值，又能落到实处的政策措施。自文件发布以来，国内外学者对三产融合的相关理论研究渐多，为河南省农村三产融合、促进精致农业发展提供了一定的理论支持。

4. 威胁（Threats）分析

经济全球化的挑战。经济全球化是一柄双刃剑，它促进了资源和要素在全球的合理配置，但对科技落后的发展中国家而言，无疑要面临巨大的挑战。从国外进口的农副产品，让国内市场对农产品的要求不断提升，河南省农业经营层次低、农业生产方式传统，所面临的市场准入挑战很大。生态环境的挑战。我国近年加快了低碳经济的发展步伐，提倡绿色生产、无公害食品，而河南省内的农业生产方式原始，对化肥、农药的使用量依然很高，不可避免地给环境、土壤、水质带来破坏，农业生产方式还需改善。

四 以三产融合推进河南精致农业发展的路径选择

1. 加大科技投入和研发力度，重视培育新型农村三产融合主体，巩固精致农业生产基础

精致农业以高科技为核心驱动力，与传统农业的经营模式产生了排异现象，在生产、加工、销售、流通以及服务全过程中，这种模式难以适应一体化的需求。河南粮食产区的传统农业模式规模较小且组织水平较低，为了改变低效的生产方式，有必要借助科技的力量。在农业生产过程中，应提升机械化和智能化的应用比例，逐步实现从低效、高成本、低收益的生产模式向高效、低成本、高收益转型。河南需要加大对农业科技创新的投入力度，不仅需要吸引资金，还要构建长效的科技投资机制。财政专项资金应该加大投入，引导信贷资金向涉农企业倾斜，同时也需要激励社会各类资本积极参与，构建财政资金和社会资本的协同利用机制。此外，还需规范农业科技经费的使用管理，确保资金用于农业科技成果引进转化、农业科技攻坚与推广、农业科技园区建设等方面。培养新型农业经营主体和高素质农民，是精致农业发展的关键任务。新型农业经营主体应得到奖励制度的支持。政府鼓励农民创新思维和开创事业，可以广泛开展对农民的教育培训，提升农村劳动力对知识财富的认知。同时，要积极引导新生代农民返乡，融合多元化主体，完善利益联结机制，让农民切实受益于精致农业，从而将精致农业打造为提升农民收入、推动农村发展的新途径。

2. 以流通创新促进农村三产融合，降低精致农业生产的成本

传统农产品市场的流通环节很长，包含生产者、批发市场、经销商和消费者，中间流通环节还可能存在各种中间商，增加了许多不必要的流通成本。河南粮产区发展精致农业，要克服传统流通业环节多、速度慢、成本高、效率低的弊端，使农产品的流通与市场需求相适应，将流通与农产品的生产紧密结合，建立和完善农产品流通体系。同时，还要重视新商业模式，发展新型网络农业，打造"互联网+农业"模式，依靠互联网的便捷性、智能性和广泛覆盖性，优化和提升农业生产、销售、流通和服务的产业链。要大力推进产业间的连接整合，缩减农产品的流通环节，降低交易费用，为精致农业的营销建设铺平道路，助力省内精致农业的发展开创新

模式。优化农村生产要素的布局。应充分发挥生产要素的比较优势，使不同生产要素在精致农业的发展过程中，找准最契合的定位。要利用好省内农业发展的区位优势，充分发挥自然条件优越、劳动力充足、交通便捷等有利条件，同时克服人均耕地面积小、劳动力素质不高和基础设施落后等相对劣势的生产要素带来的不利影响，巩固精致农业的生产基础，使不同的生产要素共同为省内粮产区的建设添砖加瓦。降低交易费用。要注重搭建产销平台，使农民得以便捷地了解到需求方的信息，还可建立专业化的农业合作组织，由农业合作组织来收集市场信息，帮助组织内的农民销售农产品，或购买农用物资，从而改变农民个人在购销农产品时的不利地位。

3. 注重三产融合模式创新，推进精致农业全面升级

为了推动农村产业化经营的进步，河南省需要加强其对产业化经营的管理与协调，可以借鉴其他行业产业化经营的成功经验，推广本省粮食产区的产业化经营。在发展粮食产业的基础上，可以积极培育一批具有高起点、独具特色和强大凝聚力的龙头企业，充分发挥它们的辐射作用，确保精致农业产品市场的稳定性。为了确保第一产业的生产质量，推进第二产业深加工和提升产业链的水平，以及开辟第三产业新的营销渠道，农产品加工业应进行优化和升级。河南省应加大对符合农村产业发展规划的农产品加工企业的扶持力度，提高品牌价值链的牵引力，延伸农业产业链，打破精致农业的行业障碍。河南省需要制定农产品的生产标准，可以推动精致农产品品牌的建设，促进龙头企业的壮大，并采取加快土地流转等措施，使农户个体经营逐步转向规模化和产业化，以便制定农产品生产标准，并走集约化发展道路。还可以通过完善法规的方式，保障农产品标准化过程中的品牌化建设，使农产品标准化有法可依，同时结合相关法律法规，对农业相关知识产权进行保护，以保障农业科技成果的转化和流通。在充分了解市场需求后，河南省可以引进新的生物和食品加工技术，对初级农产品进行深加工。还应注重农产品的包装，不仅要追求美观大方，还要融入精致农业文化内涵，以便提升品牌形象。

第五节　农村三产融合现代农业发展模式创新

一　纵向产业链延伸型融合模式

农业产业链延伸型融合模式可以诠释为第一、第二产业融合，第一、第三产业融合和三次产业融合，就是以农业生产为中心把产业链向前、向后进行不断延伸，具体来说就是，农业生产所需要的生产资料由专门的组织机构提供，且农产品加工和销售都有相对应的产业服务，由此形成农业产加销一条龙服务。该融合模式是基于三次产业的资源共享，改变农业产业链，使得链条向前、向后延伸的融合过程。以农产品加工业为重点的第二产业连接以农业生产为主的第一产业，通过农村第二产业连接农村第三产业，农业中间服务组织提供农业生产资料、设备、种子、肥料等，为农业生产提供支撑。运用先进的技术对农产品进行加工处理，在这个环节，要进行深加工，以增加农产品附加值。同时利用先进的保鲜技术进行运输储藏，延长农产品的消费区间，利用电子商务平台实现农产品的零距离销售（见图7-5）。注重消费对经济的拉动作用，以消费者为中心，根据消费群体不断更新产品结构，以增加农产品的消费空间。三产融合后的产业链使得农民和企业共同分享经济效益，提高了乡村经济的发展速度。

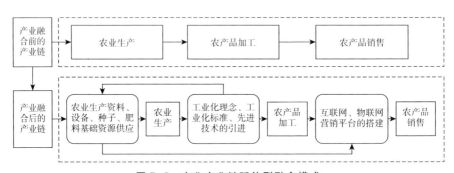

图7-5　农业产业链延伸型融合模式

立足农产品的最终消费需要，加速推进农产品产供销链条协同发展，形成农产品从初级产品到最终消费、从田间到餐桌的顺畅衔接，形成农业全产业链高效协同和融合发展的强大合力。从前向延伸融合来看，通过建设规模化、标准化农产品原料基地，重视农产品种植环节，增强农产品原料供给的稳定性和及时性，加速培育自有品牌。这种模式常见于农产品加工企业、流通企业和大型零售商等。从农业生产出发，向产后加工、流通、分销等环节扩展，以此促进农业后向产业链、价值链的延伸拓展，为农产品增值提供强有力的支持。这种纵向延伸融合的方式，不仅能够提高农产品的附加值，还可以进一步推动农业产业的发展，为农业经济的增长注入新的活力。这常见于新型农业经营主体进行本土化的精深加工、流通、餐饮等。在产前环节，政府、科研机构和高校科研团队紧密合作，共同推动农业技术创新。政府通过政策支持和资金投入，引导科研机构和高校科研团队运用生物技术和新兴的航天技术进行农产品研发和培育，致力于开发高产、高质、符合市场需求和具有市场竞争力的种质资源。同时，政府还协助科研团队在研发过程中模拟环境操作，提供先进的种植技术指导。农户以及合作社则通过与其持股的涉农企业签订订单，利用这些产前技术成果进行规模化种养。在此过程中，政府也发挥着积极的推动作用，通过提供政策扶持和信息服务，帮助农户和合作社更好地对接市场，提高农产品的市场竞争力。涉农企业在农产品加工和销售环节发挥着核心作用。它们利用机械化、自动化加工技术进行农产品加工，提升产品附加值；同时，运用仓储、物流系统和电子商务对产成品进行仓储和销售，拓宽销售渠道。对于比较特殊的产品，涉农企业还配备专门的销售服务以及售后维权服务，确保消费者权益。政府在整个模式中不仅提供政策和资金支持，还积极协调各方资源，推动农业产业链上下游的紧密合作（见图7-6）。此外，政府还鼓励打造农产品品牌，通过品牌效应来增强宣传效果，提升农产品的知名度和美誉度。一旦拥有了自身品牌，将极大地促进农产品的销售，并可以借助品牌效应来增加当地的旅游收入，推动农业经济的可持续发展。

二　横向交叉融合发展："现代社区+特色乡村体验型"

以休闲农业为引领的农业与旅游业融合发展的模式已经成为农村三产融合发展最快的模式，本节针对目前的共享时代提出"现代社区+特色乡村体验型"发展模式，其基础还是农业与第三产业的交叉融合发展。

1. 农业功能拓展融合模式

以开发、拓展农业新功能为出发点，以农村绿色生态资源为依托，发

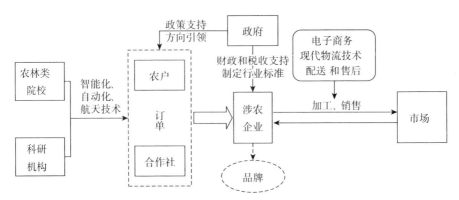

图7-6   "农业+涉农企业+现代技术"模式结构

展乡村旅游、休闲农业、科普教育、素质拓展等产业，满足居民日益增长的精神消费需求的同时，将农业生产与日常生活紧密结合，同时注重对生态环境的保护和自然资源的可持续利用。例如，以龙头企业为核心，发展集参与、娱乐、定制于一体的创意农业融合体。这种新业态将采用先进的农业技术和创新的管理模式，以提高农业生产的效率和质量，并促进农村经济的发展和社区的繁荣。这种新业态也将注重生态功能的保护和恢复，以实现农业生产的可持续发展。

2. 农业内部交叉融合模式

依托农业资源优势，优化农业产业结构，建立多元化的种植结构，推广新型种养模式，强化废弃物资源化利用，推动生态循环农业的发展，构建起农业生态保护与经济效益并重的新体系。例如，北京市怀柔区"鱼菜共生"、广东省阳西县"稻鸭共生"、湖南省南县"稻虾共生"、云南省洱源县"稻鱼共生"等新型种养模式，基于循环发展理念，达成经济增长和绿色发展双目标。

3. 特色乡村体验型模式

人们在满足了对物质生活的追求之后开始注重提高生活质量、追求精神生活，所以当前出现了各种民宿，这也是基于农家乐创新产生的更高档的形式。本部分所提模式的具体做法是利用政府、社会以及其他融资机构的资金改善农村的道路、供水和垃圾处理等基础设施，创建设施齐全并拥有自身特色的现代农村社区，根据区位特点、市场需求制定发展方向，兴建符合特色的民宿、娱乐和体验项目设施。该模式面向的市场是周边大城市，主要服务项目是提供住宿、旅游、务农体验以及文化体验（见图7-7）。政府在其中作用较大，一方面是要建设农村，另一方面是要整体进行规划指导。当然对于该模式的发展，信息极为关键，不仅要及时掌握市场的需求，同时依托互联网进行宣传将极大地提高本地的知名度，吸引更多消费者。

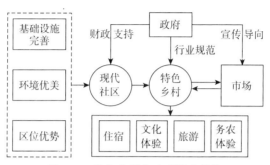

图7-7　特色乡村体验型模式结构

4. 农业与旅游产业交叉型融合模式

该模式通过旅游业带动农业经济增长以及农民收入水平的提高，同时有助于发挥农业的文化传承和休闲观光功能，拓展农业的多功能性。以农业与旅游产业交叉型融合模式为例（见图7-8），三产融合过程中，农业利用资源共享平台将体验、观光、休闲等新功能延伸到第三产业的旅游业中，形成农业类旅游产品。同时利用旅游业所附带的宣传功能对农产品进行传播，也丰富了旅游文化的内涵。以农业生产为主的第一产业和以旅游、观光为主的第三产业之间的要素进行交叉融合，其结果表现为两条产业链的创新。这种依托于产业要素交叉融合的发展模式，不仅改变了原有农产品的类型，同时也改变了其功能属性，在产业原有功能的基础上衍生出更多的要素功能属性，提高了农业的多功能性。

总体来说，纵向产业链延伸型融合模式比较适合拥有较高产业化水平、经济实力水平的农村，当然平原的地域条件更为合适，比如河南和山东这样的农业大省，可以将其作为融合发展的方向。"现代社区+特色乡村体验型"的特点是即使没有独特的自然资源，只要交通、环境良好都可以运用，当然最好是依托区位优势，同时拓宽宣传渠道也极为重要。本章并没有给出适合较为贫困和地域环境较为恶劣的农村三产融合的模式，原因是对于这些地区完善基础建设比较重要，在此基础上才可以探讨适合的发展方向。

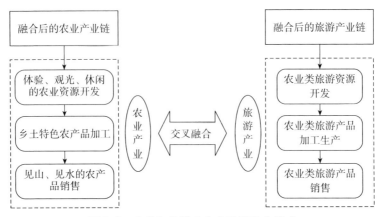

图 7-8　农业与旅游产业交叉型融合模式

三　数字经济赋能农业全产业链深度融合模式

科技创新要素对农业的渗透型融合是通过其他产业改变农业产业链的过程，表现为以科学技术要素的创新、扩散、发展与融合带动传统产业发展模式发生变化和创新，然后将与其相对应的产业功能共同利用共享经济平台进行三产融合。如信息技术特别是云计算、互联网、物联网等先进科学技术要素对农业产业的渗透。科学技术要素应用在农业产业链资源开发、农产品加工销售等环节，将信息技术逐步渗透到农业产业链之间，催生出农业"新产品"和"新业态"。

以数字化、信息化为代表的数字技术赋能农业全产业链的融合与高质量发展，是优先发展农业农村、逐步推进中国式现代化的题中之义。数字经济赋能农业全产业链深度融合模式，充分把握"数商兴农""电商下乡"的政策机遇，推进数字技术、新一代通信设备等向农业生产、加工、流通等各环节渗透，探索个性化定制、农商直供、产地直销等新型经营模式。在设施农业、养殖业等领域，加快农业物联网应用示范工程落地，实现对农产品生产、加工、销售等环节的智能感知、决策、预警。鼓励特色电商村建设，支持农业经营主体开设特色馆销售农产品和加工制品，支持将村邮站、供销社等改造为农村电商服务点。同时，采取社交电商方式，实现产品、设施、标准、数据和市场的有效联通，精准对接滞销农产品与城市消费需求。总体而言，科学技术要素与农业渗透融合的结果主要体现为农业产业链上应用其他产业科学技术要素的功能模块的创新及农业新业态的形成，即智能农业。

①在数字经济的推动下，智能农业孕育了新的需求市场，它的实质是通过融合和提高效率的功能，为农业的高品质发展奠定稳定的基础和提供明确的路径。②数字经济对三次产业进行了技术层面的融合，智能农业推动了实体经济发展，为数字经济提供了数据资源，从而刺激了数字经济领域的技术创新，为数字经济发展提供了必要的支持。③数字技术的创新推动了不同产业之间的技术融合，在一定程度上减少了不同产业资产的排他性，使得企业在跨产业经营过程中降低了运营成本。

数字经济赋能农业全产业链融合的机理主要为：将"数字化"作为核心技术，运用物联网、智能制造、虚拟现实、人工智能等数字化手段，营造出良好的数字经济环境，破除要素流动制约和信息"孤岛"，最终形成农业全产业链的高度融合（见图7-9）。

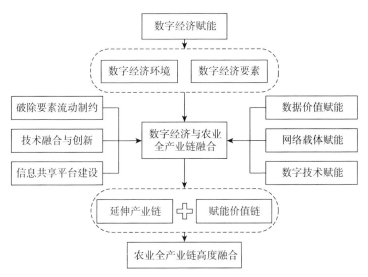

图7-9　数字经济与农业全产业链深度融合模式

四　关于农村三产融合现代农业模式创新的对策建议

1. 加快基础设施和涉农服务建设

基础设施是一切发展的首要关键因素，在农村基础设施本就落后的现状下，发展三产融合的第一步就是要有完善的基础设施和高质量的涉农服务。物流设施的完善对于农产品这一特殊产品至关重要，而在信息化的当今，互联网的加入极大地便利了人们的生活，成为人们生活中必不可少的工具，相比城镇，农村的互联网普及率较低、网点设置较少，目前应加快互联网基础设施和全国信息服务平台建设，使其在三产融合中发挥应有的促进作用。

2. 坚持以市场需求为融合发展导向

市场需求是一切生产经营活动的起点，要加快农村三产融合，必须坚持市场导向，根据融合主体选择合适路径，要在社会主义市场经济条件下充分发挥市场主体的引领作用。根据消费者偏好，结合自身资源禀赋选择合适的发展模式，同时还要考虑到保质期较短、运输要求较高的特殊农产品，所以在生产、销售时要结合市场需求，以消费者为中心，确定合适的农产品生产规模、加工程度以及销售方向，确保供给的有效性并促进供求平衡。

3. 突破融合发展的要素瓶颈，尤其是加强人才培养

面对新的产业结构，要素的使用也需要进行调整，要促进农村三产融合的发展必须使得土地、资金和人才等生产要素协同发展。农村建设用地指标要根据发展的需要在年度建设用地指标中划出专门用于新业态的一定指标，同时对现有的用地通过治理和整理的方式有偿用于当地三产融合项目中。资金方面一是要确保政府的财政资金的投入运用，二是可以通过担保、设立基金来吸引社会资本。当然创新农业模式的发展关键是要有创新型、知识型人才的加入以注入新的血液，尤其是休闲农业、生物农业这些新业态的发展。不同的融合项目可以建设不同的实践基地与不同的农林类院校合作；企业在招聘时应提高薪酬，给出更好的条件；还应加强对已参与经营主体的培训。

4. 加快技术渗透型融合发展

与同样作为横向融合的休闲农业相比，以生态农业为代表的高新技术产业与农业的渗透融合在国内发展较为落后，而三产融合的早期理论就是关于技术的融合，所以可知技术在其中的关键作用，尤其是农村三产融合这一产业链条长、涉及面广的特殊产业结构，已不再适用简单的对某一环节的技

术服务，而要放眼于整个过程各个环节。要加快研发和推广真正能够解决融合发展中实际问题的农业技术，加强对于知识产权以及技术的保护，完善奖惩机制；引进现代管理技术，创新生产工具和农业设备，重点加快互联网技术、生物以及新能源技术在三产融合中的应用，为融合发展提供有力支撑。

5. 加快深度融合发展，并促进同步发展

首先，加快发展农村三产融合，对于进一步提升农业产业链的整体效益有利。力争实现农工贸一体化，增加产品附加值，可以使农户获得更多利益。其次，根据现有的发展进一步完善，使得三产融合的优势得以充分发挥。对于融合发展较慢的地区，政府应该调整财政补助，通过整体规划找到适合全国总体发展的方案，促进同步发展。各地也应该发掘适合自身发展的模式，确定区位优势，补齐自身短板，尤其是对于农业大省，要加快技术开发和信息网络技术的普及，顺应供给侧结构性改革浪潮加快自身发展。

第六节　基于三产融合的主产区龙头企业发展模式优化

——以上市公司牧原股份为例

一　案例背景

推动农业与第二、第三产业融合，宏观上满足农业供给侧结构性改革、创新经济发展、转变发展方式的需求；微观上促进农业向现代化转变，提升规模化、集约化、标准化生产，引进新技术和现代理念，提高农业企业竞争力。从企业角度看，三产融合有助于对接市场需求，扩大收益。在国民经济增速放缓、经济发展水平提升的背景下，农业企业融合程度低、链条短、附加值低等问题突出，亟待提高农业生产效率、专业化水平和竞争力。改善农业类上市公司经营效果，提升农业企业比较收益，加速农村三产融合。

因此，为实现农村经济与国民经济同步增长，提高农业类上市公司的竞争力，促进农村三产融合发展成为当务之急。本节以主产区河南省的代表性三产融合企业牧原股份为例，通过对在三产融合过程中的农业类上市公司的盈利水平进行分析，总结出我国农业企业在三产融合过程中存在的问题及应对措施，这对提高我国三产融合程度、提升农业类上市公司的盈利水平及促进我国农业产业现代化发展都具有重要的现实意义。

二　农业类上市公司三产融合分析

1. 农业类上市公司三产融合现状

我国农业企业正处于从粗放经营、效率低下的传统经营模式转向科学、高效的现代化经营模式的阶段。截至 2021 年，我国农业类上市公司主要分为养殖业、农产品加工业、种植业与林业、食品加工制造业、农业服务业等，共有 168 家。其中，养殖业上市公司有 26 家，温氏股份、牧原股份、天邦股份是行业中的龙头企业，现有毛利率环比下滑、市场份额下滑等现象；农产品加工业上市公司有 33 家，金龙鱼、新希望、正邦科技是行业中的龙头企业，存在对产品服务的研发投入小、增收不增利等问题；种植业与林业上市公司有 23 家，北大荒、苏垦农发、荃银高科是行业中的龙头企业，存在预付上游多的问题，在产业链中话语权低；食品加工制造业上市公司有 74 家，伊利集团、海天味业、双汇发展是行业中的龙头企业，具有资产变现能力强、分红慷慨、周转速度快的特点，但也出现了毛利率环比下滑、研发投入低于同行业等问题；农业服务业上市公司有 12 家，生物股份、中牧股份、科前生物是行业中的龙头企业，但有存货周转速度慢的问题。

由此可见，我国农业产业化龙头企业主要分布在农产品加工业、食品加工制造业。从产业链的角度看，主要集中在农业产业链的中下游，没有实现全产业链的均衡发展。

2. 农业类上市公司三产融合存在的问题

（1）农工融合科技创新乏力，竞争力普遍不强。在我国，农业类上市公司在三产融合中多数仍停留在初级阶段，突出表现为农产品的粗加工、精深加工力度不足、科技投入和创新的缺乏、产品附加值低、科研成果的转化率较低等。诸如北大荒、湘佳股份、伊利集团、双汇发展等农业类上市公司，对产品服务的研发投入偏小，研发费用明显低于同行业的其他公司，从而导致公司利润的增长停滞，使得其农产品的竞争力降低，进而削弱了公司的竞争力，降低了市场的综合竞争力，极大地限制了农业类上市公司在农副产品加工方面盈利能力的提升，也对我国农工一体化发展的速度产生了影响。

（2）农商融合的资源要素供给存在不足，亟待加强完善基础设施。农商融合过程中，资源供给不足成为问题。金融体系支持不足，个体经营者缺乏足够的抵押品，资金供应与需求难以匹配。涉农上市公司面临资金压力，存在预付上游多、存货周转速度慢问题。社会资本投资农业类上市公司数量少、农村三产融合保险机制不完善，种植类企业投保不足。农商融合要求从业人员具备经营管理能力，将互联网应用于农商融合，但我国农村基础设施不足，缺少专业复合型人才，影响农商融合深化发展。企业如双汇发展、苏垦农发等基础设施落后，引进和留住人才的难度较大。

（3）农旅融合产业链较短，其价值功能尚待进一步挖掘。"农旅融合"作为中国三产融合的关键方式之一，当前仍然面临若干挑战。首要问题是，农旅融合的同质化趋势过于显著，一些地方在推进农旅融合时，目光局限于短期利益，未能充分利用区位优势，导致其特色产业的推广有所欠缺。此外，农旅融合的产业链相对较短，缺乏对当地特色价值的扩展，由于产业链的局限，产品开发进程较慢，这导致农产品在市场上竞争力不足，难以形成品牌优势。例如，生物股份、中牧股份、科前生物等企业，其存货周转速度相对较慢，在产业链中的话语权较低，且未能充分利用所在城市的特色资源构建企业独有的特色产业链。我国农旅融合的层次相对较低，融合程度也相对较低，这可能导致农旅融合后的产业优势价值难以充分释放，从而影响游客在农旅融合后的消费体验未能达到预期的水平。

（4）三产融合协调机制不健全，跨界合作有待加强。近年来，国家陆续出台了一系列惠民、利民的政策，推动农业类上市公司进行三产融合深度发展，但是这些政策在实施过程中出现了执行效率低、落实不到位等问题。而且我国农业类上市公司在三产融合中还存在跨行业壁垒的问题，跨行业合作经验不足，因此农业类上市公司在三产融合发展的初期，无法快速消除行业壁垒、生产要素跨界流动难，这些问题都阻碍了政府扶持政策的落实。同时，不同管理部门间缺乏统一的协调规划和灵活的调度安排，没有做好跨界合作交流平台的搭建工作，未能做到及时有效的沟通协作，导致跨界合作的效率低下、成果欠佳，因此落实国家政策也成了一个重大问题。

（5）三产融合尚缺乏行之有效的利益联结机制。目前，随着我国三产融合程度的不断提高，融合类型更加多元，利益相关主体也更加复杂。在构建利益联结机制方面，存在如下问题：农户产权不清，农业企业与农户资产增值收益缺乏合理分配；农民的组织化程度低，"企业+农户"的作用有待进一步发挥；三产融合过程中，合同对企业与农民的约束力不强，对失信违约方的利益制衡有待强化；等等。因此，建立稳定高效的利益联结机制，处理好农业龙头企业与小农户的关系，实现利益共同体利益最大化的同时保证利益相关主体的个体利益最大化，是进一步推动我国农业类上市公司三产融合的主要措施。

三 三产融合促进农业类上市公司盈利水平提升的机理分析

目前，我国在三产融合理论方面的文献研究大多集中于乡村振兴，而关于如何利用三产融合优势提升农业类上市公司盈利水平的文献相对较少。鉴于此，本节以我国农业产业与其他三产融合的视角为重点，对农业类上市公司的盈利水平进行机理分析（见图7-10）。

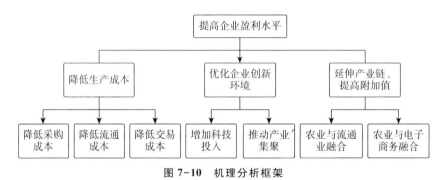

图7-10 机理分析框架

1. 三产融合通过降低企业生产成本，提升企业盈利水平

（1）企业采购管理水平的提升，降低了企业的采购成本。企业管理人员通过对原材料采购价格进行监控，一方面实现了对原材料的成本控制，用"货比三家"的方法来得到低价优质的原材料，达到低成本、高质量的目的；另一方面实现了对采购人员的成本控制，充分发挥了采购人员的作用，利用高效率的采购团队，达到了低投入、高回报的目的。此外，还增

加了对原材料和采购人员管理的透明度，提升了农业类上市公司因降低成本带来的利润收入。

（2）农业与流通业的融合发展，降低了企业的流通成本。流通业为农业类公司提供最重要的物流运输服务，可以有效拓宽流通渠道，并帮助企业及时掌握商品流向、流量与流通速度，提高企业的运输效率。通过流通业务拉近了企业与顾客的距离、了解了顾客喜好、收集了顾客建议，提高了顾客的消费力度。在降低流通成本、实现产销低成本控制的同时，还节约了一部分人力成本，提高了企业的生产效率，从而达到提高农业类上市公司盈利水平的效果。

（3）农业与电子商务的融合发展，降低了企业的交易成本。将电子商务应用到农业经济发展中，不仅能够提高农业的规模化和产业化程度，还可以降低农产品交易成本，扩大交易范围，拉动农业类上市公司的经济发展。此外，农业与电子商务融合发展也可以促进生产要素与商流、物流、信息流相融合，大大降低了因物流、信息流的不畅通带来的高成本。一方面提了了农产品的交易效率，另一方面节约了时间成本，创造出其他经济增长方式，提高了农业类上市公司盈利水平，推进了农业类上市公司的转型升级。

2. 三产融合通过优化企业创新环境，提升企业盈利水平

（1）三产融合带来产业集聚效应，优化了企业创新环境。强化龙头企业进入大市场的组织带动功能，发挥产业集聚效应是关键。农业企业进行三产融合发展，推动了农村三产融合示范基地的形成，构建了生产流通一体化运营的农业产业园区，组建了优秀的人才队伍，发挥了农业高新技术产业集聚效应。将农业经济发展方向向高质量发展方向转变，充分利用农业产业集聚，对资源进行重组、整合与优化，以此来完善我国农业产业布局，可有效优化我国农业类上市公司的创新环境，进一步提高农业类公司的盈利水平。

（2）三产融合有益于产业链协同创新，优化了企业创新环境。三产融合推动产业链协同发展，产业链的协同创新又进一步促进三产融合，从而优化企业创新环境。农村三产融合可以有效地整合城乡经济资源，沟通三次产业的内在联系，促进产业链协同创新。同时，三产融合可以推动不同

产业间的协同创新，发挥企业主导作用，加快高科技产学研一体化建设，通过现代农业科学技术改造传统农业，提升产业链协同创新水平，优化企业创新环境，进一步促进城乡第一、第二、第三产业融合发展，进而实现乡村振兴。

3. 三产融合通过延伸产业链、提高附加值，提升企业盈利水平

（1）农业与流通业融合发展，延伸了农业产业链、提高了附加值。农业生产与流通业的发展密切相关，农业类上市公司可以为流通业企业的发展提供基本的物质保障，流通业企业也可以为农业类上市公司提供更多优质的服务，二者相互依赖。在农业产业链上游的采购与运输环节，中游的科技研发与生产环节，下游的物流与销售环节中融入流通业务与服务，有效地延伸了农业产业链、提高了附加值，实现了企业生产流通一体化，提升了农业类上市公司的利润空间，促进了农业产业转型升级。

（2）农业与电子商务的融合发展，延伸了农业产业链、提高了附加值。随着互联网的普及与电子商务在农业领域的快速发展，以信息技术为主要手段的互联网发展方式悄然兴起。依托互联网，农业发展打破了传统农业的封闭性，实现了产业链上游直接与农户合作，保证原材料的稳定来源，中游现代化农产品的机械加工，下游持续搭建与完善农产品的网络销售系统，整体上延伸了农业产业链、提高了附加值，拓展了三产融合理论在农业领域的应用范围。

四 案例分析及经验借鉴——以牧原食品股份有限公司为例

1. 牧原食品股份有限公司简介

牧原食品股份有限公司（简称"牧原股份"）是一家养猪规模集约化、自育自繁自养大规模一体化的生猪养殖业公司，是我国国家重点企业，也是目前我国养殖类行业中的龙头企业。位于河南省南阳市，公司成立于1992年，于2014年1月在深圳证券交易所成功上市。

历经多年的发展与壮大，截至2020年底，牧原股份的全资及控股子公司数量达到290余家，分布在全国24个省份，主营业务为生猪的养殖与销售，主要产品为商品猪、仔猪和种猪，且主营业务收入占营业总收入的90%，2020年生猪出栏量达1811万头，位居行业第一。

2. 牧原食品股份有限公司的盈利水平分析

由表 7-9 可见，2016 年及之前营业收入增长不够明显，2016 年之后牧原食品股份有限公司营业收入开始大幅度提高。但营业收入同比增长率并不稳定，2016 年和 2017 年增长速度较高，2018 年在非洲猪瘟和猪周期的双重影响下，增长速度明显下降。同时，营业成本也在增加，2017 年、2018 年、2020 年营业成本增长过大，其中研发费用投入增加明显。营业利润也表现出不稳定的情况，2018 年在非洲猪瘟和猪周期的双重影响下，营业利润明显过低，而 2020 年受猪肉价格大幅上涨的影响，营业收入达到 562.77 亿元，营业利润达到 303.75 亿元。

表 7-9　2014~2020 年牧原食品股份有限公司财务报表摘要

单位：亿元，%

指标	2020 年	2019 年	2018 年	2017 年	2016 年	2015 年	2014 年
营业收入	562.77	202.2	133.9	100.4	56	30	26
营业收入同比增长率	178.31	51.04	33.32	79.14	86.65	15.31	27.41
营业成本	267.26	129.5	120.7	70.4	30.4	22.6	24
营业利润	303.75	63.1	5.2	23.9	22.3	5.1	0.2
利润总额	274.5	63.1	5.3	23.7	23.2	6	0.8

资料来源：牧原食品股份有限公司官网年度财务报告、各类股票网站所公示的财务数据。

3. 牧原食品股份有限公司三产融合模式

从我国农业企业所处的外部环境来看，国家对农业企业出台的政策、市场需求程度、电商的发展情况等都对我国农业企业进行三产融合具有重要的推动作用。就农业企业的内部环境来说，降低企业生产成本、实现业务增收、提高企业竞争力等都是农业企业主动进行三产融合的主要原因。

（1）农业与流通业进行融合，提高企业价值链附加值。牧原股份意识到流通业在农产品经营中的重要性，因此致力于提高价值链上下游各环节的附加值。为了增加营业收入并提升物流效率，牧原股份成立了河南牧原物流有限公司，专注于物流运输与配送服务。牧原股份生产出具有特色的散装饲料车，组建了运输物流车队，并掌握了先进的密封运输、冷链运输技术。这些物流服务不仅涵盖猪饲料直接运输到客户家，还包括生猪的配送以及优质猪肉及猪肉制品的冷链运输。通过这一系列措施，牧原股份实现了从产品研发、生产到顾客的流通全过程覆盖，从而完善了生猪产业链的物流体系，提高了生猪产业链附加值。

（2）农业与建筑业进行融合，提高企业竞争力。随着农业现代化的推进，牧原股份也积极探索与建筑业的融合路径。牧原股份通过控股的河南牧原建筑工程有限公司，进行现代猪舍的建设和升级。这些猪舍采用了先进的管道和设备，实现了热交换应用，大大减少了对能源的依赖和环境污染。此外，牧原股份还通过研发环保设备、采取空气过滤、安装除臭墙、沼液储存池覆膜等措施，从多个方面进行环保工作，形成了现代化农业类上市公司的独特优势，提高了公司的竞争力。

（3）农业与信息技术进行融合，促使产业链纵向整合。牧原股份始终将科技创新作为发展的核心驱动力，通过产业交叉融合，不断向产业链上下游拓展。在上游产业链，牧原股份投入科技力量进行饲料加工的研发和智能化生产；在中游产业链，开设物流服务公司进行物流运输，并设立牧原肉食等控股子公司向生猪屠宰板块延伸，进行食品加工；在下游产业链营销环节中，发展电子商务，开发聚爱优选 App 进行网络销售。这一系列措施促使牧原股份构建了从源头生产到中游加工、再到下游销售的完整猪肉食品产业链，实现了产业链的纵向整合和业务的多元化发展。

综上所述，牧原股份的三产融合模式总结起来如图 7-11 所示。

4. 牧原食品股份有限公司三产融合经验总结

（1）注重降低生产成本，提高盈利空间。牧原股份进行三次产业融合，节约了生产成本，提高了自身的盈利水平。在物流配送方面，牧原股份成立河南牧原物流有限公司，降低了因饲料购买、物流运输等问题带来的物流运输成本。在饲料供应方面，牧原股份采用了阶段性的营养配方技术，并利用大数据平台对饲料投放进行监控，提升了饲料的利用效率，也有效地避免了猪饲料的浪费，节省了饲料成本。在生猪养殖方面，牧原股份自繁自育自养的养殖模式与现代化的智能猪舍，大大降低了人工成本，借助人工智能技术，实现了一名负责生产的员工可同时饲养 3000 多头猪的情况，极大地提高了人工效率，减少了一线员工的数量，避免了因人工投入而产生的营业成本增加问题，节约了养殖总成本，增加了营业净利润，提高了牧原股份盈利水平。

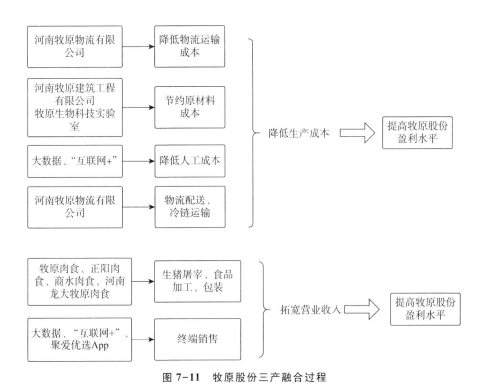

图 7-11　牧原股份三产融合过程

（2）注重全产业链发展，拓宽收入渠道。牧原股份通过三产融合来延伸产业链，增加产业链附加值，拓宽其他业务收入范围，提高盈利空间。成立河南牧原物流有限公司增加物流收入，利用物流资源、数据获取其他利润。控股牧原肉食、正阳肉食、商水肉食、河南龙大牧原肉食等公司拓展屠宰加工、猪肉食品加工、包装制作等一系列产业链中游业务，获得了延伸产业链带来的其他业务收入。通过大数据、"互联网+"、聚爱优选 App 的使用，及时掌握消费者偏好，便于进行终端销售，有效地增加产业链附加值，提高牧原股份盈利收入，提升盈利空间。

（3）以生猪养殖业务发展为保障。牧原股份在三产融合过程中作为龙头企业发挥了示范、引导作用，但仍然以生猪养殖与销售为主营业务，以商品猪、仔猪和种猪作为主要产品，且主营业务收入占营业总收入的 90%。由此可见，牧原股份以生猪养殖业作为公司发展与扩大的根本保障。在生猪育种方面致力于提高生产性能，建立种猪质量控制实验室，利用先进的 BLUP 软件进行育种值的计算，严控生猪养殖的各个环节，以此来提高农贸市场的认可度。

牧原股份的发展贯穿了第一、第二、第三产业，充分体现了其在三产融合的渗透、交叉和重组方式下深化和拓展农业企业开放式创新的深度和广度。实现产供销一体化发展模式，既采用控制成本的方式来提高盈利水平，又通过延伸产业链、增加产业链附加值的方式来拓宽营业收入范围，从而提高盈利水平。在保证种猪的质量与安全的同时，实现了公司盈利最大化，形成了独特的竞争优势，走出了一条农业龙头企业积极参与三次产业融合发展实现现代化的特色道路。

五　促进三产融合提升我国农业类上市公司盈利水平的对策思考

通过对河南牧原食品股份有限公司的三产融合模式进行分析，借鉴三产融合经验，总结出推动我国农业类上市公司进行三产融合的对策建议，以此来提升农业类上市公司的盈利水平，进而发挥龙头企业带动作用，推动我国农业企业三产融合进一步深度发展。

1. 加强科技创新，推动农工融合发展

科技是第一生产力，是推动我国农业类上市公司三产融合发展的重要动力。依靠科技强化农业产业发展，政府要引导农业类上市公司在农业生产、加工、销售与服务过程中注入科技力量，努力提高农业龙头企业的科技自主创新能力，实现农产品加工业转型升级。龙头企业要提高先进技术在农业生产中的应用程度，加速科学技术特别是高新技术向农业领域的渗透，打造农村三产融合示范基地、生产流通一体化运营的农业产业园区，发挥农业高新技术产业集聚效应，大幅度提高农业科技整体水平。

借鉴牧原股份三产融合发展经验，养殖类公司要加大科技研发力度，建立自己的生物科技实验室。针对北大荒、湘佳股份、伊利集团、双汇发展等农业类上市公司出现的产品服务研发投入小、增收不增利的问题，应从增加科技研发费用方面来为农产品增产增利提供技术支持，推动农工融合发展，提高农产品竞争力与农业企业市场竞争力。

2. 完善基础设施建设，保障农商融合资源供给

优化农商融合的资源供给要素，完善我国农业企业基础设施建设，需要充分发挥政府的引导和鼓励作用。政府要鼓励金融机构加大对农商融合

项目的支持，引导社会资源投入农商融合的发展建设中，利用社会公共资源为农商融合提供保障，推动农商融合对接资本市场，使苏垦农发、新五丰、福建金森等上市涉农公司，在农商融合中避免因预付上游多带来的资金压力。此外，政府还要加强农村基础设施建设，解决双汇发展、苏垦农发等公司在农商融合发展中因成立于地级城市，带来的阻碍公司发展及人才引进的一系列问题。加大对农村道路的建设，解决物流运输道路不畅、运输难度大的问题；扩大移动互联网覆盖范围，宣传与普及互联网相关知识，解决农商融合中的实际问题；紧抓农村公共卫生问题，努力提高医疗条件，完善农商融合发展的基础设施建设与农业类上市公司发展条件，增加农业类上市公司对专业复合型人才的吸引力。

3. 挖掘农旅融合新价值，延伸农旅融合产业链

在农旅融合过程中，政府要坚持规模化、标准化、景观化建设农业产业基地，发挥农业向旅游业提供农产品生产、储存、包装、运输、销售一条龙服务的资源优势。打破农村对传统农业的界限，打造有农业景观的农旅文化创意休闲旅游景区。实现农旅融合推动农产品加工、销售和农村商贸旅游等行业的发展，延伸农旅融合产业链，增强农业类上市公司市场竞争力。深入挖掘当地乡愁文化、红色文化、特有的民俗地域文化，加强产业间的融合，因地制宜，突出本地特色，加深对新功能、新价值的挖掘程度，研发创新具有本地特色的休闲农产品。生物股份、中牧股份、天种畜牧等企业要充分利用所处城市的特色资源，结合城市自然与人文景观，形成企业独有的特色产业链。

4. 加强农业企业跨界合作，构建三产融合协调机制

加速农业企业进行三产融合，推动要素跨界配置和三次产业有机融合。促进农产品流通运输与交易过程的信息化发展，实现产供销一体化，打造农村三产融合发展新载体、新模式。政府要组建农业人才交流创新示范园区，做好人才培养、引进和交流工作，鼓励农业类上市公司与高校和各类研究院积极合作，构建跨界合作平台，加速农产品与大市场对接，增加企业收入。牧原股份在政府的鼓励与支持下，于2017年加入了"猪基因组选择育种平台"，又在2019年加入了"国家优质瘦肉型猪选育联合攻关项目"，利用高校、相关企业及科研院所的支持，对生猪育种领域进行研究，

取得了一定成果。所以农业企业更要通过借鉴牧原股份三产融合和构建跨界合作平台的案例，来打破不同产业间的壁垒，形成利益联结共同体，重视跨界合作的协调与沟通，推动生产要素跨界流转，提升跨界合作的效率，构建高效的三产融合协调机制。

5. 建立有效的利益联结机制，推动农业类上市公司三产融合发展

深化农村产权制度改革，健全农产品产权市场交易体系，明确相关利益主体各项权能，完善资产增值收益的分配比例，农业类上市公司要做好企业利润分配工作。提升农业企业的组织化程度，积极促进农民与企业合作、企业与企业合作，处理好新型农业经营主体与农业类上市公司的关系。借鉴牧原股份 2017 年"政府+银行+龙头企业+合作社+贫困户"的"5+"资产收益扶贫模式，实现政府、金融机构及企业的多方共赢。加强农村信用体系建设，将企业与农户的行为和信用挂钩，实现双方利益最大化。

6. 完善金融支持体系，加大对农业类上市公司的税收政策支持力度

围绕乡村振兴产业发展的需求，推动农业产业进行三产融合发展，为了充分发挥龙头企业在三产融合中的引领作用，政府应采取政策性间接调控措施，以促进农业类上市公司三产融合的发展。政府要鼓励金融机构通过抵押贷款模式和信用评级体系，为龙头企业进行科技研发、中长期贷款方面提供便利服务。大力支持农业类上市公司利用发行债券、资产证券化等方式开展融资，从而对接资本市场。引导社会资本积极参与农业类上市公司在三产融合发展中的投资。推动完善农村三产融合的保险机制，尤其是种植业保险与养殖业保险，降低企业因农业生产风险和市场不稳定性而带来的投资风险。同时，政府要加大对农业类上市公司的税收优惠支持，拓宽税收优惠范围、放宽符合优惠的条件，加大对农产品的补助力度，打通农业类上市公司的税收政策传递壁垒，从而减轻农业类上市公司的金融压力，提高农业投资效能，解决我国农业类上市公司的金融支持体系不完善、税收政策支持力度不足的问题，从而提高农业类上市公司的盈利水平。

第八章

结论、对策与展望

第一节　主产区农村三产融合溢出
效应的具体体现

一　有利于创新主产区现代农业经营体系，增强主产区农业发展韧性

中国工业化和城镇化快速推进带来的农村劳动力大量转移，造成了农业劳动力和土地成本不断攀升，再加上农业家庭经营规模偏小，抗风险能力差，农产品国际竞争力下降。面对人多地少、人均资源严重不足的自然禀赋，大力推进适度规模经营，是一种必然选择。农村三产融合，贯穿农业生产的整个链条，三产融合公司化提高了社会信誉，更容易获得贷款，从而更容易获得资本投资以及农作物种植技术等共享的专业知识，可以提供更加具有针对性的有效农业科技供给，会大大降低农户实现适度规模经营的外部条件约束，增强农户适度规模经营的意愿，最终有利于提升主产区农业发展的韧性。

二　提升主产区农业生产效率，提高农民收入，促进共同富裕

通过农村三产融合，可以引入高技术、专业化的生产技术和服务，这些技术和服务可以帮助主产区农民提高生产效率，减少损失，并降低不必要的开销。同时，专业化的服务还可以提供农产品质量监测、疫情防控等

方面的支持，提高农产品的市场竞争力。另外，农村三产融合可以通过建立信息平台和流通渠道，促进农业生产和市场信息的传递与分享。农民可以及时获取市场需求和价格信息，从而调整生产结构和经营策略，提高农产品的销售效益。同时，建立高效的流通渠道，能够将农产品从农田直接送达消费者手中，减少中间环节的损耗，提高农民的收益。并且，通过三产融合，可以将更多的知识技术渗入主产区农业生产过程，提高农产品的附加值。例如，加工农产品成为有附加值的食品或食材，推广绿色、有机、地理标志等农产品认证，都能够增加主产区农产品的市场竞争力，提高农民的收入，促进主产区共同富裕。

三 深化农业分工和完善产业链，促进主产区粮食产业高质量发展

农业分工深化前提下的专业化水平提高是农业现代化的必由之路，正是通过主产区农村三产融合各部门的崛起与协同，向农业生产者及其他涉农组织提供一系列的中间服务投入，延伸了农业产业链的长度，拓宽了服务领域，使得分散经营的小生产农户，可以较为方便地进入产业链的环节，给主产区农业产业链带来效益。同时农村三产融合的发展进一步促进了协调分工和减少了交易成本，三产融合对农业生产链条的纵向延伸拓宽了农业的服务内容，吸引了不同参与主体，促成了核心链条与配套链条的协同发展，缩短了农产品从研发、生产到销售至消费者手中这一生产流通周期，从生产环节、流通环节、信息传输等多方面节约了费用，提高了农业经济效率，驱动了农业产业纵向集群化。

四 推动农业关联产业的空间集聚，增强主产区县域经济发展的韧性

三产融合发展可加快三次产业之间的衔接、渗透融合和延伸，推动农业关联产业的空间集聚，最终形成供应链、价值链和产业链"三链"闭环，推进城乡融合发展。一方面，农业关联产业的空间集聚是基于产业链的某一个环节即链条节点而横向拓展，重点培育形成的产业集群模式。这一进程中产业软化发挥了关键作用，对于第一产业来说，农业产业软化指通过

提高农村三产融合这一软投入的比重，改变农业的生产方式，使第一产业减少对劳动与物质的消耗，增强对知识与信息技术等的依赖。另一方面，农村三产融合的推动可以吸引和集聚更多的技术和人才资源。由于农村三产融合所需的专业知识和技能较高，农村地区需要引进相关人才和专业技术支持。这会促使技术和人才向小城镇聚集，推动小城镇的发展和繁荣。通过农村三产融合，传统的农业产业得到优化和转型升级，与城市经济相互融合，农村三产融合也为农村地区提供了更多的公共服务和基础设施，改善了农民的生活和就业环境，从而既推动了农业产业集聚效应的形成，又增强了主产区县域经济发展的韧性。

五 整合农业研发组织及推广方式，增强主产区粮食产业发展的韧性

长期以来，我国粮食主产区农业科研设施装备资源分散、条块分割，低水平重复建设和缺位断档等现象并存，再加上机制不完善，协作不畅，造成农业科技进步的有效性严重偏低。通过建立农村三产融合网络平台或机构，可以及时揭示新政策、新技术、新思路、新商机等信息，并筛选出更有生产价值的高技术项目。这样的选择机制能够有效集中资源和人才，避免低水平重复建设和缺位断档的问题。主产区三产融合发展可以促进科技推广方式的改进。按照市场和产业需求，形成专业化、标准化和规模化的推广模式，加快新知识、新技术、新成果转化为现实生产力的速度。这样可以增强农业技术进步的有效性，使数字乡村建设与三产融合发展更为顺畅，能深化农村三产融合发展，使农业产业链、供应链、价值链、创新链优化，与数字乡村建设赋能、促进产业共生、为农服务的效能形成优势互补，增强粮食体系韧性。

六 有效赋能主产区乡村振兴，促进主产区农业农村绿色低碳发展

产业兴旺是乡村振兴的基础，三产融合发展可以促进主产区立足乡村生态优势，利用农业现代化技术，促进农业发展的多领域拓展，加快主产区农业发展社会效益、经济效益和生态效益的统一。同时，通过产业延伸

与融合，为主产区农户创造更多的农业领域创新创业契机，共同推进主产区乡村振兴。农村三产融合可以将科技创新作为农村发展的引擎，通过加速数字技术在农业全产业链的应用，可以帮助农民突破土地、人力、资本等资源约束瓶颈，提高农业生产效率和质量。农村三产融合可以促进绿色新技术与农业生产的融合。例如，利用数字技术可以监测土壤水分、气候变化等信息，实现精准的水肥一体化管理；利用大数据分析可以优化农业生产计划和作物保护措施；利用云计算可以实现农产品供应链的可追溯性；等等。这些技术的应用可以提高农业生产的效率和质量，同时减少环境影响。支持主产区农村农业实现从传统的"靠天吃饭"到"可控制"的智能化生产模式的转变。通过应用人工智能、大数据和云计算等技术，可以实现精确的农业生产管理，如精准种植、养殖智能化和农产品品质追溯等。这有助于提高主产区农民的收益水平，同时减少碳排放和资源消耗，推动农村农业向低碳发展目标迈进。

第二节　当前制约主产区农村三产融合溢出效应发挥的问题

一　主产区政策不够完善，对农村三产融合发展支持力度不够

中国的农村三产融合相对于其他发达国家起步较晚，对于农村三产融合改造传统农业的重要性认识不足，对于支持发展农村三产融合的方针和政策还停留在"一刀切"水平上，没有考虑到中国的基本国情，市场准入门槛依然过高，农村三产融合行业仍以国有资本为主。近年来，中国相继出台了支持农村三产融合发展的政策措施，但实施过程缓慢，时滞性较明显，导致政策落实效率低下。即使是已经落实的政策，支持力度也较小，农村覆盖区域有限，落实效果亟待提高，且政策创新滞后，难以形成长期有效的机制体系。

尤其是粮食主产区，整体来看，有关农业的财政支出明显低于国家平均水平，三产融合作为农村经济未来发展的主旋律，需要政策、资金、人才、技术、土地等各方面的支持，主产区财政补贴、税收优惠虽然已向三

产融合项目倾斜，但是缺乏协调性、针对性，力度不足，难以发挥其引领带动作用，三产融合推动农村经济发展、促进农民增收的效应也因此受阻。另外，主产区还普遍存在政府对农村三产融合的引导不足，配套支撑体系不完善，缺乏总体的统筹规划等问题，导致三产融合发展过程中综合协调不够和粗放式经营。

二　主产区农村三产融合发展基础设施不完善

由于长期以来实行家庭联产承包责任制的小规模的传统农业经济发展模式，中国的农村三产融合起步较晚，发展相对滞后，与发达国家之间的差距较大。就目前中国的状况，主产区农村三产融合发展基础设施建设还处于相对滞后的局面，很多主产区农村地区支持产业发展的基础设施没有建成，部分地区即使建成也没有形成相应的维护机制，尤其是网络信息化建设严重滞后，导致农村三次产业融合发展成本太高。主产区农村三产融合发展基础设施不完善，主要表现为以下几个方面。一是农村道路交通设施不健全。许多农村地区道路狭窄、路面破损严重，交通不便，影响了农产品的运输和销售。二是农村水利设施落后。许多农村地区的水利设施还是 20 世纪 50~60 年代修建的，设施老化、灌溉效率低下，不能满足现代农业发展的需要。三是农村电力设施陈旧。许多农村地区的电力设施还是几十年前建设的，线路老旧、电压不稳定，经常出现停电或电力供应不足的情况，给农民的生产和生活带来很大的不便。四是农村通信设施薄弱。许多农村地区的通信设施不完善，网络覆盖面窄，通信质量差，信息传递不畅，影响了农民获取市场信息和科技信息的能力。五是农村公共服务设施不足。许多农村地区的公共服务设施不完善，如医疗、教育、文化、体育等，公共服务水平低下，不能满足农民的基本生活需求。

三　主产区农村三产融合模式较为单一，农村三产融合组织发展严重滞后

当前主产区农村三产融合仍处于初步探索阶段，融合的模式较为单一，很多融合思路只是处于初步设想阶段，并未进入实施阶段，或者说还未制

定出一个较为完善的实施方案。真正投入实施的只是部分简单、初级的融合模式，比如延长农业生产链条，对农产品进行初级加工，种植、养殖相结合。除此之外，还有许多值得探索和实施的融合模式，这些模式有待进一步发展和拓展，比如开发农业的多种功能，以及延长农业产业链条的前端和后端等。另外，主产区农村三产融合组织的总体创新能力不强，规模小、数量少、影响力不大，一些农村公共服务机构提供的服务技术水平太低，还没有达到一些龙头企业的水平，远远不能满足农户的需求。农村三产融合组织大都处于分散经营和单打独斗的局面，企业自身经济效益低，无法带动周边经济发展。

四　主产区从业人员知识老化问题突出，专业化服务人才严重缺乏

当前，中国农村三产融合过程中存在人才专业结构不合理的问题，尤其是在粮食主产区，由于经济欠发达，许多农民无法从农业生产中获得满足生活水平的需求，因此选择放弃农业，导致农业发展状况日益下滑。这种情况导致了专业机构人员的专业技能无法得到充分施展，甚至会出现人才外流的现象。此外，还出现了专业技能水平低、知识老化、知识退化的现象，缺乏更新的知识体系。尤其是近年来，随着农业结构调整加快，绿色农业、生态农业发展所需的物流、金融服务和信息咨询等现代复合型农村三产融合人才严重缺乏。相对于城镇居民而言，农村居民由于教育质量等方面的差异，劳动力素质普遍偏低，这也是制约农村经济发展的另一个重要因素。农民的文化素质偏低，不能适应三产融合高效发展的需要，使其错失提升获利水平的机会。三产融合是对农村经济发展的一个创新，需要投入大量的专业人才，目前农村三产融合人才需求方面呈现供不应求的局面。这些都极大地制约了农村三产融合工作的推进，使预期的经济效益难以实现。

五　主产区三产融合利益联结机制有待完善

农村三产融合的目的就是带动农村经济发展。经济成果的分配问题至关重要，有必要在不同经营主体之间建立互惠共赢、风险共担、激励相容的利益联结机制。目前，不同经营主体之间存在恶意竞争、争夺资源但并

未充分有效发挥作用的情况。新型经营主体和传统经营主体之间如何形成分工协作、优势互补的关系有待在实践中进一步探索。新型经营主体扮演着引导者的角色，但在实践中存在很大难度。部分本土企业和外来企业为了争夺利益相互排斥，会凭借自身优势地位和影响力进行垄断，不利于整体发展和利益分配。参与三产融合的主体多样，各主体在认知理解层面各有不同，难以客观地看待自己在参与三产融合中的角色定位，易出现观念分歧、利益分配难以协商的局面。农民作为三产融合的重要参与者，其数量较大，但相对分散，在利益分配中处于弱势地位。没有一个合理的利益联结机制作为保障，普通农户在激烈的市场竞争中往往采取消极的态度，甚至会产生抵触的心理，不利于农村三产融合的推进，将会制约三产融合对缩小城乡居民收入差距的促进作用。

六 主产区普遍要素市场化改革滞后，制约三产融合对农业作用的发挥

长期以来，我国实行城乡分治，即在管理体制、基础设施建设、经济发展、教育、医疗等方面实施不同的措施，把更多的资源集中、倾斜到城市建设上去，而农业部门则把工作重心更多地放在农业生产上来，这在主产区表现尤为突出。主产区各类要素市场建设中，产权保护、市场准入等基础制度相对于发达地区还很不完善，农村土地、劳动力、技术、资金、数据等要素市场化改革较为滞后，城乡之间尚未形成自主有序的要素流动，通过三产融合优化使用生产要素、公平参与市场竞争配置资源、同等受到法律保护的市场氛围尚未形成。市场分割相对于非主产区更为明显，各类主体平等市场地位尚未有效形成，相对于城市，农村各类产权关系和产权保护制度建设明显滞后。以上问题成为制约三产融合对农业作用更好发挥的重要因素。为了解决这些问题，需要打破城乡分治的局面，实现城市和农村的平等发展。同时，要完善各类产权关系和产权保护制度，推进农村各类要素市场建设，促进城乡要素的自主有序流动。只有这样，才能更好地发挥三产融合对农业的作用，推动农村经济的发展。

第三节　增强主产区农村三产融合溢出效应的路径

针对中国农村三产融合发展存在的问题，进一步延长产业链，利用新技术，开发新业态，提高融合的科技含量和价值，以增强中国农村三产融合溢出效应，尤其是要结合主产区农村三产融合高质量发展现状、困境及其引致因素、动因和溢出效应，提出"要素协同-设施改造-利益共享-人才支撑-城乡协同-壮大主体-模式创新-科技支持-数字赋能-产业重塑"十位一体的增强主产区农村三产融合溢出效应的路径（见图8-1）。

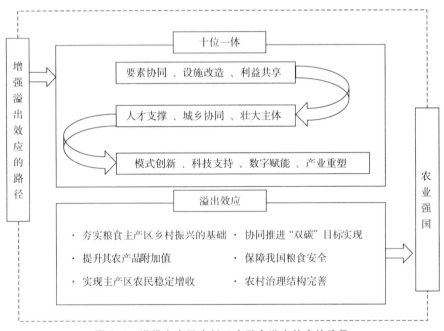

图8-1　增强主产区农村三产融合溢出效应的路径

一　加大对主产区农村三产融合的政策支持力度，为深度融合提供要素保障

1. 放松管制，加大对主产区农村三产融合的政策支持力度

各级政府要做好顶层设计，结合本地资源要素禀赋，强化要素协同。

从主产区实际情况出发加强顶层设计，进一步完善主产区农村三产融合发展政策体系，强化融合发展要素协同，建立健全长效工作机制，在粮食主产区建立跨区域、跨部门的产业协同联动机制，以确保信息畅通、监测准确、管理高效。在工业化进入中后期的背景下，必须坚持工业反哺农业的政策。政府应该积极引导社会资金，加大农业补贴的力度，以建立新型农业社会化的农村三产融合体系。首先，要巩固主产区农业的根基，健全针对耕地改良、农机、绿色农产品、种粮等补贴政策，把第一产业发展放在首位。调整农产品加工产业的相关支持政策，重点扶持精深加工新业态。其次，政府应采取一系列措施，包括提供优惠税收政策，以提供帮助和补贴，并加大政府资金引导力度，比如应扩充主产区省、市（县）两级三产融合发展引导资金，以引导更多的社会资本投入三产融合发展。进一步推进休闲农业、智慧农业发展进程，依托当地实际，开展"互联网+农业"的新型休闲农业业态。最后，深化产权制度改革，引导工商资本下乡，健全乡村金融服务体系，指导县域金融机构把资金投入农村三产融合的重点领域，扶持发展农业供应链金融。

2. 做好要素保障

资本方面，要提高中央财政对主产区农产品产地初加工补助标准，将相关财政资金倾斜给农产品加工企业，提升财政扶持资金的使用效率。完善对三产融合发展的财政支持体系，明确支持主体、重点和模式，以吸引更多资本投入农村三产融合领域。人才方面，要鼓励农民创业和返乡农民工发展各类创意农业，为涉农企业家和农民提供技术培训和创业指导服务。加快发展新型农业经营组织，鼓励工商资本参与农村三产融合，促进人才流动和资源配置的优化。技术方面，要搭建多方位的农业技术创新服务与技术推广平台，加强农业技术研发和推广，提高农民的技术水平，促进数字技术在农业生产中的应用。土地方面，要完善土地流转服务体系和土地流转扶持政策，建设土地流转信息发布平台，促进土地流转市场的健康发展。鼓励农民将闲置的土地租赁给专业农业经营主体，实现农业规模化经营。

通过以上措施的实施，可以为主产区农村三产融合发展提供资本、人才、技术和土地等要素的支持，推动农村产业的创新和升级。同时，还需要综合考虑地方实际情况，制定具有针对性的政策，促进农业现代化与农村经济的可持续发展。

3. 完善协调机制和组织保障，有序推进农村三产融合

（1）完善税收制度，减轻农村三产融合企业负担。第一，降低农村三产融合企业税率。在继续加深农村三产融合税收制度改革基础上，联系中国国情，建立一个农业与工商业相协调的税收制度，协调农业生产者和非农业生产者税收。对于税负较重的农业服务企业适当实行降税政策，减轻经营压力。对于引进国外先进技术和设备的，降低关税和增值税标准。第二，完善农村三产融合税种制度。对于当前已无农业税转嫁的现象，可以参考国外经验，调整流通领域税收制度，使农产品在流通过程中，将增加的税转嫁到消费者身上。第三，设立普遍适用的农村三产融合税收优惠政策。在重点扶持农业龙头企业、重点企业的基础上，设立适用所有农业企业的税收优惠政策，加快农村三产融合发展。第四，完善财政补贴制度，调整农村三产融合结构。政府应该继续提高财政对农村三产融合补贴规模，并在此基础上，根据产业发展目标，适当调整补贴结构。长期来看，加强农业生产基础设施建设、调整农业产业结构和提高农业生产科技含量可以有效提高生产服务效率，提高农民收入，但短期内可能会对需要改变的领域造成一定伤害。因此，财政支出应加强相关环节补贴力度，以使相关领域主体能够平稳度过阵痛期。

（2）加快户籍制度改革，促进农村三产融合就业效应。首先，统一城乡居民身份，促进农村三产融合吸纳劳动力。目前社会上存在着各种各样的身份制度，随着二代身份证的普及和信息技术的迅速发展，二代身份证可以承载更多的信息，因此统一城乡居民身份性质就有了技术保障。在居民社会保障上应该与身份特征脱钩，确保相同的付出能获得相同的回报。农村居民和城市居民身份平等，将会提升农村三产融合吸引力，有利于劳动力自由竞争，是农村三产融合发展的基石。其次，促进劳动力人口流动，保障农村三产融合人才自由流动。劳动力根据市场需求的自由迁徙将会促进社会经济平衡发展。对于农村三产融合，劳动力自由流动不断带来新鲜血液，可以使融合产业能够在国内和国际上与其他产业发展保持一致。

（3）完善财政支农政策，加快农村三产融合发展。第一，扩大农村三

产融合财政投资支出规模。当前中国农村三产融合底子薄，应适当加大财政对农村三产融合投资力度，增加投资规模，建立投资支出持续稳定增长机制，科学规划农业投资发展。各级政府也要在财政预算中加大对农村产业发展的支持力度，落实每一项涉农政策。第二，调整农村三产融合财政投资结构。在目前财政资金有限的情况下，优化财政对升级农村三产融合投资结构、提高资金使用效率就更加重要。要加大对农业科研机构的支持，加强相关服务企业与科研院所联系，将科研成果转化为生产力，提高农村三产融合科技含量。还要建立农业技术推广机构，切实解决农民生产所遇到的困难，引导农民参与农业企业经营，把握并解决生产中的实际需求。第三，增加农村三产融合投资渠道。过度依赖财政资金不利于促进三产融合现代化转型。要增加农村投资渠道，就要通过财政投资引导社会金融资金和个人资金进入农村三产融合领域。在具体形式上，财政资金通过投资具有带动性的农村三产融合龙头企业，与企业共同承担风险，享受收益，促进龙头企业快速成长，并带动产业链上下游健康发展，在适当时候退出企业经营，并将资金继续投入下一个目标。通过类似措施可以激发社会资本进入农村，成为农村三产融合发展和现代化转型的催化剂。

二　加快数字乡村建设，抓好农村新基建，补齐三产融合基础设施短板

主产区需要采取积极措施，加快数字乡村的发展进程。为此，需要充分挖掘和利用数据要素的潜在优势，高标准地推进农村新基建，特别是加快农村5G基站等数字基础设施的建设。这将提高农村数字化网络覆盖率，弥补三产融合基础设施的不足，从而为农村三产融合发展提供更好的基础条件。通过充分发挥数字要素在传统产业中的作用，利用数字技术促进农村产业在广度和深度上更好地融合，将有助于构建更加通畅的内外部三产融合发展体系，为乡村经济注入新的活力。同时，主产区也需要注重培养和引进数字化人才，提高农村数字化素养。通过开展数字技能培训、引进专业人才等方式，为农村三产融合提供强有力的人才支撑。只有具备足够的技术和人才，才能更好地推动农村数字化发展，让数字要素在农村三产融合中发挥更大的作用。此外，主产区还需加强对数字乡村发展的政策支

持。政府部门应出台相关政策，鼓励各类企业、社会组织等力量参与数字乡村建设，引导社会资本投入农村数字基础设施建设，推动农村产业数字化发展。政策的支持将为数字乡村发展提供强有力的保障，推动农村三产融合向更高层次、更广领域拓展；为乡村经济注入新的活力，推动农村产业向高端化、智能化方向发展；为全面实现乡村振兴战略提供有力支撑。

三　建立多形式利益联结机制，培育主产区农业高质量发展新动能

建立健全利益联结机制，是影响农民获得农村三产融合发展红利的重要因素。这不仅关乎农民的经济利益，而且直接关系农村产业的健康发展。因此，建立多层次、多形式的利益与风险联结机制，合理分配三产融合取得的成果，是促进合作、限制恶意争夺和排挤的必要手段。为了更好地促进农民参与农村三产融合并分享成果，需要进一步健全农民的利益分配制度，拓宽农民的参与渠道，提高农民在农村三产融合中的地位。这需要政府主动指导各种经营主体风险共担、互利共赢，创新产业组织形式，如"订单+股份合作""农民入股+保底分红"等，让农民充分参与到各行业发展中，并从中获取收益。发挥地方政府的主动性是关键的一环。政府应因地制宜，发挥当地资源优势，主动创造、调动一切积极因素，促进经营主体间形成风险共担、互惠共赢、激励相容的关系。这不仅可以更好地带动农民参与农村三产融合，而且可以确保农民能够真正分享到融合成果。此外，还需要关注农民的教育和培训。政府通过提高农民的素质和技能，让他们更好地适应农村三产融合发展的需要，更好地参与到各行业的发展中。这不仅有助于提高农民的收入水平，还可以进一步推动农村产业的升级和发展。

四　大力鼓励返乡创业，培养农村三产融合专业人才队伍

建立健全农村企业发展的创业扶持制度，吸引社会各界的优秀人才来农村创业。鼓励研发人员用技术成果对农业生产经营进行股权投资，实行"校企合作""院企合作"的聘用制度。通过政府购买服务等方式，为初创期的农业企业提供技术、经营管理等方面的专业支持。探讨提高农民文化素质的途径，实施"巾帼新农人"培育等行动，建设农村人才储备库。创

建适合农村的技术人员培养基地，促进产教融合，完善农业专业技术人员培养体系。例如，在主产区开展"新农菁英"培养工程，构建农村青年人才数据库，支持青年、乡贤返乡创新创业，加快推进乡村产业振兴。要从中国从传统农业向现代农业转化对农村三产融合的需求日益扩大的实际出发，集各级农业部门、科研院所和高校力量，充分调动参与主体的积极性，积极培育新型职业农民，对农村三产融合从业者进行教育、培训，提高其经营能力，提高主产区农村三产融合从业人员的素质和服务水平，加大订单式委托和定向招标等新型培训模式的力度，培养适应中国现代农村三产融合发展所需要的多层次、专业型、复合型人才，让农村三产融合从业者更加的职业化、专业化、科技化、集约化，从而提高农村三产融合从业者的综合素质，保证农村三产融合的健康发展。引导农户提高认识水平，增强对农村三产融合的依赖，主动吸收相关的知识，自愿接受培训，争当新型职业农民，引入先进的农机、农技，并形成现代化的种植理念，科学合理种植，真正解决"怎样种地"的问题。

五 强化城乡联合和协作，打造粮食三产融合园区

在中国的农业发展布局中，主产区发挥着至关重要的作用。为了进一步优化资源配置和提高生产效率，主产区应当加强县域统筹，打破行政壁垒，促进县乡联动、产镇融合以及产村一体的发展格局。这不仅有助于提升农业产业链的协同效应，还能为农民创造更多的就业机会和收入来源。为了实现这一目标，需要采取一系列切实可行的措施。

首先，要支持农产品加工流通企业向有条件的乡镇和物流节点集聚，通过产业集聚效应推动乡镇经济的互动融合发展。这不仅可以降低生产成本，提高市场竞争力，还有助于形成特色产业集群，提升区域品牌影响力。

其次，在全国粮食主产区范围内部署一批农业高新技术产业示范基地。通过引进先进的农业科技和管理经验，打造具有强大规模优势的农村三产融合发展示范园和农业产业强镇。这不仅可以提升农业的科技含量和附加值，还能吸引更多的投资和人才，推动农业现代化进程。

再次，构建多要素集聚、多主体参与、多模式推进、多业态发展的融合模式。通过推动农业与第二、第三产业的深度融合，促进农业产业链的

延伸和拓展，不仅可以提高农业的综合效益和市场竞争力，还能为农民提供更多的就业机会和增收途径。为了提升农产品的品牌价值和市场影响力，急需建设一批知名的、有影响力的地区公共品牌。这些品牌应当具有鲜明的地方特色和品质保证，形成"乡字号""土字号"等具有地域特色的品牌形象。这不仅可以提升农产品的知名度和美誉度，还能增加农产品的附加值和市场竞争力。同时，重视加工副产物的资源化和梯次利用。在粮食主产区范围内，以粮食物流通道、特色粮油品牌为依托，将粮食初级加工环节放在产区内进行。通过加强质检、物流、仓储等方面的配套建设，提高加工副产物的利用率和附加值。这不仅可以减少资源浪费和环境污染，还能为农民和企业创造更多的经济效益。为了加速产业向优势产区集聚，大幅增强粮食产业的附加值，要积极推动"园中园""特色园"等形式的高新开发区建设。通过与高新开发区、综合保税区、"双创"平台等对接，吸引更多的投资和创新资源，促进科技成果的转化和应用。这不仅可以提升粮食产业的科技含量和附加值，还能带动周边地区粮食产业的发展和升级。

最后，建立有利于地方政府增税、企业增利、主产区农民增收的"三方共赢"长效机制。通过优化税收政策、降低企业成本、提高农民收入等措施，激发各方面的积极性和创造力，推动粮食产业的可持续发展和社会经济的共同进步，提升中国农业的整体竞争力和国际影响力，为世界粮食安全做出积极贡献。

六 发展壮大三产融合新型经营主体，发展农业产业化联合体，大力推进主产区农村创新创业

1. 发展壮大三产融合新型经营主体

首先，新型经营主体包括农民专业合作社、家庭农场、农业社会化服务组织等，它们具有较高的组织化程度和经营管理能力，能够更好地整合资源、提高生产效率、增强市场竞争力。通过政策扶持和技术支持，可以促进新型经营主体的快速发展，提高农业的组织化程度，推动农业的产业化进程。其次，强化工商企业的社会责任是实现农业产业化的重要保障。工商企业作为农产品加工和销售的主要力量，应该承担起相应的社会责任，积极参与农业产业化进程。企业可以通过与农民建立稳定的利益联结机制，

提供技术支持和就业机会，推动农村经济的发展。同时，企业应该遵守相关法律法规和标准，确保农产品质量安全，维护消费者权益。再次，培育规模较大的农产品加工企业是实现农业产业化的重要环节。农产品加工企业能够通过深加工、精加工等方式提高农产品的附加值和市场竞争力。政府可以出台相关政策，支持农产品加工企业的发展，鼓励企业加大科技投入和创新力度，提高产品的质量和市场占有率。最后，壮大农业产业化龙头企业规模并向重点产区和优势区集聚是实现农业产业化的重要途径。龙头企业作为农业产业化的核心力量，具有资金、技术、市场和管理等方面的优势，能够带动农民增收和农村经济发展。政府可以通过政策引导和资金支持等方式，鼓励龙头企业向重点产区和优势区集聚，推动农业产业的区域化布局和专业化生产。

2. 发展农业产业化联合体

建立由农业龙头企业牵头，合作社和家庭农场积极参与，小农户广泛参与的农业产业化联合体，形成"抱团发展"的格局。农业龙头企业作为联合体的牵头方，可以凭借其强大的实力和资源整合能力，为联合体提供技术支持、市场开拓、品牌建设等方面的支持。同时，农业龙头企业还可以通过与合作社和家庭农场的合作，优化资源配置，降低生产成本，提高产品质量，增强市场竞争力。合作社和家庭农场作为联合体的积极参与者，可以发挥其组织化程度高、与小农户联系紧密的优势，为联合体提供稳定的农产品供应。此外，合作社和家庭农场还可以通过与农业龙头企业的合作，获得更多的市场信息和销售渠道，提高自身的经济效益。小农户作为联合体的广泛参与方，可以通过加入合作社和家庭农场，实现规模化、组织化生产，提高自身的生产效益和市场地位。同时，小农户还可以通过与农业龙头企业的合作，获得技术支持和品牌建设等方面的帮助，提高自身的产品附加值和市场竞争力。

3. 大力推进主产区农村创新创业

首先，政府应该加大对主产区农村创新创业的支持力度，包括资金、政策和技术等方面的支持。壮大农村科技人才队伍，出台一系列科技人才奖励政策，鼓励其自主创业，为农村发展注入更多动力。其次，鼓励更多的农民参与到创新创业中来，提高他们的创新创业意识和能力。搭建创新创业平台，大力推广创新创业带头人、乡村优秀企业家、典型县，建设一批富有地域特点的乡村创新创业示范园区和孵化基地，为农民提供更好的创业环境和机会。加强农村创新创业服务体系建设，为农民提供更加全面、专业的服务。最后，加强对农村文化能人、手工艺人、技术能手、经管人员的培养，提高农户创业积极性。加大对农村创新创业成果的宣传和推广，提高其知名度和影响力，促进更多的资源投入农村创新创业。

七　因地制宜，创新主产区融合模式

农村三产融合的模式是相当于框架作用的存在，三产融合模式的确立直接关乎经济效益的取得。在传统农业基础上探索创造出的融合模式是农业生产经营方式的升级。

根据区域传统文化、风俗习惯、资源禀赋等独有特色，发展"行业协会+加工企业+基地+服务主体+农户"的现代生产经营组织体系，与农村三产融合发展紧密联系，开发新型业态。稳步推进农业产业内部交叉融合，农林牧渔业融为一体，以循环发展为导向促进质量安全与增值增效。纵深推进农业产业链延伸融合，立足当地发展实际，精准施策，按照"纵向延伸、横向拓展、侧向衍生"的融合发展思路，促进产业链上各个环节紧密连接，优化产业结构，构建现代化农业产业发展体系。加快推进农业功能拓展，深入挖掘价值，与文、教、科、卫、研、学紧密结合，根据地区资源禀赋，树立精品农业产业示范工程，打造极具地区特色、功能多样、优势突出的农业产业业态。创新推进要素渗透，赋能农村三产融合发展，引进先进的网络、农业、信息技术，应用于农产品生产加工的各个环节，推进"物联网改造"，探索形成农业物联网行业标准和应用模式，发展智慧型农业产业业态。本书提出以下五种融合模式供参考借鉴：第一种，农业内部有机整合的模式，调整优化农业种植养殖结构，发展高效、绿色农业；第二种，全产业链发展融合模式，由农业生产环节向前和向后延伸产业链条，挖掘创造更多的价值；第三种，开发农业多功能融合模式，在传统农业的基础上开发旅游、文化、教育、生态疗养等功能，创造更多发展可能性；第四种，科技渗透发展融合模式，加大互联网、物联网等先进科技的融合力度，致力于实现农业现代化；第五种，产业集聚型融合模式，围绕当地特色资源，打造优势产业，形成品牌优势和集群优势，协调推进三产融合步伐。以上几种融合模式为农民提供了多种参与农村三产融合的方式，以及多种增收路径。

八　加强科技与金融支持，优化主产区农村三产融合资源配置

1. 加强对主产区农村三产融合科技支持

加强统筹城乡科技资源，扩大城市的科技辐射范围，促使科技要素从城市流往农村。在城市建设重点研究实验室和技术研究中心，大力支持城市内外高等院校、科研机构创建科技研发实验站，引导科技资源进入农村三产融合。以创新农村科技服务机制为核心，通过对农村所有的科技信息资源的整合，创建城乡共同发展的信息服务体系。实现资源的合理、高效配置是有效的农村三产融合体系构建成功的关键。应加强政府涉农机构的整合与部门之间的协作，要注重发挥市场机制作用，引导更多的社会资源投向公共服务平台。另外，目前农业服务业市场化程度低，所以要根据不同种类生产服务业的实际情况，逐渐降低市场进入门槛，鼓励市场上规模大、有实力的企业积极参与到农业生产相关服务业的经营和创造中，通过财税优惠、减少审批和加强投融资支持的方式，吸引社会资本进入农村三产融合。"十四五"时期，科技创新生态将为三产融合高质量创新发展提供更为广阔的空间和应用场景，在创新生态的产业链条上形成上下游共建和资源共享的创新生态体系。强化科技创新成果在三产融合高质量发展过程中的吸收和转化能力，推动农村三产融合发展的标准化建设、智库建设、人力资源建设等，重点开展三产融合高质量发展创新主体培育工作。

2. 注重金融科技赋能主产区农村三产融合

要巩固农业在国民经济中的基础地位，就必须大力促进农村三产融合的发展。而要实现农村三产融合的快速发展，就必须加快农村金融科技组织创新、技术创新和制度创新的步伐。要实现农村产业深度融合发展，需要在新一轮金融科技和产业变革的背景下，发挥金融科技助推经济高质量发展的作用，针对农村三产融合存在的痛点、发展农业的难点、产融尚未解决的关键点，全面支持5G、云计算、大数据、人工智能等新兴金融科技与农村产业发展深度融合。要发挥政府作用，做好发展农村金融科技的顶

层设计，完善监管制度，深入推进金融科技体制机制改革，加快构建农村金融科技共享服务平台，夯实农村三产融合的基础，促进农村金融科技组织创新，推动农村三产融合水平的提升，积极推进信息技术与农村全产业链的深度融合，打造"金融+科技+生态"融合，解决中小微企业、"三农"等领域融资难、融资贵问题。

3. 促进三产融合产业链协同创新

实现主产区农村三产深度融合要建立以需求为导向，促进三产融合产业链协同创新发展。这意味着，在农业生产、加工和销售等各个环节之间，需要建立起更加紧密的联系和协作关系，以适应市场需求的变化。在农业产前、产中和产后等各个阶段，需要加强企业、科研机构和农民之间的合作与创新，推动农业全产业链的科技突破和成果转化。这需要政府、企业、科研机构和农民等各方共同努力，以市场需求为导向，推动农业产业链的深度融合和创新发展。农户、当地龙头企业和高校三位一体，实现优质新品种创新到新品种落地种植培育，再到新品种参与加工生产的"零距离"，提升三产融合模式与市场需求的匹配度。打破科研创新、新产品推广和新品种使用之间的隔阂，建立产业、学术和研究多方参与的双向互动模式，以适应科技创新与产业发展的趋势，并满足农业创新供给与市场需求。

九　重视三产融合绿色、数字赋能，促进主产区三产融合创新发展

优良的生态环境是促进农村三产融合、推动农村经济持续发展的关键条件，同时也会对农户生活品质和收益产生影响。高质量发展必须重视三产融合生态化和数字化建设。伴随数字经济的崛起，"数字+农业"概念被提出，传统意义上的三产融合高质量发展时空局限被打破，新兴的数字化技术应用于景区、博物馆、图书馆等，培育出"云农业旅游"、"云农业展览"、智慧农业、数字农业博物馆、数字农业图书馆等在线三产融合高质量发展体验项目。在农村环境治理中，要建立健全农村环境基础设施管理的"以奖促治"机制，优化农业产业结构，创新农业流通方式。在农业生产中，大力推行和运用农业生态循环技术，并进行畜禽养殖清洁生产、耕地质量综合提升等工作。此外，要拓展对于农业自身功能的认识，加大农业多功能性开发，对自然、生态和文化资源进行综合规划。

十　注重以价值链为核心促进主产区农村产业链融合

在当今经济全球化的背景下，价值链已经成为推动经济发展的重要力量。对于主产区农村产业链而言，注重价值链的塑造和提升，是实现农村经济转型升级的关键。

首先，促进主产区农村产业链融合要以市场需求为导向。要深入挖掘市场需求，了解消费者对产品的具体需求和期望，从而有针对性地调整产品结构和生产方式。同时，要注重品牌建设，提升产品的知名度和美誉度，增强市场竞争力。

其次，要发挥好政府的引导作用。通过政策引导、资金扶持等方式积极推动农村产业链的重塑，鼓励农民和企业参与到产业链的各个环节中。政府可以通过政策扶持、资金投入等方式，鼓励和支持农村企业加强技术创新和产品研发，提高产品的附加值和技术含量。同时，要加强农村基础设施建设，完善交通运输、通信等配套服务，降低企业生产成本，提高经济效益。

再次，要推动主产区农村产业链的绿色发展。要注重环境保护和资源节约，推广绿色生产技术和模式，减少对环境的负面影响。同时，要加强对农村生态环境的保护和修复，推动农村经济的可持续发展。

最后，要促进主产区农村产业链的协同发展。要加强产业链各环节的协作配合，形成优势互补、互利共赢的产业生态圈。同时，要鼓励和支持企业间的合作与交流，推动产业转型和升级。致力于全面提升主产区农业全产业链的全球竞争力，从而增强农业对各种冲击风险的抵抗能力。在主产区，强调以农民为主体的小型农业经营户积极参与到产业链的各个环节中，通过多种形式与市场接轨，如利用互联网销售、发展农村旅游等。同时，大力推动以大型农业企业为主导的农业产业化，通过资本运作和资源整合，将农业生产、加工、销售等环节有机结合起来，形成了一个相对完整的产业链。这种融合不仅可以促进农业与相关产业的紧密联系，还可以提升农业的可持续发展能力，为乡村的长期振兴奠定坚实基础。

第四节　关于进一步研究的展望

目前，不论是从理论的角度还是从实践的角度，有关三产融合对农业发展影响的研究文献都相对丰富，但系统地论述其溢出效应的实证分析的文献相对较少。本书对于从实证的角度来研究该问题有一定的帮助，尤其是对于从理论和实践的角度来探讨三产融合对农业溢出效应的经济解释，并对其溢出效应形成机制和渠道的认识具有重大的理论意义，同时为中国发展农村三产融合以提升农业生产效率、加快农业现代化的步伐提供了理论依据，由此具有一定的实际应用价值。

本书尝试从溢出效应的角度研究三产融合对农业的发展，虽然得到了有益的结论，但是在以下三个方面研究还是不够，需要继续深入。一是由于三产融合对农业溢出效应的形成机制具有复杂性、系统性，书中有关溢出效应形成机制的理论分析稍显薄弱，需要进行更加详细的分析和系统的论述。二是实证数据进行计量分析时，并没有比较不同粮食主产区之间的差异性。由于中国农村三产融合的发展具有地区不平衡性，东部地区和中西部地区，或者发达地区和不发达地区，即使都是粮食主产区其三产融合的发展对农业的溢出效应也是不同的，如果能在现有研究的基础上进行地区差异性的比较，或许会得到更有益的结论。三是由于疫情的影响本书原计划的乡村调研未能按计划大规模展开，这也导致本书可能存在微观农户数据支持的不足。以上三点是我们下一步继续研究和努力的方向。

参考文献

〔美〕阿林·杨格.报酬递增与经济进步 〔J〕.贾根良译.经济社会体制比较,1996(2):52-57.

安虎森,徐洁.粮食主产区新型城镇化发展制约因素及对策建议 〔J〕.经济与管理评论,2016,32(5):136-140.

白永秀,惠宁.产业经济学基本问题研究 〔M〕.中国经济出版社,2008.

蔡昉,张志刚,黄群慧,等.面向"十四五"的中国经济——财经战略年会2020 〔J〕.财经智库,2021,6(1):47-78.

蔡绍洪,俞立平.创新数量、创新质量与企业效益——来自高技术产业的实证 〔J〕.中国软科学,2017(5):30-37.

曹菲,聂颖.产业融合、农业产业结构升级与农民收入增长——基于海南省县域面板数据的经验分析 〔J〕.农业经济问题,2021(8):28-41.

柴正猛,王占宇,司沛琳.基于上市公司财务数据的我国农业供应链金融风险防范实证研究 〔J〕.价值工程,2019,38(1):81-86.

常远,吴鹏.产业集聚对收入分配的影响机制与效应差异分析 〔J〕.产经评论,2018,9(6):66-78.

陈柳钦.产业融合的发展动因、演进方式及其效应分析 〔J〕.西华大学学报(哲学社会科学版),2007(4):69-73.

陈启亮,谢家智,张明.农业自然灾害社会脆弱性及其测度 〔J〕.农业技术经济,2016(8):94-105.

陈盛伟,冯叶.基于熵值法和TOPSIS法的农村三产融合发展综合评价研究——以山东省为例 〔J〕.东岳论丛,2020,41(5):78-86.

陈湘满，喻科. 农村产业融合对农村居民收入的影响——基于空间杜宾模型实证分析 [J]. 湘潭大学学报（哲学社会科学版），2022，46（2）：66-73.

陈新忠，袁梦. 荷兰高等农业教育促进农业现代化的经验与启示 [J]. 中国农业教育，2020，21（3）：94-103.

陈学云，程长明. 乡村振兴战略的三产融合路径：逻辑必然与实证判定 [J]. 农业经济问题，2018（11）：91-100.

陈秧分，王介勇. 对外开放背景下中国粮食安全形势研判与战略选择 [J]. 自然资源学报，2021，36（6）：1616-1630.

陈雨生，陈志敏，江一帆. 农业科技进步和土地改良对我国耕地质量的影响 [J]. 农业经济问题，2021（9）：132-144.

陈云松. 逻辑、想象和诠释：工具变量在社会科学因果推断中的应用 [J]. 社会学研究，2012，27（6）：192-216.

程莉，胡典成. 农村产业融合对农民增收的影响效应研究：以重庆为例 [J]. 重庆理工大学学报（社会科学），2019，33（3）：18-27.

程雪军. 场景消费金融的发展与转向：以长租公寓"租金贷"为例 [J]. 南方金融，2022：1-13.

崔耕瑞. 数字金融能否提升中国经济韧性 [J]. 山西财经大学学报，2021，43（12）：29-41.

崔鲜花. 韩国农村三产融合发展研究 [D]. 吉林大学，2019.

戴紫芸. 组织一体化视角下农村一二三产业融合模式研究 [J]. 荆楚学刊，2017，18（3）：46-51.

邓创，徐曼. 金融发展对中国城乡收入差距的非线性影响机制——基于规模和结构双重视角的研究 [J]. 南京社会科学，2019（6）：8-18.

杜志雄，罗千峰，杨鑫. 农业高质量发展的内涵特征、发展困境与实现路径：一个文献综述 [J]. 农业农村部管理干部学院学报，2021（4）：14-25.

樊胜根，高海秀，冯晓龙，等. 农食系统转型与乡村振兴 [J]. 华南农业大学学报（社会科学版），2022，21（1）：1-8.

冯献，李瑾. 数字化促进乡村公共文化服务可及性的影响与作用机制分析——以北京市650份村民样本为例 [J]. 图书馆学研究，2021（5）：

19-27.

盖庆恩, 朱喜, 程名望, 等. 要素市场扭曲、垄断势力与全要素生产率 [J]. 经济研究, 2015, 50 (5): 61-75.

甘灿业. 乡村振兴战略背景下农村一二三产业融合发展研究 [J]. 西部经济管理论坛, 2019, 30 (6): 26-31.

高江涛, 李红, 邵金鸣. 基于 DEA 模型的中国粮食产业安全评估 [J]. 统计与决策, 2020, 36 (23): 61-65.

高鸣, 王颖. 农业补贴政策对粮食安全的影响与改革方向 [J]. 华南农业大学学报 (社会科学版), 2021, 20 (5): 14-26.

高云, 周丰婕. 农业全产业链发展的问题和建议 [J]. 物流科技, 2021, 44 (2): 151-153.

郭焕成. 我国休闲农业发展的意义、态势与前景 [J]. 中国农业资源与区划, 2010, 31 (1): 39-42.

郭军, 张效榕, 孔祥智. 农村一二三产业融合与农民增收——基于河南省农村一二三产业融合案例 [J]. 农业经济问题, 2019 (3): 135-144.

郭起珍. 实施乡村振兴战略, 实现农村一二三产业融合发展 [J]. 农业开发与装备, 2018 (7): 81-87.

郭治安, 沈小峰. 协同论 [M]. 山西经济出版社, 1991.

国家发展改革委宏观院和农经司课题组. 推进我国农村一二三产业融合发展问题研究 [J]. 经济研究参考, 2016 (4): 3-28.

韩长赋. 中国农村土地制度改革 [J]. 农业经济问题, 2019 (1): 4-16.

韩素卿, 宋艳伶, 陈景. 基于生命周期理论的农村产业融合发展研究——以韩国奶酪村为例 [J]. 世界农业, 2020 (4): 93-101.

郝华勇. 特色产业引领农村一二三产业融合发展——以湖北恩施州硒产业为例 [J]. 江淮论坛, 2018 (4): 19-24.

何亚莉, 杨肃昌. "双循环" 场景下农业产业链韧性锻铸研究 [J]. 农业经济问题, 2021 (10): 78-89.

胡汉辉, 邢华. 产业融合理论以及对我国发展信息产业的启示 [J]. 中国工业经济, 2003 (2): 23-29.

胡艳, 陈雨琪, 李彦. 数字经济对长三角地区城市经济韧性的影响研究

[J]. 华东师范大学学报（哲学社会科学版），2022，54（1）：143-154+175-176.

胡永佳. 产业融合的经济学分析 [D]. 中共中央党校，2007.

胡志强，苗长虹，熊雪蕾，等. 产业集聚对黄河流域工业韧性的影响研究 [J]. 地理科学，2021，41（5）：824-831.

黄一玲. 中国共产党实现共同富裕的百年探索与经验启示 [J]. 南京师大学报（社会科学版），2021（5）：93-101.

黄益平，黄卓. 中国的数字金融发展：现在与未来 [J]. 经济学（季刊），2018，17（4）：1489-1502.

黄祖辉. 实现美丽乡村建设与高质量发展相得益彰 [J]. 山西农经，2018a（22）：2-129.

黄祖辉，宋文豪，叶春辉，等. 政府支持农民工返乡创业的县域经济增长效应——基于返乡创业试点政策的考察 [J]. 中国农村经济，2022（1）：24-43.

黄祖辉，叶海键，胡伟斌. 推进共同富裕：重点、难题与破解 [J]. 中国人口科学，2021（6）：2-11.

黄祖辉. 准确把握中国乡村振兴战略 [J]. 中国农村经济，2018b（4）：2-12.

季秀敏. 刍议巴彦淖尔市农牧区绿色、高质量发展 [J]. 新西部，2020（9）：40-51.

贾彦乐. 供应链金融在服务"三农"中的应用 [J]. 现代金融，2008（4）：29-30.

江泽林. 农村一二三产业融合发展再探索 [J]. 农业经济问题，2021（6）：8-18.

姜长云. 日本的"六次产业化"与我国推进农村一二三产业融合发展 [J]. 农业经济与管理，2015a（3）：5-10.

姜长云. 推进农村一二三产业融合发展的路径和着力点 [J]. 中州学刊，2016（5）：43-49.

姜长云. 推进农村一二三产业融合发展　新题应有新解法 [J]. 中国发展观察，2015b（2）：18-22.

姜峥. 产业融合在乡村振兴中的政策促进效应分析 [J]. 河南农业, 2019 (35): 15-16.

蒋瑛, 黄其力. 数字乡村在构建国内大循环中的协同作用 [J]. 上海商学院学报, 2022, 23 (2): 33-47.

蒋永穆, 豆小磊. 扎实推动共同富裕指标体系构建: 理论逻辑与初步设计 [J]. 东南学术, 2022 (1): 36-44.

今村奈良臣. 第6次産業の創造を 21世紀農業を花形産業にしよう [J]. 月刊地域つくり, 1996.

金玉姬, 丛之华, 崔振东. 韩国农业6次产业化战略 [J]. 延边大学农学学报, 2013, 35 (4): 360-366.

孔德议, 陈佑成. 乡村振兴战略下农村产业融合、人力资本与农民增收——以浙江省为例 [J]. 中国农业资源与区划, 2019, 40 (10): 155-162.

孔祥利, 夏金梅. 乡村振兴战略与农村三产融合发展的价值逻辑关联及协同路径选择 [J]. 西北大学学报 (哲学社会科学版), 2019, 49 (2): 10-18.

李本庆, 周清香, 岳宏志. 数字乡村建设对产业兴旺影响的实证检验 [J]. 统计与决策, 2022, 38 (17): 5-10.

李海舰, 杜爽. 推进共同富裕若干问题探析 [J]. 改革, 2021 (12): 1-15.

李姣媛, 覃诚, 方向明. 农村一二三产业融合: 农户参与及其增收效应研究 [J]. 江西财经大学学报, 2020 (5): 103-116.

李洁. 农业多元价值下的农村产业融合: 内在机理与实现路径 [J]. 现代经济探讨, 2018 (11): 127-132.

李骏阳. 电子商务对贸易发展影响的机制研究 [J]. 商业经济与管理, 2014 (11): 5-11.

李兰冰, 刘瑞. 生产性服务业集聚与城市制造业韧性 [J]. 财经科学, 2021 (11): 64-79.

李莉, 景普秋. 农村网络式产业融合动力机制研究——基于城乡互动的视角 [J]. 农业经济问题, 2019 (8): 129-138.

李玲玲, 杨坤, 杨建利. 我国农村产业融合发展的效率评价 [J]. 中国农业资源与区划, 2018, 39 (10): 78-85.

李美云. 国外产业融合研究新进展 [J]. 外国经济与管理, 2005 (12): 12-20.

李美云, 黄斌. 文化与旅游产业融合下的商业模式创新路径研究 [J]. 广东行政学院学报, 2014, 26 (3): 92-97.

李欠男, 李谷成. 互联网发展对农业全要素生产率增长的影响 [J]. 华中农业大学学报 (社会科学版), 2020 (4): 71-78.

李晓龙, 陆远权. 农村产业融合发展的减贫效应及非线性特征——基于面板分位数模型的实证分析 [J]. 统计与信息论坛, 2019, 34 (12): 67-74.

李晓龙, 冉光和. 农村产业融合发展的创业效应研究——基于省际异质性的实证检验 [J]. 统计与信息论坛, 2019a, 34 (3): 86-93.

李晓龙, 冉光和. 农村产业融合发展如何影响城乡收入差距——基于农村经济增长与城镇化的双重视角 [J]. 农业技术经济, 2019b (8): 17-28.

李学坤, 赵晓园. 城乡一体化背景下农村一二三产相融合的现代农业体系构建 [J]. 农业经济, 2018 (11): 21-22.

李雪, 顾莉丽, 李瑞. 我国粮食主产区粮食生产生态效率评价研究 [J]. 中国农机化学报, 2022, 43 (2): 205-213.

李雪, 吕新业. 现阶段中国粮食安全形势的判断: 数量和质量并重 [J]. 农业经济问题, 2021 (11): 31-44.

李优柱, 杨鸿宇, 姜庆志, 等. 我国数字乡村研究前沿热点与建设特征分析 [J]. 华中农业大学学报 (自然科学版), 2022, 41 (3): 11-19.

李芸, 陈俊红, 陈慈. 农业产业融合评价指标体系研究及对北京市的应用 [J]. 科技管理研究, 2017, 37 (4): 55-63.

李治, 王东阳. 交易成本视角下农村一二三产业融合发展问题研究 [J]. 中州学刊, 2017 (9): 54-59.

厉无畏, 王慧敏. 产业发展的趋势研判与理性思考 [J]. 中国工业经济, 2002 (4): 5-11.

联合国粮食及农业组织. 2021 年粮食及农业状况: 提高农业粮食体系韧性, 应对冲击和压力 [R]. 罗马, 2021.

梁立华. 农村地区第一、二、三产业融合的动力机制、发展模式及实施策略

［J］．改革与战略，2016，32（8）：74-77.

梁树广，马中东．农业产业融合的关联度、路径与效应分析［J］．经济体制改革，2017（6）：79-84.

梁伟军．产业融合视角下的中国农业与相关产业融合发展研究［J］．科学·经济·社会，2011，29（4）：12-17.

梁伟军．我国现代农业发展的路径分析：一个产业融合理论的解释框架［J］．求实，2010（3）：69-73.

林毅夫，李永军．比较优势、竞争优势与发展中国家的经济发展［J］．管理世界，2003（7）：21-28.

林毅夫．实现共同富裕目标首先要按比较优势来发展经济［J］．政策瞭望，2022（3）：11.

刘海洋．乡村产业振兴路径：优化升级与三产融合［J］．经济纵横，2018（11）：111-116.

刘红瑞，安岩，霍学喜．休闲农业的组织模式及其效率评价［J］．西北农林科技大学学报（社会科学版），2015，15（2）：83-89.

刘丽伟，高中理．美国发展"智慧农业"促进农业产业链变革的做法及启示［J］．经济纵横，2016（12）：120-124.

刘明宇，芮明杰．价值网络重构、分工演进与产业结构优化［J］．中国工业经济，2012（5）：148-160.

刘威，肖开红．乡村振兴视域下农村三产融合模式演化路径——基于中鹤集团的案例［J］．农业经济与管理，2019，（1）：5-14.

刘晓星，张旭，李守伟．中国宏观经济韧性测度——基于系统性风险的视角［J］．中国社会科学，2021（1）：12-32.

刘泽莹，韩一军．乡村振兴战略下粮食供给面临的困境与出路［J］．西北农林科技大学学报（社会科学版），2020，20（2）：10-18.

刘志霞．日本精致农业的休闲旅游元素分析及借鉴［J］．世界农业，2018（10）：194-199.

鲁飞宇，殷为华，刘楠楠．长三角城市群工业韧性的时空演变及影响因素研究［J］．世界地理研究，2021，30（3）：589-600.

陆岷峰，葛和平．金融科技创新与金融科技监管的适度平衡研究［J］．农村金融研究, 2017 (9): 7-12.

吕越, 李小萌, 吕云龙. 全球价值链中的制造业服务化与企业全要素生产率 [J]. 南开经济研究, 2017 (3): 88-110.

罗明忠, 刘子玉. 数字技术采纳、社会网络拓展与农户共同富裕 [J]. 南方经济, 2022 (3): 1-16.

马健. 产业融合理论研究评述 [J]. 经济学动态, 2002 (5): 78-81.

马晓河, 胡拥军. "互联网+" 推动农村经济高质量发展的总体框架与政策设计 [J]. 宏观经济研究, 2020 (7): 5-16.

马晓河. 推进农村一二三产业深度融合发展 [J]. 农业工程技术, 2015 (5): 23.

〔美〕迈克尔·波特. 竞争优势 [M]. 陈小悦译. 华夏出版社, 1997.

苗长虹, 胡志强, 耿凤娟, 等. 中国资源型城市经济演化特征与影响因素——路径依赖、脆弱性和路径创造的作用 [J]. 地理研究, 2018, 37 (7): 1268-1281.

闵锐, 李谷成. 可持续发展视角下粮食生产技术效率的实证研究——基于湖北省县域面板数据与序列 DEA 的观察 [J]. 湖北大学学报 (哲学社会科学版), 2012, 39 (6): 46-51.

牛文涛, 郑景露, 唐轲. 农村三产融合赋能农民就业增收再审视——基于河南省孟庄镇、龙湖镇、薛店镇的案例分析 [J]. 农业经济问题, 2022 (8): 132-144.

齐文浩, 李佳俊, 曹建民, 等. 农村产业融合提高农户收入的机理与路径研究——基于农村异质性的新视角 [J]. 农业技术经济, 2021a (8): 105-118.

齐文浩, 李明杰, 李景波. 数字乡村赋能与农民收入增长: 作用机理与实证检验——基于农民创业活跃度的调节效应研究 [J]. 东南大学学报 (哲学社会科学版), 2021b, 23 (2): 116-125.

齐昕, 张景帅, 徐维祥. 浙江省县域经济韧性发展评价研究 [J]. 浙江社会科学, 2019 (5): 40-46.

秦中春. 台湾的精致农业之路 [J]. 发展研究, 2019 (4): 4-8.

青平. 构建新型农食系统　保障粮食与营养安全 [J]. 华中农业大学学报

（社会科学版），2021（6）：1-4.

清华大学中国经济思想与实践研究院（ACCEPT）宏观预测课题组．走出疫情　稳字当头——2021年中国宏观经济形势分析与2022年发展预测[J].改革，2022（1）：28-42.

汝刚，刘慧，沈桂龙．用人工智能改造中国农业：理论阐释与制度创新[J].经济学家，2020（4）：110-118.

单元媛，赵玉林．国外产业融合若干理论问题研究进展[J].经济评论，2012（5）：152-160.

尚杰，吉雪强，陈玺名．中国城镇化对农业生态效率的影响——基于中国13个粮食主产区2009—2018年面板数据[J].中国生态农业学报（中英文），2020，28（8）：1265-1276.

邵娟．农业供应链金融模式创新——以马王堆蔬菜批发大市场为例[J].农业经济问题，2013，34（8）：62-68.

申云，尹业兴，钟鑫．共同富裕视域下我国农村居民生活质量测度及其时空演变[J].西南民族大学学报（人文社会科学版），2022，43（2）：103-114.

沈费伟，叶温馨．数字乡村建设：实现高质量乡村振兴的策略选择[J].南京农业大学学报（社会科学版），2021，21（5）：41-53.

沈琼．用发展新理念引领农业现代化：挑战、引领、重点与对策[J].江西财经大学学报，2016（3）：81-90.

世界粮食计划署．2021年全球粮食危机报告[EB/OL].[2021-11-10].https://coffee.pmcaff.com/article/13704338_j.

苏毅清，游玉婷，王志刚．农村一二三产业融合发展：理论探讨、现状分析与对策建议[J].中国软科学，2016（8）：17-28.

孙爱军．中国城乡居民消费差距的现状及其影响因素分析——基于1996—2009年省际面板数据的实证研究[J].北京工商大学学报（社会科学版），2013，28（2）：103-111.

孙东升，孔凡丕，钱静斐．发展土地股份合作与三产融合是保障粮食安全和粮农增收的有效途径[J].农业经济问题，2017，38（12）：4-7.

谭寒冰．荷兰现代化农业生产环境及人才队伍建设的经验与启示[J].世界农业，2018（11）：212-216.

谭燕芝，王超，陈铭仕，等．中国农民共同富裕水平测度及时空分异演变
　　［J］．经济地理，2022，42（8）：11-21.

汤洪俊，朱宗友．农村一二三产业融合发展的若干思考［J］．宏观经济管
　　理，2017（8）：48-52.

唐文浩．数字技术驱动农业农村高质量发展：理论阐释与实践路径［J］．南
　　京农业大学学报（社会科学版），2022，22（2）：1-9.

陶涛，樊凯欣，朱子阳．数字乡村建设与县域产业结构升级——基于电子商
　　务进农村综合示范政策的准自然实验［J］．中国流通经济，2022，36
　　（5）：3-13.

滕磊，鄢阳．农村三产融合的发展模式与动力机制［J］．中国国情国力，
　　2021（5）：31-34.

涂圣伟．产业融合促进农民共同富裕：作用机理与政策选择［J］．南京农业
　　大学学报（社会科学版），2022，22（1）：23-31.

万宝瑞．我国农业三产融合沿革及其现实意义［J］．农业经济问题，2019
　　（8）：4-8.

万宝瑞．新形势下我国农业发展战略思考［J］．农业经济问题，2017，38
　　（1）：4-8.

汪川．农业与工业化：新经济增长理论的视角［J］．经济学动态，2014
　　（7）：97-105.

汪芳，潘毛毛．产业融合、绩效提升与制造业成长——基于1998-2011年面
　　板数据的实证［J］．科学学研究，2015，33（4）：530-538.

汪明煜，周应恒．法国乡村发展经验及对中国乡村振兴的启示［J］．世界农
　　业，2021（4）：65-72.

汪晓文，李明，张云晟．中国产业结构演进与发展：70年回顾与展望［J］.
　　经济问题，2019（8）：1-10.

王达．论全球金融科技创新的竞争格局与中国创新战略［J］．国际金融研
　　究，2018（12）：10-20.

王丹．产业融合背景下的企业并购研究［D］．上海社会科学院，2008.

王乐君，寇广增．促进农村一二三产业融合发展的若干思考［J］．农业经济

问题，2017，38（6）：82-88.

王鹏飞，李红波．基于产业结构关联视角的区域经济韧性作用机理研究——以江苏省为例［J］．地理科学进展，2022，41（2）：224-238.

王胜，余娜，付锐．数字乡村建设：作用机理、现实挑战与实施策略［J］．改革，2021（4）：45-59.

王伟．农村三产融合发展的内生动力研究［J］．中国商论，2018（33）：168-169.

王小兵，康春鹏，董春岩．对"互联网+"现代农业的再认识［J］．农业经济问题，2018（10）：33-37.

王晓建．主成分分析法在评价农村一二三产业融合发展的应用——以上海市金山区为例［J］．农场经济管理，2018（10）：38-40.

王萱，祝锡永．供应链金融融资模式下信用风险评价文献综述［J］．经营与管理，2013（10）：89-91.

王志刚，于滨铜．农业产业化联合体概念内涵、组织边界与增效机制：安徽案例举证［J］．中国农村经济，2019（2）：60-80.

魏修建，李思霖．我国生产性服务业与农业生产效率提升的关系研究——基于DEA和面板数据的实证分析［J］．经济经纬，2015，32（3）：23-27.

温涛，陈一明．数字经济与农业农村经济融合发展：实践模式、现实障碍与突破路径［J］．农业经济问题，2020（7）：118-129.

温涛，何茜，王煜宇．改革开放40年中国农民收入增长的总体格局与未来展望［J］．西南大学学报（社会科学版），2018，44（4）：43-55.

翁凌云，王克，朱增勇，等．市场风险、价格预期与能繁母猪养殖行为［J］．农业技术经济，2020（6）：30-43.

武宵旭，葛鹏飞，徐璋勇．城镇化与农业全要素生产率提升：异质性与空间效应［J］．中国人口·资源与环境，2019，29（5）：149-156.

解安．三产融合：构建中国现代农业经济体系的有效路径［J］．河北学刊，2018，38（2）：124-128.

肖红波．基于数字化转型的农产品流通模式创新研究［J］．商业经济研究，2021（12）：40-42.

肖卫东，杜志雄．农村一二三产业融合：内涵要解、发展现状与未来思路

[J]. 西北农林科技大学学报（社会科学版），2019，19（6）：120-129.

肖艳丽. 推进多元化农业适度规模经营路径研究 [J]. 当代经济管理，2017，39（1）：41-44.

谢伏瞻. 在把握历史发展规律和大势中引领时代前行——为中国共产党成立一百周年而作 [J]. 中国社会科学，2021（6）：4-29.

谢兰兰. 激发制度效能和生产要素活力，推动农业农村高质量发展——"农村发展与农业生产方式转型"国际学术研讨会综述 [J]. 中国农村经济，2020（3）：136-144.

谢莉娟. 2020年中国商业十大热点展望之六——数字化成为商业领域新常态，流通变革全面促进生产生活方式重构 [J]. 商业经济研究，2020（17）：2.

谢莉娟. 互联网时代的流通组织重构——供应链逆向整合视角 [J]. 中国工业经济，2015（4）：44-56.

谢识予. 经济博弈论（第二版）[M]. 复旦大学出版社，2002.

熊爱华，张涵. 农村一二三产业融合：发展模式、条件分析及政策建议 [J]. 理论学刊，2019（1）：72-79.

徐从才，原小能. 流通组织创新与现代生产者服务业发展 [J]. 财贸经济，2008（1）：101-106.

徐康宁，陈丰龙，刘修岩. 中国经济增长的真实性：基于全球夜间灯光数据的检验 [J]. 经济研究，2015，50（9）：17-29.

徐孙权，唐春根. 乡村振兴背景下农村要素市场化配置现状研究——基于泰州市里下河地区的实证分析 [J]. 农村经济与科技，2021，32（16）：254-256.

徐轶博. 美国农业支持政策：发展历程与未来趋势 [J]. 世界农业，2017（8）：111-117.

徐圆，邓胡艳. 多样化、创新能力与城市经济韧性 [J]. 经济学动态，2020（8）：88-104.

许浙景，杨进. 法国农业教育的发展和特色 [J]. 世界教育信息，2019，32（15）：44-49.

薛龙飞，曹招锋，杨晨. 中国乡村振兴发展水平的区域差异及动态演进分析

［J］. 中国农业资源与区划, 2022 (9): 1-15.

〔英〕亚当·斯密. 国富论 [M]. 胡长明译. 人民日报出版社, 2009.

闫海洲, 陈百助. 产业上市公司的金融资产: 市场效应与持有动机 [J]. 经济研究, 2018, 53 (7): 152-166.

严瑾. 日本的六次产业发展及其对我国乡村振兴的启示 [J]. 华中农业大学学报 (社会科学版), 2021 (5): 128-137.

杨霁帆. 我国经济技术开发区对区域经济增长的溢出效应研究 [D]. 深圳大学, 2017.

杨晶, 丁士军. 农村产业融合、人力资本与农户收入差距 [J]. 华南农业大学学报 (社会科学版), 2017, 16 (6): 1-10.

杨久栋, 马彪, 彭超. 新型农业经营主体从事融合型产业的影响因素分析——基于全国农村固定观察点的调查数据 [J]. 农业技术经济, 2019 (9): 105-113.

姚凤阁, 路少朋. 黑龙江省农村金融发展对城乡收入差距影响的实证研究 [J]. 哈尔滨商业大学学报 (社会科学版), 2017 (1): 3-12.

易法敏. 数字技能、生计抗逆力与农村可持续减贫 [J]. 华南农业大学学报 (社会科学版), 2021, 20 (3): 1-13.

易信, 刘凤良. 金融发展、技术创新与产业结构转型——多部门内生增长理论分析框架 [J]. 管理世界, 2015 (10): 24-39.

殷浩栋, 霍鹏, 汪三贵. 农业农村数字化转型: 现实表征、影响机理与推进策略 [J]. 改革, 2020 (12): 48-56.

于伟, 张鹏. 中国农业发展韧性时空分异特征及影响因素研究 [J]. 地理与地理信息科学, 2019, 35 (1): 102-108.

臧学英, 王坤岩. 实施乡村振兴战略 加快农村"三产"融合 [J]. 产业创新研究, 2018 (10): 26-30.

曾红. 农村地区商贸流通的数字化鸿沟与改善路径 [J]. 商业经济研究, 2021 (10): 124-127.

曾卓然. 市场化进程下二元经济结构对城乡居民收入差距的影响分析 [J]. 经济问题探索, 2019 (12): 102-111.

湛礼珠. 台湾精致农业发展政策演变、成效及经验 [J]. 世界农业, 2019

（6）：39-45.

张红宇.加快构建现代乡村产业体系［J］.中国发展观察，2021（Z1）：
　　17-21.

张怀志.空间溢出视角下我国城镇化的经济效应研究［D］.中央财经大
　　学，2017.

张慧祯，黎元生.台湾精致农业发展的经验和启示［J］.广西财经学院学
　　报，2011，24（3）：116-119.

张杰，宋志刚.创新和产业融合发展是开启中国经济"新周期"的关键所在
　　［J］.河北学刊，2017，37（6）：131-139.

张林，温涛，刘渊博.农村产业融合发展与农民收入增长：理论机理与实证判
　　定［J］.西南大学学报（社会科学版），2020，46（5）：42-56.

张露，罗必良.贸易风险、农产品竞争与国家农业安全观重构［J］.改革，
　　2020（5）：25-33.

张敏娜，陆卫明，王军.农村"三变"改革的"中国特色社会主义政治经济
　　学"意义［J］.西北农林科技大学学报（社会科学版），2019，19
　　（1）：137-145.

张旺，白永秀.数字经济与乡村振兴耦合的理论构建、实证分析及优化路径
　　［J］.中国软科学，2022，（1）：132-146.

张维迎.博弈论与信息经济学［M］.上海三联书店，上海人民出版社，
　　2004.

张文焕，刘光霞，苏连义.控制论·信息论·系统论与现代管理［M］.北
　　京出版社，1990.

张向达，林洪羽.东北粮食主产区三产融合的耦合协调分析［J］.财经问题
　　研究，2019（9）：95-101.

张晓山.产业革命助推产业振兴［J］.中国乡村发现，2019a（1）：65-67.

张晓山.推动乡村产业振兴的供给侧结构性改革研究［J］.财经问题研究，
　　2019b（1）：114-121.

张艳红，陈政，萧烽，等.高质量发展背景下湖南农村产业融合发展水平测
　　度与空间分异研究［J］.经济地理，2021：1-15.

张亦弛，代瑞熙.农村基础设施对农业经济增长的影响——基于全国省级面

板数据的实证分析 [J]. 农业技术经济, 2018 (3): 90-99.

张宇泉, 曹正伟, 锡林图雅. 美国精准农业技术推广经验及对我国启示 [J]. 上海农业学报, 2020, 36 (3): 119-125.

张岳, 周应恒. 数字普惠金融、传统金融竞争与农村产业融合 [J]. 农业技术经济, 2021 (9): 68-82.

赵海. 论农村一二三产业融合发展 [J]. 农村经营管理, 2015 (7): 26-29.

赵涛, 张智, 梁上坤. 数字经济、创业活跃度与高质量发展——来自中国城市的经验证据 [J]. 管理世界, 2020, 36 (10): 65-76.

赵霞, 韩一军, 姜楠. 农村三产融合：内涵界定、现实意义及驱动因素分析 [J]. 农业经济问题, 2017, 38 (4): 49-57.

赵毅, 张飞, 李瑞勤. 快速城镇化地区乡村振兴路径探析——以江苏苏南地区为例 [J]. 城市规划学刊, 2018 (2): 98-105.

植草益. 信息通讯业的产业融合 [J]. 中国工业经济, 2001 (2): 24-27.

钟漪萍, 唐林仁, 胡平波. 农旅融合促进农村产业结构优化升级的机理与实证分析——以全国休闲农业与乡村旅游示范县为例 [J]. 中国农村经济, 2020 (7): 80-98.

周健. 数字化视域下的乡村振兴路径 [J]. 数字技术与应用, 2022, 40 (4): 4-6.

周应恒, 王善高, 严斌剑. 中国食物系统的结构、演化与展望 [J]. 农业经济问题, 2022 (1): 100-113.

周振华. 产业融合：产业发展及经济增长的新动力 [J]. 中国工业经济, 2003 (4): 46-52.

朱海鹏. 供应链金融服务乡村产业振兴的路径研究 [J]. 农业经济, 2019 (11): 117-118.

朱文博, 陈永福, 司伟. 基于农业及其关联产业演变规律的乡村振兴与农村一二三产业融合发展路径探讨 [J]. 经济问题探索, 2018 (8): 171-181.

朱信凯, 徐星美. 一二三产业融合发展的问题与对策研究 [J]. 华中农业大学学报 (社会科学版), 2017 (4): 9-12.

Adger W N. Social Capital, Collective Action, and Adaptation to Climate Change

［M］. Der klimawandel. Springer, 2010: 327-345.

Anwar S. Wage inequality, welfare and downsizing ［J］. Economics Letters, 2009, 103 (2): 75-77.

Arrow K J, Cropper M L, Eads G C, et al. Benefit-cost analysis in environmental, health, and safety regulation ［J］. Washington, D. C. : American Enterprise Institute, 1996: 1-17.

Arrow K J. The economic implications of learning by doing ［J］. The Review of Economic Studies, 1962, 29 (3): 155-173.

Battese E G, Coelli J T. A model for technical inefficiency effects in a stochastic frontier production function for panel data ［J］. Empirical Economics, 1995, 20 (2): 325-332.

Benner M J, Ranganathan R. Divergent reactions to convergent strategies: Investor beliefs and analyst reactions during technological change ［J］. Organization Science, 2013, 24 (2): 378-394.

Béné C, Headey D, Haddad L, et al. Is resilience a useful concept in the context of food security and nutrition programmes? Some conceptual and practical considerations ［J］. Food Security, 2016, 8 (1): 123-138.

Béné C. Resilience of local food systems and links to food security—A review of some important concepts in the context of COVID-19 and other shocks ［J］. Food Security, 2020, 12: 805-822.

Boschma R. Towards an evolutionary perspective on regional resilience ［J］. Regional Studies, 2015, 49 (5): 733-751.

Bretschger L. Knowledge diffusion and the development of regions knowledge diffusion and the development of regions ［J］. The Annals of Regional Science, 1999, 33: 251-268.

Briguglio L, Cordina G, Farrugia N, et al. Economic vulnerability and resilience: Concepts and measurements ［J］. Oxford Development Studies, 2009, 37 (3): 229-247.

Brown L, Greenbaum R T. The role of industrial diversity in economic resilience: An empirical examination across 35 years ［J］. Urban Studies, 2017, 54

（6）：1347-1366.

Cainelli G, Ganau R, Modica M. Industrial relatedness and regional resilience in the European Union ［J］. Papers in Regional Science, 2019, 98 （2）：755-778.

Cameron G, Proudman J, Redding S. Technological convergence, R&D, trade and productivity growth ［J］. European Economic Review, 2005, 49 （3）：775-807.

Clark M A, Domingo N G G, Colgan K, et al. Global food system emissions could preclude achieving the 1.5° and 2°C climate change targets ［J］. Science, 2020, 6517 （370）：705-708.

Curran C, Leker J. Patent indicators for monitoring convergence-examples from NFF and ICT ［J］. Technological Forecasting and Social Change, 2011, 78 （2）：256-273.

Davies S. Regional resilience in the 2008-2010 downturn：Comparative evidence from European countries ［J］. Cambridge Journal of Regions, Economy and Society, 2011, 4 （3）：369-382.

Doganova L, Eyquem-Renault M. What do business models do? Innovation devices in technology entrepreneurship ［J］. Research Policy, 2009, 38 （10）：1559-1570.

Doran J, Fingleton B. US metropolitan area resilience：Insights from dynamic spatial panel estimation ［J］. Environment and Planning A：Economy and Space, 2018, 50 （1）：111-132.

Duschl M. Firm dynamics and regional resilience：An empirical evolutionary perspective ［J］. Industrial and Corporate Change, 2016, 25 （5）：867-883.

Fombrun C. Reputation：Realizing Value from the Corporate Image ［M］. Boston：Harvard Business School Press, 1996.

Fombrun C, Shanley M. What's in a name? Reputation building and corporate strategy ［J］. Academy of Management Journal, 1990, 33 （2）：233-258.

Fombrun C, Van Riel C. The reputational landscape ［J］. Corporate Reputation Review, 1997, 1：5-13.

Friedmann J. Regional development policy：A case study of Venezuela. ［M］. The

MIT Press, 1966.

Gerum E, Sjurts I, Stieglitz N. Industry convergence and the transformation of the mobile communications system of innovation [C]. ITS 15th Biennial Conference, Berlin, Germany, 2004.

Giovanni G, Francesco T. Spillover diffusion and regional convergence: A gravity approach [J]. Regional Science Inquiry, 2010, 2 (2): 71-82.

Golovina S, Nilsson J, Wolz A. Members' choice of production co-operatives in Russian agriculture [J]. Post-Communist Economies, 2013, 25 (4): 465-491.

Greenstein S, Khanna T. What does industry convergence mean [J]. Competing in the Age of Digital Convergence, 1997: 2010226.

Guillaumont P. An economic vulnerability index: Its design and use for international development policy [J]. Oxford Development Studies, 2009, 37 (3): 193-228.

Hacklin F, Marxt C, Fahrni F. Coevolutionary cycles of convergence: An extrapolation from the ICT industry [J]. Technological Forecasting and Social Change, 2009, 76 (6): 723-736.

Hansen B E. Threshold effects in non-dynamic panels: Estimation, testing, and inference [J]. Journal of Econometrics, 1999, 93 (2): 345-368.

Hoffman R C, Munemo J, Watson S. International franchise expansion: The role of institutions and transaction costs [J]. Journal of International Management, 2016, 22 (2): 101-114.

Holm J R, Østergaard C R. Regional employment growth, shocks and regional industrial resilience: A quantitative analysis of the Danish ICT sector [J]. Regional Studies, 2015, 49 (1): 95-112.

Huggins R, Thompson P. Local entrepreneurial resilience and culture: The role of social values in fostering economic recovery [J]. Cambridge Journal of Regions, Economy and Society, 2015, 8 (2): 313-330.

Kakderi C, Tasopoulou A. Regional economic resilience: The role of national and regional policies [J]. European Planning Studies, 2017, 25 (8): 1435-

1453.

Kim N, Lee H, Kim W, et al. Dynamic patterns of industry convergence: Evidence from a large amount of unstructured data [J]. Research Policy, 2015, 44 (9): 1734-1748.

Lei D T. Industry evolution and competence development: The imperatives of technological convergence [J]. International Journal of Technology Management, 2000, 19 (7-8): 699-738.

Li B, Zhong Y, Zhang T, et al. Transcending the COVID-19 crisis: Business resilience and innovation of the restaurant industry in China [J]. Journal of Hospitality and Tourism Management, 2021, 49: 44-53.

Martin R. Regional economic resilience, hysteresis and recessionary shocks [J]. Journal of Economic Geography, 2012, 12 (1): 1-32.

Martin R, Sunley P. On the notion of regional economic resilience: Conceptualization and explanation [J]. Journal of Economic Geography, 2015, 15 (1): 1-42.

Martin R, Sunley P. Regional Economic Resilience: Evolution and Evaluation [M]. Handbook on Regional Economic Resilience. Edward Elgar Publishing, 2020: 10-35.

Martin R, Sunley P, Tyler P. Local growth evolutions: Recession, resilience and recovery [J]. Cambridge Journal of Regions, Economy and Society, 2015, 8 (2): 141-148.

Pisano G P, Shih W C. Producing prosperity: Why America needs a manufacturing renaissance [M]. Harvard Business Press, 2012.

Rosenberg N. Technological change in the machine tool industry, 1840-1910 [J]. The Journal of Economic History, 1963, 23 (4): 414-443.

Simmons R, Birchall J. The role of co-operatives in poverty reduction: Network perspectives [J]. The Journal of Socio-Economics, 2008, 37 (6): 2131-2140.

Stone J, Rahimifard S. Resilience in agri-food supply chains: A critical analysis of the literature and synthesis of a novel framework [J]. Supply Chain Management, 2018, 23 (3): 207-238.

Tendall D M, Joerin J, Kopainsky B, et al. Food system resilience: Defining the concept [J]. Global Food Security, 2015, 6: 17-23.

Venables A J. Equilibrium locations of vertically linked industries [J]. International Economic Review, 1996: 341-359.

Wirtz B W. Reconfiguration of value chains in converging media and communications markets [J]. Long Range Planning, 2001, 34 (4): 489-506.

Xu Y, Warner M E. Understanding employment growth in the recession: The geographic diversity of state rescaling [J]. Cambridge Journal of Regions, Economy and Society, 2015, 8 (2): 359-377.

Yang X, Rice R. An equilibrium model endogenizing the emergence of a dual structure between the urban and rural sectors [J]. Journal of Urban Economics, 1994, 35 (3): 346-368.

Yoffie D B. Competing in the age of digital convergence [J]. California Management Review, 1996, 38 (4): 31.

后　记

　　《农村三产融合的溢出效应》一书是郝爱民教授在国家社会科学基金结项报告的基础上撰写的。该书出版源于以下两个机缘：一是农村三产融合作为一种新兴农村经济形态在全国蓬勃发展，需要对其产业发展规律进行梳理；二是中国乡村振兴建设的实践需要。

　　本书是郝爱民团队（团队成员包括谭家银、白杏杏、郝雨辰、刘党社、刘育廷、吴莉、贺书平、侯懿芮、任禛）研究农村产业发展问题的成果集结，是团队成员智慧的结晶。书稿的主题和大纲由郝爱民拟定，书稿内容全部来自郝爱民等近年来围绕农村三产融合发展问题的研究成果，书稿最终由郝爱民审定。

　　本书的出版得到了国家社会科学基金的资助。郑州航空工业管理学院各级领导的大力支持，使我们团队对于农村产业的研究进一步深入，使本书的研究成果提高了档次，同时也扩大了团队研究成果的影响，在此表示感谢。

　　最后，由于作者的学识和研究能力有限，书中难免会存在许多的不足，需要补充和完善之处很多，敬请各位读者和对农村经济有研究的同行不吝赐教。

图书在版编目（CIP）数据

农村三产融合的溢出效应 / 郝爱民著 . --北京：
社会科学文献出版社，2024.12. --ISBN 978-7-5228
-4486-2

Ⅰ.F323

中国国家版本馆 CIP 数据核字第 2024649WN0 号

农村三产融合的溢出效应

著　　者 / 郝爱民

出 版 人 / 冀祥德
组稿编辑 / 陈风玲
责任编辑 / 田　康
文稿编辑 / 陈丽丽　赵亚汝　王红平
责任印制 / 王京美

出　　版 / 社会科学文献出版社·经济与管理分社（010）59367226
　　　　　　地址：北京市北三环中路甲 29 号院华龙大厦　邮编：100029
　　　　　　网址：www.ssap.com.cn
发　　行 / 社会科学文献出版社（010）59367028
印　　装 / 三河市龙林印务有限公司

规　　格 / 开本：787mm×1092mm　1/16
　　　　　　印张：26　字数：411 千字
版　　次 / 2024 年 12 月第 1 版　2024 年 12 月第 1 次印刷
书　　号 / ISBN 978-7-5228-4486-2
定　　价 / 158.00 元

读者服务电话：4008918866